Creación
de aplicaciones Web
con PHP 4

CONSULTORES EDITORIALES:

SEBASTIÁN DORMIDO BENCOMO
Departamento de Informática y Automática
UNIVERSIDAD NACIONAL DE EDUCACIÓN A DISTANCIA

LUIS JOYANES AGUILAR
Departamento de Lenguajes, Sistemas Informáticos
e Ingeniería del Software
UNIVERSIDAD PONTIFICIA DE SALAMANCA en Madrid

Creación de aplicaciones Web con PHP 4

Tobias Ratschiller
Till Gerken

Traducción
Maribel Martínez Moyano

Prentice
Hall

Madrid - México - Santafé de Bogotá - Buenos Aires - Caracas - Lima
Montevideo - San Juan - San José - Santiago
São Paulo - White Plains

⌐Datos de catalogación bibliográfica

TOBIAS RATSCHILLER Y TILL GERKEN
Creación de aplicaciones Web con PHP 4
PEARSON EDUCACIÓN, S.A., Madrid, 2001

ISBN: 84-205-3108-1
Materia: Informática 681.3

Formato 170 × 240   Páginas: 416

TOBIAS RATSCHILLER Y TILL GERKEN
Creación de aplicaciones Web con PHP 4

DERECHOS RESERVADOS
© 2001 respecto a la primera edición en español por:
PEARSON EDUCACIÓN, S.A.
Núñez de Balboa, 120
28006 Madrid

ISBN: 84-205-3108-1
Depósito legal: M-48.283-2000

PRENTICE HALL es un sello editorial autorizado de PEARSON EDUCACIÓN

Traducido de: Web Application Development with PHP 4.0
Copyright © 2000 by New Riders Publishing
ISBN 0-7357-0997-1

Editores de la edición en español: Alejandro Domínguez, Félix Fuentes y Eva María López
• Equipo de producción: José Antonio Clares y Tini Cardoso
Cubierta: Arte y Aparte, S. A.
Composición: Claroscuro Servicio Gráfico, S. L.
Impreso por: Sprint, S.L.

IMPRESO EN ESPAÑA - PRINTED IN SPAIN

Este libro ha sido impreso con papel y tintas ecológicos

Índice de contenido

Acerca de los autores

Tobias Ratschiller es un asesor de nuevas tecnologías afincado en Italia. Con un amplio conocimiento del desarrollo de software, el diseño de bases de datos y los sistemas de gestión de contenidos, se ha especializado en la creación de sitios web dinámicos de gran tamaño. Ha proporcionado servicios de asesoramiento e implementación para algunos de los sitios web más grandes del mundo y ha participado en la elaboración de varios libros y artículos sobre PHP. Imparte seminarios por toda Europa y es un conferenciante reputado.

Till Gerken es un desarrollador y asesor independiente que trabaja para varias compañías, especializado en la creación de aplicaciones web para servicios basados en Internet. Su experiencia va desde la utilización de C/C++, Pascal y x86 Assembler para crear sistemas multimedia de alto rendimiento, como motores 3D y mezcladoras de sonido en tiempo real, hasta la utilización de PHP y sus herramientas asociadas para crear sitios web dinámicos de tamaño mediano y grande.

Acerca del revisor técnico

Graeme Merrall ha contribuido con su gran experiencia al proceso de desarrollo completo de **Creación de aplicaciones web con PHP 4**. Conforme se iba escribiendo el libro, revisó todo el contenido técnico del material, su organización y secuenciación. Sus comentarios fueron muy importantes para asegurar que este libro iba a satisfacer las necesidades de nuestros lectores en cuanto a la calidad de la información técnica.

Graeme se graduó en 1993 en Bioquímica. Durante sus estudios universitarios, descubrió Internet cuando todavía estaba en sus principios. Esto le llevó desde la bioquímica a trabajar con un ISP y más tarde con una firma líder en el diseño de webs en Nueva Zelanda, donde desarrolló sus habilidades en PHP y ASP.

Además de programar, Graeme ha escrito en el diario local de su ciudad en Nueva Zelanda y ha producido varios tutoriales y artículos sobre PHP para Web Monkey de Wired Digital.

Nacido y criado en Nueva Zelanda, Graeme reside actualmente en Sydney, donde tiene su propia consultoría especializada en la integración del comercio electrónico y los negocios en Internet. En su tiempo libre, le gusta la literatura moderna, la música y la lucha del cocodrilo.

Sobre Zend Technologies, LTD

El Zend Engine es el motor de *script* básico que utiliza PHP. Propiedad de Zend Technologies, LTD., el motor está autorizado para utilizar libremente PHP bajo licencia Q Public. El motor Zend aporta a PHP rendimiento, fiabilidad y una interfaz de *script* de fácil uso.

La historia de Zend Engine empezó hace cuatro años cuando los fundadores de la compañía, Zeev Suraski y Andi Gutmans, juntaron el equipo de desarrollo del núcleo de PHP y escribieron el motor de *script* de PHP, que está instalado en más de un millón de *hosts* hoy en día. Ahora bien, con la introducción de PHP 4, el motor Zend ha madurado hasta convertirse en un motor versátil, y Andi Gutmans y Zeev Suraski están comprometidos en el desarrollo de una serie de productos para intensificar el rendimiento y valor comercial de PHP.

Agradecimientos

Nos gustaría decir "gracias" al personal de New Riders: seguro que han pasado momentos duros con nosotros y apreciamos su amabilidad y trato profesional. Robin Drake, nuestro editor, merece un especial agradecimiento por su paciencia. Gracias también a nuestro editor técnico, Graeme Merrall, y a la editora de adquisiciones, Ann Quinn.

Las siguientes personas nos han ayudado durante varias etapas de este libro y nos gustaría también mostrarles nuestro agradecimiento: Alan Bower, Nancy Maragioglio, Jakob Nielsen, Kristian Koehntopp, Zeev Suraski, Andi Gutmans, Leon Atkinson, Alexander Aulbach, Uwe Steinmann, Boaz Yahav y Rafi Ton. También nos gustaría dar las gracias a los autores de nuestros análisis de casos reales. Finalmente, gracias a SoftQuad por facilitarnos su excelente editor XML, XmetaL, para utilizarlo en la escritura y edición del texto.

Agradecimientos de Tobias

La persona que merece un mayor agradecimiento es, por supuesto, Till Gerken que fue un grandísimo coautor. Hemos pasado miles (más o menos) de horas de IRC, revisando capítulos, escribiendo y fijando códigos, divirtiéndonos. Fue un trabajo duro, pero pasamos un rato estupendo.

Gracias a la gente de #php de Efnet; son una gran comunidad y es divertido frecuentarlos. Si tiene la posibilidad, párese un momento y salude a tigloo (Till) y Yapa (soy yo). Todos en IRC resultaron ser de gran ayuda y Zeev estuvo especialmente paciente a la hora responder a nuestras preguntas.

Gracias a Robert Finazzer, que me ha proporcionado un consejo empresarial muy valioso a lo largo de los últimos años, y siempre ha sido comprensivo cuando he estado escribiendo artículos o libros en lugar de trabajar con él en aventuras multimillonarias. Un saludo al resto del equipo de Profi Online Service, y, por supuesto, a Joachim Marangoni.

Agradecimientos de Till

Nunca hubiera pensado que tendría que escribir esta sección, pero ha llegado el momento. Con ella, doy por finalizado un proyecto al que he dedicado mucho tiempo y energías durante el último año. Debo admitir que a veces pensaba que no lo acabaríamos y ahora estoy orgulloso de verlo en la estantería.

Por ello, la primera persona que tengo que mencionar es Tobias Ratschiller, que fue quien me introdujo originalmente en el negocio de PHP. Desde el principio tuvo una fe abrumadora en mí y mostró una paciencia infinita mientras trabajaba conmigo. Ha sido un coautor de cinco estrellas y estoy contento de haber tenido la oportunidad de escribir este libro con él. Incluso cuando a veces estaba descontento con mi material, nunca le faltaron las buenas sugerencias. Como ya ha dicho él mismo, hemos pasado horas interminables en conversaciones interactivas en Internet, criticando y fijando el texto y el código de cada uno, sin mencionar todos los e-mails. Definitivamente, fue muy divertido.

Además de los agradecimientos anteriores, quiero dar las gracias a mis amigos, a los que me han soportado durante el trabajo y a los que no lo han hecho. Aunque siempre he odiado cuando los demás autores decían "son demasiados para mencionarlos todos aquí", debo admitir que siento lo mismo y que haría más daño si dejara a alguien fuera. Después de todo, ¡sabéis quienes sois!

Y finalmente, quiero agradecer a mi familia por aguantarme a mí y mi adicción al trabajo, y por proporcionarme una casa cuando necesitaba un lugar tranquilo.

Prólogo
de Zeev Suraski

Cuando me encontré con PHP por primera vez hace unos tres años, nunca imaginé que un día tendría que escribir un prólogo para un libro sobre PHP. Es más, la posibilidad de que alguna vez hubiera libros sobre PHP era, por aquel entonces, más bien inverosímil. De hecho, no deja de sorprenderme ver cómo PHP ha crecido hasta convertirse en uno de los lenguajes de *script* para el desarrollo de aplicaciones web más utilizados. Mi participación en el proyecto de PHP empezó, como muchas otras cosas, accidentalmente. Como usuario final, tropecé con un *bug* en PHP/FI 2; algo que era lo suficientemente extraño para que mi colega Andi Gutmans y yo quisiéramos mirar qué es lo que había debajo. Cuando vimos el código que había detrás de PHP/FI 2, no nos gustó demasiado. Por otra parte, nos gustó realmente la idea de un lenguaje de *script* del lado del servidor incrustado en el servidor e incrustado en HTML. Por tanto, como buenos ingenieros de software, decidimos escribirlo desde el principio, pero esta vez "de la manera correcta".

Nuestra rescritura del lenguaje y la gran cantidad de trabajo cooperativo que se puso en una amplia variedad de módulos de funciones y código de ejemplo llevó a PHP más allá de nuestros sueños y expectativas. PHP es utilizado hoy en día por más de un millón de dominios en Internet y es la herramienta preferida para *scripts* del lado del servidor en los entornos UNIX. PHP 4 es el siguiente paso que asegura que PHP seguirá estando en la vanguardia de las tecnologías de *script* de la Web durante los años venideros. El motor Zend (**www.zend.com**) revolucionará el rendimiento y la escalabilidad de los sitios web basados en PHP. Está integrado en el soporte de sesión e incorporado en el soporte de XML, Java y COM; además, un montón de características adicionales permiten al desarrollador web crear sitios dinámicos más potentes y de manera mucho más fácil que hasta ahora.

Gracias al desarrollo continuado y la integración de tecnologías punteras, PHP está siempre actualizado. El nuevo soporte Java y DCOM, las avanzadas características de XML y las características mejoradas de la programación orientada a objetos (POO) han incrementado la aceptación de PHP en los entornos empresariales y lo han convertido en una herramienta viable para la computación empresarial. Los complementos comerciales de Zend Technologies como, por ejemplo, el depurador, el IDE y el compilador, provocarán otro salto. Así mismo, las partes interiores de PHP 4 han sufrido revoluciones arquitectónicas que pasarán inadvertidas para el usuario final. Por ejemplo, la interfaz de servidor web ha sido completamente abstraída, permitiendo la compatibilidad con otros servidores web distintos de Apache. Libros como el que está leyendo ahora mismo le proporcionan los antecedentes necesarios para utilizar esas nuevas tecnologías con éxito.

En mi opinión, el futuro parece brillar para *Open Source* en general y para PHP en particular. En 1997 había que hacer juegos de magia para convencer al director de que Linux era, por lo menos, tan estable como Windows NT, y ni siquiera se contemplaba la posibilidad de utilizar *Open Source* en grandes empresas. El mundo ha cambiado. Las compañías que decidieron respaldar las soluciones basadas en Linux, como RedHat, SuSE y VA Linux, no sólo se han convertido en gigantes comerciales, sino que también han posicionado a Linux y *Open Source* en general como una solución aceptable para cualquier compañía. Afortunadamente, estas compañías fueron lo suficientemente inteligentes para hacerlo a la vez que mantenían el espíritu de *Open Source* y una fuerte relación con la comunidad. El desarrollo del modelo *Open Source*, por una parte, y el firme respaldo comercial, por otra, ha llevado a Linux a unas alturas inimaginables. Estoy seguro de que las empresas comerciales que decidieron respaldar a PHP, como Zend Technologies, ayudarán a que PHP sea una solución todavía más utilizada, especialmente en los más grandes sitios web.

Aprovecho esta oportunidad para agradecer al profesor Michael Rodeh de IBM Haifa y al Technion Institute of Technology, quienes nos animaron a Andi y a mí a cooperar con Rasmus Lerdorf, el autor de PHP/FI 1 y 2; y a Rasmus Lerdorf, que estuvo muy contento de trabajar con nosotros para hacer de PHP 3 el sucesor oficial de PHP/FI 2. También quiero dar las gracias al Grupo PHP y a todos los desarrolladores de PHP sin los cuales PHP no hubiera sido nunca la excelente herramienta que es hoy en día y, finalmente, a la comunidad PHP que ha probado ser un recurso infinito para conseguir ideas y apoyo.

Estoy seguro de que encontrará este libro muy útil a la hora de aprender PHP avanzado y a desarrollar aplicaciones web. Éste es uno de los pocos libros que van más allá de la mera sintaxis de un lenguaje; le introduce en los conceptos que hay detrás del lenguaje y le puede ayudar a mejorar sus habilidades para solucionar problemas en la programación web.

¡Buena suerte!
Zeev Suraski

Introducción

Mientras que el éxito del software *Open Source* como Linux o Apache ha tenido una amplia cobertura en todos los grandes medios, el auge de PHP ha pasado totalmente inadvertido. No obstante, el lenguaje de *script* PHP es el módulo más popular para el servidor web Apache, de acuerdo con un estudio de E-Soft (**www.e-softinc.com/survey/**). Los estudios de Netcraft afirman que PHP es utilizado en el 6% de todos los dominios web a nivel mundial (véase **www.netcraft.com/survey**). Es una penetración increíble en el mercado para un producto bastante especializado. Esta popularidad sigue aumentando exponencialmente y esto se está reflejando en los medios de comunicación tradicionales. En mayo de 2000 se publicaron más de 20 libros sobre PHP en diferentes lenguas y hay más en preparación.

Los actores comerciales están empezando a unirse al ganador: PHP está incluido con servidores web como, por ejemplo, Stronghold de C2, y las distribuciones Linux. Una nueva compañía, Zend Technologies, se ha formado para proporcionar complementos comerciales y soporte a PHP. Una larga lista de sitios web de gran envergadura utilizan PHP, así como centenares de miles de pequeños a medianos sitios web.

Para los autores, este libro empezó en junio de 1999, cuando se nos pidió desde New Riders Publishing que escribiéramos un libro sobre PHP avanzado. La idea de escribir un libro sobre PHP estaba en nuestras cabezas desde antes, y la propuesta de New Riders fue muy bien recibida.

Después de unos 1.500 e-mails, 500 entregas CVS e innumerables horas de IRC, por fin acabamos el libro. Ha sido un trabajo inmenso pero creemos que hemos conseguido escribir un libro diferente a los puros manuales de referencia. Hemos intentado explicar los conceptos del desarrollo de aplicaciones web, en lugar de darle sólo una visión general de las características de PHP.

La evolución de un programador novato con ninguna o poca educación formal hasta convertirse en un experto en desarrollo de software pasa por diferentes etapas. El programador empieza como un aprendiz. En ese momento el programador no se preocupa por el estilo de codificación, la planificación o las pruebas (un código ilegible, la falta de seguridad y largas noches de *hacker* son típicos de esa etapa). Aunque el programador pueda conocer todos los trucos y características ocultas de un lenguaje, encontrará dificultades en el desarrollo en equipo, el mantenimiento y los grandes proyectos de desarrollo. En ese momento, ya se puede adivinar fácilmente quién será un experto desarrollador más tarde. Empiezan a hacer preguntas:

- ¿Cómo puedo evitar implementar la misma funcionalidad una y otra vez?

- ¿Qué tengo que hacer para que mi aplicación sea segura y estable?

- ¿Qué tengo que hacer para que mi aplicación sea más fácil de mantener?

- ¿Cómo pueden múltiples personas trabajar juntas de manera eficiente en un equipo?

Es aquí donde entra en juego nuestro libro. Esperamos proporcionar a los desarrolladores de software algunas líneas generales para mejorar el desarrollo de software de aplicaciones web y PHP. Actualmente están disponibles muchas tecnologías y sólo podrá utilizarlas completamente si entiende los principios fundamentales que se esconden detrás del proceso de desarrollo y si desarrolla habilidades para resolver problemas. Los manuales de referencia típicos no le ayudarán con esas cuestiones.

A quién va dirigido este libro

Si es nuevo en la programación, este libro no es para usted. Sin embargo, lo encontrará un recurso útil en los siguientes casos:

- Ya ha desarrollado aplicaciones con PHP y quiere mejorar sus habilidades.

- Tiene experiencia con otros lenguajes de programación y quiere desarrollar aplicaciones con PHP.

- Es un experto en PHP y quiere extender el conjunto de características de PHP por su cuenta.

No necesita ser un genio en PHP para leer este libro, pero deberá estar familiarizado con la sintaxis de PHP o tener un buen conocimiento de los principios de programación.

Requisitos previos

Este libro da por sentado que tiene una configuración válida de PHP, preferiblemente PHP 4 o posteriores. Debido a su popularidad, hemos utilizado MySQL como sistema de base de datos cuando ha sido necesario. Sin embargo, como la independencia con respecto a la plataforma es una de las características más fuertes de PHP, nuestros ejemplos deberán funcionar tanto con UNIX como con Windows.

Organización de este libro

Este libro está dividido en tres partes. La Parte I, "PHP avanzado", cubre la sintaxis avanzada de PHP; por ejemplo, la orientación a objetos, las funciones y variables dinámicas y el código automodificable. También proporciona una visión general de los principios de planificación de un objeto, los estilos de codificación y el diseño de aplicaciones. Esta parte aporta la base necesaria para un desarrollo rápido y productivo de aplicaciones web de calidad industrial.

La Parte II, "Aplicaciones web", se centra en la construcción de software: explica por qué son importantes las sesiones, qué pautas de seguridad se necesitan, el porqué de los problemas de usabilidad y cómo utilizar la PHPLib (biblioteca de PHP) para la gestión de la sesión y el acceso a bases de datos. También encontrará tres casos prácticos reales de proyectos PHP que han tenido éxito y que le ayudarán a convencer a sus directores de IT (*Information Technologies*, Tecnologías de la Información).

La Parte III, "Más allá de PHP", es para los lectores que quieren ir más allá de lo que está actualmente disponible con PHP, y explica cómo extender PHP con C. Ésta es la documentación oficial sobre cómo extender PHP, tal y como ha sido aprobada por Zend Technologies.

De manera detallada, se explican los siguientes temas.

Capítulo 1. Conceptos de desarrollo

El tener que tratar con proyectos avanzados hace que la utilización de las convenciones de codificación, la planificación correcta y la sintaxis avanzada sean requisitos inevitables. Este capítulo explica las convenciones de codificación generales que se necesitan para todos los proyectos de calidad industrial, las convenciones para adjudicar el nombre y los comentarios, y cómo desglosar el código fuente en módulos lógicos.

Capítulo 2. Sintaxis avanzada

Este capítulo explica la sintaxis avanzada de PHP; por ejemplo, los *arrays* multidimensionales, las clases, las variables variables, el código automodificable, etc.

Capítulo 3. Diseño de aplicaciones: un ejemplo de la vida real

En este capítulo avanzamos por todo el proceso de planificación de una aplicación web completa: phpChat, una interfaz de cliente de *chat* basada en la Web para IRC. Este capítulo muestra los fundamentos de la planificación, aporta pautas sobre la organización del proyecto y muestra cómo realizar aplicaciones modulares que admitan *plug-ins*.

Capítulo 4. Conceptos de las aplicaciones web

La gestión de la sesión, las consideraciones de seguridad y autenticación, así como la usabilidad, forman la base de cualquier aplicación web. Éstas no son posibles sin una gestión de sesión adecuada. Deberá encontrar la manera de reconocer a los usuarios durante múltiples peticiones de página si quiere asociar variables, como una cesta de la compra con un usuario específico. Y esta identificación tiene que ser segura si no quiere que un usuario vea la información de la tarjeta de crédito de otro usuario. Son necesarias consideraciones especiales para mejorar la seguridad en sus aplicaciones. Aunque PHP es menos propenso a los ataques de *crackers* que otros entornos CGI, resulta fácil escribir aplicaciones totalmente expuestas cuando no se tiene en cuenta una serie de principios importantes que se explican en este capítulo.

Este capítulo también introduce conceptos básicos de usabilidad. En cuanto empezamos a hablar sobre aplicaciones en lugar *scripts* aislados, el papel del usuario se hace más importante. Después de todo, son los usuarios los que finalmente determinan el éxito o fracaso de un proyecto, y este capítulo muestra algunas líneas generales para conseguir una mejor satisfacción del usuario.

Capítulo 5. Estrategias básicas de las aplicaciones web

Este capítulo explica más fundamentos de las aplicaciones web. Todos los procesos de las aplicaciones web forman una entrada, por ejemplo, o tratan con la separación de la presentación y el código. También le introducimos en el desarrollo en equipo efectivo aportando una visión general sobre el control de versión con CVS. Finalmente, se explican las aplicaciones multicapas, COM y Java desde un punto de vista PHP.

Capítulo 6. Acceso a bases de datos con PHP

Sin las bases de datos, no son posibles las aplicaciones web. El Capítulo 6 presenta la PHPLib como una herramienta para acceder a una base de datos independientemente del distribuidor, y aporta una visión general sobre sus otras características, como la gestión de la sesión, la autenticación de usuario y la gestión de permisos.

Capítulo 7. Aplicaciones de vanguardia

Al desarrollar un depósito de conocimiento completo con PHPLib, este capítulo le familiariza con la clase plantillas de PHPLib, las autorreferencias en SQL y otro temas avanzados. Luego, el capítulo presenta una visión general de XML y cómo las aplicaciones se pueden beneficiar de esta tecnología excitante. El capítulo también describe las interfaces de PHP para analizar sintácticamente XML y sus funciones WDDX.

Capítulo 8. Análisis de casos reales

Presentar casos que han tenido éxito puede ayudar tremendamente cuando se introduce una nueva tecnología en un entorno corporativo. En este capítulo presentamos casos prácticos reales como los de Six Open Systems, BizChek y Marketplayer.com, tres grandes ejemplos entre centenares de empresas que utilizan PHP de manera exitosa en escenarios muy exigentes.

Capítulo 9. Cómo extender PHP 4: entrar en el núcleo de PHP

¿1.200 funciones no son todavía suficientes para usted? No hay ningún problema, ya que este capítulo es la documentación oficial sobre cómo extender PHP. Si sabe algo de C, el Capítulo 9 le proporciona una idea condensada del interior de PHP 4 y le muestra cómo escribir sus propios módulos para extender la funcionalidad de PHP.

PHP avanzado

Conceptos de desarrollo

- ¿PHP para mí?
- La importancia de planificar.
- Convenciones de codificación.
- Utilización de archivos para agrupar funciones.
- Cómo escribir la documentación.
- Ejemplo de diseño de una API.
- Resumen.

Para dominar realmente un lenguaje, es fundamental entender no sólo la sintaxis y semántica del mismo, sino también su filosofía, antecedentes y características de diseño.

¿PHP para mí?

¿Se ha preguntado alguna vez por qué hay tantos lenguajes de programación? Al margen de los "principales" como C, C++, Pascal y parecidos, hay otros como Logo, Cobol, Fortran, Simula y otros mucho más exóticos. La mayoría de los desarrolladores de software no piensan realmente en lenguajes de programación alternativos cuando perfilan un proyecto; tienen el suyo preferido (tal vez uno corporativo), conocen sus ventajas e inconvenientes, y adaptan el proyecto dependiendo de la fuerza y debilidad del lenguaje. Pero esto puede suponer una cantidad de trabajo innecesario para nivelar los fallos en el lenguaje elegido.

Saber cómo utilizar un lenguaje, pero carecer del dominio de sus conceptos específicos es como si un conductor de camiones quisiera participar en un carrera de coches. Por supuesto, en general sabe cómo conducir el coche, incluso puede llegar bien colocado a la meta, pero nunca será un conductor excepcional hasta que no se familiarice con las especialidades de su nuevo vehículo.

De manera similar, cuando tenga que escribir una aplicación, el programador POO intentará ajustarla a los objetos y el programador de procedimientos realizará la misma tarea de manera diferente. ¿Qué manera es la mejor? Cada programador o programadora dirá que su método es el mejor, pero únicamente aquel que esté familiarizado con ambos conceptos, programación POO (programación orientada a objetos) y procedimental, podrá juzgarlo.

Cada lenguaje aquí citado representa una propuesta distinta de resolver problemas de una manera específica (la mayoría de las veces sólo los de un tipo concreto que tienen requisitos especiales). Como estos lenguajes se centran sólo en un campo muy limitado de utilización, su éxito también está limitado a esos campos. Probablemente, lenguajes como C y Pascal son muy populares debido a la amplitud de su enfoque, ya que, si bien dejan de lado algunas características especiales para problemas específicos, satisfacen la necesidad de tener una herramienta que resuelva los problemas más comunes.

¿Cómo encaja PHP en este esquema? Aunque se le denomina lenguaje, PHP no lo es realmente en sí mismo, sino que es una mezcla de lenguajes diferentes. Principalmente, utiliza la sintaxis que la mayoría de los programadores conocen de C, pero es muy diferente. PHP es interpretado. PHP reconoce diferentes tipos de variables, pero no comprueba un tipo fijo. PHP reconoce las clases pero no los tipos estructurados. Hay muchos ejemplos como éstos, pero seguro que ya lo ha entendido: PHP mezcla muchas propuestas conceptuales diferentes en una completamente nueva.

Para conseguir crear aplicaciones web con PHP le animamos a responder a la siguiente pregunta: ¿Es PHP el lenguaje ideal para mi proyecto? Buena pregunta. Pero seríamos tontos si contestáramos que no. (¿Quién escribiría un libro sobre algo que considera malo?) Volvamos a replantear la pregunta: ¿Existe un lenguaje mejor que PHP para mi proyecto? Ésta es más fácil de responder. Si está desarrollando una aplicación web, PHP es su lenguaje.

La importancia de planificar

POR QUÉ DEBE LEER ESTA SECCIÓN

Incluso si es un programador profesional que está familiarizado con PHP, le animamos a leer las siguientes secciones, ya que tratan las bases para un desarrollo con éxito. Si ya está familiarizado con los temas explicados, tómese el tiempo de consultar el texto, tal vez descubra nueva información, nuevos puntos de vista, nuevos enfoques, nuevas soluciones. Cuanto más sepa sobre cómo enfocar los distintos aspectos de sus futuros proyectos, mejor podrá resolver los fragmentos críticos. Muchas de las siguientes secciones también explican temas que son más bien creencias que reglas generalmente aceptadas. Nos gustaría que confiara en nuestra experiencia como desarrolladores profesionales antes de abandonar el contenido, no se arrepentirá.

Antes de zambullirnos en los temas específicos de PHP, empecemos con un punto de vista más amplio. Algunas cuestiones inciden en el desarrollo de una aplicación en general, independientemente de qué lenguaje se esté utilizando y en qué plataforma se esté desarrollando.

Cuando se trabaja en un proyecto profesional, es muy importante pensar en lo que se está haciendo. Hay que conocer al enemigo y no subestimarlo nunca. Aunque su proyecto no sea realmente un enemigo, la idea sigue siendo buena. Conozca todos los requisitos del proyecto, su plataforma de destino, sus usuarios y no subestime nunca la importancia de los pequeños problemas que no ha evaluado completamente antes de pasar a otros temas.

A juzgar por nuestra experiencia, la planificación ocupa por lo menos el 50% del tiempo de desarrollo; cuanto más grande sea el proyecto, más concienzudamente tendrá que desarrollar sus líneas generales. Este principio implica ponerse en contacto con sus clientes y trabajar estrechamente con ellos en la definición de un esbozo general del proyecto, así como hablar con sus desarrolladores para definir un esbozo de codificación. Cuantos menos esfuerzos dedique a la coherencia y mantenimiento, antes tendrá problemas cuando vuelva a abrir viejos archivos e intente resolver errores o agregar nuevas características.

El tiempo de planificación no es necesariamente proporcional al tamaño del proyecto. Por ejemplo, piense en un algoritmo de búsqueda que tiene que diseñar. Básicamente, la aplicación tan sólo tiene que moverse por un montón de información y extraer datos de acuerdo con un conjunto de reglas. Digamos que los datos están realmente ahí; por tanto, configurar los datos y sacarlos no requiere un gran esfuerzo. La aplicación dedicará la mayor parte de su tiempo de ejecución a su bucle de búsqueda principal. El bucle no necesitará más de 100 líneas de código, pero elegir o designar un algoritmo adecuado para un bucle óptimo puede perfectamente llevar todo un día. Este pequeño bucle debe ser la parte más importante en la fase de diseño, mientras que, por otra parte, puede crear proyectos con unos cuantos miles de líneas que han sido planificados concienzudamente en menos de un día.

De manera similar, digamos que necesita un pequeño *script* que enumere todos los archivos que hay en un directorio. Podrá cortarlo rápidamente, por lo que sólo realizará esa tarea específica, enumerar todos los archivos de un directorio específico. No necesitará preocuparse por ello nunca más, el problema estará resuelto y podrá dedicarse a otras tareas y dejar ese fragmento atrás. Pero otra estrategia podría ser tener en consideración que en un momento posterior, tal vez en un proyecto completamente diferente, probablemente vuelva a necesitar una herramienta similar. Trocear listados de directorio una y otra vez cuando necesita uno, cada uno de ellos para una tarea específica, será una pérdida de tiempo. Así, cuando por primera vez se enfrente a esa situación, deberá pensar sobre ello. Puede crear un módulo separado del listado de directorio, permitiéndole enumerar directorios diferentes, subdirectorios recursivos de forma opcional y, eventualmente, aceptar comodines. Deberá crear una pequeña función a prueba de balas que sea capaz de manejar la mayoría de los casos especiales y también las demandas de un listado de directorio. Con este último método, después de unos cuantos proyectos tendrá una biblioteca con sólidas funciones de herramientas que podrá volver a utilizar de manera segura y en la que podrá confiar, y que algunas veces disminuirá el tiempo de desarrollo de manera significativa.

Por supuesto que ya existe un número cada vez mayor de bibliotecas de funciones de herramientas que están disponibles libremente, pero éstas difícilmente satisfarán todas sus necesidades ni tampoco estarán optimizadas para sus demandas especiales. Algunas bibliotecas son demasiado pesadas; el tener que analizar sintácticamente varios centenares de kilobytes de código extra cada vez puede disminuir significativamente el rendimiento de su sitio. En esta situación, vale la pena poder sustituir una solución que sólo es óptima en parte con otra solución óptima al 100% creada con anterioridad.

Los grandes proyectos incluso ofrecen mayores oportunidades para los problemas debido a la ausencia de planificación. Ya avanzado el desarrollo, se puede encontrar con dificultades que no previó, o pudo prever, debido a la falta de tiempo y de trabajo dedicados al diseño. Esas dificultades pueden ser tan importantes que tal vez le exijan reestructurar completamente todo el proyecto. Imagine una aplicación apoyada en una base de datos que depende de una capa de abstracción de base de datos adicional. La capa de abstracción de base de datos acepta únicamente datos de texto, pero en un momento posterior se da cuenta de que también necesita que acepte datos numéricos. Puede permitirle aceptar datos numéricos utilizando las conversiones, pero posteriormente se da cuenta de que esos parches no satisfacen sus necesidades. En ese momento la única cosa que puede hacer es cambiar la interfaz de la base de datos, con lo que habrá que volver a rehacer la capa de abstracción, así como comprobar todas las llamadas a la misma en el código principal y, por supuesto, eliminar todos los parches creados con anterioridad.

Horas y, tal vez, días de trabajo dedicados a algo que se podría haber evitado desde el principio; problemas que, a menudo, deciden entre el éxito y el fracaso, porque el tiempo es el recurso más valioso del que nunca dispondrá lo suficiente.

Las siguientes secciones le guían por la mayoría de las cuestiones prácticas más básicas, aunque muy importantes, del desarrollo: mejorar la calidad de su código, así como cuestiones básicas de diseño y documentación. Después de la explicación, crearemos una API (*Application Programming Interface,* Interfaz de programación de aplicaciones), para familiarizarle con los nuevos conceptos seguidos en la creación de una API desde cero, desarrollándola teóricamente "sobre el papel". Luego trataremos unos cuantos principios prácticos para ayudarle a mejorar su siguiente API, los problemas de estilo, lo que hay que hacer o no hacer, así como algunos trucos.

Convenciones de codificación

¿Cuál es la diferencia entre un buen código y un mal código? En realidad, es muy simple. Un buen código, uno realmente bueno, se puede leer casi como un libro. Puede empezar en cualquier sitio y en seguida saber para qué se utilizan las líneas que está leyendo, bajo qué circunstancias se ejecutan y cualquier configuración que necesiten. Incluso si no tiene un conocimiento previo y se encuentra con un algoritmo sofisticado y complicado, podrá ver rápidamente qué tareas realiza y bajo qué aspectos las lleva a cabo.

Sería muy fácil mostrar ejemplos y decir "Hágalo igual", pero nos gustaría que este capítulo impartiera una base sólida para escribir un código profesional, una base que suponga la diferencia entre un código realmente bien trabajado y otro que haya que rescribir a diario. Desgraciadamente, la falta de espacio nos impide explicar todos los aspectos de un buen estilo para escribir un código como nos gustaría, pero este capítulo le aportará un buen punto de inicio. Le recomendamos que adquiera material sobre el tema para familiarizarse con cada pequeño bit de diseño e ingeniería de software. Este amplio campo es casi en sí mismo una ciencia, sobre la que existe un montón de tratados, la gran mayoría muy aburridos y teóricos, pero a los que no se puede renunciar. Hemos comprimido la mayoría de las cuestiones importantes en las siguientes secciones, explicando los temas más elementales.

Elección de los nombres

Elegir los nombres de las variables es probablemente la tarea que los programadores realizan con mayor frecuencia, pero sobre la que menos piensan. Con la cantidad de nombres de variables diferentes que puede aparecer en los grandes proyectos, si construyera un listado con los nombres, tipo y punto de declaración de cada una de ellas, creará algo muy parecido a una pequeña guía de teléfonos. ¿A qué quiere que se parezca su directorio? A lo largo del tiempo han evolucionado distintas combinaciones, con diferentes filosofías, cada una de ellas con sus ventajas e inconvenientes. Las combinaciones caen generalmente en estos dos extremos: variables cortas y simples y nombres de funciones frente a variables "manifiestas" y nombres de funciones; nombres más largos que informan sobre el tipo y la intención de la variable.

La "guía de teléfonos" podría parecerse a lo siguiente:

Nombre	Dirección	Teléfono
J. D.	382 W. S.	-3951
M. S.	204 E. R.	-8382

Muy informativa. Sabe que tiene dos entradas, pero poco más. Conoce las iniciales de la persona pero no su nombre completo. Sabe el número de su casa, pero no el nombre exacto de la calle y sólo tiene parte del número de teléfono.

Veamos otro ejemplo:

Nombre	Dirección	Teléfono
ht5ft9in_age32_John Doe_male_married	386 West Street, Los Ángeles, California USA, Earth	+1-555-304-3951
ht5ft6in_age27_Mary Smith_female_single	204 East Road, Los Ángeles, California USA, Earth	+1-555-306-8382

En este ejemplo, el nombre de la persona incluye la altura, el sexo y el estado civil; la dirección muestra no sólo la calle y la ciudad, sino también el Estado, el país e incluso el planeta, y el número de teléfono contiene los códigos del país y del área.

¿Es la segunda solución mejor que la primera? Ninguna de las dos es perfecta. Ambas propuestas se enseñan en los cursos de programación, pero ninguna es realmente satisfactoria. Definir un tipo **tpIntMyIntegerCounter** y luego declarar una variable **instMyIntegerCounterInstance** para un simple bucle **for** parece demasiado cuando sólo se necesita recorrer un *array* y fijar todos los elementos en cero (véase el Listado 1.1).

Listado 1.1. Un exceso de exactitud

```
ifor ( $instMyIntegerCounterInstance = 0;
       $instMyIntegerCounterInstance < MAXTPINTEGERCOUNTERRANGE;
       $instMyIntegerCounterInstance++)
          $instMyArrayInstance[$instMyCounterInstance] = 0;
```

Por otra parte, trabajar con índices llamados **i**, **j**, **k** (en lugar de otros más largos como **$instMyIntegerCounterInstance**) es también inaceptable cuando se hacen complicadas operaciones de *buffer,* como una compresión o algo parecido.

Éste es sólo un ejemplo de la mala utilización de un concepto común. ¿Qué hacer? La solución es elegir un buen concepto general y hacer las excepciones en el lugar adecuado. Cuando está escribiendo una aplicación, sabe lo que está pasando en el código y puede maniobrar rápidamente desde un punto a otro, pero para otras personas lo mismo puede no resultar tan fácil. Si obtiene un archivo fuente de alguien de su equipo y necesita agregarle una lista de características, en primer lugar tiene que tener una impresión general e identificar las diferentes secciones del código. De manera ideal, este proceso se realizará de forma paralela a la lectura de la fuente. Pero como esto es imposible sin hacer modificaciones y patrones comunes para que le ayuden a estructurar el código fuente para su lectura, es muy importante incluir la máxima información posible en el código fuente, mientras que no oculte los datos obvios. Por tanto, ¿cómo puede percibir esa información e integrarla en su propio código?

- Asegúrese de que se puede leer fácilmente su código.
- Agregue comentarios siempre que sea posible.
- Elija nombres "manifiestos" de variables cada vez que sea apropiado.
- Mantenga interfaces de funciones claras y coherentes.
- Estructure su código en grupos de funciones lógicas.
- Extraiga cantidades de código separadas.
- Utilice archivos para agrupar las funciones, no sólo lógica sino también físicamente.
- Escriba la documentación.

Las siguientes secciones explican cada una de estas cuestiones.

El código tiene que ser de fácil lectura

Para poder entender un texto que se está leyendo, el cerebro debe analizar la información que recibe de los ojos, identificar las partes importantes y luego traducir esas partes en un orden correcto. El análisis se realiza en dos pasos: el análisis físico y el análisis lógico. En primer lugar se lleva a cabo el **análisis físico**, examinando la estructura visual del texto (por ejemplo, los párrafos, las filas, las columnas e, incluso, el espacio entre palabras). Este proceso rompe la percepción del texto como un todo (por ejemplo, la hoja de papel o la pantalla que contiene el texto) en una estructura parecida a un árbol, compuesta de pequeñas partes. Imaginando una estructura en árbol de arriba-abajo, con el nodo del árbol en la parte superior y las hojas en la parte inferior, la parte superior del árbol contiene la mayoría de la información genérica (por ejemplo, el orden de los párrafos que tiene que leer). En la parte inferior del árbol se encuentra algo parecido al orden de las palabras en una línea o, incluso, el orden de los caracteres en una palabra.

El proceso de **análisis lógico** toma esta información física, recorre el árbol en orden e intenta traducir la información en un resultado que tenga significado. Que esto sea una traducción gramatical (¿qué estructura tiene la frase?) o una traducción contextual (¿qué significa la frase?) no tiene ninguna importancia para esta explicación; lo importante es que cuanto mejor sea el resultado del análisis físico, mejores, más rápidos y más fáciles serán los resultados del análisis lógico.

El análisis lógico puede compensar la falta de información del análisis físico, pero sólo en una extensión limitada.

```
Comoejemplotomeestafrasesipuedeleerlasuanalizadorlógicofuncionamuybien.
```

Probablemente pueda leer la frase anterior, pero lleva mucho más tiempo y requiere mucha más concentración que el resto de las frases de este libro. Falta una información importante (los espacios) para el primer paso del análisis y no está acostumbrado a ello.

Lo podríamos hacer más fácil agregando un poco de puntuación:

```
Comoejemplo, tomeestafrase—sipuedeleerla,suanalizadorlógicofunciona
➡ muybien.
```

La puntuación es también una información útil para el analizador físico. Observe que resulta mucho más fácil leer esta versión, así como volver a centrarse en cualquier punto de su elección. En el siguiente paso:

```
Como ejemplo, tome esta frase—si puede leerla, su analizador lógico
➥ funciona muy bien.
```

Ésta es la manera más habitual de leer una frase, la manera natural de percibir un texto. Pero se puede trazar la estructura de la frase de otra manera:

```
Como ejemplo,
tome esta frase--
si puede leerla,
su analizador lógico
funciona muy bien.
```

Ésta es una manera extrema de utilizar métodos físicos para ayudarle a comprender la frase lo más rápido posible. Observe que, en este caso, la separación entorpece el flujo de lectura natural, ya que no está acostumbrado a ver una frase dividida en unidades sintácticas; sin embargo, para el código fuente esto es una ventaja. Como el código fuente contiene a menudo construcciones y fórmulas complicadas, es muy importante apoyar al lector dando a la fuente una estructura física clara. Esto se puede conseguir utilizando sangrías y colocando palabras clave especiales de su lenguaje de programación en posiciones destacadas.

Echemos una mirada a un programa PHP corto:

```
<?function myfunc($myvar){$somevar=$myvar*2;return($somevar+1);}print
➥ myfunc(1);?>
```

Con toda probabilidad el código en sí mismo no es obra maestra intelectual, pero fijémonos únicamente en su estructura. ¿Podría indicar instantáneamente el inicio del código principal sin haber leído este trozo con anterioridad? ¿Sería capaz de marcar la primera y la última instrucción de la función en el mismo? Observe que, incluso si es muy rápido encontrando los lugares deseados, sus ojos empezarán inevitablemente al principio de la línea y pasarán por el código de izquierda a derecha, deteniéndose allí donde supone que está el objetivo. De manera inconsciente, el cerebro vuelve a leer toda la línea, ya que le falta la información del análisis físico. Para compensar la falta de información desde el primer paso, el analizador lógico recorrerá también ese paso y hará también un doble esfuerzo. Al igual que una computadora, el cerebro tiene poderes limitados, por lo que la cantidad de trabajo adicional para el analizador lógico adquiere la forma de una carencia de capacidad cuando su cerebro, en realidad, está intentando entender y memorizar el código fuente. Pero entender y memorizar es exactamente lo que usted quiere que la gente consiga cuando lea su código fuente y lo que quiere conseguir cuando lee los códigos de otras personas.

Esto era más bien un enfoque científico para explicar por qué es muy útil darle forma al código fuente. ¿Hay alguna otra razón? Bueno, sí: un código fuente con una buena forma tiene buen aspecto.

A continuación presentamos algunas pautas de lo que pensamos que es el estilo adecuado que hay que utilizar cuando se da forma al código fuente. Por favor, tome nota de que no son obligatorias, pero sí están consideradas como un estilo común. Muchos proyectos industriales y de *Open Source* (fuente abierta) han sido formateados de esta manera y merece la pena escribir en este estilo.

- Coloque todas las etiquetas del bloque (<?, ?>, <?php, <%, %>, {, }, etc.) en líneas separadas.

- Sangre todos los bloques con tabuladores (lo ideal es que el ancho del tabulador no sea menos que 4).

- Deje espacios entre las palabras y los caracteres, especialmente cuando haga cálculos.

- Agrupe cantidades grandes de código dentro de un bloque colocándolas en líneas consecutivas y deje una línea en blanco entre todas las demás.

- Separe los bloques entre sí utilizando una línea en blanco.

- Separe las cabeceras de la función y los eventuales pies de página de la misma del resto del código utilizando una línea en blanco (se considera que importar globales forma parte de la cabecera de la función).

- Integre los comentarios del bloque en el código, utilizando la misma sangría que el bloque de código al que se refiere cada uno.

- Ponga todos los comentarios de la línea en la misma columna dentro de un bloque.

Como ejemplo, el Listado 1.2 muestra el fragmento del código anterior, reformateado.

Listado 1.2. Fragmento de código reformateado

```
<?

function myfunc($myvar)
{

    $somevar = $myvar * 2;

    return($somevar + 1);

}

print(myfunc(1));

?>
```

Observe que este fragmento de código tiene menos dificultades.

La utilización de espacios en el fragmento puede ampliarse todavía más separando también los paréntesis de las palabras clave:

```
<?

function myfunc ( $myvar )
{

    $somevar = $myvar * 2;

    return ( $somevar + 1 );

}

print ( myfunc ( 1 ) );

?>
```

En este caso puede parecer algo excesivo, pero imagine que este código está incrustado en varios miles de líneas de código y cambia de idea. Algunas personas afirman que los espacios entre los paréntesis molestan e irritan más que ayudan a la hora de estructurar el texto (debemos confesar que algunas veces es cierto). Los ejemplos de este libro no utilizan siempre este tipo de formateado; dejamos la decisión en sus manos, así como decidir si debe utilizar este método. Lo más importante de todo esto es: sea coherente. Una vez que ha decidido utilizar un estilo determinado, manténgalo a lo largo de todo el proyecto. Si va a modificar los códigos fuente de otras personas, siga el estilo de las mismas siempre que pueda. La coherencia es uno de los aspectos más importantes en una programación profesional.

Intente leer todos los ejemplos de código fuente con atención y luego intente imitar su estilo, adaptando su propio estilo hasta que alcance algo muy parecido al original. En cuanto empiece a sentirse familiarizado con el mismo verá que no fue un esfuerzo en vano.

Para motivarle, antes de seguir adelante presentamos dos ejemplos.

El código de la Figura 1.1 debe crear una sentencia SQL. Excepto por la última línea que asigna una cadena que contiene **"select *"** a una variable llamada **$query**, no hay nada en la Figura 1.1 que indique el propósito del código fuente. Por otra parte, en el código de la Figura 1.2 es más fácil entender qué es lo que está pasando

Creemos que esto es a lo que debe parecerse un código, por lo menos de manera aproximada. Muestra una estructura clara, está bien comentado y es de fácil comprensión.

Adición de comentarios

Nunca insistiremos suficientemente –aunque cuando esté programando tal vez piense que es lo más tonto que se puede hacer– en que hacer comentarios es sustancial cuando está creando un código de gran calidad. A la hora de resolver problemas complicados, dos personas piensan rara vez de la misma manera. Lo que puede ser totalmente obvio para una puede no serlo tanto para la otra. Los comentarios resultan de gran ayuda en esas situaciones y deberían agregarse al código cada vez que sea posible.

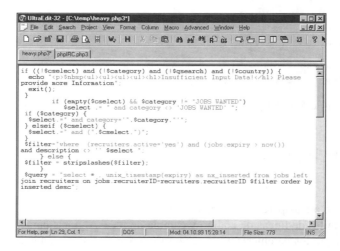

FIGURA 1.1
Este código no es bueno.

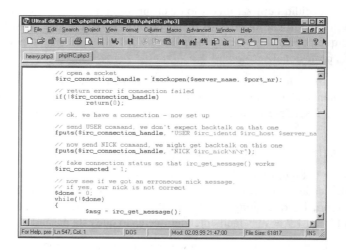

FIGURA 1.2
Este código es mejor.

Existen dos tipos principales de comentarios: los **comentarios de cabecera** (como los comentarios en las cabeceras de un archivo, de un módulo o de una función) y los **comentarios de línea**. Los comentarios de cabecera deberán utilizarse con fines introductorios, para informar al lector sobre cosas genéricas del archivo o sobre la siguiente pieza de código. Los comentarios de línea deberán utilizarse dentro de las funciones, incrustados en el código, para explicar qué es lo que en realidad hace una determinada línea o bloque de código.

Las siguientes secciones le mostrarán a qué se parecen esos comentarios y la información que deberán contener. Estos comentarios suelen ser creados por herramientas RAD (*Rapid Application Development*, Desarrollo rápido de aplicaciones) y otras ayudas autorizadas, pero como no había disponibles sistemas parecidos para PHP cuando se escribió este libro, los comentarios se deberán realizar manualmente a pesar de la cantidad de trabajo adicional.

En las siguientes secciones se explican los tipos de comentarios por orden de abstracción, desde el más abstracto hasta el más concreto.

MANTENGA LOS COMENTARIOS ACTUALIZADOS

Acuérdese de crear comentarios antes o mientras esté trabajando en la función/módulo que describen; resulta muy molesto tener que revisar un archivo sólo para agregar esta información más tarde. De la misma manera, tenga mucho cuidado cuando modifique las funciones en algún momento posterior —actualice siempre sus comentarios de manera adecuada —. Por ejemplo, si agrega o elimina variables globales, actualice también la indicación de su uso en el comentario de cabecera; lo mismo vale para realizar cambios en la ordenación de parámetros, tipos de parámetros, etc.

UTILICE MACROS PARA ACELERAR LOS COMENTARIOS

En su editor favorito, cree macros para cada tipo de comentario y asígnelos a una tecla abreviada (por ejemplo, Ctrl+Alt+F1 para cabeceras de archivo, Ctrl+Alt+F2 para cabeceras de módulo, y así sucesivamente). Incluya las variables en esos comentarios si el editor soporta esa posibilidad, por lo que crear un comentario elaborado e informativo se convierte en un simple diálogo Q&A.

Comentarios de cabecera de archivo

Los comentarios de cabecera de archivo deberán parecerse a los del Listado 1.3.

Listado 1.3. Comentario de cabecera de archivo

```
////////////////////////////////////////////////////////////////////////////
//
// phpIRC.php3 - Módulo de cliente IRC para clientes IRC de PHP3
//
////////////////////////////////////////////////////////////////////////////
//
// Este módulo tratará todo el proceso de interfaz principal con el servidor
➥ IRC, haciendo
// que todos los comandos IRC estén fácilmente disponibles para una API
➥ predefinida.
//
// Véase phpIRC.inc.php3 para opciones de configuración.
```

(continúa)

Listado 1.3.   Comentario de cabecera de archivo *(continuación)*

```
//
// Autor: Till Gerken Última modificación: 09/17/99
//
// Copyright (c) 1999 Till Gerken
//
///////////////////////////////////////////////////////////////////////////////
```

Tal vez prefiera utilizar un contorno recuadrado formado por comentarios de línea múltiple, que algunas personas encuentran más estético (véase el Listado 1.4).

Listado 1.4.   Comentario de cabecera de archivo utilizando comentarios de línea múltiple

```
*******************************************************************************
*                                                                             *
* phpIRC.php3 - Módulo de cliente IRC para clientes IRC de PHP3               *
*                                                                             *
*******************************************************************************
*                                                                             *
* Este módulo tratará todo el proceso de interfaz principal con el servidor
➤ IRC, haciendo
* que todos los comandos IRC estén fácilmente disponibles para una API
➤ predefinida.
*                                                                             *
* Véase phpIRC.inc.php3 para opciones de configuración.                       *
*                                                                             *
* Autor: Till Gerken   Última modificación: 09/17/99                          *
*                                                                             *
* Copyright (c) 1999 Till Gerken                                              *
*                                                                             *
*******************************************************************************/
```

CÓMO EXTRAER COMENTARIOS DE BLOQUE EN UNIX

En los sistemas UNIX, el siguiente comando grep extrae los comentarios de bloque del código fuente:

```
grep '^[\\\/ ]*\*' source.php3
```

El estilo que elija para dar formato a sus cabeceras no es crucial, pero la información que elija para incluir en la cabecera de archivo es muy importante. Como se puede ver en este ejemplo, las cabeceras deberán incluir tanto información general como detalles sobre el módulo, el autor, etc. Los artículos deberán colocarse en un orden que tenga significado (por ejemplo, no tiene sentido incluir una larga descripción y luego una descripción corta, ya que cuando haya terminado de leer la descripción larga ya no necesitará la corta). La siguiente lista le muestra la información sugerida, así como el orden:

1. Nombre de archivo del módulo.
2. Breve descripción del módulo (una línea).
3. Descripción larga del módulo.

4. Notas sobre el uso, requerimientos, advertencias, etc.

5. Nombre del autor e información de contacto.

6. Fecha de creación y última modificación del módulo.

7. Reseña de *copyright*.

8. Reseña de la licencia.

9. Punteros para cambiar el registro de entrada, la página principal, el archivo de distribución, etc.

10. Eventualmente, extractos del cambio del registro de entrada, si fuera necesario.

Si piensa que es demasiada información, recuerde que es mejor pecar por exceso que por falta de información. Por supuesto, no todos los campos son apropiados en todas las circunstancias; no los hemos incluido todos en el ejemplo anterior. Sin embargo, debería intentar poner todos los datos que pueda en las cabeceras –es un buen estilo y lo peor que puede ocurrir es que algunas personas sencillamente no los lean–. Otras le estarán muy agradecidas por ello —incluso usted mismo, ya que omitir la información sobre el *copyright* y la licencia en un proyecto comercial puede ser fuente de quebraderos de cabeza más tarde, cuando otros programadores reciclen su código para ofrecerlo libremente.

Comentarios de cabecera de módulo

Si tiene más de un módulo en un archivo (por ejemplo, cuando un módulo tan sólo consta de tres funciones para abstraer una funcionalidad de un procedimiento mayor de un módulo ligado), deberá colocar una cabecera informativa justo antes de la primera función.

Una cabecera de módulo se parece al Listado 1.5.

Listado 1.5. Comentario de cabecera de módulo

```
/////////////////////////////////////////////////////////////////////////////
//
// Submódulo para acceso al archivo desde el principal()
//
/////////////////////////////////////////////////////////////////////////////
//
// Este submódulo proporcionará una funcionalidad para un acceso fácil al
// archivo, e incluye la comprobación y registro de errores.
//
// Funciones:
//
//     int file_open(string $file_name)
//     bool file_close(int $file_handle)
//     int file_read(int $file_handle, $nr_bytes)
//
```

(continúa)

Listado 1.5.   Comentario de cabecera de módulo *(continuación)*

```
// Observaciones:
//
//     - no aporta la función seek
//     - no permite acceso de escritura
//
////////////////////////////////////////////////////////////////////////////
```

Estas cabeceras pueden incluir los siguientes elementos, en el orden siguiente:

1. Breve descripción del módulo.
2. Descripción detallada del módulo.
3. Lista prototipo de la función.
4. Observaciones y notas.

Nuevamente, los comentarios de línea múltiple también funcionan.

Comentarios de cabecera de función

Las cabeceras de la función deberán describir la sintaxis, el propósito y, necesariamente, la información del cliente de manera suficientemente detallada para cada función (véase el Listado 1.6). Este tipo de comentarios tiene una importancia secundaria sólo en los comentarios de línea. Los comentarios de cabecera de la función tienen el propósito de informar rápidamente al programador sobre los requisitos y especialidades de cada función durante el desarrollo y extensión de un módulo, y son especialmente necesarios para los desarrolladores "ajenos" que no crearon las funciones en su origen. La ausencia de comentarios de cabecera de la función exige, normalmente, que el desarrollador se sumerja en el propio código para buscar la información requerida, lo que normalmente induce a errores porque no se ven todas las trampas ocultas (a veces muy bien ocultas).

Listado 1.6.   Típico comentario de cabecera de la función

```
////////////////////////////////////////////////////////////////////////////
//
// int irc_get_channel_by_name(string $name)
//
////////////////////////////////////////////////////////////////////////////
//
// Busca un canal por su nombre en la tabla de canales interna y devuelve su
// manejador.
//
////////////////////////////////////////////////////////////////////////////
//
// Parámetro:
//     $name - nombre del canal que hay que buscar
//
////////////////////////////////////////////////////////////////////////////
//
// Valor de devolución:
//     Manejador de canal (numérico), 0 en error
```

(continúa)

Listado 1.6. Típico comentario de cabecera de la función *(continuación)*

```
//
//////////////////////////////////////////////////////////////////////////////
//
// Referencias globales:
//      $irc_channel_array
//
//////////////////////////////////////////////////////////////////////////////
```

Un comentario de cabecera de la función debe contener un conjunto con los siguientes elementos, en este orden:

1. Prototipo de función.
2. Descripción detallada de la función.
3. Observaciones o notas.
4. Descripción del parámetro.
5. Descripción del valor de devolución.
6. Referencias globales.
7. Autor y fecha de la última modificación.

Comentarios de línea

Los comentarios de línea se colocan directamente dentro del código y deben explicar todas las cuestiones directamente allí donde surjan. Tenga en cuenta que cuando está programando es natural que todo le resulte perfectamente claro conforme lo va escribiendo. Normalmente, es la razón por la que hay tan pocos comentarios. Luego, cuando vuelva a abrir ese archivo posteriormente, por ejemplo, después de un año, habrá olvidado todo sobre las estructuras que utilizó y por qué las utilizó. Nos hemos enfrentado a ese problema demasiadas veces, en nuestro propio código y en el de otras personas. La regla para los comentarios de línea es que difícilmente pueden utilizarse demasiados. La única excepción a esta regla es cuando los comentarios se utilizan tanto que ocultan el código que supuestamente deben describir. De la misma manera, debe tener cuidado y no comentar cosas obvias. Véase el Listado 1.7 para examinar algunos ejemplos.

Listado 1.7. Malos comentarios de línea

```
function calculate_next_index ( $base_index )
{

    $base_index = $base_index + 1;      // incrementar en uno $base_index

    //
    //
    // Tabla de contenidos
    //
    // 1. Introducción
    // 2. Sobre los autores
```

(continúa)

Listado 1.7. Malos comentarios de línea *(continuación)*

```
[recortar muchas líneas]
//
//
$new_index = $base_index * COMPLICATED_NUMBER / 3.14 + sin($base
➥ index);

}
```

$base_index es incrementado en 1 en la primera línea del código —¿supone esto que haya algo que comentar? Lo dudamos—. Todo el mundo puede ver que **$base_index** ha sido incrementado, pero ¿por qué ha sido incrementado? Y ¿por qué en 1 exactamente? Un buen comentario sería algo parecido a **Salte hasta el siguiente índice ordinal al que queremos apuntar; está exactamente a un elemento de aquí.**

Con el segundo comentario se introduce el mismo tipo de problema, pero por una razón diferente. El programador ha pegado la referencia completa para el algoritmo dentro del código, incluido un montón de cosas inapropiadas. Por supuesto que es bueno describir con detalle lo que está haciendo, pero debe filtrar lo que es realmente importante de lo que no lo es.

Hágase estas preguntas a la hora de comentar un código:

- ¿Qué está haciendo?
- ¿Por qué lo está haciendo?
- ¿Por qué lo hace de esta manera?
- ¿Por qué lo hace en este momento?
- ¿Cómo afecta este código al otro código?
- ¿Qué necesita este código?
- ¿Tiene su método algún inconveniente?

Por ejemplo, al analizar sintácticamente unas cadenas, documente el formato de las cadenas de entrada, las tolerancias de su analizador sintáctico (sus reacciones a los errores y equivocaciones cometidos en la entrada) y su salida. Si es demasiada información para incluirla directamente en el código, tenga por lo menos un puntero a documentación externa donde el lector pueda informarse sobre todos los aspectos del analizador. Recuerde que debe actualizar sus comentarios de cabecera de la función colocando también ahí un enlace a la documentación.

Elección de nombres manifiestos

Como ya se ha mencionado con anterioridad, la elección apropiada de los nombres de las funciones y variables es una cuestión esencial a la hora de programar. Generalmente, cuando se selecciona un nombre para una variable, es importante determinar primero si la variable es local o global. Si la variable sólo es visible en el ámbito local de una función, elija un nombre corto y preciso que exprese el contenido o significado de esa variable. El nombre de la variable deberá tener como máximo dos palabras, separadas por un guión de subrayado o por letras mayúsculas, como muestra el Listado 1.8.

Listado 1.8. Ejemplos de nombres de variables locales

```
$counter
$next_index
$nrOptions
$cookieName
```

Recuerde que no debe mezclar el sistema de adjudicación de nombres. Utilice sólo nombres de variable en minúscula, separando las palabras con un guión de subrayado, o bien sólo letras mayúsculas para separar las palabras. También puede utilizar letras mayúsculas y guión de subrayado para separar las palabras, pero nunca letras mayúsculas para una variable y guión de subrayado para otra. Esto conlleva a errores y presenta un estilo pobre. Cuando haya encontrado su propio estilo, manténgalo de manera coherente a lo largo de todo el proyecto.

Cada variable global debe tener un prefijo que identifique el módulo al que pertenece. Este sistema le ayudará a asignar variables globales a su módulo, así como a evitar conflictos cuando haya dos variables de módulos diferentes con el mismo nombre en el ámbito global. El prefijo debe ir separado del nombre de la variable utilizando un guión de subrayado. El prefijo debe consistir en una única palabra, más bien una abreviatura (véase el Listado 1.9).

Listado 1.9. Ejemplos de nombres de variable global

```
$phpPolls_setCookies
$phpPolls_lastIP
$db_session_id
$freakmod_last_known_user
```

LA VENTAJA DEL TAMAÑO (PEQUEÑO)

Cree proyectos pequeños, cada uno con un estilo de asignación de nombres diferente por las siguientes razones:

- Puede encontrar su estilo preferido.
- Tendrá práctica si alguna vez tiene que adaptarse al estilo de otra persona.

Como muestra este ejemplo, los nombres de las variables globales tienden a ser más largos que los de las locales. Esto se debe no sólo al prefijo del módulo, sino también a prácticas de clarificación. Cuando se desconocen el punto de definición e inicialización de una variable, debido a que están ocultos en un módulo al que no tiene acceso, es muy importante reflejar el contenido y significado de la variable en su nombre. Hay un límite práctico a esto y es que nadie quiere tener que recordar nombres de más de 40 caracteres, lo cual es más un límite de sentido común.

Básicamente, deberá nombrar las variables globales de la misma manera que las describiría a alguna persona. Por ejemplo, ¿cómo describiría la variable **$phpPolls_lastIP**? Tal vez no sepa lo que hace phpPolls, pero el nombre sugiere que tiene algo que ver con *polls* (votaciones). **lastIP** indica que es el último IP… ¿Qué IP? No lo sabemos. Obviamente, el nombre para esta variable global no ha sido bien elegido, porque no describe su contenido de manera exacta. Ahora, suponga que pregunta cuál es el propósito de esta variable y la respuesta es "Contiene el IP del último usuario que envió un voto". Ahora piense un nuevo nombre para la variable. ¿Qué le parece **$phpPolls_last_voters_IP**? Mucho mejor, ¿verdad? Pero aunque el nombre pueda ser bueno, sigue sin ser el idóneo porque también ha visto otras dos globales desde phpPolls, ambas con el prefijo **php-Polls_** y luego escritas en una misma palabra. Para una mayor coherencia, se deberían separar las diferentes palabras dentro del nombre únicamente con letras mayúsculas: **$phpPolls_lastVotersIP**.

Los nombres de las funciones deben tratarse con el mismo estilo que el aplicado a las variables globales, pero con algunas diferencias. Deberán describir su funcionalidad y ajustarse al flujo del lenguaje. Esto se consigue determinando las acciones que una función lleva a cabo y eligiendo un nombre que sea lo más ajustado posible a la mayoría de todas las apariciones de ese nombre.

Por ejemplo, si una función determina si un usuario está actualmente en línea, debería tener uno de los siguientes nombres:

```
function get_online_status($user_name);
function check_online_status($user_name);
function user_status($user_name);
function user_online($user_name);
function is_user_online($user_name);
```

Dependiendo del tipo de devolución, sólo son apropiados el primer y último nombre de esta lista. Imaginemos que la función debe devolver un valor booleano. Por tanto, deberá utilizarse en conjunción con una oración **if()**, que podría parecerse a esto:

- Elección 1:

```
if(user_status($user_name))
{
    // hacer algo
}
```

- Elección 2:

```
if(is_user_online($user_name))
{
    // hacer algo
}
```

En la primera elección, el nombre de la función parece algo desplazado: "Si el estado de usuario de John entonces hacer algo". Compárelo con esta segunda posibilidad: "Si el usuario John está en línea entonces hacer algo". La segunda opción no rompe el flujo del lenguaje y tiene mucho más sentido a primera vista. La primera posibilidad deja cuestiones abiertas: ¿A qué estado se está refiriendo y cómo se devuelve ese estado? El nombre de la segunda función indica claramente que esta función examinará el estado en línea de alguien y lo devolverá como un valor booleano.

¿Qué ocurre si el resultado de la comprobación es devuelto en un parámetro variable de la función?

- Elección 1:

```
function user_status($user_name, &$status)
{
    // recuperar status y devolver en $status
}

$success = user_status($user_name, $user_online);
```

- Elección 2:

```
function get_online_status($user_name, &$status)
{
    // recuperar status y devolver en $status
}

$success = get_online_status($user_name, $user_online);
```

A pesar de que **user_status()** no es una mala elección para un nombre con este propósito, **get_online_status()** es mejor. La palabra **get** indica claramente que la función recupera el estado en línea y lo guarda en algún sitio, ya sea en una variable global o en un argumento de función variable.

Para aquellas funciones que sólo hacen proceso de datos, utilice nombres activos en lugar de nombres pasivos. No utilice nombres propios o sustantivos como **huffman_encoder()** o **database_checker()** —llame a esas funciones **huffman_encode()** y **check_database()** o invierta el orden de las palabras, cualquiera de los dos casos se ajustará mejor al prefijo de su módulo.

¿ES SU CÓDIGO BILINGÜE O TRILINGÜE?

Una de las críticas más habituales de los códigos se refiere a la "nacionalización", la mezcla del idioma de la programación (que normalmente tiene un origen inglés) con otra lengua. En nuestro caso (Tobias es de origen italiano y Till es de origen alemán), a la hora de revisar proyectos de los programadores locales nos hemos encontrado con que a la gente le gustaba utilizar nombres de variables y funciones en italiano y alemán, lo que producía una mezcla extraña. Como probablemente no utiliza una mezcla de inglés, francés, español o cualquier otro idioma en su correspondencia diaria, por favor muestre coherencia a la hora de programar y utilice el inglés con PHP. Esto ayudará a las personas que hablan otras lenguas a entender lo que ha escrito.

Diseño de interfaces claras y coherentes

Tal vez le resulte odioso volver a leer de nuevo la palabra **coherencia**, pero para diseñar las interfaces es una pieza clave en el mosaico de la programación.

Desgraciadamente, el ejemplo de cómo no hay que hacerlo se encuentra en el propio PHP.

Cuando conduce un coche, el acelerador está a la derecha y el freno a la izquierda. Cuando cambia de coche, espera que esto siga siendo igual. Allí donde vaya espera que un semáforo en rojo signifique parar y otro en verde signifique pasar. De manera similar, cuando utiliza una biblioteca para acceder a los archivos y tiene que pasar un manejador de archivo a cada función, resultaría muy extraño si la función para leer desde un archivo esperara el manejador de archivo como primer parámetro, la función de escritura lo esperara como último parámetro y una tercera función lo esperara en algún sitio en medio de la lista de parámetros.

Al diseñar una interfaz, debe primero pensar en las siguientes cosas:

- ¿Qué datos se intercambiarán al utilizar la interfaz?

- ¿Qué parámetros necesita realmente?

- ¿Cuáles son los parámetros más habituales que comparte la mayoría (o todas) de las funciones de la interfaz?

- ¿Cuál debe ser el orden más lógico para esos parámetros?

Recuerde que una vez que ha decidido hacerlo de una manera no debería hacer excepciones a esa regla en su módulo. Incluso las funciones internas deberán estar conforme a la regla. Esta estrategia le permitirá que las funciones internas estén disponibles en la interfaz más tarde. Todavía más, los miembros de su equipo se lo agradecerán cuando tengan que integrar un nuevo código en su módulo.

Si se fija en las funciones de cadena en el manual de PHP, verá **strpos()**, **strchr()**, **strrchr()**, y así sucesivamente. Todas estas funciones toman como parámetros **string haystack**, **string needle**, siendo **haystack** la cadena donde hay que buscar y **needle** la cadena que hay que buscar. Ahora examine **str_replace()**. Esta función no sólo introduce de repente un sistema de asignación de nombres diferente, sino que sus argumentos son también lo opuesto al resto de las funciones: acepta **string needle, string haystack**.

Cuando preguntamos por la razón de esta discrepancia, nos respondieron que **str_replace()** sería una rápida sustitución de **ereg_replace()** y que la mayoría de la gente cambiaría sus llamadas desde **ereg_replace()** (aceptando los argumentos de orden inverso) por **str_replace()**. Por supuesto, este argumento tiene cierto sentido. Pero ¿por qué las funciones de expresiones regulares aceptan sus argumentos en un orden opuesto al de las funciones de la cadena? Porque las funciones de expresiones regulares en PHP reflejan las de C. Al desarrollar una aplicación, siempre resulta molesto ver **str_replace()** destacando del resto del grupo de la función. Al diseñar las interfaces de sus próximas bibliotecas, tenga mucho cuidado de que esto no le ocurra a usted.

Estructuración del código en grupos lógicos

Normalmente, las aplicaciones consisten en diferentes grupos de funciones y cada uno maneja una tarea y/o área especial de la aplicación. Por ejemplo, al escribir una aplicación apoyada en una base de datos, un grupo de función sería responsable únicamente de manejar el acceso a la base de datos. Este código construye una entidad por sí solo y puede ser separado de manera segura del resto del programa, si lo ha diseñado bien. Los grupos de función que lógicamente sólo realizan una tarea determinada deben diseñarse de tal manera que puedan ser tratados con independencia del resto del código. Esas funciones deberán también estar físicamente separadas del código principal, constituyendo un **módulo**.

Antes de implementar una aplicación, deberá crear una lista de todas las funciones que pueden agruparse juntas, formando un módulo, y crear un plan de diseño independiente para cada módulo. No olvide crear organigramas de datos detallados para que los módulos puedan manejar todas las demandas de la aplicación. La importancia que tiene hacer un esbozo sobre papel no debe desdeñarse. Las restricciones de espacio nos impiden entrar más en detalle sobre este tema, pero le animamos a que profundice por su cuenta con alguno de los excelentes libros sobre métodos de diseño que están disponibles.

Abstracción de grandes cantidades separadas de código

Abstraer bloques de código es una tarea que debería hacerse durante la planificación y la implementación. Digamos que una función debe realizar los siguientes trabajos:

1. Abrir un archivo.

2. Leer un bloque de datos del archivo.

3. Dar validez a los datos.

4. Corregir cualquier error que haya en los datos.

5. Escribir de nuevo los datos en el archivo.

6. Cerrar el archivo.

Cada paso se puede meter en un bloque de código separado. Es un buen estilo abstraer esos bloques y crear funciones separadas fuera de ellos. Esto no sólo le permitirá reutilizar cada bloque de código en otras funciones (probablemente también llegue a necesitar un soporte de operación de archivo en algún sitio), sino que también provocará que el código se pueda leer y depurar mejor. Puede hacer que las partes abstraídas sean a prueba de balas, equiparlas con un soporte de manejador de errores y otras muchas más cosas. Si ha intentado hacerlo en línea, su código alcanzará rápidamente un tamaño nada manejable y será muy pesado. Además, si utiliza los mismos bloques de código en otras funciones y se da cuenta de que hay un error o necesita cambiar algo, tendrá que hacer las correcciones una y otra vez en cada función que utilice este bloque. Al abstraer, está centralizando los puntos críticos. Al corregir una única línea puede cambiar el comportamiento de todas las funciones relacionadas.

Utilización de archivos para agrupar funciones

Ya hemos visto que merece la pena utilizar múltiples archivos para el código fuente, pero le animamos a que también utilice archivos para la mayoría de los demás recursos, como datos de configuración, cabeceras de personalización, pies de página u otras plantillas, así como cualquier otra cosa que se pueda extraer de su proyecto en una entidad separada.

Utilizar múltiples archivos para un único proyecto tiene algunas ventajas:

- Obtiene archivos de código fuente más pequeños, cuyo mantenimiento es más fácil.

- Puede crear diferentes revisiones para cada archivo en lugar de tener que comprobar todo el proyecto para una pequeña modificación.

- Puede separar recursos de ese proyecto y reutilizarlos en otros proyectos.

- Distintos miembros del equipo pueden trabajar en el proyecto de manera simultánea, sin tener la molestia de tener que fusionar cuando se comprueben todos los archivos en la revisión del sistema de control.

Estas cuestiones se aplican a la mayoría de los recursos que se pueden presentar en un proyecto.

Los archivos deberían recibir un nombre de acuerdo con sus contenidos. Opcionalmente, podrán tener un prefijo si un conjunto de archivos pertenece a un grupo mayor y deberán ser colocados en subdirectorios desde la raíz del proyecto. Por ejemplo, en una capa de extracción de base de datos con módulos para acceder a distintas bases de datos colocadas en archivos sencillos, cada una deberá tener el prefijo **dba_** (donde **dba** quiere decir **abstracción de base de datos**) y obtendrá **dba_mysql**, **dba_odbc**, **dba_oracle**, y así sucesivamente.

Más tarde podrá variar los subdirectorios si utiliza directorios de módulo configurables en lo que incluya. Por ejemplo (tome nota de que **dba** en este ejemplo no se refiere a las funciones **dba_*** de PHP):

```
<?
require("config.php3");

require("$dba_root/dba.php3");
require("$socket_root/socket.php3");
require("$phpPolls_root/phpPollUI.php3");

// [...]
?>
```

En este ejemplo, las variables **$dba_root**, **$socket_root** y **$phpPolls_root** deberán estar contenidas en un archivo de configuración central junto con las opciones globales para todo el proyecto. Este archivo de configuración sólo deberá contener opciones que necesite cada archivo fuente de manera independiente, y por ello tienen que estar disponibles de manera global. Dichas opciones pueden incluir opciones de entorno como el nombre del sitio, la ubicación del sistema de archivo, etc.

QUÉDESE EN LA RUTA DE ACCESO (GENÉRICA)

Al incluir el archivo de configuración desde un subdirectorio, utilice siempre rutas de acceso relativas para asegurarse de que su proyecto es movible en su sistema de archivos, así como en los sistemas de sus clientes; no confíe nunca en que las condiciones especiales de su entorno de programación estén presentes en todos los entornos de programación. Todo lo que mantenga como genérico será guardado como genérico.

Cómo escribir la documentación

Además de comentar y estructurar, es muy importante prestar atención a la documentación. La documentación para un proyecto es probablemente la primera parte del mismo que verán sus clientes, y la primera impresión es la que cuenta.

Presentar de manera profesional la documentación para que contenga algo más que el obligado "Siga las instrucciones de instalación en el README" debería ser un paso rutinario en el proceso de desarrollo. De la misma manera que espera que el manual de instrucciones de su teléfono celular, de su nuevo monitor o de cualquier otro elemento que haya comprado, esté bien escrito, sus clientes esperan recibir de usted una buena documentación (sin decir que probablemente le estén pagando mucho dinero por ella).

Al igual que con los comentarios, una amplia documentación se produce normalmente con herramientas RAD. Desgraciadamente, no existen herramientas que hayan sido diseñadas especialmente para PHP, por lo que escribir un manual es un trabajo ingrato y sin ayuda, aunque necesario. Sin embargo, esto no debería causar perjuicio a su productividad. Un manual completo debería ser diseñado como un libro pequeño, con los siguientes temas:

- Introducción.

- Tabla de contenidos.

- Guía del usuario.

- Documentación técnica.

- Guía del desarrollador.

- Lista completa de las funciones.

La guía del usuario deberá describir detalladamente todas las características de la interfaz de su aplicación (si tiene alguna) para un usuario medio. No sea demasiado técnico en esta sección, ya que debería ser una descripción del tipo "cómo hacer". Asegúrese de que se describe cada aspecto con detalle. La documentación técnica debería escribirse para los usuarios y administradores interesados en los aspectos técnicos y debería contener los requisitos técnicos de su aplicación, normas utilizadas e introducidas, así como información sobre el proceso interno de datos, si fuera de algún interés para el lector, y, por supuesto, su permiso de licencia. Si va a permitir a los clientes que vean y/o modifiquen el código fuente, incluya una guía del desarrollador para explicar la estructura del proyecto, el flujo de datos y las relaciones internas, así como una lista de todas las funciones (incluidas las funciones internas) junto con una descripción completa.

Si está trabajando en equipo, los escritores técnicos profesionales son de gran ayuda para el grupo (tienen experiencia en crear documentación técnica en profundidad, así como el tiempo suficiente para escribirla). Que un mismo miembro del grupo se ocupe de programar así como de escribir la documentación añade mucha tensión adicional, ya que los desarrolladores tienen normalmente bastante trabajo con cumplir con la fecha tope de entrega.

Ejemplo de diseño de una API

En medio de toda esta teoría, vamos a diseñar una interfaz de programación de aplicaciones (API) desde cero para familiarizarnos con las convenciones y conceptos que se han explicado con anterioridad. Tenga en cuenta que éste es un enfoque práctico y no teórico. Hemos elegido realizarlo de manera práctica para permitirle memorizar cada paso. En proyectos futuros tendrá que diseñar API sobre una base meramente teórica, sin haber visto previamente ni una sola línea del código. Para las indicaciones, consejos y trucos sobre el enfoque teórico, véase el Capítulo 3, "Diseño de aplicaciones: un ejemplo de la vida real".

El módulo para el que vamos a crear la API debe manejar una simple agenda. La implementación real de las funciones de la agenda no tiene ninguna importancia; recuerde que esto es exactamente lo que hay que ocultar al usuario. El usuario sólo quiere administrar un conjunto de citas, por lo que la API tiene que presentarse tan sólo como eso: a saber, proporcionar una interfaz para la administración de citas. No es necesario informar al usuario sobre el sistema subyacente, de si va a utilizar fechas julianas o gregorianas o incluso su propio formato; en algún momento tal vez quiera proporcionar al usuario un conjunto adicional con esas características (por ejemplo, la conversión del formato de la fecha), pero es completamente innecesario hacerlo cuando todo lo que necesita hacer inicialmente es permitir que alguien administre sus citas.

Por otra parte, esto no significa evitar o incluso inhabilitar una futura implementación de esas características. El truco a la hora de diseñar una API es encontrar exactamente sus requisitos a la vez que ser capaz de extender la API a cualquier funcionalidad eventual que sea necesaria. Esto requiere una planificación en profundidad y hacer definiciones cuidadosas, como se explica a lo largo de todo este capítulo.

La API ha de presentarse ante el usuario como la única manera de acceder a la funcionalidad del módulo que representa. No puede faltar ninguna funcionalidad ni tampoco puede haber ninguna que sea innecesaria, o incluso alguna que no pertenezca directamente a este módulo.

La lista de requisitos para una simple agenda debe ser la siguiente:

• Agregar un evento.

• Eliminar un evento.

• Recuperar una lista de eventos próximos.

Definamos primero los prototipos para las funciones de agregar y eliminar, como muestra el Listado 1.10. ¿Qué información pueden necesitar esas funciones y qué pueden proporcionar como valores de devolución?

Listado 1.10. Prototipos para las dos primeras funciones

```
void add_an_event(int day, int month, int year, int hour, int minutes,
➥ int seconds, string description);
void delete_an_event(int day, int month, int year, int hour, int minutes,
➥ int seconds);
```

Probablemente esto sea lo primero que pasa por la cabeza: una interfaz que acepta una lista de parámetros con "sentido común", como la fecha con las variables de día, mes y año y la hora con la hora, los minutos y los segundos, así como una cadena para la descripción de una cita. Las funciones no devuelven nada; sus nombres son manifiestos.

Manifiestos sí, pero ¿manifiestos de verdad? Por supuesto que **add_an_event()** es manifiesto, pero no obstante es una mala elección para una función como ésta. En primer lugar, se supone que la función ha de ser de acceso global; es decir, que es un elemento de primer orden para la API. Así, también debería identificarse claramente como perteneciente a esta API, utilizando un prefijo de nombre.

¿Cómo se podría llamar a ese prefijo? **calendar** y **scheduler** son una buena elección; en este ejemplo utilizaremos **calendar** (véase el Listado 1.11).

Listado 1.11. Prototipos de función con otro nombre

```
void calendar_add_an_event(int day, int month, int year, int hour, int
➥ minutes, int seconds, string description);
void calendar_delete_an_event(int day, int month, int year, int hour,
➥ int minutes, int seconds);
```

Ahora tenemos un prefijo, pero los nombres siguen sin ser satisfactorios. Realmente no se necesita **an** en **calendar_add_an_event()** y, de manera similar, tampoco en **calendar_delete_an_event()**; es una reliquia de elegir nombres que son "demasiado manifiestos". Dejar de lado palabras como *a*, *an* y *the* es una buena práctica cuando se eligen nombres para las funciones; la mayoría de las veces esas palabras ocupan espacio en el nombre pero no suponen una gran diferencia porque no tienen una función explicativa. Aún más, deberán evitarse definitivamente a la hora de elegir nombres de variables;

no tiene ningún sentido elegir un nombre como **$a_key** o **$the_key**, ya que es obvio que es una *key* (clave). Tiene mucho más sentido seleccionar un nombre que explica qué clave; por ejemplo, **$last_user_key** (clave del último usuario).

El Listado 1.12 muestras las funciones con un nuevo nombre.

Listado 1.12. Nombre final de las funciones

```
void calendar_add_event(int day, int month, int year, int hour, int
➥ minutes, int seconds, string description);
void calendar_delete_event(int day, int month, int year, int hour, int
➥ minutes, int seconds);
```

Pasemos al siguiente tema. Estas funciones llevan una gran lista de parámetros. ¿Es realmente necesario? Tal y como están ahora, los parámetros han sido elegidos intuitivamente, de acuerdo con el formato de fecha común que separa día, mes, año, hora, minuto y segundo. Sin embargo, intercambiar información con una interfaz así es poco elegante. Las funciones difícilmente tendrían que necesitar aceptar más de cinco parámetros. Si hay que pasar más parámetros, debería pensar en pasarlos utilizando una estructura. Las estructuras le ayudan a mantener limpia la interfaz, lo que a veces es un objetivo que vale más la pena que evitar el coste adicional que imponen las estructuras cuando se inicializan o modifican.

Antes de ajustar todos los parámetros en una estructura, todavía existe la posibilidad de usar formatos de datos alternativos. Por ejemplo, para codificar los datos de fecha y hora, puede utilizar un formato BCD (*Binary Coded Digits*, Dígitos de codificación en binario) o bien el formato *timestamp* (de marca de tiempo) de UNIX, para citar sólo dos posibilidades. Ambos formatos agrupan todas estas variables requeridas en una única. BCD está en parte muy extendido, pero cuando se trata de PHP, que tiene su origen en una plataforma parecida a la de UNIX, se impone el *timestamp* (véase el Listado 1.13). En caso de que todavía no se haya encontrado con *timestamps*, éstos cuentan el número de segundos desde la medianoche UTC (*Universal Time Coordinated*, Tiempo universal coordinado), del 1 de enero de 1970, expresado como un número decimal en un valor de 32 bits. El resultado es un salto al año 2106, pero como PHP no tiene un tipo fijo de 32 bits para manejar los *timestamps*, es posible que cambie de manera transparente el tamaño del *timestamp* hasta 64 bits para acomodar el compilador Y2.106k. Sus aplicaciones no lo notarán.

Otra ventaja de los *timestamps* es el hecho de que un gran número de funciones de PHP los convierten en fechas que el hombre puede leer. También resulta fácil hacer cálculos con los *timestamps* –para conseguir la diferencia de tiempo entre dos eventos, por ejemplo, sólo tiene que sustraer un *timestamp* del otro.

Listado 1.13. API corregida

```
void calendar_add_event(int timestamp, string description);
void calendar_delete_event(int timestamp, int seconds);
```

Como se puede ver, es muy importante examinar los formatos y métodos existentes para manejar un tipo especial de datos. El formato actual no sólo acorta la lista de argumentos en un 350%, sino que también, y por accidente, el formato de la arquitectura subyacente para manejar la fecha y la hora. Comprobar los formatos naturales y las normas existentes es un paso que nunca se debe subestimar en la fase de investigación; durante la programación nada debe ocurrir "por accidente". Es obligatorio conocer el territorio.

Con esta idea en la cabeza, echemos una mirada a la tercera función requerida, recuperar una lista de eventos próximos. Ahora vamos a tener problemas, ya que el valor de devolución no va a ser un valor único sino una lista variable de valores asociados:

Timestamp 1 =>   Descripción 1
Timestamp 2 =>   Descripción 2
Timestamp 3 =>   Descripción 3

Los datos pueden ser devueltos teniendo parámetros pasados por referencia (para más información sobre esto consulte el Capítulo 2, "Sintaxis avanzada"):

```
//
// Listar la función en pseudocódigo
//

function calendar_get_event_list($range, &$timestamp, &$description)
{

    while($current_timestamp < $range)
    {
        $timestamp[] = $next_event_timestamp;
        $description[] = $next_event_description;
    }

}
```

Este pseudocódigo llenará dos *arrays*, **$timestamp** y **$description**, con todos los eventos próximos en la fila solicitada. El índice 1 deberá, por tanto, contener el *timestamp* para el evento 1 en **$timestamp[0]** y la descripción del evento 1 en **$description[0]**.

Sin embargo, ésta es una solución a medias, ya que tener dos variables separadas que manejan elementos agrupados es un estilo pobre. Para manejar elementos agrupados, se deberá utilizar un tipo de agrupación de datos, ya sea una clase (la única manera de crear tipos estructurados en PHP) o un *array* asociativo.

Los ***arrays*** asociativos tienen la ventaja de que se pueden buscar tanto por claves (el componente de indexación en los *arrays* regulares normalmente es 0, 1, 2, 3, etc.) como por el valor (el componente informativo), pero no tienen una estructura predefinida. Por otra parte, tienen una estructura variable que puede ser cambiada sobre la marcha, lo que provoca que no esté garantizado que los datos tengan una estructura válida y que sean un poco pesados de manejar.

Las clases tienen la ventaja de mostrar perfectamente su estructura, pero necesitan un tipo de datos predefinido. Si definimos un tipo de datos para el valor de devolución ahora, por coherencia también utilizaremos ese tipo de datos para crear y eliminar eventos. A su vez, esto requiere que modifiquemos más tarde las funciones existentes, ya que no es deseable añadir sólo una función. Ahora podemos apreciar que una planificación teórica detallada anterior nos puede hacer ahorrar un tiempo muy valioso; definir un tipo de datos estructurado para las citas incluso antes de empezar a definir las primeras dos funciones nos hubiera permitido utilizar este tipo de datos, lo que nos hubiera facilitado una solución que podríamos aplicar ahora en nuestra función de lista.

Como una clase introduciría una interrupción de estilo en el código, utilizaremos un *array* asociativo. La función de lista no devolverá un código de error, por lo que utilizaremos el valor de devolución de la función para pasar los datos de nuevo a la persona que llama. Recuerde que si intenta utilizar códigos de error, todas las funciones deberán devolver un código de error incluso si siempre tienen éxito. Normalmente, el usuario de su API no sabrá si una función puede fallar, y esperará que todas sus funciones devuelvan un código de error si algunas de sus funciones han devuelto códigos de error. Debería también crear un esquema de código de error (se volverá a tratar este tema en el Capítulo 3).

Volvamos a la función de lista. Éste podría ser el futuro prototipo:

```
function calendar_get_event_list($range)
{
    // Recuperar lista de eventos
}

$event_list = calendar_get_event_list($required_range);

for($i = 0; $i < count($event_list); $i++)
    print("Event at $event_list[$i]["time"]: $event_list[$i]["text"]<br>");
```

Este código podría producir algo parecido a esto:

```
Event at 95859383: Team meeting
Event at 95867495: Deadline for Telco project
Event at 95888371: XML Seminar
```

Parece correcto, pero hay un gran error en el código. En el bucle **for()**, los datos son devueltos en el *array* bidimensional utilizando las claves asociativas **time** y **text**. El nombre que se les dio a las variables con anterioridad era diferente, era **$timestamp** para la hora y **$description** para el texto descriptivo. Al rellenar un *array* asociativo se debe utilizar el mismo nombre para las claves que el que se utilizó para las variables apropiadas; en este caso, el bucle **for()** tendría que ser capaz de acceder al *array* de la siguiente manera:

```
function calendar_get_event_list($range)
{
    // Recuperar lista de eventos
}

$event_list = calendar_get_even_list($required_range);

for($i = 0; $i < count($event_list); $i++)
```

```
print("Event at $event_list[$i]["timestamp"]:
➥ $event_list[$i]["description"]<br>");
```

Resumen

El desarrollo de una aplicación es mucho más que garabatear un código, conseguir la sintaxis adecuada y asegurarse de que el software funciona. Como el software no será leído únicamente por una computadora sino también por otros programadores (o por usted) en el futuro, el código fuente debe ser claro y conciso. Un código bien escrito es de fácil lectura, está ampliamente comentado y utiliza expresiones del lenguaje natural. Las API deberán conseguir que estén disponibles interfaces claras y coherentes, estar estructuradas en unidades lógicas y abstraer el extremo posterior. Y como los grandes proyectos no se explican por sí solos, incluso con el código más claro se necesita información técnica.

Las convenciones de codificación presentadas en este capítulo se basan en guías de sentido común a partir de la experiencia acumulada por muchos programadores, no en reglas obligatorias. No son de difícil seguimiento y facilitarán mucho tanto su vida como la de otros programadores.

2

Sintaxis avanzada

- La sintaxis de PHP.
- Definición de las constantes.
- Funciones de array.
- PHP y POO.
- Listas enlazadas.
- Arrays asociativos.
- Polimorfismo y código automodificable.
- Resumen.

Como hemos explicado en el Capítulo 1, creemos que para dominar realmente un lenguaje es crucial entender no sólo la sintaxis y semántica del mismo, sino también su filosofía, antecedentes y características de diseño. Para poder dominar PHP también necesita saberlo todo sobre sus especialidades.

La sintaxis de PHP

PHP es una mezcla de diferentes lenguajes. Se puede ver una fuerte influencia de C (algunos dicen que de Java, pero Java también ha heredado cosas de C). Mientras que la sintaxis de PHP está fuertemente influenciada por C, su semántica difiere de la de éste. PHP es interpretado y no reconoce tipos de variables estrictos, su tipo viene determinado "sobre la marcha" y se trata según lo requiere la situación actual. Ésta es una explicación algo simplificada, pero debería recordarla cuando trabaje en el desarrollo de un proyecto.

PHP es un lenguaje interpretado en el que el código es evaluado y ejecutado paso a paso. Agregue a esto la manera que tiene PHP de manejar las variables y habrá introducido un montón de posibilidades a la programación pero también muchas trampas. En este capítulo veremos lo que hay que hacer y lo que no hay que hacer a la hora de utilizar las características sintácticas y algorítmicas avanzadas:

- Definir constantes.
- Funciones de *array*.
- Clases.
- Listas enlazadas.
- Árboles.
- *Arrays* asociativos.
- *Arrays* multidimensionales.
- Argumentos variables y lista de argumentos variables.
- Nombres de variables variables.
- Nombres de funciones variables.
- Código de alto nivel automodificable.
- Polimorfismo.

Las siguientes secciones tratan todos estos temas con más detalle.

Definición de las constantes

A pesar de que en PHP no hay ninguna expresión o construcción para definir las constantes en la forma de variables no modificables, sí puede conseguir ese objetivo utilizando **valores definidos**. Los valores definidos deberán utilizarse para sustituir todos los valores fijados, como los códigos de error, las constantes del formato del archivo, las cadenas especiales y cualquier otra cosa que tenga un significado especial para el programa o biblioteca y no cambie durante la ejecución.

Los valores definidos tienen la gran ventaja de que clarifican el significado de los valores especiales, a la vez que aportan otro nivel de abstracción:

```
// leer el tipo de archivo desde la entrada
$file_type = fgets($file, 32);

// decidir qué tipo de archivo es
switch($file_type)
{
    case FT_GIF_IMAGE:   /* maneja las GIF aquí */
                         break;

    case FT_PNG_IMAGE:   /* maneja las PNG aquí */
                         break;

    case FT_ZIP_ARCHIVE: /* maneja los ZIP aquí */
                         break;
}
```

Nota: Por **valores especiales**, nos estamos refiriendo a "números mágicos" o a cadenas especiales. Por ejemplo, si quiere acceder a un archivo GIF desde su programa, e internamente su programa reconoce GIF por el "número mágico" 6 (sólo porque así lo eligió el programador, hubiera podido ser 1234), entonces puede crear una definición para este valor: define("GIF_FILE", 6), y más tarde acceder a su "número mágico" con la clave **GIF_FILE**.

Este fragmento de código lee un identificador desde un archivo de entrada y luego decide cómo actuar en ese identificador. El identificador indica si los siguientes datos son una imagen GIF, una imagen PNG o un archivo ZIP. Los identificadores pueden parecerse a esto:

Imagen GIF	"GIF_IMG"
Imagen PNG	"PNG_IMG"
Archivo ZIP	"ZIP_ARC"

Estos identificadores serán luego definidos en un archivo incluido:

define("FT_GIF_IMAGE", "GIF_IMG");
define("FT_PNG_IMAGE", "PNG_IMG");
define("FT_ZIP_ARCHIVE", "ZIP_ARC");

Esta disposición tiene la ventaja de que puede guardar todos los identificadores en un lugar central. Si necesita cambiar alguno de los identificadores, tan sólo tiene que cambiar su definición; de otra manera, tendría que sumergirse en el código, buscando y sustituyendo cada aparición de esa cadena. Al utilizar valores definidos, ese trabajo se reduce a cambiar una única línea de código.

Los nombres de los valores definidos deberán escribirse siempre en letras mayúsculas para que estén bien claros y en la mayoría de los casos deberán tener un prefijo, al igual que las funciones de biblioteca. En el ejemplo anterior, los identificadores han recibido el prefijo **FT**, que quiere decir *file type* (tipo de archivo).

Intente utilizar valores definidos siempre que pueda. Cada vez que se encuentre en una situación en la que pueda poner un código duro a un valor en su programa, la codificación dura será probablemente una mala idea. Los sistemas operativos, o programas similares orientados de bajo nivel, tienen normalmente la lista de definiciones más larga porque, para permitir que sean transportables, cada pequeño bit tiene que ser abstraído. No pueden hacer suposiciones sobre el tamaño del byte, el tamaño de la palabra, el tamaño del registro, ya que generalmente todo lo que se ve ha sido abstraído de alguna manera. Como PHP es transportable, lo que significa que no está ligado a un hardware o configuración de entorno determinados (su intérprete no cambiará el entorno independientemente del sistema operativo subyacente), no es realmente necesario ser tan extremo con las definiciones en PHP. Pero es un buen estilo de codificación.

Funciones de array

Las funciones de *array* más importantes son list(), each() y count().

list() es una especie de operador que forma un valor-i (*lvalue*, un valor que se puede utilizar a la izquierda de una expresión) fuera de un conjunto de variables y que se representa a sí mismo como una nueva entidad similar a un elemento de un *array* multidimensional. Como argumentos toma una lista de variables. Cuando se le asigna algo (una lista de variables o un elemento del *array*), la lista de variables dada como argumento al operador list() es analizada sintácticamente (*parsed*) de izquierda a derecha. A estos valores se les asigna luego un valor desde el valor-d (*rvalue*, un valor que se utiliza a la derecha de una expresión). Se entiende mejor utilizando un ejemplo:

```
$result = mysql_db_query($mysql_handle, $mysql_db,
                    "SELECT car_type, car_color, car_speed
                    FROM cars WHERE car_id=$car_id");

list($car_type, $car_color, $car_speed) = mysql_fetch_row($result);
```

Nota: Este código se utiliza aquí únicamente como ejemplo. No es una buena idea implementar un código como éste en los programas reales, ya que depende de campos que permanecen en el mismo orden. Si cambia el orden de los campos, también tiene que cambiar el orden de la variable en la sentencia list(). Utilizar *arrays* asociativos y una extracción de valor manual impone un coste adicional a la programación pero el resultado es una mejor estabilidad del código. Un código como el que hemos mostrado más arriba sólo debe utilizarse con propósitos de optimización.

La consulta SQL seleccionará los valores **car_type**, **car_color** y **car_speed** en una tabla que contiene información sobre *car* (coche). El resultado de la consulta se recupera utilizando **mysql_fetch_row()**, que devuelve los tres valores en un *array*. **car_type** estará en el índice **0**, **car_color** en el índice **1** y **car_speed** en el índice **2**. Leídos de izquierda a derecha esos valores serán asignados valor por valor (uno a uno) a los argumentos dados en la sentencia **list()**.

Así, tendremos las siguientes asignaciones:

Argumento list	Campo SQL
$car_type	car_type (índice de *array* **0**)
$car_color	car_color (índice de *array* **1**)
$car_speed	car_speed (índice de *array* **2**)

La sentencia **list()** resulta muy útil cuando se quiere separar una colección de valores en dos valores únicos, algo que ocurre bastante a menudo al programar una base de datos. Sin embargo, tome nota de que **list()** sólo puede actuar como valor i, no como valor d, y no puede utilizar **list()** para intercambiar un conjunto de variables. Por ejemplo, la siguiente sentencia no funcionará:

```
list($var1, $var2) = list($var2, $var1);
```

La sentencia **each()** se utiliza a menudo en combinación con la sentencia **list()**. **each()** recorre un *array* y devuelve cada uno de sus elementos en una combinación clave-valor. Esto se hace "recorriendo" el *array* de entrada. PHP asigna un puntero interno a cada *array*. Este puntero apunta inicialmente al primer elemento del *array*. Cada llamada a **each()** devuelve el elemento que está siendo apuntado por el puntero interno; más tarde, ese puntero será incrementado.

El formato de devolución del par clave-valor es un *array* de cuatro elementos con las claves **"0"**, **"1"**, **"key"** y **"value"**. Esto significa que puede utilizarse como un *array* indexado y como un *array* asociativo. La parte indexada del *array* (con las claves **"0"** y **"1"**) contiene la clave del elemento fuente en el índice **0**; el valor se puede encontrar en el índice **1**. Se puede acceder a la misma información utilizando la parte asociativa del *array*. (En realidad, separar las partes asociativa e indexada de un *array* no es correcto en este caso, ya que los *arrays* indexados sólo son una forma especial de *arrays* asociativos; en teoría son cosas distintas, pero en la práctica es lo mismo en PHP. Consulte información posterior para más detalles.) La clave del elemento fuente viene contenida en **"key"** y el valor en **"value"**. Por ejemplo:

```
$my_array = array("Element 1", "Element 2", "Element 3");
```

Esto creará sencillamente un *array* con los siguientes contenidos:

```
Element 1
Element 2
Element 3
```

Para entender mejor el principio que hay detrás de **each()**, resulta útil crear un listado más detallado de este *array*:

Clave	Valor
0	Elemento 1
1	Elemento 2
3	Elemento 3

Éste es el listado de todos los pares clave-valor contenidos en el *array* **$my_array**. Ahora vamos a utilizar **each()** en el mismo:

```
list($key, $value) = each($my_array);
```

Esta primera llamada a **each()** devuelve el primer *array* de cuatro elementos que contiene el primer par clave-valor a partir de **$my_array**. Tome nota de que, como únicamente hemos dado dos argumentos al operador **list()**, sólo se pueden asignar los valores a partir del *array* de cuatro elementos: éstos son **"0"**, la primera clave, y **"Element 1"**, el primer elemento de valor a partir de **$my_array**.

El siguiente código enumera el contenido de un *array*:

```
$my_array = array("Element 1", "Element 2", "Element 3");

while(list($key, $value) = each($my_array))
    print("Key: $key, Value: $value<br>");
```

Este *script* produce una salida parecida a la de la Figura 2.1.

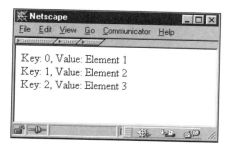

FIGURA 2.1
Listado de *array* utilizando each().

También puede utilizar **each()** para mostrar los elementos que devuelve el propio **each()**:

```
$my_array = array("Element 1", "Element 2", "Element 3");

while($four_element_array = each($my_array))
{
    while(list($key, $value) = each($four_element_array))
        print("Key $key, Value $value<br>");
}
```

Esto producirá los resultados que aparecen en la Figura 2.2.

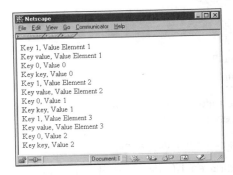

FIGURA 2.2
Valores de devolución de each().

Podemos ver fácilmente las entradas 1, **value**, 0 y **key** en la salida, y 0 y 1 deberán utilizarse conjuntamente al igual que **"key"** y **"value"**. Observe que cada par representa una entrada del *array* fuente.

Al principio, puede que utilizar **each()** en un *array* indexado no tenga sentido, ya que los elementos de un *array* indexado se pueden leer mejor utilizando una sentencia **for()**; sin embargo, hay algunas trampas aquí. En primer lugar, como en PHP los *arrays* indexados son una forma especial de los *arrays* asociativos, PHP permite hacer índices del *array* no consecutivos; en otras palabras, puede tener un *array* como el siguiente:

Clave-Índice	Valor
0	Landon
3	Graeme
4	Tobias
10	Till

Este *array* sólo tiene los índices 0, 3, 4 y 10 en uso; el resto no está asignado. Utilizar la función **count()** (que devuelve el número de elementos asignados en un *array*) en este *array* devolverá correctamente cuatro elementos asignados, pero no podrá utilizar una sentencia **for()** en este *array*, ya que no conoce las claves correspondientes a todos los valores:

```
$my array = array(0 => "Landon", 3 => "Graeme", 4 => "Tobias", 10 =>
➡ "Till");

for($i = 0; $i < count($my_array); $i++)
    print("Element $i: $my_array[$i]<br>");
```

Esto deberá producir la salida de la Figura 2.3.

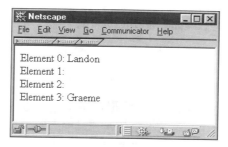

FIGURA 2.3
Acceder de manera no válida a un *array* no consecutivo coherentemente.

CONTROL DE ERRORES

Si ha configurado PHP para que controle o registre los índices del *array* no váli-dos, aparecerán unas notas de advertencia. Es una buena idea definir el nivel del control errores lo más alto posible durante el desarrollo.

La utilización de un simple bucle **for()** no es suficiente para los *arrays* de este tipo, ya que accede a índices que no tienen un valor asignado. Si PHP proporciona un entorno más estricto, esto redundará en una excepción y en la inmediata terminación del *script*. Por tanto, cada vez que no esté seguro de los contenidos y coherencia de los *arrays*, estará obligado a utilizar **each()**.

each() es también una muy buena herramienta para estar seguro de que no está acce-diendo a *arrays* fuera de sus límites (es otra de las razones para las excepciones). PHP maneja los accesos que se han producido fuera de límite de una manera bastante relajada (lo más que hará será enviarle un mensaje de advertencia); sin embargo hemos consegui-do colapsar PHP repetidamente utilizando accesos de *array* no válidos. Lo mejor fue que PHP tan sólo se cerró con una excepción, lo peor fue que el módulo de PHP utilizó de repente el 100% del tiempo de la CPU (*Control Processing Unit*, Unidad central de pro-cesamiento) y hubo que detener el proceso de servidor: una situación que debe evitarse por todos los medios en un entorno de producción. Incluso si esto fue puesto en funcio-namiento por el manejo del *array* interno en PHP, no debe forzar los accesos de *array* no válidos. Es una muy mala práctica de codificación, y dado que PHP proporciona **each()**, **list()** y funciones y operadores asociados para asegurar su código, deberá utilizarlos.

El propósito original de **each()** fue que se utilizara con *arrays* asociativos "reales", que utilizan claves no numéricas para indexar los datos. Cada vez que ése es el caso, es imposible acceder a los datos almacenados sin una función que pueda enumerar todas las claves disponibles (suponiendo que no sabe qué claves se están utilizando). Esos *arrays* se pueden organizar de manera similar al *array* descrito anteriormente, pero con claves y valores que tengan el orden opuesto:

```
$my_array = array("Landon" => 1, "Graeme" => 2, "Tobias" => 3, "Till"
➥ => 4);
```

```
while(list($key, $value) = each($my_array))
    print("Key $key, Value $value<br>");
```

Ahora tenemos el *array* indexado por el nombre, no por el número. Entonces, ¿cómo podrá saber qué nombres están contenidos en el *array* si no utiliza claves predefinidas? **each()** le permite hacerlo, como muestra la Figura 2.4.

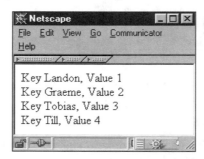

FIGURA 2.4
Listado de *array* asociativo utilizando each().

Aunque no es un resultado muy sorprendente, sí resulta muy útil saberlo.

Una última e importante nota sobre **each()**: para poder recuperar un par clave-valor por iteración, PHP tiene que recordar a qué par accedió por última vez. En consecuencia, al hacer otra iteración en el mismo *array*, ninguno de los dos pares clave-valor iguales será devuelto. Para restablecer el contador interno del *array*, debe utilizar la función **reset()**.

Con esta función, el puntero interno de PHP vuelve hasta el primer elemento del *array*, cuyo valor es también el valor de devolución de **reset()**.

El siguiente *script* accede al mismo *array* dos veces, en dos bucles diferentes, pero ambos utilizando **each()**:

```
$my_array = array("Landon" => 1, "Graeme" => 2, "Tobias" => 3, "Till"
➥ => 4);

print("<h2>Looping without reset()</h2>");

print("<h3>First loop</h3>");

for($i = 0; $i < 2; $i++)
{
    list($key, $value) = each($my_array);
    print("Key $key, Value $value<br>");
}

print("<h3>Second loop</h3>");

for($i = 0; $i < 2; $i++)
{
    list($key, $value) = each($my_array);
    print("Key $key, Value $value<br>");
}
```

Como muestra la salida de la Figura 2.5, el segundo bucle no empezará de nuevo desde el primer elemento; en su lugar, sigue a partir de donde se paró el primer bucle. Esto se debe a que el puntero interno del *array* de PHP no ha sido restaurado. Una pequeña modificación en el *script* crea un resultado muy diferente (véase la Figura 2.6):

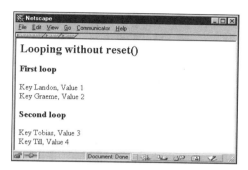

FIGURA 2.5
Utilizando each() sin reset().

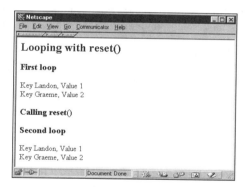

FIGURA 2.6
Utilizando each() en combinación con reset().

```
$my_array = array("Landon" => 1, "Graeme" => 2, "Tobias" => 3, "Till"
  => 4);

print("<h2>Looping with reset()</h2>");

print("<h3>First loop</h3>");

for($i = 0; $i < 2; $i++)
{
    list($key, $value) = each($my_array);
    print("Key $key, Value $value<br>");
}
```

```
print("<h3>Calling reset()</h3>");

reset($my_array);

print("<h3>Second loop</h3>");

for($i = 0; $i < 2; $i++)
{
    list($key, $value) = each($my_array);
    print("Key $key, Value $value<br>");
}
```

Se ha insertado una llamada a **each()** entre los dos bucles. La segunda utilización de **each()** vuelve a empezar recuperando los pares clave-valor del primer elemento.

Junto con **reset()**, están disponibles varias funciones para dividir las actividades de **each()**: **next()**, **prev()** y **current()**. Utilizando esas funciones es posible recorrer manualmente un *array* en ambas direcciones. **next()** devuelve el elemento actual y luego avanza el puntero interno del *array*; **prev()** hace lo mismo pero mueve el puntero del *array* hacia la posición contraria. **current()** devuelve simplemente el elemento del *array* hacia el que se está apuntando. Sin embargo, estas funciones devuelven **false** cuando se encuentran con un elemento vacío y que no ha sido asignado, así como cuando se encuentran con el final del *array*. No hay manera de distinguir ambos casos; por ello, estas funciones deberán utilizarse sólo cuando **each()** no sea una elección y se pueda eliminar la situación de encontrarse con un elemento que no ha sido asignado.

Además de las funciones aquí descritas, hay otras muchas que tienen que ver con los *arrays*. Para una completa descripción de las mismas, consulte el manual. Con PHP 4 el número de funciones del *array* se incrementa tremendamente; explicarlas todas aquí no nos permitiría centrarnos en cuestiones más importantes.

PHP y POO

A principio de los años 90, los compiladores más populares, por ejemplo, la familia de los compiladores Borland, pudieron manejar las extensiones de la programación orientada a objetos (POO) de "lenguajes básicos" como Pascal y C. De repente, clases, objetos, plantillas y herencia eran las palabras que más sonaban, eran los temas de moda en el desarrollo de software. La POO fue vitoreada y muchas compañías se subieron al negocio convirtiendo sus paquetes de software de procedimiento en aplicaciones basadas en objetos. Actualmente toda esa tendencia se ha acabado, pero un lenguaje que no puede manejar objetos sigue siendo considerado anticuado. PHP soporta objetos y en esta sección explicaremos los pros y los contras de la POO con PHP.

Creemos que el movimiento para desarrollar todo un estilo de software de programación orientada a objetos es un poco dudoso. Grandes paquetes de software han sido convertidos en objetos con mucho esfuerzo de financiación, sin contar el tiempo que han tardado los desarrolladores en volver a pensar, reestructurar y reimplementar completamente miles de líneas de código. Esos paquetes de software funcionaban perfectamente utilizando un método procedimental, e, incluso, algunos de ellos no necesitaban soporte de objeto. Hemos visto anuncios para sistemas de seguridad de software que decían "ahora completamente reimplementados con POO". Todo lo que esos sistemas hacían era comprobar una llave de hardware (un pequeño dispositivo de hardware enchufado en el puerto paralelo de un PC), tal vez pedir unas frases de contraseña y, en algunos casos, encriptar los ejecutables a los que eran enlazados. A menudo, las aplicaciones que dependían de esos paquetes no tenían que llamar a un procedimiento especial para iniciar la comprobación de contraseña; algunos de esos paquetes eran autoejecutables cuando se ejecutaba la aplicación. En otros casos, la comprobación del entorno se reducía a la llamada de una única función, ¿pero quién necesita un objeto para una única función? Internamente, la ejecución del código del programa era estrictamente lineal y el acceso al hardware era abstraído por los procedimientos. (En realidad algunos de los anuncios mentían.)

El caso más dudoso que hemos encontrado fue el de un desarrollador que estaba trabajando en una biblioteca gráfica para dibujar objetos matemáticos bi o tridimensionales completos. Basó su decisión de utilizar objetos en el hecho de que se encontró con un representante de Borland en una conferencia y esa persona le sugirió utilizar POO. ¿Crear sistemas de software valiosos en base a unas sugerencias? No es la manera de hacerlo.

¿Qué ventajas tienen los objetos, en qué se diferencia la POO del enfoque procedimental y por qué tenemos que pensar sobre ello?

Primero la última pregunta. Es importante pensar si se utiliza POO con PHP porque no tiene sentido utilizar una técnica que pueda imponer más trabajo añadido al desarrollo, que no esté bien soportada por la arquitectura subyacente y, finalmente, que no represente ninguna diferencia para su aplicación. Los proyectos orientados procedimentalmente también pueden ser tan efectivos, tener el mismo tipo de mantenimiento y ser tan extensibles como los proyectos orientados a objetos. La Tabla 2.1 muestra las diferencias más importantes entres ambos.

Tabla 2.1. Programación orientada a objetos frente a programación procedimental

Objetos	Procedimientos
Encapsulación de datos completa.	No hay encapsulación de datos, sólo funciona utilizando la abstracción de parámetros.
Permite múltiples instancias de manera fácil.	No permite múltiples instancias, los diferentes conjuntos de datos deben manejarse utilizando copias de todas las variables.
Permite una funcionalidad adicional a la vez que preserva la interfaz utilizando la herencia.	No hay herencia, la funcionalidad adicional sólo se consigue aportando a la API otra capa API o cambiando la API.
Autocentrado; el objeto guarda su conjunto de datos por sí mismo y sólo es responsable de mantenerlo válido y de garantizar el acceso a otras partes.	Orientado globalmente, los procedimientos no pueden guardar sus propios conjuntos de datos; los dadatos se facilitan por la persona que llama y son administrados sólo indirectamente por los procedimientos.

(continúa)

Tabla 2.1. Programación orientada a objetos frente a programación procedimental *(continuación)*

Objetos	Procedimientos
Proporciona significados muy fáciles para asegurar la integridad de los datos, la inicialización y la limpieza (constructores/destructores).	Difícil de asegurar la integridad de los datos; la inicialización y la limpieza han de hacerse de manera explícita.
Espacio de nombres aislado.	Los nombres se han de introducir en los espacios de nombres globales.

En esta tabla aparecen únicamente las diferencias más significativas, hay otras, pero ya puede ver que no pinta muy bien para los procedimientos. Sin embargo, ¿son los procedimientos tan malos como parece? ¿Significa esto que POO, como nueva "tecnología", sustituirá a la vieja? Depende de sus metas y de la plataforma en la que esté trabajando. En nuestro caso, la plataforma es PHP. Por supuesto, PHP soporta objetos pero de una manera muy especial. Esto está relacionado con el manejo de la variable del intérprete.

Cada vez que PHP se encuentra con una sentencia para la que se necesita escribir el acceso a una variable, evalúa y calcula los datos que serán escritos en la variable, los copia y asigna el resultado al espacio de destino en la memoria (la descripción es un poco simple, pero seguro que ya ha entendido la idea).

```
$some_var = 2;

$my_var = $some_var * 3;

$new_var = $some_var + $my_var;
```

Según este *script*, PHP:

- Creará un espacio para **$some_var** y escribirá **2** en el mismo.

- Creará un espacio para **$my_var**, recuperará el valor de **$some_var**, lo multiplicará por 3 y lo asignará a la memoria recientemente asignada.

- Creará un espacio para **$new_var**, recuperará los valores de **$some_var** y **$my_var**, los totalizará y los volverá a escribir en el nuevo emplazamiento en la memoria.

Bien, esto parece lógico, pero éstos son tipos simples y ya hemos trabajado con ellos muchas veces. Las cosas son muy distintas (y nada lógicas) cuando PHP maneja clases:

```
class my_class
{
    var $var1, $var2, $var3;
}

$my_object = new my_class;
```

```
$my_object->var1 = 1;
$my_object->var2 = 2;
$my_object->var3 = 3;

$new_object = $my_object;

$new_object->var1 = 3;
$new_object->var2 = 2;
$new_object->var3 = 1;

print("My object goes $my_object->var1, $my_object->var2,
➥ $my_object->var3 !<br>");
print("New object goes $new_object->var1, $new_object->var2,
➥ $new_object->var3 !<br>");
```

¿Qué tipo de salida cree que producirá esto? El *script* declara primero una clase, crea una instancia de la misma y asigna valores a sus tres propiedades. Cuando ha terminado, crea una nueva referencia a ese objeto, reasigna sus propiedades y luego imprime cada propiedad utilizando ambas referencias. Recuerde, una instancia. La Figura 2.7 muestra el resultado.

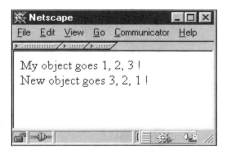

FIGURA 2.7
PHP crea una copia en lugar de una referencia.

Si todavía no se ha sorprendido es que o bien conoce muy bien PHP o todavía no ha pensado bastante sobre los objetos. PHP ha creado una copia, una nueva instancia para **my_class** en lugar de crear sólo una referencia. Éste no es el comportamiento que deseamos, ya que se supone que el operador **new** debe crear una instancia de **my_class** en la memoria y devolver una referencia de la misma. Por ello, al asignar esta referencia a otra variable, únicamente se debería copiar la referencia, dejando sin tocar los datos originales, de manera similar a un enlace del sistema de archivos que permite acceder a los mismos datos a través de diferentes ubicaciones en el sistema de archivos. Este comportamiento de PHP, crear copias de los datos referidos en lugar de sólo la referencia, puede parecer no tener mucha importancia; sin embargo, en breve veremos que en realidad supone una diferencia muy grande.

Nota: Cuando se escribió este libro, tanto PHP 3 como PHP 4 utilizaban una sintaxis de copia. Una conversación con alguien muy ligado al desarrollo del núcleo reveló que el plan es cambiar el comportamiento predeterminado para utilizar una sintaxis de referencia, pero este cambio provocaría la pérdida de la compatibilidad hacia atrás. Se ha planificado un posible cambio con la versión 4.1; si esto ocurriera, la información aquí contenida sería válida para todas las versiones futuras.

ADVERTENCIA

PHP 3 no implementa una recolección de basura adecuada. Cada vez que escriba algo en una variable, el nuevo espacio se alojará en la memoria en lugar de reutilizar el antiguo espacio. Sin embargo, unset() puede sortear esto un poco. Incluso si no libera memoria, la marca como si fuera reutilizable. Sin embargo, después de algún tiempo, los *scripts* con términos largos devorarán la memoria de su servidor. Si intenta ejecutar *scripts* con términos largos, asegúrese de que libera los resultados de la base de datos con (por ejemplo) mysql_free_result(), y utilice unset() en todas las variables que no contengan información válida. ¡No se liberará ninguna memoria hasta que se haya terminado todo el *script*!

Por ejemplo, tomemos una estructura de árbol. La clase que construye un nodo árbol se parecerá a esto:

```
class tree_node
{
    var $left_child, $right_child;
    var $value;
}
```

Por supuesto, tan sólo es un nodo árbol simple , pero contiene todo lo que necesitamos: un enlace a un hijo izquierdo y un enlace a un hijo derecho, así como una variable con los contenidos de ese nodo. Ahora construiremos un árbol simple:

```
$root_node = new tree_node;
$left_node = new tree_node;
$right_node = new right_node;

$root_node->value = 1;
$left_node->value = 2;
$right_node->value = 3;

$root_node->left_child = $left_node;
$root_node->right_child = $right_node;
```

Este código construye un nodo árbol y dos hijos, asignando un valor diferente a cada uno de ellos. Se puede recorrer el árbol con una función como:

```
function traverse_tree($start_node)
{

    $node = $start_node;
    print("Value is $node->value<br>");
```

```
        print("Traversing left tree:<br>");
        traverse_tree($node->left);

        print("Traversing right tree:<br>");
        traverse_tree($node->right);

    }
```

Olvidemos por el momento que esta función recursiva no será nunca devuelta porque nuestro árbol no tiene un marcador de parada (la función no sabrá qué nodo tiene un hijo y qué nodo no lo tiene); en su lugar, echemos una mirada a cómo funciona y cómo lo manejará PHP.

El punto crítico se ha alcanzado en la primera línea, donde se ha asignado un valor a **$node**. **$start_node**, como parámetro, contiene la instancia del nodo desde el que comenzar, y la asignación de **$node** creará una copia del mismo. El hecho de que cree una copia no es lo importante para una función que simplemente llama de manera recursiva al árbol e imprime el contenido del nodo, pero puede ser muy importante si piensa cambiar el árbol alguna vez.

Imaginemos que quiere escribir una función que añada un nuevo nodo a la hoja que está más a la izquierda del árbol. No hay ningún problema, sólo tiene que escribir una función recursiva que cuente los saltos a la izquierda y devuelva la hoja con el número más alto. Después, sólo hay que cambiar los enlaces del hijo de este objeto y habrá terminado. Espere un segundo. ¿Ha terminado realmente? Piense un momento en lo que ha cambiado (véase la Figura 2.8). Ha cambiado la copia de la hoja situada más a la izquierda, no la propia hoja. En cuanto su función sea devuelta, los cambios se habrán perdido para siempre.

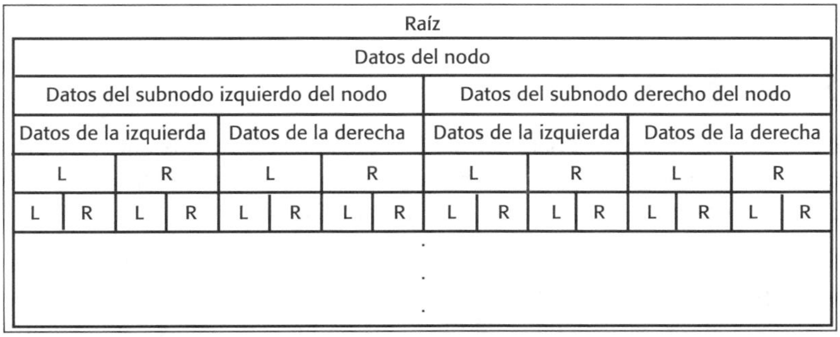

Raíz							
Datos del nodo							
Datos del subnodo izquierdo del nodo				Datos del subnodo derecho del nodo			
Datos de la izquierda		Datos de la derecha		Datos de la izquierda		Datos de la derecha	
L		R		L		R	
L		R		L		R	

FIGURA 2.8
Árboles construidos utilizando una sintaxis de copia.

Puede devolver una referencia a la instancia y cambiarla utilizando el mecanismo "de puntero" que proporciona PHP. Así cambiará el propio objeto y no su copia. En cuanto vaya a recorrer de nuevo el árbol, verá algo extraño, parece que nada ha cambiado. Y, en realidad, nada ha cambiado. Esto se debe a que el padre del nodo que quiere cambiar guarda su propia copia de los mismos datos. Recuerde que **$node->left** no es más que otra copia de un nodo en el árbol, y ésta es la copia que evaluará el que recorra el árbol. La copia que ha cambiado permanecerá fuera del árbol y acabará en el recolector de basura. Para cambiar también este nodo, necesita pasar referencias a los padres, a los padres de los padres y a los padres de éstos. Acabará en otra función recursiva, que es muy difícil codificar y que no funcionará en el 99% de los casos.

Clases: PHP 3 frente a PHP 4

PHP 4 ha aprendido de la incapacidad que tenía PHP 3 para manejar las referencias a objetos y ahora soporta "verdaderas" referencias. "Verdaderas" está entrecomillado porque en realidad no apuntan a la memoria que la otra variable está ocupando; PHP sólo interpreta esas variables como referencias y actúa de manera diferente. Incrustado en el ejemplo anterior, el código se parecería a esto:

```
// crear múltiples referencias al objeto original
$new_object = &$my_object;
$another_object = &$new_object;
```

Este código crea dos referencias al mismo objeto. Tome nota de que **$another_object** ha sido asignado como una referencia a **$new_object**, no como una copia del mismo. Al intentar copiar las referencias, PHP no copia la referencia sino que crea una copia de la variable referida. Únicamente cuando, posteriormente, utiliza referencias (para copiar una referencia debe utilizar de nuevo el operador de referencia), pueden utilizarse tanto **$new_object** como **$another_object** para modificar los datos dentro de **$my_object**.

Para las distintas versiones de PHP, vea las recomendaciones que mostramos en las siguientes secciones.

Las clases en PHP 3

Datos: No utilice las clases para estructuras de datos complejas que requieren punteros verdaderos (como los árboles). Si debe hacerlo, intente limitar el uso de las clases a la recolección de datos, no a la administración de los mismos.

Código: Utilice las clases sólo para estructurar las API que no estén dañadas por la sintaxis de copia. Reflexione sobre si su proyecto debe ser realizado con procedimientos; si fuera así, contemple seriamente esta opción. Los procedimientos son seguros y está demostrado que funcionan, mientras que los objetos conllevan algunas trampas.

Las clases en PHP 4

Utilice las clases con cuidado y asegúrese de que puede diferenciar entre las copias y las referencias a los objetos. Preste atención a qué tipos está pasando y cómo tratarlos; en cuanto se olvide de un simple ampersand (&) mágico, PHP creará una copia de su objeto y lo más probable es que rompa la coherencia de sus datos.

Las clases han sido mejoradas en PHP 4, pero seguimos siendo escépticos. Hemos oído opiniones en ambos sentidos, un grupo que insiste en que los objetos son basura y no deben utilizarse en un lenguaje como PHP y otro grupo que está a favor de los objetos sobre cualquier enfoque procedimental, incluso en PHP 3. Para aquellos que estén trabajando sólo con procedimientos, los objetos se parecen a una bestia adormecida que es mejor no tocar; para los partidarios de POO, la "gente procedimental" es idiota. Es casi como una guerra de religión. Cada vez que hemos sacado el tema, ha desembocado rápidamente en discusiones sin fin y sin resultados.

Creemos que ambos extremos están equivocados. Nunca es una buena idea ignorar nuevas características ni tampoco lo es utilizarlas sin tener en cuenta los inconvenientes. No nos gusta decir que es un problema de preferencias personales, ya que las tecnologías nunca deben ser tratadas como tal. Nuestra recomendación es que se libere de cualquier prejuicio que pudiera tener, especialmente los prejuicios de los demás, y que decida de manera objetiva qué es lo mejor para su proyecto.

Implementación de las clases

Dejando atrás los pros y los contras, las clases son un elemento importante del lenguaje y parece que siempre hay que explicar la implementación de las mismas en PHP.

Es muy fácil. Seguro que ya conoce la mayoría de las palabras clave por otros lenguajes:

```
class shopping_cart
{
    var $item_list;

    function pick($item, $quantity)
    {

        $this->item_list[$item] += $quantity;

    }

    function drop($item, $quantity)
    {

        if($this->item_list[$item] > $quantity)
            $this->item_list[$item] -= $quantity;
        else
            $this->item_list[$item] = 0;

    }

}
```

Este código define la clase **shopping_cart** (cesta de la compra) con los miembros **$item_list**, **pick()** y **drop()**. Tome nota de que no hay manera de distinguir entre miembros públicos y privados. En PHP, todo lo predeterminado es público, lo que significa que puede acceder a todas las propiedades y funciones de una clase desde fuera, sin restricciones.

Este simple ejemplo de clase implementa un tipo de cesta de la compra (como sugiere el nombre) con una variable que contiene el contenido de la cesta en un *array* asociativo ($item_list) y dos funciones (pick() y drop()) para agregar y eliminar elementos. Las funciones miembro se declaran como funciones regulares exceptuando que se implementan dentro de la definición de la clase. Las propiedades de la clase (variables en el interior de la clase) se definen utilizando la palabra clave **var**.

Nota: No es posible tener declaraciones e implementaciones de clase separadas en PHP. También tiene que implementar todas las funciones directamente en la declaración de clase.

Acceso a los objetos

Se puede llamar a las funciones miembro utilizando la "vieja" sintaxis **instancia -> miembro()** o la "nueva" sintaxis **instancia::miembro()**. De manera similar, se accede a las propiedades utilizando **instancia->propiedad** o **instancia::propiedad**. La última forma resulta especialmente útil para llamar al constructor del padre o para acceder a otros miembros no ubicados en el objeto actual (se volverá a tratar este tema en la sección "Herencia"):

```
class extended_cart extends shopping_cart
{
    function extended_cart()
    {
        shopping_cart::shopping_cart("Mousepad", 1);
    }

    function query($item)
    {
        return($this->item_list[$item]);
    }

}
```

Esta versión extendida del objeto **extended_cart** tiene un constructor que llama al constructor del padre para inicializar correctamente el resto del árbol del objeto. Tome nota de que sin llamar explícitamente al constructor del padre desde este constructor, el padre no se inicializaría nunca (tampoco lo sería su padre, etc.).

PHP también aporta un alias que apunta a la instancia actual de un objeto. Este alias se llama **this** y da acceso a todos los miembros de la instanciación real. Esto es necesario para todas las autorreferencias; PHP no introduce un nuevo ámbito local dentro de las definiciones de clase.

Nota: Como PHP no introduce un nuevo ámbito local dentro de las definiciones de clase, asegúrese de que incluye la palabra clave **this** allí donde va a hacer referencias dentro de su objeto. El olvido de **this** dará instrucciones a PHP para referirse al ámbito global, lo que es muy propenso a los errores.

Constructores

Los constructores se definen también como funciones regulares exceptuando que su nombre debe ser igual al de los nombres de las clases. PHP no reconoce destructores. Los constructores pueden tomar argumentos como cualquier otra función, incluso argumentos opcionales (consulte más adelante en esta sección la lista de argumentos variables para más detalle sobre los parámetros opcionales).

Nota: Desde PHP 4, los constructores sólo pueden tomar valores escalares como parámetros (cadenas, enteros, etc.), pero no *arrays* u objetos, lo que sigue siendo posible en PHP 3.

Para agregar un constructor al ejemplo anterior, podemos añadir una pequeña pieza de código:

```php
class shopping_cart
{
    var $item_list;

    function shopping_cart($item = "T-Shirt", $quantity = 1)
    {

        $this->pick($item, $quantity);

    }

    function pick($item, $quantity)
    {

        $this->item_list[$item] += $quantity;

    }

    function drop($item, $quantity)
    {

        if($this->item_list[$item] > $quantity)
            $this->item_list[$item] -= $quantity;
        else
            $this->item_list[$item] = 0;

    }

}
```

El constructor, contenido en **shopping_cart::shopping_cart()**, toma dos argumentos opcionales. Si no se especifica ningún argumento en la instanciación, la cesta de la compra se "llenará" a sí misma con una camiseta (*T-Shirt*). De otra manera, tomará los elementos deseados:

```
$default_cart = new shopping_cart;          // esta bolsa se llenará a
                                            ➥ sí misma con una
                                            ➥ camiseta por defecto
$mug_cart = new shopping_cart("Mug", 2);    // esta bolsa contendrá
                                            ➥ dos tazones
```

Herencia

Para agregar funciones a los objetos, no se debe rescribir el viejo código sino sobrecargar en su lugar las estructuras ya existentes. Los nuevos objetos se pueden heredar a partir de los viejos utilizando la palabra clave **extends**. Como el propio nombre sugiere, esta palabra define una nueva clase extendiendo otra ya existente:

```
class extended_cart extends shopping_cart
{

    function query($item)
    {

        return($this->item_list[$item]);

    }

}
```

Esta bolsa extendida **extended_cart** contiene ahora todas las propiedades y funciones miembro de **shopping_cart** con otra función añadida, **query()**, que nos permite comprobar la cantidad de cualquier artículo dado que haya en la bolsa.

Nota: La clase **extended_cart** no tiene su propio constructor. Si una clase hijo no tiene un constructor, PHP (desde la versión 4) llama automáticamente al constructor del padre. Sin embargo, de manera predeterminada PHP no llamará nunca a un constructor del padre. Por ello, si necesita configurar su objeto padre, asegúrese de que llama a su constructor de forma manual.

Funciones POO especiales

PHP aporta unas cuantas funciones muy prácticas que hacen que sea más fácil trabajar con los objetos. Estas funciones se describen en la siguiente tabla.

Función	Descripción
string get_class(object object)	Devuelve el nombre de la instancia del objeto especificado como una cadena.
string get_parent_class (object object)	Devuelve el nombre de la instancia de la clase padre del objeto especificado como una cadena.

Función	Descripción
bool method_exists (object object, string method)	Comprueba si la función llamada en **method** es en realidad un miembro de **object**.
bool class_exists (string classname)	Comprueba si **classname** es una clase definida ya existente.
bool is_subclass_of (object object, string classname)	Determina si **object** es una subclase de **classname**.

Nota: Estas funciones no existen en PHP 3.

El código fuente de shopping cart (cesta de la compra)

Esta sección muestra el ejemplo completo de la implementación de la POO de la cesta de la compra (*shopping cart*) (véase el Listado 2.1). Por supuesto, esta cesta de la compra es muy sencilla, pero sigue siendo útil.

Listado 2.1. Código fuente de *shopping cart*

```
class shopping_cart
{

    var $item_list;

    function shopping_cart($item = "T-Shirt", $quantity = 1)
    {

        $this->pick($item, $quantity);

    }

    function pick($item, $quantity)
    {

        $this->item_list[$item] += $quantity;

    }

    function drop($item, $quantity)
    {

        if($this->item_list[$item] > $quantity)
            $this->item_list[$item] -= $quantity;
        else
            $this->item_list[$item] = 0;

    }

}
```

(continúa)

Listado 2.1.   Código fuente de *shopping cart (continuación)*

```
class extended_cart extends shopping_cart
{

    function query($item)
    {

        return($this->item_list[$item]);

    }

    function get_contents()
    {

        return($this->item_list);

    }

}

// puede instanciar shopping_cart de la manera normal
$cart = new shopping_cart;

// puede utilizar los argumentos de variable del constructor
$cart = new shopping_cart("Cap", 2);

// también puede utilizar extended_cart, que llamará al
// constructor de shopping_cart implícitamente
$cart = new extended_cart;

// o puede utilizar las características heredadas del constructor
$cart = new extended_cart("Cap", 2);

// o por supuesto, también puede utilizar las funciones heredadas
$cart->pick("Mug", 1);

// ... o utilizar cualquier función del propio objeto
while(list($item, $quantity) = each($cart->get_contents()))
    print("We have $quantity of $item");
```

Listas enlazadas

Las **listas enlazadas**, una forma especial de árboles, son una de las más típicas estructuras de datos para organizar conjuntos de datos dinámicos. Suponemos que ya tiene una idea de lo que es la estructura, el concepto y la utilización de las listas enlazadas, por lo que no vamos a entrar aquí en más detalles sobre su implementación; nos centraremos más bien en lo que hay que hacer y no hay que hacer al nivel más elemental.

Como hemos descrito en las secciones anteriores, PHP 3 crea copias de instancias de objetos en lugar de referirse a ellos utilizando un puntero. Esto sólo permite el uso muy limitado, del tipo WORM ((*write once read many*, escribir una vez, leer muchas), de las listas enlazadas. Las listas enlazadas se pueden crear pero no modificar. Cuando se intenta modificar un elemento de la lista, se pierde la referencia a todos los elementos siguientes de la misma. La acción de reagrupar los elementos es imposible por la misma razón.

De manera similar, no se pueden realizar listas doblemente enlazadas en PHP 3 (por lo menos nosotros no hemos podido y eso que pasamos unas cuantas horas en sesiones de depuración antes de abandonar el tema). Como cada nodo necesitaría una nueva copia de la cola de la lista a la que está enlazado, tendría que crear multitud de listas redundantes con el mismo contenido sólo para habilitar la característica "volver atrás un elemento".

PHP 4, que soporta referencias verdaderas, no impone esas limitaciones. Las listas se pueden crear y reagrupar aleatoriamente, incluso las listas doblemente enlazadas. Sin embargo, tome nota de que es muy difícil distinguir entre las referencias y las copias reales de los elementos de una lista.

"Tenga cuidado con los punteros pendientes", eso dicen los programadores de los lenguajes "convencionales". Nos gustaría modificarlo para PHP: "Tenga cuidado con las copias redundantes".

Cuando trabaje con listas, cree una biblioteca a prueba de balas que maneje todas sus necesidades de la manera más general. Pruébela intensamente y asegúrese de que funciona correctamente. Esto evitará que tenga que buscar códigos erróneos que acceden a sus listas de manera incorrecta y que, eventualmente, las destruyen.

Listas y árboles enlazados: una alternativa

Como hemos dicho con anterioridad, es una buena idea crear una biblioteca a prueba de balas para sus necesidades que sea fácilmente extensible y tenga todo lo relacionado con la tarea que se requiere. Vamos a presentar un ejemplo real aquí: una biblioteca que hemos desarrollado para manejar árboles y que también funciona con PHP 3. Puede encontrar el código fuente completo en el CD-ROM.

La biblioteca puede manejar árboles doblemente enlazados con dos hijos por nodo hoja, teniendo cada nodo un contenedor para variables mixtas. Cada acción que se pueda realizar con el árbol ha sido incorporada a la API, separando el diseño del árbol del código que da acceso a él.

Ésta es exactamente la razón por la que este árbol funciona con PHP 3 (contradiciendo aparentemente lo que hemos dicho con anterioridad). El árbol se basa en *arrays* y no en punteros (como PHP aporta *arrays* dinámicos, con un pequeño esfuerzo es muy fácil utilizar dichos *arrays* para implementar un árbol dinámico).

La idea no es nueva. Tiene ya bastantes años y no es difícil de entender. En lugar de tener un puntero con cada nodo que se dirige a otro lugar en la memoria hasta el nodo siguiente, cada nodo contiene índices dentro del *array* para cada nodo con el que está enlazado. Esto también tiene la ventaja de que PHP es capaz de advertirle sobre índices no válidos, y puede copiar todo el árbol con sólo asignar la variable que contiene el *array* árbol a otra variable. Pero por encima de todo esto, lo importante es que puede serializar todo el árbol y guardarlo "tal cual" en el lugar que quiera.

Daremos una explicación más teórica: imagine que la memoria que está disponible para su programa es un gran *array*. El tamaño de los elementos estará probablemente en bytes, en el caso de la RAM física, pero el tamaño de cada elemento no importa en realidad. Lo importante es que un puntero sólo es un número que está indexando uno de esos elementos y por ello señalando el principio de cada estructura que está colocando en su RAM. Ahora, si abstrae todo esto en una construcción de lenguaje (un *array* "real"), tendrá la misma situación en un nivel más alto: el *array* PHP contiene ahora su "RAM" y cada elemento *array* representará uno de los nodos árbol. Los punteros se han convertido en índices dentro de este *array*, y la referencia se hace simplemente recuperando el elemento correcto del *array*.

La utilización de *arrays* le permite crear un montón de "RAM", incrementar y disminuir su tamaño, disponer de ella como un todo o sólo como un único elemento, es decir, un método de gestión de la memoria muy cómodo. Tener todo esto integrado en una biblioteca sólida le proporciona una buena herramienta.

La Figura 2.9 muestra cómo la biblioteca árbol maneja internamente los nodos árbol en un *array*.

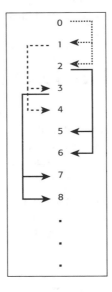

FIGURA 2.9
Un árbol contenido en un *array*.

La biblioteca consiste en las siguientes funciones:

Función	Descripción
array tree_create()	Crea un nuevo árbol.
int tree_allocate_node (array tree)	Asigna un nuevo nodo en el árbol.

Función	Descripción
int tree_free_node (array tree, int handle)	Libera un nodo en el árbol.
int tree_link_left (array tree, int link_to, int child)	Enlaza un nodo como hijo izquierdo a otro nodo.
int tree_link_right (array tree, int link_to, int child)	Enlaza un nodo como hijo derecho a otro nodo.
int tree_get_parent (array tree, int handle)	Devuelve el padre del nodo dado.
int tree_get_left (array tree, int handle)	Devuelve el hijo izquierdo del nodo dado.
int tree_get_right (array tree, int handle)	Devuelve el hijo derecho del nodo dado.
int tree_assign_node_contents (array tree, int handle, mixed _contents)	Asigna datos al contenedor de contenidos de un nodo.
mixed tree_retrieve_node_contents (array tree, int handle)	Recupera datos del contenedor de contenidos de un nodo.

Aquí puede añadir libremente más funciones; por ejemplo, la biblioteca no tiene la funcionalidad de fusionar árboles, detectar hojas muertas (hojas que existen en el *array* pero que han sido separadas del árbol principal y a las que ya no se puede acceder más), etc. Este código es una excelente manera de experimentar y aprender.

La biblioteca es bastante clara. **tree_create()** crea un nuevo *array* para el árbol e inicializa el primer elemento como el elemento raíz. Todas las referencias a otros nodos son índices enteros dentro del *array* (véase **$idx_up**, **$idx_left** y **$idx_right** en la fuente). -1 marca que se está utilizando una referencia. Por ejemplo, si un nodo no tiene un nodo hijo izquierdo, **$idx_left** contendrá -1. Para marcar si un elemento está siendo utilizado o no (lo que significa que tiene datos asignados), se define otro indicador: **$free**. Esta variable sólo contiene 1 (utilizado) o 0 (no utilizado).

tree_create() crea un nodo falso, lo marca como estando libre con todas las referencias no utilizadas y lo asigna a la ranura 0 en el *array* árbol. Luego devuelve este *array* a la persona que llama.

Nota: La persona que llama no tiene por qué saber nada de este *array*, ni siquiera que en realidad es un *array*. El programa debe simplemente asumir que es una especie de "manejador" para el árbol. Como PHP no aporta tipos explícitos, esto funciona muy bien.

tree_allocate_node() busca un nodo libre dentro del *array* árbol comprobando el indicador **$free** para cada nodo existente. Si ninguno de los nodos está marcado como libre, asigna uno nuevo y lo agrega al *array* árbol. Aquí es donde la estructura dinámica de PHP viene bien. Si tuviéramos que utilizar *arrays* de tamaño fijo, antes o después nos quedaríamos sin nodos. El nodo encontrado es marcado como en uso y devuelto como un manejador a la persona que llama.

tree_free_node() básicamente hace lo contrario. Marca el nodo especificado como no utilizado limpiando el indicador **$free**. Esto plantea tres problemas. El primero: los nodos liberados no son realmente liberados; tan sólo están marcados como liberados. Suponga que quiere construir un árbol complejo con muchos nodos y luego ejecutar un optimizador sobre el mismo, lo que generalmente disminuye el número total de nodos hasta la mitad y deja un montón de "nodos fantasmas" en el *array* después de la optimización. Imaginemos que, inicialmente, asignó 1.000 nodos y liberó 500 durante la optimización. Esto daría un *array* de 1.000 nodos, pero sólo 500 estarían marcados como en uso. Esto supone mucha pérdida de memoria, por lo que sería una buena idea tener un recolector de basura automático para estos casos especiales.

El recolector de basura nos lleva al segundo problema; a saber, los **nodos zombis**. Los nodos zombis son nodos que están marcados como en uso, pero que no están enlazados desde el árbol y no se pueden referenciar de nuevo (véase la Figura 2.10).

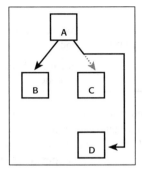

FIGURA 2.10
Nodos zombis en un árbol.

Como la biblioteca reconoce todos los nodos que hay en el árbol y el enlace interno entre ellos, los nodos zombis se pueden identificar fácilmente; sin embargo, esto sigue faltando en el código.

El tercer problema es muy similar a los nodos zombis: los **enlaces interrumpidos**. Los enlaces interrumpidos son enlaces que se originan en un nodo y apuntan hacia un nodo que no se utiliza o que no existe (véase la Figura 2.11). Los enlaces "se interrumpen" cada vez que separa un nodo del árbol, y lo marca como libre, antes de modificar todos los demás nodos que hacen referencia a este nodo.

Una vez más, esto se puede superar con una comprobación estricta en las funciones de biblioteca y el recolector de basura.

tree_link_left() y tree_link_right() enlazan un nodo como hijo izquierdo y derecho, respectivamente, asignando el manejador asociado a las propiedades **$idx_left** y **$idx_right** en la estructura del nodo. Puede encontrar su contrapartida en **tree_get_left()** y **tree_get_right()**, que lee los manejadores de los enlaces izquierdo y derecho, respectivamente, desde el nodo. De manera adicional, **tree_get_parent()** determina el nodo padre de un subnodo.

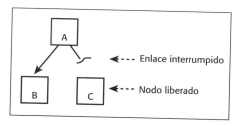

FIGURA 2.11
Enlaces interrumpidos en un árbol.

Para almacenar los contenidos en el árbol y recuperar los datos del mismo, puede utilizar **tree_assign_node_contents()** y **tree_retrieve_node_contents()**. De nuevo, el carácter dinámico de PHP resulta de gran ayuda en este caso, ya que no necesitamos fijar nuestros nodos a un tipo de datos determinado. Se ha convertido en práctica habitual en C++ ejemplificar los árboles utilizando plantillas de clase, que genera, por ejemplo, clases árboles para enteros (únicamente). Incluso aunque fuera posible ejemplificar tantos árboles como se quisiera para muchos tipos de datos, no resultaría fácil almacenar dinámicamente contenidos tipificados con este método. PHP acepta tipos mixtos que, por ejemplo, le permiten cambiar de repente todos los tipos de datos de los nodos y así sucesivamente.

Ejercicio: Implemente una recolección de basura apropiada en la biblioteca árbol

Indicación: Puede introducir un nuevo indicador en la estructura de nodo por cuenta de referencia; la recolección de basura automática será más fácil y rápida.

No subestime los ejercicios. Saber cómo hacer algo es sustancialmente diferente a ser capaz de hacer algo. Le animamos a que, por lo menos, intente mejorar la biblioteca. No es una pérdida de tiempo aunque no lo consiga. Marie Freifrau von Ebner-Eschenbach decía: "Für das Können gibt es nur einen Beweis: das Tun". (Traducido libremente sería: "Sólo hay una manera de probar una capacidad: hacerla".)

El Listado 2.2 muestra la implementación completa de la biblioteca árbol:

Listado 2.2. Implementación de la biblioteca árbol

```
//
// Esta estructura tiene un nodo árbol
//
class tree_node
{
    // índices de array enlazan con nodos cercanos
    var $idx_up;
    var $idx_left;
    var $idx_right;
    var $free;
```

(continúa)

Listado 2.2.   Implementación de la biblioteca árbol *(continuación)*

```php
    // contenidos de este nodo, ésta es una variable mixta
    var $contents;
}

function tree_create()
{

    // crea un nuevo array vacío
    $return_array = array();

    // asigna el nodo raíz
    $root_node = new tree_node;

    // todos los índices enlazados son no válidos
    $root_node->idx_up = -1;
    $root_node->idx_left = -1;
    $root_node->idx_right = -1;

    // este nodo está sin usar
    $root_node->free = 1;

    // crea contenidos falsos
    $root_node->contents = "";

    // asigna el elemento raíz al array
    $return_array[0] = $root_node;

    // lo devuelve al que llama
    return($return_array);

}

function tree_allocate_node(&$tree_array)
{

    // busca un nodo libre
    for($i = 0; $i < count($tree_array); $i++)
    {
        // recupera un nodo del array
        $node = $tree_array[$i];

        // ¿está en uso?
        if($node->free)
        {
            // no, no está en uso, asígnalo
            $node->free = 0;

            // asigna de nuevo el nodo al array para actualizar el árbol
            $tree_array[$i] = $node;

            // ahora devuelve el índice de este nodo como manejador
            return($i);
        }
    }
```

(continúa)

Listado 2.2. Implementación de la biblioteca árbol *(continuación)*

```php
    // no hemos encontrado un nodo libre, por lo que asigna uno nuevo
    $node = new tree_node;

    // invalida todos los índices
    $node->idx_up = -1;
    $node->idx_left = -1;
    $node->idx_right = -1;

    // este nodo NO está libre
    $node->free = 0;

    // asigna contenidos falsos
    $node->contents = "";

    // ahora agrega este nodo al array árbol
    $tree_array[] = $node;

    // devuelve el nuevo índice como manejador
    return(count($tree_array) - 1);

}

function tree_free_node(&$tree_array, $handle)
{

    // recupera el nodo del árbol
    $node = $tree_array[$handle];

    // comprueba si está realmente asignado
    if($node->free)
        // este nodo está libre, devuelve un código de error
        // observe que esto sólo sirve para propósitos
        // de diagnóstico ya que no lastimaría el árbol
        // si lo hubiéramos marcado como libre
        return(-1);

    $node->free = 1;

    // asigna el nodo de nuevo al árbol
    $tree_array[$handle] = $node;

    return(1);

}

function tree_link_left(&$tree_array, $link_to, $child)
{

    // recupera nodos
    $link_node = $tree_array[$link_to];
    $child_node = $tree_array[$child];

    // comprueba si los nodos están asignados
    if($link_node->free || $child_node->free)
        // devuelve error, no permitimos el enlace
        // de nodos libres
        return(-1);
```

(continúa)

Listado 2.2.   Implementación de la biblioteca árbol *(continuación)*

```
    // enlaza nodos juntos
    $link_node->idx_left = $child;
    $child_node->idx_up = $link_to;

    // escribe de nuevo nodos en el array
    $tree_array[$link_to] = $link_node;
    $tree_array[$child] = $child_node;

    // devuelve éxito
    return(1);

}

function tree_link_right(&$tree_array, $link_to, $child)
{

    // recupera nodos
    $link_node = $tree_array[$link_to];
    $child_node = $tree_array[$child];

    // comprueba si los nodos están asignados
    if($link_node->free || $child_node->free)
        // devuelve error, no permitimos enlace de
        // nodos libres
        return(-1);

    // enlaza nodos juntos
    $link_node->idx_right = $child;
    $child_node->idx_up = $link_to;

    // escribe de nuevo nodos en el array
    $tree_array[$link_to] = $link_node;
    $tree_array[$child] = $child_node;

    // devuelve éxito
    return(1);

}

function tree_get_parent(&$tree_array, $handle)
{

    // recupera un nodo del array
    $node = $tree_array[$handle];

    // comprueba si el nodo está realmente asignado
    if($node->free)
    // el nodo no está asignado, devuelve error
    return(-1);

    // el nodo está asignado, devuelve su padre
    return($node->up);

}

function tree_get_left(&$tree_array, $handle)
{
```

(continúa)

Listado 2.2. Implementación de la biblioteca árbol *(continuación)*

```php
        // recupera el nodo del array
        $node = $tree_array[$handle];

        // comprueba si el nodo está realmente asignado
        if($node->free)
            // el nodo no está asignado, devuelve error
            return(-1);

        // el nodo está asignado, devuelve su hijo izquierdo
        return($node->left);

    }

    function tree_get_right(&$tree_array, $handle)
    {

        // recupera el nodo del array
        $node = $tree_array[$handle];

        // comprueba si el nodo está realmente asignado
        if($node->free)
            // el nodo no está asignado, devuelve error
            return(-1);

        // el nodo está asignado, devuelve su hijo izquierdo
        return($node->right);

    }

    function tree_assign_node_contents(&$tree_array, $handle, $contents)
    {

        // recupera el nodo del array
        $node = $tree_array[$handle];

        // comprueba si el nodo está realmente asignado
        if($node->free)
            // el nodo no está asignado, devuelve error
            return(-1);

        // asigna el contenido al nodo
        $node->contents = $contents;

        // asigna de nuevo el nodo dentro del array
        $tree_array[$handle] = $node;

        // devuelve éxito
        return(1);

    }

    function tree_retrieve_node_contents(&$tree_array, $handle)
    {

        // recupera el nodo del array
        $node = $tree_array[$handle];
```

(continúa)

Listado 2.2.   Implementación de la biblioteca árbol *(continuación)*

```
// comprueba si el nodo está realmente asignado
if($node->free)
    // el nodo no está asignado, devuelve error
    return(-1);

// devuelve los contenidos de este nodo
return($node->contents);

}
```

Arrays asociativos

Los *arrays* son otra estructura básica en los lenguajes de programación. Proporcionan medios para almacenar un conjunto (o colección) fijo del mismo tipo de datos de una manera adecuada, haciendo que cada elemento del conjunto sea indexable utilizando una única tecla.

En los lenguajes de programación "convencional" típicos, los *arrays* se manejan así:

```
int my_integer_array[256];          // asigna 256 enteros en este array
```

Este fragmento de código C declara un *array* llamado **my_integer_array**, que contiene 256 enteros. Puede dirigir cada uno de estos enteros indexando el *array* con un valor ordinal, para este *array* de 0 hasta 255. (C empieza a contar desde 0; el número dado en la definición del *array* especifica el número de enteros que quiere tener disponibles.) Indexar se parece a esto:

```
int my_integer = my_integer_array[4];
```

Esto recupera el quinto elemento (recuerde que C empieza a contar desde 0) del *array* y lo almacena en **my_integer**.

Debido a la naturaleza de los lenguajes compilados, el programador siempre estaba ligado a la definición previa de sus variables. Si de repente necesitaba más de 256 enteros en el *array* anterior, era imposible. Por supuesto, hubiera podido definir esta variable como un puntero a un *array* entero y asignarle 257 elementos, pero ¿qué hubiera ocurrido si hubiera necesitado un elemento más? Hubiera tenido que asignar más espacio, copiar los viejos contenidos del *array* y liberar el espacio que no se utilizaba.

PHP tiene un método diferente. Como no reconoce declaraciones típicas de variable (sólo definiciones de tipo), las nuevas variables se asignan sobre la marcha. Cada vez que se crea una nueva variable introduciendo su nombre en el espacio de nombres, lo que se hace es crear un espacio de almacenamiento ligado a ese nombre, nada más. El tipo de datos que reside en ese espacio no está restringido a un tipo de variable determinado. Puede ser reinterpretado sobre la marcha y, por supuesto, cambiar de tamaño, ser reasignado o cualquier otra cosa.

Echemos un vistazo a esto:

```
$my_var = 1;
$my_var = "Utilizado para ser un entero";
$my_var = array("Vale, prefiero los arrays");
```

La primera línea crea una nueva variable **$my_var**. PHP encontrará que un entero le va a ser asignado; por ello, define el tipo inicial de **$my_var** en entero. Sin embargo, la segunda línea sobrescribe los contenidos de **$my_var** con una cadena. Utilizando uno de los lenguajes de programación convencionales, esto hubiera producido un error a la hora de compilar o por lo menos una excepción durante el tiempo de ejecución. Pero PHP cambia dinámicamente el tipo de **$my_var** por **String** (cadena) y reasigna la variable, por lo que hay disponible suficiente espacio de almacenamiento para la cadena. La tercera línea cambia el tipo de **$my_var** una vez más, creando un *array* fuera del mismo. PHP maneja todos los casos de manera transparente sin quejarse. (Sabemos que existen otros lenguajes sin tipos de variables estrictos, pero aquí no los calificaremos de lenguajes "convencionales".)

Nota: PHP 3 no tiene una recolección de basura adecuada. A la hora de reasignar una variable, la memoria que ya ha sido asignada no es siempre reutilizada. En *scripts* a largo plazo (o en *scripts* que hacen un proceso pesado), esto puede dar lugar a grandes cantidades de "memoria muerta". Cuando utilice *scripts* con una memoria intensiva que se ejecuten durante largo tiempo, controle la cantidad de memoria que utilizan en una prueba de entorno, antes de ponerlos en un entorno de producción, para estar seguro de que su servidor no se va a estropear. PHP 4 no es vulnerable a este problema.

Como en PHP no se necesitan las declaraciones de variable formales, la utilización de la variable es completamente dinámica. Un caso especial en el manejo dinámico de la variable en PHP es el *array*. Probablemente ya conozca el tipo de *array* común, el ***array* indexado**. Son *arrays* indexados por números ordinales. Estos índices ordinales normalmente van de 0 a *n*, siendo *n* el índice mayor posible. Los lenguajes como Pascal permiten la indexación con diferentes rangos, por ejemplo de 3 a 18; sin embargo, esos rangos son transformados de nuevo en índices de base 0 en el tiempo de ejecución. La principal características de estos *arrays* indexados de manera ordinal es que puede computar otro índice desde cualquier índice base dado. Por ejemplo, suponga que quiere tres elementos de *array* consecutivos, empezando por el índice 2:

```
$base_index = 2;

for($i = $base_index; $i < $base_index + 3; $i++)
    print("Element $i is $my_array[$i]<br>");
```

En cada iteración de la sentencia **for()**, este pequeño fragmento computa el siguiente índice en el *array* incrementándolo en **$i**.

Los *arrays* asociativos no tienen esta característica. Lo más especial en el caso de los *arrays* asociativos es que pueden ser indexados con claves no ordinales, cadenas por ejemplo. Cada cadena utilizada como un índice tiene un valor que le es **asociado**, de ahí el nombre de ***arrays* asociativos**. Como puede imaginarse, dar una cadena como índice base no permite saber el siguiente índice válido en el *array*. De ahí que los *arrays* asociativos no se pueden utilizar para ordenar elementos de datos de una manera ordinal. Tiene que saber las claves del *array* para recuperar sus valores asociados.

Además de esto, las funciones list() y each(), explicadas anteriormente, pueden utilizarse para recorrer los *arrays* asociativos.

En PHP, los *arrays* indexados sólo son una forma especial de *arrays* asociativos en PHP. Si aplicamos unset() en uno de los elementos de un *array* indexado, dejará todos los demás elementos (y su ordenación) intactos, pero producirá un *array* no consecutivo. Véanse las descripciones anteriores de list() y each() para más detalles.

Arrays multidimensionales

Como el propio nombre sugiere, los *arrays* **multidimensionales** son *arrays* con más de una dimensión. Los *arrays* unidimensionales (o de una dimensión) son la forma más habitual de *array*:

```
$my_array[0] = 1;
$my_array[1] = 777;
$my rray[2] = 45;
```

Para indexar este tipo de *arrays*, sólo necesitamos un índice que limite el número de valores posibles al rango de este índice. Resulta muy útil crear *arrays* multidimensionales a la hora de manejar conjuntos de datos complicados. El ejemplo típico incluye los mapas de bits y los *buffers* de pantalla. Cuando mira su monitor, está viendo una proyección bidimensional de su escritorio. La ventana, el mapa de bits, la línea de comandos, los cursores, los punteros, todo está en 2D. Para representar estos datos de manera adecuada, podría serializar cada cosa en *arrays* con una sola dimensión, pero la manera más apropiada es utilizar *arrays* con dimensiones iguales a las de los datos de entrada. Por ejemplo, para almacenar un mapa de bits (un conjunto de *pixels*) para el puntero de un ratón, debe agregar otro índice a su *array*:

```
// limpiar mapa de bits del ratón
for($x = 0; $x < MOUSE_X_SIZE; $x++)
    for($y = 0; $y < MOUSE_Y_SIZE; $y++)
        $mouse_bitmap[$x][$y] = 0;
```

Esto limpiará el mapa de bits del ratón, fijando todos los elementos en 0 (utilizará dos bucles, uno por cada dimensión). La Figura 2.12 muestra la representación gráfica de datos bidimensionales donde los elementos de datos residen en un sistema coordenado. De manera interna, en la memoria, los elementos de datos se almacenarán serializados (la RAM sólo tiene una dimensión en la indexación); sin embargo, un sistema coordenado es la analogía de visualización adecuada.

Los *arrays* no tienen un límite en el número de dimensiones máximas (francamente, no lo hemos intentado, pero difícilmente se utilizará en *arrays* con 16 dimensiones o más). Las dimensiones pueden también tener diferentes tipos (primero dimensión asociativa, segundo dimensión indexada por enteros, tercero dimensión asociativa otra vez, etc.). Por ello, también son muy útiles para representar datos estadísticos, por ejemplo.

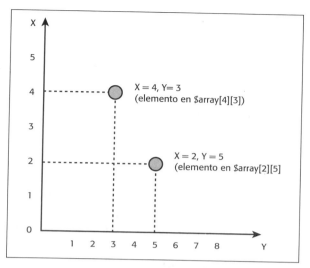

FIGURA 2.12
Estructura de *array* bidimensional.

Argumentos de la variable

Al utilizar las funciones, a menudo es necesario devolver más de un valor o cambiar los parámetros dados. Por ejemplo, **fsockopen()** devuelve el manejador del *socket* como un valor de devolución, pero también es capaz de devolver un código de error junto con un texto descriptivo para errores eventuales:

```
// intenta abrir un socket para HTTP con una interrupción de 30 segundos
$socket_handle = fsockopen("www.myhost.com", 80, $error_nr, $error_txt,
➡ 30);
if(!$socket_handle)
{
    print("Couldn't connect to HTTP host.<br>");
    print("Error code: $error_nr, Reason: $error_txt<br>");
}
```

Si no se pudiera establecer la conexión con el *host* deseado, este código imprimiría un código de error y una razón para el error. Las variables para éstos fueron originalmente pasadas a **fsockopen()** como parámetros. Sin embargo, como esos parámetros están declarados como "pasados por referencia" en la declaración de **fsockopen()**, **fsockopen()** es capaz de modificarlos y hacer que estos cambios estén globalmente disponibles después de su devolución.

Normalmente, las funciones no acceden a sus parámetros por referencia. Cuando modifican su valor durante la ejecución, funcionan con una copia local del valor original:

```
function calculate($a, $b, $c)
{
```

```
    $a = $b + $c;

}

$i = 1;
$j = 2;
$k = 3;

print("I $i, J $j, K $k<br>");
calculate($i, $j, $k);
print("I $i, J $j, K $k<br>");
```

Ambas sentencias sacan el mismo contenido. Mientras que **calculate()** modifica **$a** durante la ejecución, los contenidos de **$i** no se cambiarán, aunque haya sido pasado como un argumento para el parámetro **$a**. Esto se debe a que **calculate()** está trabajando con una copia de la variable original, no de la variable en sí. Por ello, en cuanto se devuelve la función, la copia de la variable con la que estaba trabajando es desechada y se pierden sus contenidos.

Al igual que en el caso de **fsockopen()**, a veces puede ser mejor guardar los cambios en un parámetro y hacerlos visibles en el ámbito global. Para ello, no se debe pasar una variable como copia, sino **por referencia**. Pasar variables por referencia sólo da resultados en la función poniendo un puntero al bloque de la memoria donde reside la variable original. Al utilizar este puntero, la función puede acceder a la instancia global de la variable y cambiarla directamente:

```
function calculate(&$a, $b, $c)
{

    $a = $b + $c;

}

$i = 1;
$j = 2;
$k = 3;

print("I $i, J $j, K $k<br>");
calculate($i, $j, $k);
print("I $i, J $j, K $k<br>");
```

Como se puede ver, sólo hay un carácter diferente; el ampersand (**&**) no estaba en el fragmento anterior. Este carácter, cuando viene colocado delante de un parámetro de la función, indica que ha sido pasado por referencia.

Nota: No necesita cambiar la línea que llama a la función para incluir un (**&**). PHP convierte automáticamente sus parámetros a referencias cuando encuentra una función que requiere que los pase de esta manera.

Por tanto, como **calculate()** cambia **$a**, no está cambiando su copia local de **$i**, sino accediendo al espacio de almacenamiento global de **$i**, modificándolo directamente. Además, como no está trabajando con memoria local, los cambios que se hagan en **$i** no se pierden cuando se devuelve la función.

Pasar parámetros por referencia resulta también un método muy útil para devolver más de un valor de una función, o para cambiar "de manera mágica" las variables cuando está utilizando múltiples llamadas de función para hacer cálculos complicados en una fila. Sin embargo, deberá evitar dividir las estructuras y apretujarlas en listas de parámetros cuando también podría devolver los datos directamente en una estructura. Intente no abusar de este tipo de parámetros. No los convierta en su herramienta diaria; en realidad es una práctica muy mala (se supone que las funciones no deben modificar sus parámetros en el ámbito global, a veces ocurren errores muy graves debido a esto), pero a menudo ayudan a facilitar las cosas y le permiten aplicar trucos interesantes.

Un posible ejemplo para esto sería la actualización "automática" de las llamadas "variables de ejecución". Las **variables de ejecución** son variables que cambian su valor durante un bucle algorítmico. (Las variables de contador en las sentencias for() son un caso especial.) Un ejemplo concreto es el algoritmo Run Length Encoding (RLE, Codificación de longitud de ejecución)), ampliamente conocido porque ha sido utilizado (y sigue siéndolo) en formatos de dibujo como PCX de ZSoft.

El algoritmo RLE es un simple algoritmo de compresión que se beneficia del hecho de que muchas imágenes de bajo color almacenan los mismos bytes de datos repetidamente (especialmente los mapas de bits que sólo tienen dos colores, el blanco y el negro). Fíjese en esta representación de un cubo simple:

```
11111111111111111111
10000000000000000001
10000000000000000001
10000000000000000001
10000000000000000001
10000000000000000001
10000000000000000001
10000000000000000001
10000000000000000001
11111111111111111111
```

Con un poco de imaginación, puede ver un cubo de 0 (ceros) con un borde de 1 (unos). Si quisiera guardar esto "tal cual" en un archivo, necesitaría 20 x 10 = 200 elementos (20 columnas por 10 filas). Suponemos que aquí un elemento es igual por lo menos a un byte, independientemente del hecho de que una simple compresión podría realizarse metiendo la información en bits.

Sin embargo, puede ver que almacenar los datos tal y como están no tiene sentido. Si quisiera dictar los datos a alguien para que los escriba no diría "uno uno uno uno uno uno uno [...] cero uno uno cero [...]" pero sí diría "veinte unos, otro uno, dieciocho ceros [...]".

Lo mismo ocurre con el algoritmo RLE, que cuenta el número de elementos consecutivos que no cambian su valor y los almacena utilizando un par "cuenta-valor". Después de la compresión, los anteriores datos se parecerán a esto:

```
21, 1, 18, 0, 2, 1, 18, 0, [...], 18, 0, 21, 1
```

El primer elemento siempre es el contador, el segundo es el dato. Para descomprimir esto, tan sólo necesita leer el contador y luego sacar el siguiente elemento de datos tantas veces como indique el contador. Como se puede ver, este "truco" reduce el número de elementos necesitados de 200 a 34.

El problema con este algoritmo es que cuando encuentra muchos elementos distintos en una fila, crea unos datos de salida mayores que los datos de entrada originales, ya que almacenar muchos elementos con una cuenta de datos de 1 hace que rápidamente el algoritmo no sea efectivo.

Para solucionar esto, se puede añadir una pequeña peculiaridad, es decir, un "umbral de contador". Cada tipo de dato tiene un rango típico de contadores. Por ejemplo, en lo datos anteriores, el contador nunca ha excedido de 21. De hecho, los valores que más se han utilizado han sido 18 y 2. Bien, al restringir el contador a un rango de 1-31, seremos capaces de colocar "datos literales" que no necesitan compresión dentro del flujo de entrada; el compresor sólo sacará todos los elementos de los datos de entrada que sean mayores de 31 sin una cuenta delante de ellos. El resultado es que el algoritmo es ahora 100% óptimo para todos los valores de entrada mayores que 31. Todos los valores menores o iguales a 31 serán comprimidos de manera no óptima, pero esto se puede ignorar.

Para descodificar los datos, resulta crucial distinguir entre elementos de datos literales y elementos de datos comprimidos, como muestran los Listados 2.3, 2.4 y 2.5. Aquí es donde resultan más cómodos los argumentos de la variable.

Listado 2.3.   El compresor RLE

```
function encode_data()
{
    // hacer la configuración inicial de nuestras variables
    $current_count = 0;
    $status = read_from_input($current_byte);
    $old_byte = $current_byte;
    $output = array();

    // mientras haya datos de entrada, bucle
    while($status)
    {
     // comprueba si el byte actual coincide con el último
     if($old_byte == $current_byte)
     {
         // hay una coincidencia, aumenta el contador
         $current_count++;

         // ¿excede el contador el umbral?
         if($current_count == COUNTER_THRESHOLD)
         {
          // lo excede, vacía la caché y reinicia
          $output[] = chr($current_count);
          $output[] = $current_byte;

          $current_counter = 0;
         }
     }
```

(continúa)

Listado 2.3. El compresor RLE *(continuación)*

```
        else
        {
                // los bytes no coinciden

                // ¿tenemos algún par caché?
                if($current_count > 1)
                {
                 // lo tenemos, cópialo
                 $output[] = chr($current_count);
                 $output[] = $old_byte;

                 $current_count = 1;
                }
                else
                {
                 // no tenemos un par caché,
                 // escribe literal
                 if(ord($old_byte) < COUNTER_THRESHOLD)
                {
                     // este byte se podría confundir con un valor de
                     // contador, escribe un par ficticio
                     $output[] = chr(1);
                     $output[] = $old_byte;
                }
                else
                {
                     // no puede ser confundido con un valor de contador,
                     // escribe el valor directamente
                     $output[] = $old_byte;
                }
                }
        }

        // fija el byte actual como un byte viejo
        $old_byte = $current_byte;

        // obtiene un nuevo byte y hace un bucle
        $status = read_from_input($current_byte);
    }

    return($output);

}
```

Listado 2.4. El descompresor RLE

```
function get_encoded_pair(&$count, &$value)
{

    // comprueba el flujo de entrada
    if(!read_from_input($data_element))
    {
        // no hay datos de entrada disponibles, devuelve
```

(continúa)

Listado 2.4.   El descompresor RLE *(continuación)*

```
            // contador cero y datos ficticios
            $count = 0;

            // indica fallo
            return(0);
        }

        // comprueba si son datos literales
        if(ord($data_element) >= COUNTER_THRESHOLD)
        {
            // son datos literales, devuelve
            // contador de uno y elemento de datos
            $count = 1;
            $value = $data_element;
        }
        else
        {
            // esto ha sido una cuenta, asígnala
            $count = ord($data_element);

            // intenta recuperar el propio elemento de
            // datos
            if(!read_from_input($value))
            {
                // los datos de entrada están dañados,
                // devuelve cuenta cero
                $count = 0;

                // indica fallo
                return(0);
            }

        }

        // devuelve éxito
        return(1);

    }

    function decode_data()
    {

        // inicializa el array de salida
        $output = array();

        // descomprime todos los datos en el array
        while(get_encoded_pair(&$count, &$value))
        {
            for($i = 0; $i < $count; $i++)
                $output[] = $value;
        }

        return($output);

    }
```

Listado 2.5. Ejemplo de uso del motor de RLE

```
//
// esta declaración debe existir y ser la misma
// para el compresor y para el descompresor
//
define("COUNTER_THRESHOLD", 32);


//
// esta función de herramienta es necesaria para que el
// compresor y descompresor lean los datos
//
function read_from_input(&$data_element)
{
    // Ésta es una función ficticia para recuperar un elemento de datos
    // de los datos de entrada. Puede contener un código para leer desde
    // un array, desde la entrada estándar o algo
    // completamente diferente.
    // Como ejemplo, esta función lee desde un archivo
    // global. (No es buena idea tener archivos globales pero
    // es sólo para este ejemplo.)
    global $file_handle;

    // comprueba si hemos alcanzado el final del archivo
    if(feof($file_handle))
    {
        // lo hemos alcanzado, devuelve error,
        return(0);
    }

    // no hemos encontrado el final del archivo,
    // leemos el siguiente elemento
    $data_element = fgetc($file_handle);

    // devuelve éxito
    return(1);
}

// incluye compresor y descompresor
include("compressor.php3");
include("decompressor.php3");

// define nombre de archivo
$original_file = "data.original";
$compressed_file = "data.compressed";
$decompressed_file = "data.decompressed";

// -> todos los procedimientos necesitan la variable global $file_handle
// (es una mala práctica pero bueno para el ejemplo)

// abre archivo de entrada
$file_handle = fopen($original_file, "r");
if(!$file_handle)
    die("Error opening file.");
```

(continúa)

Listado 2.5.   Ejemplo de uso del motor de RLE *(continuación)*

```
// lo codifica
$output = encode_data();

// cierra el archivo de entrada
fclose($file_handle);

// abre el archivo de salida
$file_handle = fopen($compressed_file, "w");
if(!$file_handle)
    die("Error creating file.");

// escribe los datos descodificados
for($i = 0; $i < count($output); $i++)
    fputs($file_handle, $output[$i]);

// cierra el archivo de salida
fclose($file_handle);

// abre el archivo de entrada
$file_handle = fopen($compressed_file, "r");
if(!$file_handle)
    die("Error opening file.");

// lo descodifica
$output = decode_data();

// cierra el archivo de entrada
fclose($file_handle);

// abre el archivo de salida
$file_handle = fopen($decompressed_file, "w");
if(!$file_handle)
    die("Error creating file.");

// escribe los datos descodificados
for($i = 0; $i < count($output); $i++)
    fputs($file_handle, $output[$i]);

// cierra el archivo
fclose($file_handle);
```

Este ejemplo muestra muy claramente cómo el descodificador y el lector lógico pueden dividirse en funciones más pequeñas y separadas. El descodificador real sólo tiene unas cuantas líneas. La función que proporciona los datos de entrada se puede separar del resto del código y la "toma de decisión" que diferencia entre datos literales y comprimidos está de nuevo en una función pequeña y fácil de entender.

Un buen truco es devolver los datos literales con una cuenta de 1, por lo que el bucle de descompresión no tendrá que volver a preocuparse de esto de nuevo; puede escribir los datos que se le están facilitando en el *array* de salida.

La verificación de errores se puede mejorar en algo, pero dejamos este tema para el lector. No es difícil.

Listas de los argumentos de la variable

Las **listas de los argumentos de la variable**, a menudo también llamados **parámetros opcionales**, le permiten preasignar los parámetros de la función con un valor predeterminado. Si el que llama no especifica un valor para el argumento, se asume el valor
predeterminado. Esto hace que se pueda proporcionar al que llama una lista de parámetros opcionales que pueden utilizarse pero cuya utilización no es obligatoria.

Los parámetros opcionales se definen de la siguiente manera:

```
function open_http_connection($hostname, $port = 80, $timeout = 10)
{

    $socket = fsockopen($hostname, $port, $timeout);
    /* el resto del código va aquí */

    return($socket);

}

$regular_socket = open_http_connection("www.myhost.com");
$slow_socket = open_http_connection("www.myhost.com", 80, 20);
$test_socket = open_http_connection("testserver.myhost.com", 8080);
$slow_test_socket = open_http_connection("testserver.myhost.com", 8080,
➡ 20);
```

La función **open_http_connection()** acepta un argumento regular llamado **$host-
name** que especifica el nombre de *host* con el que tiene que conectar la función. De
manera adicional, tiene dos argumentos opcionales, **$port** y **$timeout**, que contienen el
número de puerto al que hay que conectarse y cuando se está fuera de tiempo de la conexión en segundos, respectivamente.

Ambos tienen valores preasignados de forma predeterminada, que vienen indicados
por el signo igual a (=) seguido por el valor predeterminado deseado. Así, cada vez que
estos argumentos no vienen dados por el que llama, PHP tan sólo sustituye los campos
que faltan por sus valores predeterminados.

Como se puede ver en los ejemplos, la primera llamada sólo utiliza **$hostname**. Fal-
tan **$port** y **$timeout**, por lo que PHP tan sólo rellena los valores predeterminados, lo
que hace que la llamada sea igual a:

```
$regular_socket = open_http_connection("www.myhost.com", 80, 10);
```

Puede especificar los parámetros opcionales y sobrescribir sus valores predeterminados, como se ve en la segunda llamada. El valor de **$port** sigue siendo 80, pero **$timeout**
está ahora fijado en 20 segundos.

Necesita proporcionar los argumentos predeterminados cuyo valor quiere cambiar,
como ha quedado demostrado en el tercer ejemplo. Aquí, sólo se da **$port** como **8080**.
No se da **$timeout** y por ello sigue teniendo el valor predeterminado de 10 segundos.

El hecho de que PHP no pueda saber qué valor pertenece a qué parámetro requiere de usted que ponga todos los parámetros opcionales al final de la lista de argumentos. Si hubiera puesto $hostname como único parámetro requerido al final de la lista (y $port y $timeout al principio de la misma), la primera llamada que sólo especificó $hostname haría pensar a PHP que la cadena para el nombre de *host* sería en realidad el valor de $port, y esto crea mucha confusión.

Asimismo, no puede tomar un conjunto aleatorio de parámetros opcionales a los que le gustaría proporcionar un valor; si tiene una función que acepta tres parámetros opcionales y sólo quiere cambiar el último en la lista de argumentos, tendrá que proporcionar los valores predeterminados para los otros dos parámetros. (Esto se ve en la segunda llamada anterior, donde sólo se cambió $timeout.)

En PHP 4, son posibles los argumentos de variables reales. Una función puede tomar más argumentos que la lista de definición de la función y puede acceder a cualquier número de argumentos con las funciones func_get_args(), func_num_args() y func_get_arg().

El valor de devolución de func_get_args() es un *array* indexado que está lleno con todos los valores de los argumentos pasados a la función, de izquierda a derecha:

```
function show_arguments()
{

    $argument_array = func_get_args();

    for($i=0; $i<count($argument_array); $i++)
    {
        print("$i => $argument_array[$i]<br>");
    }

}

show_arguments("Leftmost", "Middle", "Rightmost");
```

La función func_num_args() devuelve el número de argumentos pasados; func_get_arg() devuelve un argumento específico. Por ejemplo, func_get_arg(0) devolverá el primer argumento.

Nombres de variables variables

Nombres de variables variables. Para aquellos que no sepan nada de esto (y para nosotros cuando no teníamos ni idea) puede resultar una cosa extraña. Los **nombres de variables variables** sirven para acceder a aquellas variables cuyo nombre no se conoce de antemano y se construye durante el tiempo de ejecución. Esta característica es posible en PHP debido a su naturaleza interpretada. PHP tan sólo pasa por el código y traduce lo que encuentra en algo útil. El siguiente código constituye el ejemplo más sencillo de nombre de variable variable:

```
<?

$my_var = "hello";

$$my_var = 1;

?>
```

En la segunda línea, **$my_var** lleva el prefijo **$$**. Básicamente un nombre de variable variable funciona así. Por supuesto, podría anidar los nombres de variables variables para obtener nombres de variables variables variables (y así sucesivamente) pero con un nombre de variable variable ya se pueden hacer bastantes cosas.

Presentamos un ejemplo de la vida real: phpPolls, el software de la cabina de votaciones descrito en el Capítulo 1, "Conceptos de desarrollo", utiliza nombres de variables variables. Para evitar que los usuarios voten dos veces en una misma elección, uno de los mecanismos de protección se basa en *cookies*. Cada vez que un usuario vota, se configura una *cookie*, y el nombre que se le asigna tiene un prefijo configurable y un único ID para identificar la votación. Cuando las *cookies* son reintroducidas en el espacio de nombres global, cada vez que un usuario intenta enviar un voto, phpPolls comprueba la existencia de una variable global cuyo nombre sea igual que el nombre de la *cookie* que construyó con anterioridad. Si existe una variable con el mismo nombre, phpPolls rechaza ese voto.

Para llevar a cabo esta tarea, los nombres de variables variables son muy cómodos. A continuación presentamos un extracto del código fuente de phpPolls:

```
$poll_object = mysql_fetch_object($poll_result);
$poll_timeStamp = $poll_object->timeStamp;

$poll_cookieName = $poll_cookiePrefix.$poll_timeStamp;

// comprueba si existe una cookie
if(isset($$poll_cookieName))
{
    // sí existe una cookie, invalida este voto
    $poll_voteValid = 0;
}
else
{
    // la cookie no existe todavía, define una ahora
    setCookie("$poll_cookieName", "1", $poll_cookieExpiration);
}
```

El código recupera en primer lugar el único ID de la *cookie*, que consiste en el *timestamp* de la votación, y luego lo ensambla con el prefijo de la *cookie* **$poll_cookiePrefix** para formar el nombre de la variable deseada, **$poll_cookieName**. Al utilizar **isset()**, la existencia de la variable (y por ello de la *cookie*) viene determinada y actúa en consecuencia.

Nombres de funciones variables

Por supuesto, lo que hemos dicho sobre los nombres de variables variables en la sección anterior sigue siendo válido para los nombres de funciones. Éstos se pueden construir utilizando variables, proporcionando una manera dinámica de procesar los datos, instalando retrollamadas modificables, etc. En lugar de hacer una codificación dura de los nombres de las funciones, puede utilizar variables de cadena para especificar las funciones a las que quiere llamar:

```
function my_func($a, $b)
{

    print("$a, $b");

}

$function = "my_func";

$function(1, 2);
```

Después de la declaración de **my_func()**, a la variable **$function** se le asigna una cadena **"my_func"**. Como la cadena es la misma que el nombre de la función a la que quiere llamar, puede utilizarla al llamar a **my_func()**.

Por supuesto, éste es un ejemplo muy sencillo de los nombres de funciones variables. Resultan muy útiles cuando tiene que cambiar entre un conjunto de funciones diferentes, dependiendo de una serie de indicadores de la variable.

Supongamos que quiere descodificar datos adjuntos a un e-mail. Pueden tener formatos diferentes (como, por ejemplo, base 64 o uucodificado, por nombrar sólo dos). Crear un analizador sintáctico "cerrado" que sólo entienda uno o dos formados de codificación y que difícilmente pueda ser extendido no es una buena idea; en cuanto se soliciten nuevos formatos estará atascado. Este caso es casi ideal para los nombres de funciones variables:

```
function decode_base64($encoded_data)
{

    // hace algo con los datos codificados

    return($decoded_data);

}

function decode_uuencoded($encoded_data)
{

    // hace algo con los datos codificados

    return($decoded_data);

}

$mail_text = fetch_mail();
$encoder_type = determine_encoding($mail_text); // devuelve: "base64" for
                                                   ➥ Base64
                                       // devuelve: "uuencoded"
                                                ➥ por UUEncoded
```

```
$decoder = "decode_".$encoder_type;

$decoded_data = $decoder($mail_text);
```

Este código determina automáticamente el manejador correcto para los datos de entrada. **determine_encoding()** devuelve una cadena que indica el tipo de datos que hay que descodificar y debe existir una función correspondiente para cada uno de ellos. El nombre de la función a la que hay que llamar se escribe en **$decoder** y es llamada inmediatamente.

El inconveniente de este método es que es un poco sucio. Difícilmente podrá ver en él un comportamiento "predeterminado"; el mecanismo de descodificación es completamente dinámico y puede colapsarse si **determine_encoding()** produce un resultado que carezca de sentido. Sin embargo, es una manera muy cómoda de tratar con los datos de entrada. En cuanto aparece un nuevo tipo de codificación, tan sólo tiene que crear una función que tenga un nombre adecuado y ajustar **determine_encoding()** para devolver la correspondiente cadena.

Siempre y cuando **determine_encoding()** esté a prueba de balas, lo que significa que siempre devolverá una cadena que tenga sentido (incluso si sólo es una ficción), diremos que la utilización de esta técnica es completamente legal. Esta manera dinámica de manejo de datos es apropiada para los entornos de producción, siempre y cuando esté seguro de que su *script* permanecerá en un estado definido durante todo el tiempo de ejecución.

Un ejemplo real de un *script* que utiliza extensamente los nombres de funciones variables es phpIRC (que se explica en el capítulo siguiente). phpIRC es una capa de IRC para PHP que proporciona acceso a redes IRC (*Internet Relay Chat*, Conversación interactiva en Internet) a través de una cómoda API. Como el manejo de los datos de entrada es no lineal y depende completamente del usuario, phpIRC tiene un conjunto de eventos que clasifica cada paquete entrante. El usuario puede instalar manejadores en phpIRC para cada evento, para poder reaccionar en cada tipo de tráfico entrante. phpIRC almacena los nombres de las funciones de retrollamada en un *array* interno; en cuanto llegan los datos, recorre su *array* de retrollamada para buscar funciones que coincidan con el tipo de datos detectado, y pone todas las funciones que coinciden en una fila. Esto permite un procesamiento de datos dinámico similar al ejemplo del e-mail anterior y resulta muy cómodo cuando puede (o quiere) decidir cómo tratar los eventos próximos sólo en el tiempo de ejecución.

Más tarde, podrá utilizar los nombres de funciones variables para cambiar el comportamiento del *script* en el tiempo de ejecución y también instalar "extensiones" definidas por el usuario que se vinculan al código en el tiempo de ejecución, posibilitando una funcionalidad adicional para el *script* sin tener que cambiar ni una línea del código.

Polimorfismo y código automodificable

El inconveniente de los nombres de funciones variables (y parcialmente de los nombres de variables variables) es que siempre tiene que tener una parte "fija" del programa (en el caso de los nombres de funciones variables, una lista de funciones anteriormente predeclaradas que pueda utilizar) y luego una parte "variable" (la parte que construye los nombres de función en una variable y luego llama a la función cuyo nombre ha sido construido). Esto implica que, por cada posible nombre construido, tiene que crear antes una función para permitir que el programa opere correctamente, un tipo de restricción.

Esto se puede solucionar con programas completamente dinámicos, programas que se generan a sí mismos sobre la marcha. Originalmente, esto fue una idea de los "primeros" días de la programación, parcialmente intentada por los programadores de juegos y los escritores de virus.

Todo empezó con el código automodificable. En los bucles internos de los juegos –por ejemplo, los procedimientos que eran responsables de dibujar un *buffer* en la pantalla– la velocidad era (sigue siendo) crucial. Sin embargo, como el tiempo de proceso no era un recurso infinito, la gente tuvo que pensar en otras maneras para obtener el máximo de su equipo.

A menudo se daba el caso de que, en los bucles más internos, tenían que tener lugar una cuantas decisiones. Por ejemplo, si una rutina de copia de un *buffer* sólo tenía que copiar cada segunda línea en la pantalla en algunas ocasiones, tenía que tener unas cuantas construcciones **if()/then** incrustadas en la parte del código que las necesitaba menos. Estas construcciones ocupaban un tiempo de procesamiento precioso y, como la rutina más interna ocupaba algo así como el 80% de todo el tiempo de procesamiento del programa, acelerarlo en un 50% eliminando esas construcciones produciría un 40% adicional de potencia de computación.

Sin embargo, crear un conjunto de rutinas para manejar cada caso no hubiera servido de gran ayuda; hubiera derrochado espacio de código y trasladado las decisiones a otro lugar. Eventualmente hubiera podido obtener un mejor rendimiento general, pero no un rendimiento óptimo.

Por ello se inventó la técnica del código automodificable. Cada vez que una parte del programa modificase una de las condiciones de las construcciones **if()/then** más internas, en lugar de ajustar en consecuencia los indicadores responsables, volvía a reprogramar el bucle interior de tal manera que actuase de la forma deseada; es decir, exactamente igual que lo hubiera hecho si hubiera evaluado los indicadores. Las modificaciones necesarias eran, a menudo, sólo una cuestión de cambiar uno o dos bytes, y no eran más extensas que definir un conjunto de indicadores. Por supuesto, esto sólo funcionaba en el nivel de código de la máquina y dependía mucho del sistema, pero también era muy potente.

Finalmente, los programadores de virus llevaron esta técnica hasta el extremo creando **programas polimórficos**. Se llaman así porque cambian su propio código cuando realizan la misma tarea. La manera más simple de crear un código polimórfico era comprimir los virus y elegir un algoritmo de compresión diferente o parámetros de compresión diferentes cada vez. El resultado eran diferentes códigos de bytes después de cada compresión; pero después de la descompresión, se restauraba el programa original. (Intente estudiar archivos ZIP que contengan los mismos datos con diferentes niveles de compresión; parecen sustancialmente distintos, pero siempre expanden los mismos datos.) El método más complicado era reagrupar de manera dinámica bloques de instrucciones a la vez que se mantenía intacta la estructura algorítmica; un método que a veces requiere un código extremadamente sofisticado, pero que también es muy efectivo. Como cada método produjo un cambio en el código de bytes, se crearon diferentes firmas para cada infección del virus, imposibilitando que los software antivirus pudieran detectarlos; mientras que los virus eran capaces de infectar cada programa que encontraban.

¿Qué tiene esto que ver con PHP? Por supuesto que no puede crear programas polimórficos como estos; la arquitectura de PHP impide modificaciones en el tiempo de ejecución del código que ya ha sido analizado sintácticamente, pero, sin embargo, hay mucha materia interesante ahí. Existe una posibilidad: los analizadores sintácticos de función dinámica, como se describe en la siguiente sección.

Generador de función dinámica

Mientras escribíamos este libro, alguien de la lista de correo de PHP en Alemania preguntó cómo manejar el procesamiento de las funciones matemáticas que eran introducidas por un usuario. Quería saber cómo podría mostrar gráficamente una función que había sido introducida por un usuario que utilizó un formulario web con PHP, pero no sabía cómo tratar la entrada de texto. ¿Cómo se puede convertir algo parecido a $f(x) = m * x + b$ en un gráfico?

La discusión discurrió rápidamente por uno de los caminos tradicionales; alguien había pensado a lo grande, realmente grande, en lugar de ver las cosas más simples y obvias. *Uni sono* (del latín, "con una sola voz"), el método más común para enfocar el problema parecía ser el siguiente:

1. Analizar los datos de entrada.

2. Crear una representación analizada sintácticamente (algo relacionado con compilar técnicas).

3. Dejar que un procesador se ejecute sobre la representación y generar unos datos de salida numéricos paso a paso.

Nuestro ejemplo concreto, $f(x) = m * x + b$, se parecería a esto:

1. Es una función que depende de x, donde m y b son variables.

2. Crear una estructura para representar internamente el texto de la función para manejar de manera sencilla. Por ejemplo, hacer un árbol de variables enlazando al signo de multiplicación (*) y al signo más (+).

3. Dejar que una función varíe x (ya que encontramos que es la variable de la que depende esta función) y almacenar los datos de salida para y, y luego interpolar.

Éste es el enfoque que se enseña en las universidades. Nadie parecía capaz de liberarse de esta solución ya pensada de antemano y crear una más innovadora. ¿Ha pensado alguna vez sobre qué es lo que hace PHP cuando interpreta sus *scripts*?

1. Analiza la fuente de entrada.

2. Genera una representación interpretada.

3. Deja que un procesador ejecute la representación analizada.

Vale, esto está muy simplificado pero es básicamente lo que necesitamos saber. Entonces, ¿por qué no transformar la función de entrada en un código PHP válido y dejar que éste trabaje para nosotros? PHP soporta una codificación dinámica, como ya hemos visto anteriormente en este capítulo; por tanto, todo el trabajo podría transformarse en algo muy trivial.

En realidad, las expresiones regulares que se necesitan para transformar una simple función matemática en un código PHP son muy fáciles. Suponiendo que todas las variables constan de un único carácter y que sólo se utilizan operadores matemáticos de PHP legales (+, -, *, etc.), la siguiente línea puede hacer el trabajo:

```
$php_code = ereg_replace("([a-zA-Z])", "$\\1", $input_function);
```

Esta línea transforma **m * x + b** en **$m * $x + $b**. Al construir un pequeño fragmento de código alrededor de esta expresión regular y hacer unas cuantas suposiciones simplificadoras, podemos construir un *plotter* de función dinámica muy rápidamente, como muestra el Listado 2.6.

Listado 2.6.   Analizador sintáctico y *plotter* de función dinámica

```
//
// define constantes globales
//
define("PLOT_MIN", 0.1);
define("PLOT_MAX", 100);
define("PLOT_STEP", 0.5);
define("DIAGRAM_HEIGHT", 300);
define("DIAGRAM_HORIZON", 150);

function parse_function($in_string)
{
    // define un encabezamiento de función personalizado
    $header = "";
    $header = $header."function calculate(\$req_code, \$x)\n";
    $header = $header."{\n";
    $header = $header."eval(\$req_code);\n";

    // define un pie de página de función personalizado
    $footer = "\n}\n";

    // convierte todos los caracteres en variables PHP
    $out_string = ereg_replace("([a-zA-Z])", "$\\1", $in_string);

    // prepara cabecera, crea una ecuación y añade pie de página
    $out_string = $header."return(".$out_string.");\n".$footer;
```

(continúa)

Listado 2.6. Analizador sintáctico y *plotter* de función dinámica *(continuación)*

```
        // devuelve resultados
        return($out_string);

    }

    function create_image()
    {
        // exporta esta variable
        global $color_plot;

        // hemos calculado la escala X sobre la base de los parámetros del
        // plot la altura del diagrama es fija ya que no hemos comprobado los
        // puntos extremos de la función
        $width = PLOT_MAX / PLOT_STEP;
        $height = DIAGRAM_HEIGHT;

        $image = imagecreate($width, $height);

        // asigna colores
        $color_backgr = imagecolorallocate($image, 255, 255, 255);
        $color_grid = imagecolorallocate($image, 0, 0, 0);
        $color_plot = imagecolorallocate($image, 255, 0, 0);

        // limpia la imagen
        imagefilledrectangle($image, 0, 0, $width - 1, $height - 1,
    ➥$color_backgr);

        // dibuja los ejes
        imageline($image, 0, 0, 0, $height - 1, $color_grid);
        imageline($image, 0, DIAGRAM_HORIZON, $width - 1, DIAGRAM_HORIZON,
    ➥ $color_grid);

        // imprime un texto
        imagestring($image, 3, 10, DIAGRAM_HORIZON + 10, PLOT_MIN, $color
    ➥ grid);
        imagestring($image, 3, $width - 30, DIAGRAM_HORIZON + 10, PLOT_MAX,
    ➥ $color_grid);

        // devuelve la imagen
        return($image);

    }

    function plot($image, $x, $y)
    {
        // importa el manejador de color
        global $color_plot;
        // lo configura como estático para "recordar" las últimas coordenadas
        static $old_x = PLOT_MIN;
        static $old_y = 0;

        // sólo lo trazado la segunda vez
        if($old_x != PLOT_MIN)
            imageline($image, $old_x / PLOT_STEP, DIAGRAM_HEIGHT -
    ➥ ($old_y + DIAGRAM_HORIZON), $x / PLOT_STEP, DIAGRAM_HEIGHT -
    ➥ ($y + DIAGRAM_HORIZON), $color_plot);
```

(continúa)

Listado 2.6. Analizador sintáctico y *plotter* de función dinámica *(continuación)*

```
        $old_x = $x;
        $old_y = $y;

    }

    // mira si hemos sido invocados con un conjunto de función de cadena
    if(!isset($function_string))
    {
        // no, no hay ninguna función de cadena presente,
        // genera un formulario de entrada
        print("<html><body>");
        print("<form action=\"".basename($PHP_SELF)."\" method=\"post\">");
        print("Function definition: <input type=\"text\" name=\"function
            ➥ string\"value=\"(m*x+b)/(x/3)\"><br>");
        print("Required PHP code: <input type=\"text\" name=\"req_code\"
            ➥ value=\"\$m = 10; \$b = 20;\"><br>");
        print("<input type=\"submit\" value=\"Parse\">");
        print("</form>");
        print("</body></html>");
    }
    else
    {
        // traduce la función de entrada en un código PHP
        $parsed_function = parse_function($function_string);

        // *** NOTA: agujeros de seguridad! (véase el contenido del libro) ***
        eval($parsed_function);

        // crea la imagen
        $image = create_image();

        // traza la función
        for($x = PLOT_MIN; $x < PLOT_MAX; $x += PLOT_STEP)
        {
            $y = calculate($req_code, $x);
            plot($image, $x, $y);
        }

        // fija tipo de contenido
    //  cabecera("Content-type: image/gif");
        header("Content-type: image/png");

        // envía la imagen
    //  imagegif($image);
        imagepng($image);

    }
```

Este *script* es ejecutable; puede utilizarlo directamente en su navegador. En la primera invocación, le notificará que no ha proporcionado todavía una función para trazar y mostrará un pequeño formulario de entrada, como se ve en la Figura 2.13.

El primer campo es para la función que ha de ser trazada. Este ejemplo supone que *x* es siempre la única variable de la que depende esta función. En el segundo campo, puede introducir un poco del código de PHP que se ejecutará en primer lugar para evaluar la sentencia de la función para permitir asignaciones a las constantes (en nuestro caso, *m* y *b*).

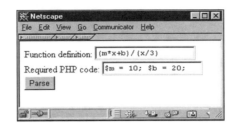

FIGURA 2.13
Formulario de entrada del *plotter* de función dinámica.

ADVERTENCIA

La técnica utilizada aquí para ejecutar directamente con eval() el código PHP proporcionado por el usuario, no debe nunca (repetimos, nunca jamás) utilizarse de esta manera en los *scripts* de producción. Ejecutar el código de usuario introduce una gran falta de seguridad en sus programas, ya que alguien podría enviar algo parecido a system("rm -r /*") y borrar todos los datos a los que su servidor web haya accedido. Se ha hecho de esta manera aquí porque nos queremos concentrar en la generación y ejecución dinámica del código; para una discusión más profunda sobre cómo asegurar sus scripts (y evitar la ejecución de códigos malévolos), véase el Capítulo 4, "Conceptos de las aplicaciones web", y el Capítulo 5, "Estrategias básicas de las aplicaciones web".

Por ahora sólo tiene que hacer clic en **Parse**. La Figura 2.14 muestra lo que aparece a continuación.

¿Cómo ha pasado el *script* del formulario de entrada hasta esta salida gráfica? Explicaremos paso a paso el trabajo interno que se ha desarrollado.

Una vez que ha enviado el formulario de entrada, el *script* empieza a ejecutar la cláusula **else()** de la sentencia principal **if()**. La primera función a la que se llama es:

```
// traduce la función de entrada en código PHP
$parsed_function = parse_function($function_string);
```

parse_function() crea el código PHP a partir de la entrada facilitada por el usuario aplicándole una expresión regular. Para utilizar confortablemente la función matemática, ésta se ha incrustado en una pequeña función, que tan sólo asigna los valores adecuados a las constantes (haciendo referencia a la entrada de usuario de nuevo) y luego ejecuta la sentencia matemática, devolviendo el valor resultante al que llama.

La función generada por **parse_function()** será como sigue para el ejemplo **(m * x + b) / (x / 3)**:

```
function calculate($req_code, $x)
{
    eval($req_code);
    return(($m * $x + $b) / ($x / 3));
}
```

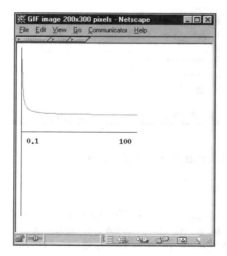

FIGURA 2.14
Salida del trazado de la función.

$req_code contiene la entrada del segundo campo del formulario, en este ejemplo $m = 10; $b = 20;. Al ejecutar esto utilizando **eval()**, se producirá una asignación de variable correcta para la siguiente línea, que hace todos los cálculos, y ¡eso es todo!

Nota: Para obtener información importante sobre la sentencia **eval()**, consulte la advertencia anterior.

El resto es un trazado claro de la función; el bucle **for()** itera en un rango predefinido y utiliza **calculate()** para determinar el valor Y de la curva en cada iteración.

Contador automodificable

Para citar sólo un ejemplo, los contadores de accesos se pueden crear utilizando un código automodificable. Normalmente, se podrían calcular a partir de los archivos de registro de entrada o recuperarlos de una base de datos, pero un método mucho más simple es utilizar los contadores "autocontenidos". Autocontenido significa que el código de contador y los datos de contador están en realidad en el mismo archivo:

```
$counter = 0;
/////////////////////////////////////
// No modifica por encima de este punto
/////////////////////////////////////

// incrementa el contador
$counter++;

// escribe el contador de nuevo para nosotros
$file = fopen(basename($PHP_SELF), "r+");
fputs($file, "<?\n\$counter = $counter;");
```

```
// imprime el contador (o hace otra cosa con él)
print("$counter hits so far");
```

En la primera línea, el contador está puesto en **0**. Luego, la siguiente línea lo incrementa y ahora viene la parte interesante: el código abre su propio archivo y sustituye su primera línea. El resultado es una interpretación diferente del archivo cuando es procesado por PHP la siguiente vez; la fuente se parecerá a esto:

```
$counter = 1;
/////////////////////////////////
// No modifica por encima de este punto
/////////////////////////////////

// incrementa el contador
$counter++;

// escribe el contador de nuevo para nosotros
$file = fopen(basename($PHP_SELF), "r+");
fputs($file, "<?\n\$counter = $counter;");

// imprime el contador (o hace otra cosa con él)
print("$counter hits so far");
```

La primera línea define ahora **$counter** en **1** y no en **0**. Cada vez que se procese el archivo, la primera línea cambiará y reflejará el número de accesos que este archivo ha tenido hasta ese momento.

Nota: Este código tendrá problemas a la hora de manejar accesos concurrentes. Dos procesos PHP pueden leer el archivo al mismo tiempo (y también escribirlo al mismo tiempo), lo que dará un número incorrecto del número de accesos. Tendrá problemas si utiliza esta técnica sin bloquear el proceso en un entorno de tráfico alto.

Resumen

En este capítulo hemos aprendido mucho sobre la sintaxis avanzada de PHP, así como buenas prácticas de codificación. Hemos visto cómo crear constantes utilizando **define()**. Luego se subrayaron los aspectos más complicados de los *arrays* y vimos que se debe utilizar **list()/each()** para recorrer los *hashes*. Hemos explicado las características de POO de PHP y mostrado cómo y cuándo utilizarlas; también hemos visto cuándo hay que ceñirse a la programación procedimental en su lugar. Como PHP es un lenguaje interpretado, permite muchas características cuya implementación sería muy difícil con los lenguajes de programación compilados tradicionales: variables y funciones variables, código automodificable y evaluación del tiempo de ejecución del código fuente. Con todo este conocimiento, está bien preparado para hacer una programación en PHP avanzada y ha dado un gran paso para convertirse en un mago de PHP.

3

Diseño de aplicaciones: un ejemplo de la vida real

- Visión general de un proyecto.
- Comparación de las tecnologías.
- Elementos básicos de la red IRC.
- Ajuste de la aplicación a la red.
- Comunicación de la red.
- Administración y seguridad.
- Implementación.
- Resumen.

El diseño de aplicaciones es un tema tan amplio que habría que dedicarle todo un libro. El término **diseño de aplicaciones** contiene cada parte del desarrollo, desde la distribución de la estructura de datos, el flujo de caracteres y diagramas de relaciones de entidad para codificar la distribución, la documentación y todo lo que haya en medio. Sin embargo, como es tan importante, hemos decidido no excluirlo de este libro y, en su lugar, abordar una explicación del diseño de aplicaciones restringiendo los temas a un ejemplo, a saber, phpChat. Este capítulo le proporcionará una visión en profundidad de esta aplicación de servidor real de *chat* implementada en PHP, similar a un análisis de caso real de software extendido. Esperamos que pueda extraer información útil y métodos que pueda utilizar cuando diseñe su próxima aplicación.

Muchas de las notas con recuadro de este capítulo contienen observaciones sobre las técnicas comunes para diseñar una aplicación. Las debería memorizar e intentar utilizarlas directamente en el ejemplo sugerido (o phpChat en general), e, indirectamente, en su próximo proyecto.

Nota: Otra explicación más teórica pero más corta sobre el diseño de aplicaciones se puede encontrar en el Capítulo 7, "Aplicaciones de vanguardia".

Visión general de un proyecto

Al diseñar una aplicación, se empieza por la idea de lo que debe hacer esa aplicación. En el caso de phpChat, la aplicación debe proporcionar un servicio de *chat* basado en el navegador.

El *chat* debe tener las siguientes características:

- **Conversación en tiempo real**. Difusión no diferida de mensajes y no actualizada.
- **No programar del lado del cliente**. El navegador debe confrontarse sólo con HTML puro (y eventualmente con JavaScript).
- **Que funcione en red**. Debe ser posible enlazar recuadros de la conversación.
- **Genérico**. Que haga cuantas menos suposiciones posibles sobre los sistemas de destino e introduzca cuantos menos requisitos posibles.
- **Sin coacciones del diseño**. Separación del código y de la presentación de la página.
- **Fácil de utilizar y de administrar**.
- **Número ilimitado de clientes y de *chat rooms***.

Una vez que haya comprendido esto y sepa lo que tiene que hacer su aplicación, deberá evaluar el concepto y crear una visión general más detallada de cómo se debe presentar la aplicación.

Tómese el tiempo necesario a la hora de escribir todos los requerimientos. Es de gran ayuda, sobre todo como recordatorio para más adelante.

El paso de diseñar una aplicación con un cliente se llama **crear las especificaciones**. En ese momento, el cliente puede todavía influir sobre la presentación de la aplicación. Es muy importante porque la aplicación debe reunir los requerimientos enumerados en este paso, o no será aprobada por el cliente.

EL CLIENTE SIEMPRE TIENE RAZÓN, INCLUSO CUANDO ESTÁ EQUIVOCADO

Los clientes que le contraten para hacer una aplicación normalmente no tendrán la suficiente experiencia para diseñar ellos mismos dicha aplicación, motivo principal por el que le habrán llamado a usted. Cuando discuta los requisitos con el cliente, guíeles cuando sugieran malas soluciones. Por ejemplo, si el cliente dice "Quiero un *chat* que muestre una imagen de pantalla completa de cada persona que esté conversando, actualizada por lo menos cada segundo", podría hacer la siguiente sugerencia: "¿No sería mejor intentar poner imágenes pequeñas al lado de cada línea? La mayoría de sus clientes no tendrán un ancho de banda suficiente para mostrar imágenes de pantalla completa".

Tenga cuidado, no insista nunca en su punto de vista (excepto cuando el cliente insista en que implemente características poco realistas). Después de todo, el cliente le paga para que implemente su visión. Para evitar perder un contrato, tal vez tenga que aceptar implementar temporalmente una mala solución (cuando vea que no puede convencer al cliente para hacerlo correctamente), y más tarde cambiarla, cuando el cliente vea que si se utiliza su estrategia no funcionará.

Para este proyecto, asumirá el papel del administrador del proyecto y los autores serán sus clientes. Como somos buenos clientes, no vamos a insistir en dar más detalles de esta aplicación; le dejamos el resto del diseño. Cada vez que en este capítulo aparezca un punto donde haya que hacer una elección o tomar una decisión, relájese e intente hacer su propia elección. Evalúe atentamente todos los hechos y luego compare sus resultados con las conclusiones que se explican en el libro.

Comparación de las tecnologías

Antes incluso de empezar a pensar sobre el esquema del código, hay otra fase que llamaremos "poner las cosas juntas". Éste es el paso intermedio entre la idea y el diseño del código o las especificaciones; explicar el trabajo interno y en qué basarlo.

Para que esté más claro, volvamos al principio:

- ¿Qué queremos crear?
- ¿Cómo lo vamos a crear?
- ¿Existe ya alguna implementación de nuestra idea?
- ¿Existe algún sistema similar que realice la misma tarea?
- Si es así, ¿podemos reutilizar algo de ese diseño?
- ¿Podemos reutilizar técnicas ajenas, y tal vez conseguir nuestro sistema con ellas?

Preguntas y más preguntas.

La primera es de fácil respuesta. Queremos crear un sistema de conversación (*chat*) ¿Cómo? Bien, con PHP, y de algún modo del lado del servidor (en la máquina del servidor); en este momento no sabemos mucho más.

¿Existe ya algún sistema de *chat* o algo parecido? Realmente los hay. Empieza justamente en su *shell* –el comando **talk** le permite conversar con otras personas con las que puede conectar a través de un enlace de red válido (o enlace local), como muestra la Figura 3.1.

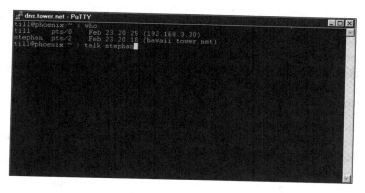

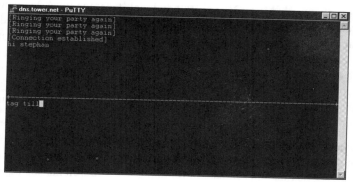

FIGURA 3.1
El comando talk tradicional.

Por supuesto no es tan potente como nos gustaría, pero es un comienzo. A continuación, navegaremos por la Web para buscar páginas que tengan alguno de los enlaces de *chat* (hoy en día, es casi obligatorio). A pesar de que se diferencian mucho en cuanto a su aspecto e implementación, la mayoría de ellos se pueden reducir a lo siguiente:

- Java para las interfaces de fantasía, aunque algunos utilizan HTML.

- Un protocolo patentado con un único servidor (o simplemente apoyado en una base de datos).

- Algunos *rooms* (salones de *chat*) predefinidos.

- Algunos comandos predefinos.

Además de estas configuraciones de *chat*, hay aplicaciones de *chat* y redes como Mirabilis' ICQ o los diversos *Instant Messaging Systems* (Sistemas de mensajería instantáneos); sistemas que no siempre proporcionan servicios en tiempo real y que generalmente requieren que se instale un software adicional en cada sistema que participa.

Sin embargo, hay un sistema que sobresale de la lista. El IRC (*Internet Relay Chat*, Conversación interactiva en Internet) es un protocolo de *chat* muy conocido y utilizado por numerosas redes, algunas de las cuales pueden transportar centenares de miles de usuarios de manera simultánea. El protocolo IRC se basa en el texto, lo que representa un inconveniente cuando se opera con grandes cargas (las largas cadenas de comandos generan mucho más trafico que los caracteres binarios), aunque esto también hace que sea significativamente más fácil a la hora de procesarlo. Los servidores IRC más actuales soportan enlaces de columna vertebral (*backbones*) comprimidos, lo que reduce mucho el tráfico.

A pesar de que IRC requiere un software especial de cliente en cada sistema participativo, podemos sacar ventaja de este requisito: ¿por qué no proporcionar nosotros mismos en la máquina del servidor el software de cliente y abstraerlo utilizando una interfaz HTML y permitir así que cada usuario acceda a la red a través de un cliente HTML? Esto nos daría el control sobre lo que puede hacer el usuario (se solicita a cada usuario que utilice nuestro cliente HTML). De manera adicional, tenemos todas las ventajas de un sistema de red ya existente: software de cliente de confianza, concepto probado, centenares de herramientas, etc. Incluso podríamos permitir que los clientes utilizaran su propio software de cliente; sin embargo, ésta es una opción que debe evitarse en la mayoría de los casos, ya que queremos crear una red de conversación "cerrada". En una red cerrada, se conocen todas las maneras mediante las cuales un cliente puede acceder a su red. Al limitar los puntos de acceso a unas configuraciones específicas, se reduce mucho la posibilidad de ser atacado.

Esto lleva directamente a la pregunta de si necesitamos un protocolo real como IRC, o bien de si sería suficiente utilizar un protocolo llevado por una base de datos, con una característica de sincronización remota para proporcionar las capacidades de red exigidas.

Este tipo de preguntas surgirá cada vez que planifique una aplicación y surgirá muy a menudo. Tiene que entender todo lo que abarcan y estar seguro de que esas preguntas no volverán a surgir después durante el desarrollo. En este punto todavía puede plantear esas preguntas; más tarde tendrá que ser capaz de resolverlas (y eventualmente tirar el proyecto a la basura). Un buen proyecto es un proyecto sin dudas, sin incertidumbres, sin incoherencias y sin eventualidades no previstas. Tiene que estar seguro de que después de la fase de planificación puede garantizar que la situación es estable y que ha sido completamente evaluada.

Por tanto, volvamos ahora a responder a la pregunta: ¿necesitamos realmente un protocolo abierto (y tal vez demasiado complicado) como IRC, o debemos quedarnos con la tradicional base de batos? La manera más sencilla de hallar la respuesta es también la más lógica: compare los pros y los contras y elija la opción que dé los mejores resultados.

Implementar IRC como un protocolo en el sistema *chat* introducirá un montón de complicaciones debido al procesamiento del protocolo. Los protocolos de procesamiento de red requieren una codificación no lineal, algo que no soporta PHP. (Para reaccionar ante los mensajes de red, necesitamos un sistema basado en eventos.) Además de este problema necesitamos una manera para manejar el intercambio de mensajes de manera eficiente; es decir, tratar con mensajes desde un usuario y hacia un usuario (lo que, desgraciadamente, no se puede manejar siempre de la misma manera). Por supuesto, este problema existe también en la solución basada en la base de datos, pero ésta no necesita manejar el protocolo. Muchas bases de datos son soportadas de forma nativa por PHP, y las que no lo son, sí lo están indirectamente por ODBC. Para poder tener rectángulos de *chat* que funcionan en red, sólo necesitamos crear una herramienta que pueda hacer la sincronización entre los rectángulos de *chat*. (A menos que quiera sólo ejecutar un servidor de base de datos central al que se accede desde todos los rectángulos simultáneamente.)

¿Qué debe elegir?

phpChat está basado en IRC, y es por lo que:

* Al utilizar una base de datos estamos introduciendo algún tipo de "propietario", un protocolo privado que no podrá comunicar con otros sistemas estándar. En tiempos de interoperabilidad e interconectividad es una mala cosa.

* Una biblioteca IRC que funciona bien (es decir phpIRC, véase **www.phpwizard.net/phpIRC**) abstrae el acceso a las redes IRC en un conjunto de funciones API de fácil uso; y hace que el manejo de IRC sea igual al manejo de la base de datos en términos de complejidad del código.

* Un software de servidor IRC existente maneja todos los problemas de la administración de usuario, transporta el tráfico de manera segura, lo encamina, etc., por la red. El software existe desde hace tiempo y está probado que funciona. Además, está disponible para todo tipo de sistemas.

* IRC es extremadamente escalable. Si tiene problemas de carga en el servidor A en el momento álgido o debido a eventos no previstos, únicamente tiene que encender el servidor B y establecer dinámicamente una conexión de servidor en el *chat* existente (IRC le permite hacerlo y está muy automatizado), por lo que ahora tendrá otro servidor con suficiente capacidad libre para usuarios adicionales.

Elementos básicos de la red IRC

Después de elegir un estándar de comunicación para el *chat*, tenemos que mirar cómo están construidas exactamente las redes IRC.

Normalmente, tendría que haber evaluado los elementos básicos de la red IRC explicados en esta sección antes de elegir IRC, ya que es mala cosa descubrir que IRC introduce una estructura complicada después de haber tomado la decisión de utilizarlo. Sin embargo, hemos estado trabajando con "un conocimiento común" sobre la utilización de las redes IRC, sólo para lo que es la planificación de la aplicación. Ahora que le hemos conducido hasta la manera "correcta" para utilizar la aplicación (IRC), esta sección le proporciona los detalles que necesita para ejecutar el plan.

Las redes IRC distinguen entre clientes y servidores. Los usuarios pueden participar en la red sólo utilizando un software de cliente especial que establece un enlace de cliente a un servidor. Todos los servidores en la red están interconectados utilizando enlaces de servidor especiales. Las implementaciones actuales de los servidores IRC sólo soportan estructuras jerárquicas, lo que significa que no puede haber maneras redundantes para acceder a un servidor. Esto hace que la red tenga tendencia a tener una estructura tipo árbol propensa a las divisiones de red, pero también simplifica mucho la ruta: todos los servidores deben enviar todos los datos entrantes a todos los demás enlaces, sin tener miedo de enviar información redundante a un servidor.

Cada servidor puede tener un número de clientes, y la cantidad máxima depende del número de conexiones que el servidor quiera aceptar (por supuesto, también existen límites en términos de capacidad de red y carga de servidor). Como muestra la Figura 3.2, cada servidor puede alcanzar a cada uno de los demás servidores a través de más o menos saltos de servidor, por lo que cada servidor simplemente envía todos los datos entrantes a todos los enlaces salientes. Por ejemplo, el Servidor C y el Servidor F pueden transportar clientes que participen en el mismo canal (los **canales** son *chat rooms*; lugares donde la gente puede "reunirse" y "hablar"). En este ejemplo, el Servidor C enviará los datos a través del único enlace que tiene: el Servidor B. El Servidor B distribuye luego los datos en otros enlaces, a saber el Servidor A y el Servidor D. El Servidor A no tiene ningún otro enlace, por lo que no hará nada, pero el Servidor D puede pasar los datos al Servidor E y éste, a su vez, al Servidor F. Es muy fácil llevarlo a cabo, pero tiene un inconveniente: si el Servidor A no tiene ningún cliente conectado que esté participando en los canales a los que el Servidor C envía los datos, todos los datos del Servidor A destinados a ese canal desperdiciarán ancho de banda.

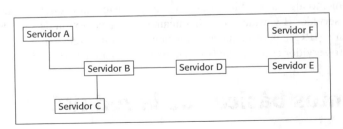

FIGURA 3.2
Ejemplo de estructura de red de IRC.

RFC PARA IRC

De manera parecida a todos los estándares abiertos en Internet, los elementos básicos del protocolo IRC han sido especificados en un RFC (*Request For Comments*, Petición de comentarios). El RFC para IRC es RFC 1459, que, por ejemplo, puede conseguirse en www.irchelp.org, un sitio que tiene mucha información sobre las conversaciones interactivas en Internet (IRC).

Éste es uno de los principales problemas de esta red "limitada por diseño": todo el tráfico público tiene que ir a todos los servidores. Pero, ¿surgiría realmente este problema bajo las condiciones con las que pretendemos implementar nuestra red IRC? Seguramente no, ya que el número de clientes que intentamos manejar nunca será tan grande que pueda llegar a ser perjudicial, dada una situación servidor-hosting estándar. En las redes internas, este problema no debería plantearse nunca.

Para reducir el número total de enlaces críticos, la red puede diseñarse para que siga su topología física. Por ejemplo, si un servidor está conectado con una capacidad mayor que el resto, puede tomar más nodos hoja que los demás (conectar muchos nodos hoja a un servidor con una pequeña espina dorsal no tiene sentido). Otra opción es definir la rutas para que se ajusten a la red. Por ejemplo, los servidores norteamericanos están alojados en los Estados Unidos, los alemanes en Alemania, y así sucesivamente. Frankfurt tiene un enlace de ultramar a Nueva York; de esta manera, el servidor IRC de Frankfurt deberá enlazar con el servidor de Nueva York (siguiendo el diseño físico de la red). También se podría hacer de otra manera: Frankfurt podría enlazar con, digamos, Polonia. Pero si Polonia no tiene sus propios enlaces de ultramar, el tráfico encaminado desde Frankfurt a Polonia necesitará encontrar alguna otra manera para cruzar el océano; podría estar encaminado hacia otro país (o incluso hacia dos o tres países) hasta que encuentre un enlace de ultramar vacío. Este enrutamiento adicional derrocha mucho ancho de banda; por ello, se están haciendo intentos para adaptar la estructura de la red IRC para que se ajuste mejor a la estructura física de la red subyacente.

Estos problemas de diseño sólo están presentes en las redes más grandes, que transportan decenas de miles de usuarios. Esas redes necesitan realmente encontrar enlaces de confianza para sus espinas dorsales. Es poco probable que los *chat rooms* típicos basados en la Web transporten más de 1.000 clientes a la vez, por lo que no debería tener problemas serios en principio. Sin embargo, para evitar complicaciones, sería una buena idea planificar ese tipo de problemas que eventualmente pueden surgir.

Desde el punto de vista del servidor, la red se parecerá a la Figura 3.3.

La estructura aquí implementada es similar a la mezcla de un multiplexor, demultiplexor y un eje. En la dirección del cliente a la red, el servidor comprime todos los datos de los clientes y los envía a los enlaces de red. En la otra dirección, determina qué información de la red es importante para qué cliente y la envía al enlace apropiado. Todos los datos entrantes desde la red que tienen que pasarse a los otros enlaces de red se envían directamente.

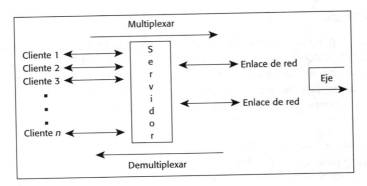

FIGURA 3.3
Estructura de red desde el punto de vista del servidor.

Básicamente ésta es la configuración que necesitaremos para nuestro propio sistema de *chat*. Ahora tómese un minuto e intente imaginarse cómo podemos alcanzar nuestra meta. Necesitamos un entorno de servidor activo que se ajuste a la siguiente descripción:

- Acepta enlaces de red IRC.

- Acepta enlaces de cliente IRC.

- Proporciona una interfaz de usuario basada en la Web.

- Su implementación es lo más fácil posible.

Ajuste de la aplicación a la red

Si ha terminado la planificación para desarrollar su propio servidor en PHP (o algo similar), deténgase a pensar un momento. Puede estar un poco confundido con la idea de que implementar un servidor de *chat* significa implementar un servidor de red. Aquí es donde le queríamos llevar, pero no queremos que lo haga, ya que es simplemente innecesario; ya existe software de servidor muy bien escrito que está disponible para todos los sistemas. Entonces, ¿qué le parece utilizar uno de los servidores ya existentes y representar nuestro servidor para la red como cliente? Lo único que tenemos que hacer es añadir otra capa de abstracción a la red, como muestra la Figura 3.4.

El servidor web ejecutará el servidor *chat* de PHP. Por cada conexión de cliente que acepte, creará una conexión de cliente al servidor IRC. De esta manera, estaremos seguros de que todos los datos que hemos tomado para ese cliente sirven sólo para ese cliente y para nadie más. Cada proceso de *chat* transportará a un único usuario y no tendrá que preocuparse por los demás. La coordinación de usuario, el control del tráfico, y así sucesivamente, puede hacerse por el servidor IRC, para el que simplemente tomaremos uno de los servidores disponibles.

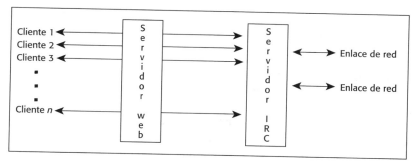

FIGURA 3.4
PhpChat como capa de abstracción para el servidor.

Esta técnica también tiene la ventaja de que esta aplicación de servidor de *chat* se puede utilizar como una pasarela segura para redes IRC (véase la Figura 3.5). Numerosas redes corporativas y privadas están detrás de los *firewalls* (cortafuegos) que filtran los puertos IRC. Como este *chat* sólo se comunica a través de HTTP con sus clientes (lo que no está filtrado), únicamente el propio servidor *chat* necesita una conexión abierta con un servidor IRC.

Por tanto, lo único que vamos a hacer es implementar el software de cliente que, de otra manera, podría ser requerido del lado del usuario en nuestro servidor web. IRC conoce todos los comandos que se necesitan para definir un *chat* potente y los temas de la conexión de red se pueden resolver utilizando el software de servidor estándar que está disponible. Por ello, si nuestra interfaz soporta todas las características de IRC de manera adecuada, habremos terminado nuestro trabajo.

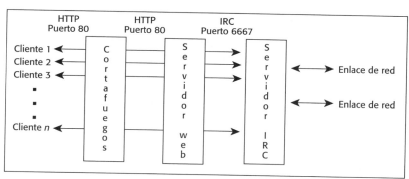

FIGURA 3.5
phpChat como una pasarela IRC segura.

Comunicación de la red

Como hemos mencionado con anterioridad, IRC requiere algún tipo de procesamiento adicional. Trocear un manejador de protocolo completo para comunicar con IRC es una tarea compleja, pero hemos favorecido IRC en lugar de la solución apoyada en la base de datos porque ya existe una API que hace ese trabajo para nosotros.

¡Conozca el mercado! Es fundamental para cada proyecto de programación conocer qué es lo que ya se ha hecho por otras personas y qué debe hacerse todavía. ¡No reinvente nunca la rueda! Especialmente en los casos de proyectos comerciales puede valer tremendamente la pena comprar soluciones de otras personas para algunas tareas específicas en lugar de diseñar y desarrollar la suya propia. Esto último resulta a veces más caro y requiere mucho tiempo. Las soluciones externas son constantemente mejoradas (un proceso que es totalmente independiente del progreso de su propio proyecto). Al recibir una actualización de una compañía externa, sólo tiene que sustituir una parte de su aplicación con una nueva versión. De esta manera, puede actualizar algunas partes de su aplicación sin tener que trabajar en los cambios. Además, al utilizar las bibliotecas existentes, acepta automáticamente construir su proyecto sobre API comunes estandarizadas, lo que siempre es un gran beneficio.

Por otro lado, ligarse a productos externos puede ser una decisión negativa si el productor no consigue mejorar el producto o no lo actualiza o no se corrigen los *bugs* (errores) que haya en él.

Según nuestra experiencia, los productos *Open Source* han sido las partes externas que han sido integradas con más éxito. Los productos *Open Source* se mejoran y extienden muy rápidamente y normalmente están orientados a estándares de alto potencial comunes y abiertos.

EJERCICIO PARA EL LECTOR

Busque aplicaciones o bibliotecas que hayan sido escritas en PHP y que utilicen IRC y compárelas en cuanto al diseño, flexibilidad y facilidad de utilización. Por supuesto, la implementación también es interesante (pero no debe ser su meta principal). El diseño es siempre la parte más crucial del desarrollo; una vez que se ha terminado, la implementación es normalmente clara y fácil (aunque muchos programadores piensen de manera diferente).

La biblioteca que hemos elegido para este proyecto es phpIRC (**www.phpwizard. net/phpIRC**), por las siguientes razones:

• Es de fácil utilización.

• Es una API potente y completa.

• Utiliza un tipo de procesamiento basado en eventos.

El uso del procesamiento basado en eventos es particularmente interesante en este caso. Es una técnica que ha sido normalmente implementada en las aplicaciones tradicionales; por ejemplo, todos los programas Windows están basados en eventos. Los **progra-**

mas basados en eventos se ejecutan en un bucle sin fin, esperando que algo, un evento, ocurra. Los eventos pueden incluir la entrada de usuario, los movimientos del ratón, los eventos de red (entrada de paquetes), etc. En cuanto se señala un evento, el programa sale de su bucle principal y busca un procedimiento que maneje ese evento. Todos los procedimientos que quieren manejar el evento que acaba de ocurrir son llamados con los parámetros específicos del evento (por ejemplo, paquete de datos del tráfico de red entrante).

De manera concreta, si se utiliza una programación "tradicional", un *ping* entrante se manejaría como muestra el Listado 3.1:

Listado 3.1. Pseudocódigo para manejar un *ping*

```
again:

wait_for_network_data();

if(incoming_data == ping)
{
    send_pong();
    update_traffic_counter();
}

goto again;
```

Este código espera hasta que recibe datos desde la red; luego, intenta saber si los datos son un *ping*. Si lo son, el código envía un *pong* de nuevo y actualiza un contador de tráfico por razones estadísticas. Después, salta hacia atrás hasta donde empezó. Imagine esto con centenares de eventos, algunos de los cuales pueden depender de otros, otros no, algunos sólo bajo determinadas circunstancias, ¡...un desastre!

Sin embargo, la programación basada en eventos hace que esto sea mucho más fácil, como muestra el Listado 3.2:

Listado 3.2. Pseudocódigo basado en eventos para manejar un *ping*

```
event_handler ping()
{

    send_pong();

}

event_handler incoming_data()
{

    update_traffic_counter();

    case of ping: handle_event(ping);
}
while(not_done())
```

(continúa)

Listado 3.2.   Pseudocódigo basado en eventos para manejar un *ping (continuación)*

```
{

    wait_for_event();

    case of network_data: handle_event(incoming_data);

}
```

Este código parece más grande que el otro, pero es mucho más claro. El bucle principal espera que ocurra un evento. Si encuentra que ha ocurrido un evento y que estaba
accionado debido a datos de red entrantes, distribuye ese evento utilizando el procedimiento central **handle_event()**. Esta función determina un manejador para el evento y
lo llama. El manejador actualiza el contador de tráfico y lanza otro evento si el primero
era un *ping*. Después de distribuir el evento con **handle_event()**, se envía un *pong*.

> De manera alternativa, tanto ping() como incoming_data() pueden registrarse a
> sí mismos en el evento "incoming_data". Sin embargo, crear dos eventos diferen-
> tes proporciona una mayor variedad de eventos y permite un procesamiento
> orientado a destino más detallado.

Al principio resulta un poco extraño utilizar la información del procesamiento basado
en eventos, pero tiene muchas ventajas:

- La aplicación tiene una estructura modular. Cada módulo funciona de manera
  independiente de los otros módulos y puede cambiarse, intercambiarse o extenderse fácilmente.

- Cualquier parte del programa puede accionar cualquier tipo de evento y, por ello,
  refuerza cualquier tipo de reacción en la aplicación (en otras palabras, puede controlar cualquier parte de su código desde otra parte del mismo).

- Desde un punto central del programa todos los datos se pueden distribuir a todos
  los destinatarios de manera transparente. No necesita preocuparse por copiar y
  transformar estructuras manualmente; cada manejador de eventos se cuida de
  recibir sus datos por sí mismo.

- Un nuevo código puede ser introducido en la aplicación muy fácilmente, con sólo
  crear un procedimiento que se registre a sí mismo para el evento apropiado.

Así, una vez que se ha creado el marco distribuidor de eventos principal, se puede
crear toda la aplicación escribiendo manejadores, manejadores y más manejadores.

> Familiarícese con las técnicas que se utilizan para implementar máquinas de esta-
> do finito. Son elementales para programar y procesar información en general.

Afortunadamente, el marco de distribuidor de eventos ya está contenido en phpIRC, por lo que no tendremos que hacer ese programa para este proyecto.

Estructura de la interfaz

phpIRC forma la parte cliente de IRC de la aplicación y es el responsable de toda la comunicación por red. Esto significa que debe estar en control todo el tiempo para poder reaccionar a los mensajes de red de manera oportuna. Si las funciones para procesar los mensajes de phpIRC se activasen sólo ocasionalmente, no se podría garantizar una comunicación segura, fiable y rápida. Por esta razón, phpIRC fuerza una presentación de programa especial como muestra la Figura 3.6.

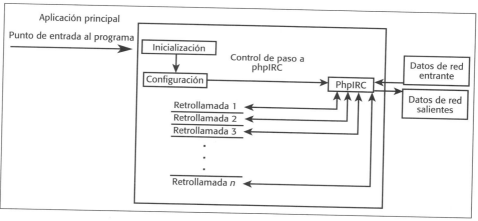

FIGURA 3.6
Presentación forzada de la aplicación de phpIRC.

Después de hacer la inicialización y la configuración, la aplicación debe entregar el control a phpIRC. phpIRC introduce su bucle de eventos principal y espera a que ocurra algo. Durante la configuración, la aplicación tiene que registrar las retrollamadas para cada evento que quiere procesar (por ejemplo, mensajes privados entrantes, mensajes de servidor entrantes, etc.). Estas retrollamadas son la única posibilidad que tiene la aplicación para recuperar el control. phpIRC distribuye luego todos los eventos a todas las funciones que se han registrado con la biblioteca. Estas funciones pueden a su vez introducir otro bucle desocupado en phpIRC para esperar que ocurra otro evento; o bien, pueden utilizar la API de phpIRC para realizar determinadas acciones en la red (enviar mensajes privados, unirse a o salir de canales, etc.).

Este esquema básico permite un flujo descendente de comunicación, lo que significa que phpIRC es capaz de recibir mensajes de otros usuarios. En realidad, la gente podría "hablar" con su *script*.

Nota: **Flujo descendente** significa desde la red al usuario. **Flujo ascendente** es lo contrario, desde el usuario a la red.

EJERCICIO PARA EL LECTOR

Estructure una interfaz de flujo descendente que utilice las características de phpIRC. Impleméntela sobre papel para familiarizarse con la API de phpIRC. Luego construya una interfaz de flujo descendente simple que entre en IRC y muestre todos los mensajes que haya de un canal determinado.

Comunicación de ciclo descendente

Como hacer *chatting* es una tarea que se realiza en tiempo real, lo que significa que ocurre conforme la va haciendo y produce respuestas instantáneas, no queremos introducir el estado latente en la interfaz. El **estado latente** describe el tiempo de reacción de la interfaz; por ejemplo, el tiempo que pasa desde que el lector pulsa la tecla Intro para enviar un mensaje hasta que éste aparece en la ventana del *chat*. Incluso si un tiempo inferior a un segundo puede parecer muy corto, resulta muy largo y molesto para el usuario. Por tanto, los mensajes entrantes deben mostrarse en seguida (o por lo menos tan pronto como sea posible). Sin embargo, HTTP es un protocolo que no permite actualizaciones instantáneas de páginas sin recargar un documento completo. Por supuesto que hay documentos compuestos de múltiples partes y regeneraciones automáticas, pero esas opciones introducen un parpadeo muy molesto cada vez que la página se carga de nuevo, requiere un almacenamiento temporal por *buffer* de la base de datos para la salida e introduce retrasos debido a las constantes reconexiones y transferencia de datos desde el servidor web.

Una posible solución sería el "HTML continuo", algo que oficialmente no está soportado en ningún sitio, pero que sin embargo funciona: el *script* que hace la salida de la interfaz funciona en un bucle sin fin y no termina la página HTML que el navegador está recibiendo. Cuando hay que enviar algo al usuario, se imprime y es inmediatamente transportado desde los *buffers* del servidor. De esta manera, el navegador está constantemente extrayendo y muestra siempre los datos más actualizados. Sin embargo, hay un problema aquí; no se pueden extraer entidades HTML complejas "sobre la marcha". Por ejemplo, no puede sacar las filas de una tabla una por una, ya que el navegador requiere que estén presentes todas las filas y columnas de una tabla para determinar el tamaño final de la misma. Siempre y cuando se limite a sacar las líneas de texto una tras otra y a utilizar tablas únicamente cuando pueda imprimirlas de una vez, todo funcionará bien.

Salidas como las del HTML continuo son trucos comunes que debe conocer. Manténgase siempre informado sobre este tipo de cosas.

El HTML continuo tiene también una implicación que, por una parte, es una ventaja y, por otra, un inconveniente: como la conexión de cliente permanece abierta, siempre tiene que haber un proceso de servidor para manejarla. Esto significa que cada cliente necesita por lo menos que un servidor web esté ejecutándose sólo para ese cliente. La ventaja es que no hay ningún coste adicional "por acceso". Normalmente, cuando el cliente solicita un documento, se debe generar un nuevo proceso; se debe cargar, analizar sintácticamente y ejecutar el *script* que genera ese documento y, finalmente, se deben enviar los datos. Sin embargo, como el proceso de servidor permanece ahora en la memoria, generar y cargar el *script* y su interpretación sólo debe hacerse una vez por cliente. En aquellos sitios que tienen centenares de accesos por segundo, esto puede ser una gran ventaja. Sin embargo, cada proceso se queda ahora en la memoria y ocupa una cantidad de RAM. En los sistemas Intel x86 equipados con Linux, Apache y PHP 4 estos procesos pueden tener unos 2 MB cada uno. En consecuencia, un pequeño servidor con una RAM pequeña empezará pronto a funcionar desde la memoria de intercambio (*swap*), lo que significa la muerte.

Nota: La **memoria de intercambio** es una memoria virtual destinada a extender la RAM, la cantidad física de memoria de una computadora. La memoria de intercambio se almacena en un disco duro, lo que es extremadamente lento. Cuando se ha utilizado toda la memoria física, los sistemas operativos modernos alojan la nueva memoria en la memoria de intercambio. Si un servidor *chat* está siendo accedido por muchos clientes a la vez, lo que consumirá toda la memoria física y supondrá empezar a funcionar con la memoria de intercambio, el sistema operativo tendrá que intercambiar constantemente partes de la RAM con partes de la memoria de intercambio (ya que los programas pueden ejecutarse desde la memoria de intercambio), y esto inicia un "ciclo de muerte": el sistema operativo sabe que se debe ejecutar un proceso en la memoria de intercambio y lo carga en la RAM pero tiene que poner otro proceso que se esté ejecutando en la RAM en la memoria de intercambio. Ejecuta el proceso en la RAM pero se percata de que el otro proceso (que ahora está en la memoria de intercambio) debe ejecutarse también, por lo que lo trae de nuevo a la memoria RAM, y así sucesivamente. Se puede matar rápidamente a un servidor de esta manera, forzándolo a restaurarse o a salir de la red. Por cierto, éste es también un ataque de "denegación de servicio" muy común, parecido al que sufrieron Yahoo! y otros hace unos meses.

¿Había pensado sobre las implicaciones de los procesos residentes? Si la respuesta es no, no olvide hacerlo la próxima vez. Debe evaluar cada situación completamente.

Comunicación de flujo ascendente

La comunicación de flujo ascendente, es decir, la que acepta la entrada de usuario y la envía a la red, es el siguiente paso que hay que analizar.

Ésta es la parte dura: no podemos enviar datos a la red IRC desde cualquier proceso. ¿Por qué no? Porque IRC es un protocolo que tiene en cuenta el estado, y la comunicación está ligada a una conexión de cliente específica. PHP no permite tomar *sockets* externos desde otros procesos; así, el proceso principal que también maneja el flujo descendente de comunicación (el proceso que actúa como cliente IRC) se ejecuta de manera aislada de todos los demás. La pregunta que nos planteamos ahora es ¿cómo podemos abrir una puerta para pasar datos al cliente principal?

¿Cómo implementaría la comunicación de flujo ascendente? Haga por lo menos una propuesta teórica. Dibuje el flujo de datos sobre el papel. Si todavía no lo ha hecho, escriba por lo menos tres posibilidades para el intercambio de datos del tiempo de ejecución.

El proceso de flujo descendente debe estar ejecutándose y no debe acabarse. No podemos volver a invocarlo utilizando POST o GET para pasar los datos, ya que esto significaría lanzar otro proceso, con la necesidad de volver a entrar en el sistema, de rehacer la configuración, etc. Hacerlo de esta manera provocaría constantes secuencias de entrada-salida que serían muy molestas en un *chat*. También provocaría la pérdida de datos, ya que en el tiempo que media entre una salida y una entrada, se pueden transmitir muchos mensajes (que serían invisibles para el cliente que acaba de entrar).

El *chat* podría basarse en un único *bot* que permanecería en línea todo el tiempo y grabaría todos los mensajes de todos los usuarios en la base de datos. La interfaz de usuario sólo necesitaría entonces extraer de la base de datos todos aquellos que tengan significado. Sin embargo, surgen dos problemas con esta posibilidad: a) el *chat* se apoyaría fundamentalmente en una base de datos (algo que queremos evitar), y b) el cliente no estaría visible para los demás clientes IRC, ya que el *bot* sería el único cliente "real" de la red. En este caso sería ridículo el uso de la red IRC.

Así, necesitamos por lo menos dos procesos independientes: uno que maneje la comunicación IRC y que no puede ser interrumpido, y otro que acepte los mensajes entrantes del usuario. Por tanto, debe utilizarse una especie de "contenedor" para que sirva de comunicación entre los dos procesos. La Figura 3.7 ilustra este problema.

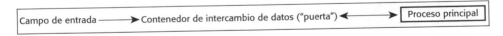

FIGURA 3.7
Comunicación de flujo ascendente.

La situación se puede comparar con una carrera de coches. El piloto que está en la pista es el "cliente principal" y el equipo de carrera que está en los *boxes* es el campo de entrada del usuario. El piloto está ligado a la carrera en la que se encuentra, no puede dejar la pista y pararse para ver qué está ocurriendo. Cada vez que el equipo de carrera le indica que tiene que ir a *boxes*, están "comunicándose" con él, dándole una señal para que salga después de la siguiente curva.

Lo que se está haciendo (dejando aparte la comunicación por radio) es señalizar cada vez que el piloto pasa por la línea de meta. Esta señal funciona como la "interfaz" con el usuario. Básicamente esto es lo que nosotros también necesitamos hacer, señalizar nuestro proceso principal. Como el proceso principal está basado en eventos, con frecuencia tenemos la oportunidad de tomar el control sobre la aplicación y hacer lo que queremos hacer. Esto significa que podemos instalar un manejador que "busque" frecuentemente una señal que pueda llegar desde el exterior. El método para detenerse y comprobar los datos de entrada se llama *polling* (escrutinio) y será el método preferido para phpChat. phpIRC presenta retrollamadas desocupadas, que se invocan cada vez que phpIRC no tiene nada que hacer y tan sólo espera que algo ocurra en la red. Poner una etiqueta a un manejador para este evento nos permite estar atentos a una señal. Ahora bien, ¿cómo vamos a señalizar algo? En realidad es muy fácil si se utiliza uno de los siguientes métodos:

- Definir un identificador en una base de datos.
- Crear un *lockfile* en el sistema de archivos.
- Utilizar semáforos.
- Definir un indicador en la memoria compartida.

Éstos son básicamente los métodos que tenemos en PHP para "dejar un mensaje". Las siguientes secciones describen cada uno de ellos.

Aquí no se pueden utilizar tuberías (*pipelines*) para la comunicación entre procesos, ya que una tubería exige que dos procesos se estén ejecutando a la vez. Nuestra situación requiere comunicar un proceso que se está ejecutando constantemente con otros que no se ejecutan constantemente.

Nota: Por supuesto, existen otros métodos más exóticos, como el de enviar e-mails entre procesos. Hemos visto que hay gente que lo hace, pero nosotros no entraremos en esa opción aquí, ya que los inconvenientes deberían estar claros para el lector.

Definición de un indicador en una base de datos

Definir un indicador en una base de datos es probablemente el método estándar para los usuarios de PHP: conectarse a una base de datos, dejar algún dato en la misma y dejar que sea procesado después por otros procesos. Este método se implementa muy fácilmente y está disponible en todos los sistemas, pero tiene un inconveniente. ¿Podría decir cuál?

El inconveniente no viene de los *stuffer* (proceso que inserta los mensajes de los usuarios) de la base de datos, sino más bien del lector de la base de datos (el proceso principal que recupera todos los mensajes de usuario de la base de datos). Para conseguir un "un buen punto de conversación" necesitamos el menor estado latente posible y conseguir así un muy buen tiempo de respuesta. El tiempo de respuesta es crucial para los *chats* basados en la Web, ya que es así como el usuario se sentirá realmente "integrado" en la acción. Cuando los mensajes se hacen cada vez más lentos, los usuarios se sienten rápidamente frustrados y salen. Nuestra experiencia demuestra que un estado latente de más de un segundo es demasiado. Para estar por debajo de ese valor, la frecuencia de consulta en la que el proceso principal tiene que leer los mensajes desde la base de datos debe ser muy corta; el valor predeterminado en phpChat es de 0,5 segundos (dos comprobaciones en un segundo). Ahora bien, en cuanto un montón de clientes deban ser manejados por el sistema del *chat*, la base de datos estará rápidamente ocupada y necesitará cada vez más recursos. Para unas 40-50 consultas por segundo, nuestro servidor de prueba tardó una tercera parte de su tiempo de procesamiento sólo en ejecutar las consultas de la base de datos. Incluso si esto fuera un punto de referencia descalificador para el sistema de base de datos (tenía que haber sido capaz de procesar muchas más consultas), es evidente que es necesaria alguna optimización y ésta no es la configuración ideal.

Creación de lockfiles (archivos de bloqueo)

Nuestra siguiente idea era que, si la base de datos ocupaba demasiados recursos a la hora de manejar la comunicación entre procesos, un sistema de archivos debería ser más eficiente.

Pero el sistema de archivos perdió la batalla claramente. De nuevo, el *stuffer* no era el problema; la creación de los *lockfiles* (archivos de bloqueo) funcionó bien. Sin embargo, para detectar si se había fijado un bloqueo, se debían realizar muchas llamadas a **clearstatcache()** para determinar correctamente si un *lockfile* había sido borrado o seguía estando presente. **clearstatcache()** tuvo un impacto tan grande en el rendimiento del sistema que no intentamos seguir adelante con esta opción; el *chat* sólo funcionaba a la cuarta parte del rendimiento que había alcanzado utilizando el método basado en la base de datos.

Cree sus propios puntos de referencia. Haga *scripts* de prueba para acceder a la base de datos y al sistema de archivos con gran frecuencia. Escriba los resultados y compárelos. Ésta es siempre una buena idea cuando se evalúan métodos de intercambio de datos. No se crea nunca las descripciones teóricas sobre lo que pueden hacer los sistemas. En la práctica la mayoría de las cosas parecerán distintas.

Utilización de semáforos

Por supuesto, las razones del escaso rendimiento de los métodos anteriores se reconocen fácilmente.

¿Cuáles son esas razones? Intente encontrarlas y escribirlas. Intente buscar los puntos críticos; es crucial para cuando después haya que hacer una optimización. "Una cadena es tan fuerte como lo es su enlace más débil", y un software es tan rápido como lo es su bucle interno más lento. El proceso para encontrar esos cuellos de botella se llama *profiling* y es muy importante.

Cuando se utiliza una base de datos, el cuello de botella es la base de datos: el tiempo requerido para invocar la base de datos, dejar que ejecute la consulta (relativamente pequeña), recuperar el resultado y determinar qué hacer a continuación es bastante largo si se compara con el resultado que hemos obtenido. En otras palabras, estamos utilizando un sistema de software inmenso diseñado para almacenamiento de datos complejos para intercambiar simples valores booleanos; si había algo para lo que no ha sido diseñada una base de datos, es precisamente para eso. No se preocupe si no tiene un rendimiento óptimo; el cuello de botella es el coste añadido, el tiempo requerido para configuración y desinicialización.

El sistema de archivos ha funcionado mal porque no estaba diseñado para este uso y debido a otras limitaciones: PHP no incluye métodos de acceso óptimos al sistema de archivos. Determinar la existencia de un archivo requiere constantes invalidaciones de la caché y volver a asignar nuevas secciones caché; de nuevo mucho trabajo para una tarea poco importante.

Por tanto, ¿por qué no utilizar algo completamente diferente? Seguro que no somos las primeras personas que tienen que tratar el tema de la comunicación entre procesos; otras personas ya han tenido que dar con una buena solución para esto. Y así llegamos a la siguiente posibilidad: los semáforos.

Los **semáforos** hacen exactamente lo que queremos que hagan: funcionan como señales. Los semáforos son contadores almacenados en una memoria compartida. Puede "adquirir" un semáforo, de esa manera incrementa su contador, y puede "liberar" un semáforo, disminuyendo así su contador. Además, existe la posibilidad de esperar a que un semáforo esté libre, lo que significa que su contador vuelve a cero. Sin embargo, esta opción tiene un inconveniente. Los semáforos estaban destinados a bloquear recursos, a crear algún tipo de mecanismo de planificación que permitiera que muchos procesos esperaran a que hubiera un tiempo disponible en un dispositivo, o algo similar. Cada vez que está esperando que un semáforo se quede libre, el proceso se queda "dormido" y no puede realizar ninguna otra tarea. Si el proceso principal esperaba el campo de entrada del usuario para señalizar un nuevo mensaje, se dormía y no podía procesar el tráfico de la red entrante.

No hay razones para abandonar todavía; muchas personas han propuesto otras soluciones.

Configuración de indicadores en la memoria compartida

La **memoria compartida** es similar a los semáforos, pero un poco más versátil. La memoria compartida está disponible para cada proceso en un sistema. Los sistemas multitarea son normalmente diseñados de forma que cada proceso se ejecuta de manera aislada a los demás procesos por razones de seguridad. Distintos procesos pueden compartir datos configurando y conectando con bloques de memoria especiales, es decir, **bloques de memoria compartida**. Estos bloques pueden contener variables (o cualquier otro tipo de datos, pero PHP sólo soporta el almacenamiento de variables concretas).

Esto es exactamente lo que queremos: la posibilidad de almacenar un valor booleano en un lugar de la memoria donde cada proceso pueda mirarlo. Como la memoria compartida funciona únicamente en la RAM (como su propio nombre indica), es muy rápida y casi no requiere coste adicional. Con esta opción, cada proceso de *chat* busca su propia variable en la memoria compartida y emite sólo una consulta para la base de dados cada vez que encuentra esa variable definida por el campo de entrada del usuario.

¿Por qué sigue estando basado el intercambio de datos en una base de datos al final? Intente encontrar alguna respuesta.

La base de datos se sigue utilizando por una razón principal. La memoria compartida no es soportada de manera predeterminada por PHP, necesita compilar específicamente un soporte para la misma en PHP. Sin embargo, mucha gente con acceso a un servidor que permite PHP no tiene la opción de recompilar PHP, ya que sólo ha alquilado un espacio en el servidor, porque no tiene suficientes derechos o tal vez porque otros dependen de una configuración determinada de PHP. Al dejar la base de datos como la ruta final de intercambio de datos, se está utilizando la memoria compartida como una optimización opcional. Aquellos que no pueden utilizarla, pueden desactivarla y seguirán teniendo una versión completa del servidor de *chat*, operando con un rendimiento no del todo óptimo, pero operando al fin y al cabo.

Cuando cree una aplicación diseñada para distribución generalizada, recuerde que no todos tendrán la misma configuración que usted y que tampoco tendrán la posibilidad de recrear su configuración. Incluso si PHP es independiente del sistema en un 99%, algunas cosas sí dependen del sistema. Calcule cuidadosamente si vale la pena imponer determinadas circunstancias y perder potencialmente una gran cantidad de clientes.

Interfaz para el usuario

Ahora que hemos quitado del camino todas las partes difíciles sobre el intercambio de datos, la interfaz real de HTML para el usuario no tiene importancia. Sabemos cómo aceptar una entrada desde el usuario y cómo tratar la comunicación de red. El último "problema" es "empaquetar" la salida generada para el usuario de una manera adecuada. HTML ofrece sólo una manera para que diferentes ventanas actúen independientemente en una pantalla de navegador: los *framesets*. La interfaz consiste en el campo de entrada del usuario, el campo de salida del *chat*, una lista de apodos, que muestre los demás clientes que están participando en el mismo *room*, y un panel de acción para permitir tener un control sobre el *chat* con un solo clic de ratón para realizar acciones como cambios en el apodo, uniones, separaciones, salidas, etc. Estas actividades se pueden manejar con procesos cuya salida será integrada en un *frameset*.

El proceso principal, también responsable del flujo de salida del *chat*, mantendrá la información del estado actualizada en una base de datos a la que pueden acceder, recuperar y mostrar todos los demás componentes de la interfaz de manera adecuada (véase la Figura 3.8).

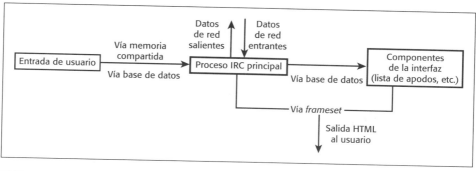

FIGURA 3.8
Esquema final de la aplicación.

Interfaz para el desarrollador

¿Una interfaz para el desarrollador? ¿Qué tiene esto que ver con el *chat*? ¿Y cómo se supone que funciona? Normalmente, la mayoría de las aplicaciones sufren de la incapacidad de ser "sólidas", lo que significa que son completamente inmodificables o difíciles de modificar para desarrolladores ajenos. En términos de software orientado al usuario final (por ejemplo, entornos de escritorio como Windows, KDE, MacOS, etc.), difícilmente alguien encontrará la solución ideal. Al igual que con un sistema *chat*, la mayoría de la gente que lo descarga comenta "Ah, muy bien, pero le falta esto y esto...", o "Estupendo, pero no me gusta la manera que tiene de hacer xyz".

Si no tienen una ruta de acceso fácil y clara para las modificaciones que quiera introducir todo aquel que las utilice, las aplicaciones acaban en la basura. La mayoría de las personas ni siquiera intentará trabajar en un programa que no han desarrollado ellas mismas si la facilidad de hacerlo no les salta directamente a la cara.

Esto significa que para que la aplicación de *chat* imponga la independencia del código y la presentación de la interfaz (lo que permitiría una interfaz para los desarrolladores HTML) y para imponer la independencia de los datos de los pasos del proceso, necesitamos crear un **núcleo de la aplicación** sólido (la parte de la aplicación que nadie necesitará cambiar nunca) que comunique con un conjunto de *plug-ins* (extensiones) distribuidas (la parte de la aplicación que la mayoría de la gente cambiará de algún modo).

Reflexione de nuevo sobre la importancia de esas imposiciones. ¿Le gustaría una aplicación diseñada así? ¿La necesitará? Piense en cómo se podría realizar.

Interfaz para desarrolladores HTML

En términos de la interfaz HTML, la abstracción del código y de los datos a presentar se hace utilizando plantillas. Es la posibilidad más fácil para ajustar una aplicación a sus necesidades y también la más potente. En unos segundos puede cambiar el aspecto y el comportamiento sin tener que modificar una línea del código. Los que tengan un conocimiento básico de HTML pueden reestructurar completamente la manera en que la aplicación se mostrará a sí misma al usuario. Como se explica este método en otro lugar del libro, no entraremos en mayores profundidades aquí. Para consultar más detalles sobre el uso de las plantillas, véase el Capítulo 5, "Estrategias básicas de las aplicaciones web".

Interfaz para desarrolladores del código

El hecho de proporcionar una interfaz para otros desarrolladores se asocia normalmente con el término API (*Application Programming Interface*, Interfaz de programación de aplicaciones). Las API se proporcionan normalmente mediante bibliotecas (como phpIRC), pero no mediante aplicaciones completas. Las aplicaciones que tienen la necesidad de ser extendidas por un programador tienen mucho más éxito que las que han de utilizarse "tal cual". Por supuesto, en términos de aplicaciones PHP, cualquiera puede modificar el código fuente, pero mucha gente se abstiene de analizar un sistema complejo y de aplicarle modificaciones. Por ello, la propia aplicación debe poner al descubierto algunas maneras para ser extendida.

Nota: Aquí estamos haciendo la diferencia entre **aplicaciones** y **bibliotecas**. Las bibliotecas están destinadas a ser utilizadas por las aplicaciones, no pueden utilizarse por sí mismas y, generalmente, son mucho más fáciles de extender que las aplicaciones. Las aplicaciones consisten en un sistema completo y cerrado.

> Intente averiguar cómo se pueden extender las aplicaciones comunes. Por ejemplo, en el caso de su herramienta favorita para procesar texto, consulte si los desarrolladores han proporcionado la posibilidad de extender la funcionalidad de la herramienta.

Hay dos posibilidades principales para extender las aplicaciones: la aplicación proporciona posibilidades de hacer *scripts* (similar a las macros), o bien la aplicación es capaz de utilizar *plug-ins* (extensiones). Al igual que para PHP, implementar un lenguaje de *script* en una parte crítica de un sistema... no necesitamos pensar nada más. La complejidad de crear un analizador sintáctico completo es muy grande. Pero los *plug-ins* son mucho más fáciles de implementar y tienen muchas ventajas. Un *plug-in* es una pequeña pieza de código que puede registrarse con la aplicación y tomar algunos eventos de la misma, acceder a datos internos, etc. A la vez que se integran completamente en el sistema principal, los *plug-ins* siguen siendo archivos independientes que se pueden separar y propagar independientemente. Pueden adjuntarse al sistema sin tener que modificar una línea de código, lo que permite que un administrador de sistemas sin ningún conocimiento de PHP pueda extender la aplicación utilizando un código ajeno. En concreto, esto se realiza como aparece en la Figura 3.9.

> Diseñe su propio sistema de *plug-in*, por lo menos de forma teórica. Cree una aplicación mínima que sea capaz de registrar *plug-ins* y los ejecute.

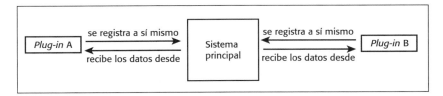

FIGURA 3.9
Sistema de *chat* con *plug-ins*.

Cuando arranca, phpChat tiene un archivo **include**, que a su vez incluye todos los *plug-ins* (extensiones) deseados. El Listado 3.3 muestra cómo funciona este archivo:

Listado 3.3. El *plug-in* includer

```
//////////////////////////////////////////////////////////////////////
//
// Integrador de plug-in
//
//////////////////////////////////////////////////////////////////////

include("chat_plugin_out_htmlspecialchars.php3");

include("chat_plugin_out_link_transform.php3");

include("chat_plugin_out_colorcodes.php3");

include("chat_plugin_clock.php3");

include("chat_plugin_cmd_basic.php3");
include("chat_plugin_out_basic.php3");

//////////////////////////////////////////////////////////////////////
```

Cada *plug-in* está construido de la misma manera, consta de una parte principal y de una parte de evento. La parte principal llama a dos funciones en phpChat que tienen los siguientes nombres: **chat_register_plugin_init()** y **chat_register_plugin_deinit()**. Cada función toma como parámetro el nombre de otra función, que será llamada para la inicialización y desinicialización del *plug-in*, respectivamente.

phpChat agrega los nombres de estas funciones a una tabla interna. En la inicialización del *chat*, en cuanto phpChat está completamente configurado, hace un rastreo por la tabla de inicialización y llama a la función de inicialización de cada *plug-in* que se ha registrado. De manera similar, en el cierre, hace lo mismo en la tabla de desinicialización. Este método permite señalizar los *plug-ins* para que se activen y desactiven.

Para resultar útil a la aplicación, phpChat ofrece un conjunto de eventos al que se puede adjuntar cada *plug-in*. Durante la inicialización del *plug-in*, cada uno indica a php-Chat que tiene que enviar un conjunto de eventos deseados. Los eventos pueden incluir el *chat* que se está liberando, el usuario que envía un nuevo mensaje, el usuario que hace clic en un apodo en la lista de apodos, un mensaje entrante desde la red, etc.

En el tiempo de ejecución, los *plug-ins* pueden interceptar esos eventos y realizar determinadas tareas. El *plug-in* del reloj, por ejemplo, se registra para el evento "desocupado" y comprueba frecuentemente la hora actual del sistema. Después de un número de minutos predeterminado, anuncia la hora al usuario.

Para la mayoría de los eventos, phpChat envía también parámetros (como los textos de mensajes para los mensajes entrantes), que pueden ser cambiados por los *plug-ins*. Por ejemplo, la lista de *plug-ins* del Listado 3.3 incluye *plug-ins* que se llaman htmlspecialchars y link_transform. Estos *plug-ins* cambian la salida de los mensajes; htmlspecialchars aplica una llamada a htmlspecialchars() para todos los textos imprimidos (por razones de seguridad, para que nadie pueda insertar un código HTML malévolo en el *chat*), y el transformador del enlace detecta todos los URL y direcciones de e-mail y les pone un prefijo <a href=""></a> o mailto:, respectivamente, por lo que los usuarios pueden hacer clic en los enlaces directamente en la ventana del *chat* (véase la Figura 3.10).

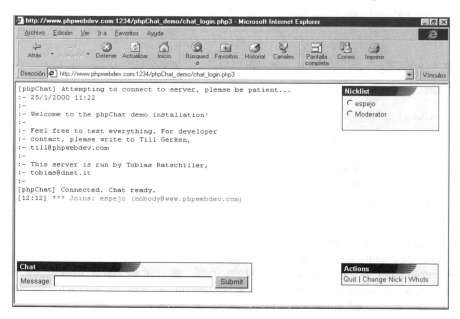

FIGURA 3.10
Los *plug-ins* en acción.

Como se puede ver, los *plug-ins* proporcionan una manera extremadamente potente de extender un sistema complejo. En consecuencia, phpChat ha abstraído la mayoría de sus propias cualidades en *plug-ins*. El intérprete completo del comando ha sido movido hasta un *plug-in,* así como el conjunto completo de los procedimientos, para formatear o imprimir un texto. Esto significa que sólo hay un *kernel* sólido que no necesita ser cambiado porque sencillamente no hay nada en él que necesite ser cambiado; el resto puede modificarse, extenderse e incluso eliminarse libremente, sin que tenga ningún impacto en el rendimiento u operabilidad del sistema. ¿Ha visto alguna vez una aplicación que no se queje de que alguien borre sus archivos? Si se utiliza esta técnica, una aplicación no se quejará e, incluso, se adaptará dinámicamente a la misma.

> Los *plug-ins* se pueden utilizar de muchas maneras y no sólo para los programas de *chat*. Por ejemplo, también puede construir un sitio que sea un portal que conste de la página tradicional de noticias, la interfaz de e-mail, etc. Al utilizar los *plug-ins*, puede diseñar un *"kernel* de sitio" que maneje todas las cuestiones básicas, como proporcionar los datos de presentación de una página, el extremo posterior de una base de datos, las sesiones, etc. Sobre la base del *kernel* de sitio puede luego crear *plug-ins* para mostrar las noticias, enviar y recibir e-mails, incluso proporcionar métodos diferentes para entrar en el sistema. Incluso si esto supone un esfuerzo, le animamos a crear una aplicación basada en *plug-in* como ejercicio. Merecerá la pena.

El Listado 3.4 muestra una plantilla de *plug-in* que implementa un *plug-in* "ficticio" como código base para nuevos *plug-ins*.

Listado 3.4. Plantilla de *plug-in*

```
<?

//
// Utilice estas variables para indicar al instalador del plug-in cómo
// ha nombrado sus funciones de inicialización y desinicialización. Esto
// se hace para la necesidad de cambiar el código instalador, que deberá
// preguntar por los errores.
//
$plugin_init_function = "myplugin_init";
$plugin_deinit_function = "myplugin_deinit";
//
//
//

///////////////////////////////////////////////////////////////////////////
//
// myplugin_idle_callback(int code, mixed parameter) - ejemplo de
//     ➡ retrollamada
//
///////////////////////////////////////////////////////////////////////////
//
// Éste es un ejemplo para una función de retrollamada. Véase más abajo
// cómo registrary eliminarla de la cadena de llamada.
//
// $code especifica las razones de la invocación, $parameter contiene toda
// la información de la retrollamada.
//
// El valor de devolución debe consistir siempre en una versión modificada
// o no del parámetro de salida $parameter. El valor de devolución se
// utiliza como parámetro de entrada para la siguiente retrollamada. Esto
// permite procesar mensajes multiestado y otros.
//
///////////////////////////////////////////////////////////////////////////
```

(continúa)

Listado 3.4.   Plantilla de *plug-in (continuación)*

```
function myplugin_idle_callback($code, $parameter)
{

    return($parameter);

}

////////////////////////////////////////////////////////////////////
//
// myplugin_init() - inicializa este plug-in
//
////////////////////////////////////////////////////////////////////
//
// Ponga todo su código de inicialización aquí. Este código será llamado
// en cuanto el bot principal sea configurado con la instalación de
// conexión y retrollamada; así, puede confiar en un entorno seguro.
//
// A pesar de que el valor de devolución no se utiliza actualmente, "0"
// deberá indicar fallo en la inicialización y "1" éxito en la
// inicialización. Esto se puede utilizar más tarde para permitir que
// los plug-ins detengan la sesión de chat actual en seguida después de la
// entrada en el sistema.
//
////////////////////////////////////////////////////////////////////
//
// Valor de devolución:
//   0 - error
//   1 - éxito
//
////////////////////////////////////////////////////////////////////

function myplugin_init()
{

    // registrar las retrollamadas aquí
    chat_register_callback(CHATCB_IDLE, "myplugin_idle_callback");

    return(1);

}

////////////////////////////////////////////////////////////////////
//
// myplugin_deinit() - desinicializa este plug-in
//
////////////////////////////////////////////////////////////////////
//
// Todo el código de desinicialización deberá ir aquí. Esta función se
// llama antes de que el bot finalice; así, todas las conexiones de red
// estarán activas.
//
// A pesar de que el valor de devolución no se utiliza actualmente, "0"
// deberá indicar fallo de desinicialización y "1" éxito de
```

(continúa)

Listado 3.4. Plantilla de *plug-in (continuación)*

```
// desinicialización. Esto se puede volver a utilizar después para
// forzar un apagado retrasado.

//
//////////////////////////////////////////////////////////////////////////////
function myplugin_deinit()
{

    // elimine las retrollamadas aquí
    chat_remove_callback(CHATCB_IDLE, "myplugin_idle_callback");

    return(1);

}

//////////////////////////////////////////////////////////////////////////////
//
// NOTA: ¡NO CAMBIE NADA DEBAJO DE ESTE PUNTO!
//
//////////////////////////////////////////////////////////////////////////////

// el código instalador empieza aquí

// función de inicialización del registro
chat_register_plugin_init($plugin_init_function);

// función de desinicialización del registro
chat_register_plugin_deinit($plugin_deinit_function);

// código instalador realizado

//////////////////////////////////////////////////////////////////////////////

?>
```

El código principal registra las rutinas de inicialización y desinicialización de este *plug-in*. Luego, el inicializador del *plug-in* instala las retrollamadas que este *plug-in* quiere interceptar y el desinicializador las elimina.

Administración y seguridad

Ningún sistema es bueno si no puede ser administrado. Los días en que los "*Netiquette*" convirtieron en una cuestión de amor propio ser educado e integrarse en la comunidad pasaron hace tiempo. Actualmente es normal estar expuestos a los cortes, hostigamientos y otros tipos de ataques, y desgraciadamente la mayoría de ellos no se queda en un nivel verbal. Se puede añadir poco más para evitar que se socave la seguridad de una aplicación y de un sistema de red. Sin embargo, explotarlos constantemente es digno de condena, ya que mucha gente lo considera "divertido". Esto requiere una interfaz externa que se ejecute independientemente del sistema principal y que permita tener un control completo sobre todos los datos y usuarios de la aplicación. En términos de un sistema de *chat*, esto significa que necesitamos ser capaces de controlar a los usuarios, moderar sus mensajes y asegurar los *chats rooms*.

Nota: No todas las características que se enumeran aquí están implementadas en el código del CD-ROM. El sistema de administración básico es completo y totalmente funcional, pero nos gustaría que ejercitara y extendiera la base del código con características que considere apropiadas. Si no ha hecho extensiones significativas en aplicaciones grandes, le urgimos con toda sinceridad a que empiece a adquirir experiencia desde ahora mismo.

La pregunta para nuestro programa de *chat* es esta: ¿Dónde nos colocamos en la administración? Tenemos varias posibilidades:

- **A nivel de red.** Podremos filtrar a los usuarios que se conecten con el servidor.

- **A nivel PHP.** Podremos evitar que los usuarios se registren y entren en el *chat*.

- **A nivel de base de datos.** Podremos descartar los mensajes de los usuarios desde la base de datos.

- **A nivel IRC.** Podremos utilizar las características nativas para la administración de red de IRC.

Nivel de red

Proporcionar la seguridad a nivel de red sólo permite dos posibilidades: dejar que pase una conexión o no. Esto se puede realizar utilizando un cortafuegos (*firewall*) u otras posibilidades de poner una máscara en el IP. Este método es limitado, complicado, inseguro y, en general, no es lo que queremos.

Nivel PHP o servidor web

Proporcionar la seguridad a nivel del servidor web permite básicamente la conexión con el servidor pero impide que los clientes se registren para entrar utilizando una contraseña de protección (u otros métodos de autenticación). Básicamente esto también se vuelve a reducir a dejar pasar o no una conexión, lo que no es realmente satisfactorio.

Sin embargo, este método se puede utilizar para emular las prohibiciones de usuario. Las prohibiciones más comunes para IRC, a saber las líneas K y las Líneas G (prohibiciones locales y globales de usuarios) no pueden utilizarse con un sistema de *chat* basado en la Web, ya que todas las conexiones se originan en el servidor web. La única dirección que se puede prohibir sería la dirección del servidor web, lo que impediría toda interfaz desde la red. Para poder filtrar a usuarios especiales, las conexiones deben evaluarse en el nivel PHP.

Nivel de base de datos

El nivel de base de datos es complemente diferente. Se permite que los clientes entren y participen en el *chat*, pero sus mensajes e información de su sesión son filtrados en la base de datos. Se examinarán la herramienta externa o el propio código del *chat* para ver si el usuario puede ser autorizado a decir o hacer algo y, sobre la base de esa información, permitir que sus mensajes sean insertados en la base de datos o no. Esta estrategia requiere una integración muy estrecha en el código principal del *chat*, no es muy flexible (y poco delicada), y su implementación no es muy elegante.

Nivel de IRC

IRC proporciona características de administración nativas incorporadas en el código de servidor y el protocolo de red –esperamos que haya leído la RFC (petición de comentarios) y que esté familiarizado con esas posibilidades–. La administración puede realizarse por usuarios normales. Existen tres niveles disponibles:

- **Operadores de canal**. Estos operadores tienen el control administrativo sobre los canales. Pueden controlar a los usuarios, "silenciarlos", prohibirlos, convertir a otros usuarios en operadores, etc. (este nivel está disponible para todos los usuarios).

- **Operadores IRC**. Estos operadores tienen el control administrativo sobre la red (pero no sobre los canales). Pueden sacar a usuarios de la red, prohibirlos, establecer enlaces de red, etc. (este nivel sólo está disponible para usuarios especiales).

- **Servicios**. Los servicios tienen el control administrativo sobre los canales pero no sobre la red y no pueden actuar como usuarios regulares. Necesitan también un procedimiento de entrada especial (este nivel está sólo disponible para usuarios especiales y está dirigido a clientes automatizados).

Como se puede ver, la administración en el nivel IRC se puede hacer utilizando una ejecución de cliente de forma separada del sistema de *chat* principal. Un cliente separado con un estatus de operador IRC y de operador de canal daría la combinación ideal de las características que un sistema de administración debe tener. Básicamente sólo se necesita el estatus de operador IRC, ya que en cuanto el cliente de administración ha obtenido el estatus de operador IRC, puede conseguir el estatus de operador de canal en todas partes "matando" a todos los demás usuarios de un canal. Éste no es un método muy bonito, pero es mucho más efectivo y versátil que parchear el código de servidor de IRC para dar a los operadores de IRC idénticos derechos que los de los operadores de canal.

Implementación

La implementación de la administración de un *chat* está diseñada de manera muy similar a la del *script* de *chat* principal. Se lanza un *bot* que, con la ayuda de phpIRC, entra en IRC e intenta registrarse a sí mismo como un operador IRC. Luego espera recibir comandos desde una interfaz web. Esos comandos se hacen igual que los de una RPC (*Remote Procedure Call*, Llamada a procedimiento remoto) basada en una base de datos. El *bot* consultará con frecuencia una tabla en la base de datos que contiene los comandos de entrada para el mismo. Los comandos han sido colocados en la base de datos por la interfaz web y consisten en un nombre de función, un ID de sesión y un *array* de parámetro. Cada vez que el *bot* encuentra un nuevo comando en la base de datos, lo ejecuta y escribe el resultado en una tabla de salida junto con el ID de sesión. Así, la interfaz web sólo tiene que escribir un comando con un ID de sesión autogenerado y luego sólo necesitará esperar hasta que un conjunto de datos con el mismo ID de sesión aparezca en la tabla de salida (véase la Figura 3.11).

Este método permite un control remoto flexible sobre el *bot*.

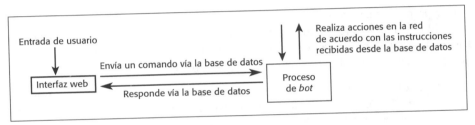

FIGURA 3.11
Control de RPC apoyado en una base de datos sobre el *bot* de administración.

Resumen

En este capítulo hemos aprendido, a partir de un ejemplo de la vida real, a planificar un proyecto de desarrollo. Hemos subrayado los pasos típicos del desarrollo:

• Analizar los requerimientos.

• Elegir una tecnología apropiada.

• Definir las interfaces y las API.

• Implementación.

Nos ha seguido a través de toda la fase de desarrollo y hemos trazado conclusiones a partir de nuestro ejemplo que son aplicables a la mayoría de los proyectos de software. Con este bagaje, está preparado para la siguiente parte de este libro. En el próximo capítulo presentaremos algunos conceptos importantes de las aplicaciones web.

Aplicaciones web

CAPÍTULO 4

Concepto
de las aplicaciones web

- HTTP y las sesiones.
- Consideraciones sobre la seguridad.
- Problemas de usabilidad.
- Resumen.

Para entender las implicaciones de los conceptos de las aplicaciones web, necesita saber la diferencia que existe entre aplicaciones y simples *scripts*. Un *script* es una utilidad, y como tal no tiene ningún contexto. No sabe nada de los demás *scripts* del sistema. Sin embargo, una aplicación está diseñada para realizar tareas más avanzadas. Una aplicación necesita mantener un estado y ejecutar transacciones, ya que es interactiva. Como suele requerir más interacción de usuario que un simple *script*, deberá preocuparse también por la seguridad y la usabilidad. Por supuesto, la contrapartida de todo este esfuerzo es que podrá crear usted mismo el próximo Yahoo!. Son las aplicaciones las que hacen que la Web sea interesante.

HTTP y las sesiones

Imagine una aplicación KDE, por ejemplo Kedit. (KDE es un administrador de ventanas para Linux compatible con los sistemas X.) Una operación típica incluye abrir un archivo, modificar sus contenidos y guardarlo bajo otro nombre. Kedit sabe lo que el usuario está haciendo en cada paso de este proceso. Sabe que está editando el archivo, dónde está el cursor, dónde mueve el ratón, etc. Incluso si abre otra instancia de Kedit, éste no se confunde; al seleccionar **Guardar** en el ejemplo 1, Kedit no guardará el archivo de la instancia 2. Esto es posible porque Kedit (o el sistema operativo para ser exactos) sabe cómo asociar las acciones del usuario con una instancia específica de la aplicación; recibe un evento del tipo "En la instancia con el PID 4711 (un PID es un identificador de proceso único en los sistemas UNIX), el ratón se ha movido a las coordenadas 10, 4".

Mantenimiento del estado

Cuando Tim Berners-Lee diseñó el protocolo HTTP (*Hypertext Transfer Protocol*, Protocolo de transmisión de Hipertexto) en 1991, decidió que fuera lo más rápido posible y, por tanto, dejó de lado cualquier información sobre el estado[1].

HTTP no tiene ningún mecanismo para mantener el estado; por eso HTTP es un protocolo **libre de contexto** o **sin estado**. Las peticiones individuales no están relacionadas unas con otras. El servidor web (y por ello PHP) no puede distinguir fácilmente entre los usuarios y no sabe nada de las sesiones de los usuarios. Por tanto, necesitamos encontrar nuestra propia manera para identificar a un usuario y asociar los datos de la sesión (es decir, todos los datos que quiere almacenar para un usuario) con ese usuario. Utilizamos el término **sesión** para una instancia de un usuario que visita un sitio donde se miran una o más páginas. Por ejemplo, una sesión de compras en línea típica puede incluir poner un artículo en la cesta de la compra, ir hasta la página de la caja, introducir la dirección y los datos de la tarjeta de crédito, enviar la orden y cerrar la ventana del navegador.

La buena noticia es que hay más de una manera de administrar las sesiones. La mala noticia es que ninguna manera es perfecta. Enumeremos en primer lugar las maneras que no funcionan, incluso aunque pueden parecer una buena elección.

---

[1] Véase la histórica definición del protocolo en **www.w3.org/Protocols/HTTP/AsImplemented.html**.

Al principio, el típico programador de PHP intenta ignorar el problema y busca otra opción. La opción típica es almacenar todos los datos en el cliente en lugar de en el servidor. Esto lleva a formularios con muchos campos ocultos o unos URL muy largos. Esto es muy poco práctico cuando hay que guardar más de dos archivos y más de una variable. Un método un poco más inteligente es utilizar *cookies* para almacenar toda la información del lado del cliente.

Los datos no deben almacenarse del lado del cliente por varias razones:

- Perderá el control sobre los datos; hasta que el usuario no vuelva a su sitio no podrá acceder a los datos. Y peor todavía, los datos pueden haber sido manipulados cuando los reciba de nuevo. El noventa por ciento de todos los deterioros y allanamientos de un sitio web se debe a las aplicaciones que aceptan datos que han sido manipulados por el cliente y confían en esos datos. No guarde los datos del lado del cliente. No confíe en los datos que vienen del cliente.

- Si utiliza **GET/POST**, el almacenamiento no es persistente a lo largo de las sesiones.

- Si depende exclusivamente de las *cookies*, tendrá un problema, ya que algunos usuarios no aceptan *cookies* y las desactivan en sus navegadores.

- Es difícil mantener los datos porque necesita guardarlos todos en cada página. Cada variable necesita ser codificada en un URL, ser agregada a un formulario como un campo oculto o ser añadida al URL o guardada como una *cookie*. Esto ya es difícil para una única variable, como el ID de sesión, ¡no hablemos de decenas de variables!

Así, los datos necesitan ser almacenados en el servidor. No es realmente importante el sitio exacto donde los almacene; puede ser en un sistema de administración de base de datos relacional (RDBMS), en un archivo de sólo texto, en un archivo dBASE, etc. Como una aplicación web utiliza generalmente una base de datos relacional como MySQL, éste debería ser el medio de almacenamiento preferido.

Para asociar los datos con un usuario, necesita un **número de identificación de la sesión**; una clave que una al usuario con sus datos. Pero, como hemos mencionado antes, HTTP carece de un mecanismo para identificar a los usuarios. ¿Qué deberá utilizar entonces para marcar al usuario?

Una idea que surge inmediatamente es la de la dirección IP del usuario. A la vez que esta posibilidad parece lógica, los problemas asociados la descalifican para su uso:

- Muchos ISP fuerzan que las conexiones telefónicas de los usuarios utilicen servidores *proxy*; por supuesto, **$REMOTE_ADDR** mostrará el IP del *proxy*. Si dos usuarios de AOL intentaran utilizar su aplicación web a la vez, las cosas se mezclarían.

- Algunos ISP (por ejemplo, los proveedores de acceso por cable) cambian las direcciones IP de sus usuarios para evitar que se ejecuten en servidores web.

- El usuario puede decidir cerrar su conexión a Internet, ir a buscar un café y volver 15 minutos más tarde a su tienda en línea (con un IP diferente por supuesto).

Después de aceptar el hecho de que no hay una manera genérica de identificar al usuario con algún número mágico predefinido, la única solución que queda es crear un ID de sesión usted mismo y pasarlo de página a página. ("¿Cómo?" preguntará. Siga leyendo, daremos los detalles un poco más adelante.) Este ID debe ser muy aleatorio, o sus usuarios intentarán adivinarlo y utilizarlo en todas las sesiones. Si el ID es lineal, por ejemplo un número normal (**page.php3?ID=5**), puede apostar a que algún usuario intentará abrir **page.php3?ID=6**. Puede resultar muy embarazoso si los usuarios normales pueden ver las cestas de la compra de los demás, pero sobre todo se convierte en una falta de seguridad muy peligrosa si los *hackers* (piratas informáticos) entran en las sesiones para robar los números de las tarjetas de crédito o generar órdenes fraudulentas.

PHP tiene una función **uniqid()** incorporada, pero como está basada en la fecha y hora del sistema, no es lo suficientemente segura para ser utilizada en un ID de sesión. Sin embargo, puede combinarla con una función de dispersión y **rand()** para construir una cadena realmente aleatoria con 2^{128} elementos posibles:

```
srand((double)microtime()*1000000); // Pone el valor de comienzo del
                                     // generador del número aleatorio
$session_id = md5(uniqid(rand())); // Construye el ID de sesión
```

CÓMO ACCEDER A LA DIRECCIÓN IP DEL USUARIO

Puede acceder a la dirección IP del usuario desde la variable de entorno $REMOTE_ADDR. Utilice phpinfo() para obtener una lista con todas las variables de entorno disponibles.

Cualquiera que intente romper esto tendrá que aplicar una fuerza de ataque brutal sobre todos los elementos posible; el pirata tendrá que encontrar un ID de sesión válido a partir de 340.282.366.920.938.463.463.374.607.431.768.211.456 valores posibles. Los criptoanalistas Van Oorschot y Wiener han desarrollado una máquina de búsqueda teórica para MD5 y estimaron en 1994 que dicha máquina (con un coste de unos 10 millones de dólares) tardaría 24 días para abrir un mensaje encriptado MD5[2].

Si este tema le preocupa, tal vez tenga que considerar la posibilidad de desconectar su servidor de Internet.

Por cierto que **md5(uniqid())**, la misma construcción que la anterior pero sin una llamada **rand()**, no será suficientemente aleatorio, porque **uniqid()** está basado en la fecha y hora del sistema, y se puede adivinar si el pirata sabe cuál es la hora local del sistema del servidor. El espacio donde hay que buscar es, por tanto, considerablemente menor que 2^{128}.

---

[2] Wiener, M. J., "Efficient DES Key Search", *Technical Report TR244*, Escuela de Ciencias de la Computación, Universidad de Carleton, Ottawa, Canadá, mayo de 1994.

Propagación del ID de sesión con cookies

Ahora la única cuestión que queda es hacer que el ID de sesión esté disponible para todas las páginas de su aplicación. Una manera de hacerlo es configurar una *cookie* que contenga el ID. Si quiere poder identificar a un usuario en múltiples visitas, la única posibilidad es utilizar *cookies*. Desgraciadamente, algunos usuarios suyos habrán desactivados las *cookies* de sus navegadores (en torno a un 20%). Dependiendo de su audiencia de destino, tal vez sea conveniente redirigir a esos usuarios hacia una página de ayuda donde se les explique cómo activarlas.

Pasar el ID de sesión con *cookies* es el método más fácil para el desarrollador. Excepto la configuración de la *cookie*, su aplicación no necesita hacer nada más.

Rescritura manual del URL

También puede volver a rescribir manualmente el URL para la propagación del ID de sesión. Esto significa que debe pasar el ID vía **GET/POST** o que lo "oculte" en el URL. Necesita alterar todas las etiquetas HTML **frame**, **form** y **a** para incluir una referencia a su ID:

```
// Definición de una fuente marco
printf('<frame src="page.php3?session_id=%s">', $session_id);

// Campo de formulario oculto
printf('<input type="hidden" name="session_id" value="%s">', $session_id);

// Enlace normal
printf('<a href="page.php3?session_id=%s">Link</a>', $session_id);
```

Si tiene mapas de imágenes, marcos en línea o JavaScript desviados en su aplicación, también necesitará alterarlos.

La rescritura del URL tiene varios inconvenientes:

- Introduce una cantidad de trabajo considerable para usted como desarrollador. Tiene que introducir manualmente el ID de sesión en todos los enlaces. Si se olvida de uno sólo, se perderá la sesión del usuario.

- Revela que sus páginas han sido generadas dinámicamente, y algunos motores de búsqueda rechazarán indexar las páginas. Otros buscadores cortarán todo lo que vaya detrás del signo de interrogación en el URL.

- El ID de sesión se agregará a las marcas y salidas de la impresora del usuario. Conocemos incluso artículos de revistas técnicas que tienen el ID de sesión de un sitio web incluido como parte de la referencia. Desde el punto de vista de la usabilidad, es más duro para los usuarios alterar manualmente el URL para buscar recursos específicos en un sitio.

- El ID de sesión se anota en los servidores *proxy* y aparece en la variable de entorno **HTTP_REFERER** de CGI (*Common Gateway Interface*, Interfaz común de pasarela) para otros sitios.

Rutas dinámicas

Veamos si podemos evitar algunos inconvenientes de la rescritura de los URL. Para empezar, podemos agregar el ID a nuestro URL de la misma manera que lo hace Amazon.com (véase la Figura 4.1) para que se parezca a **http://servidor.com/ página.php3/<id de sesión>**. Con este método, el ID de sesión forma parte de la ruta al *script*, y el URL se parece a una página estática para motores de búsqueda y arañas (*spiders*). Esto funciona porque el servidor web sabe que **página.php3** es un *script*, y deja de buscar archivos en el URL. Pero de esta manera el ID de sesión no está automáticamente disponible en su *script* PHP. Necesita analizar sintácticamente la ruta para poder acceder:

```
function session_start_from_path()
{
    global $HTTP_HOST, $REQUEST_URI;

    ereg("/([0-9a-z]{32})", $REQUEST_URI, $regs);
    $session_id = $regs[1];

    if(!isset($session_id) || empty($session_id))
    {
        srand((double)microtime()*1000000);
        $session_id = md5(uniqid(rand()));

        $destination = "http://$HTTP_HOST$REQUEST_URI/$session_id";
        header("Location: $destination");
    }

    session_id($session_id);
    session_start();
}
```

Sin embargo, todos los demás inconvenientes de la rescritura del URL se pueden aplicar a las rutas dinámicas.

Rutas dinámicas con mod_rewrite

Por lo menos, puede evitar todo el lío de codificar manualmente el ID de sesión con un truco hábil. ¿Qué ocurre si el URL se parece a esto?

http://servidor.com/<id de sesión>/página.php3

El navegador enviará automáticamente el ID de sesión en cada petición, tratándolo como parte del directorio. Por supuesto, si intenta utilizar este formato tal y como está, sólo recibirá un mensaje de error **File Not Found**, ya que no hay ningún directorio que se parezca a este ID de sesión. Necesitamos una manera de eliminar el ID de sesión de la ruta antes de que el servidor web vea en realidad el URL.

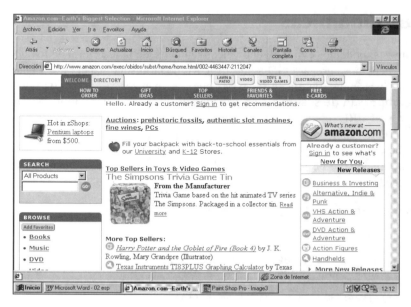

FIGURA 4.1
Amazon.com oculta el ID de sesión en el URL.

Aquí es donde entra en el juego **mod_rewrite**. Es un módulo Apache que aplica transformaciones de expresiones regulares a un URL antes de pasarlo al servidor Apache. Al utilizar **mod_rewrite**, podemos quitar el ID de sesión del URL; éste es un cambio interno que se hace en el URL y sólo Apache lo verá; el cliente no. Apache verá una petición normal sin el ID de sesión, mientras que éste seguirá estando disponible en las variables habituales para PHP.

CÓMO CONSEGUIR MOD_REWRITE

El módulo mod_rewrite no está compilado de forma predeterminada en Apache. Por favor, consulte el archivo INSTALL de Apache para ver las instrucciones sobre cómo compilar Apache con este módulo.

Un URL como:

http://www.server.com/b6ac8ca8e453cdc43e6078abf044cdb5/script.php3

puede rescribirse con este regla de rescritura:

```
RewriteEngine On
RewriteBase /
RewriteRule ^[0-9a-z]{32}/(.+) /$1
```

La primera línea indica que **mod_rewrite** tiene que iniciarse. La segunda define explícitamente un directorio base que sólo es necesario cuando se utiliza **mod_rewrite** en un contexto local; por ejemplo, en un archivo **.htaccess**. La tercera línea define las expresiones regulares utilizadas para la rescritura del URL. Nuestra expresión ha quitado el ID de sesión del URL.

Para iniciar la sesión, podemos utilizar una función muy similar a la escrita anteriormente. Sólo el redireccionamiento inicial es diferente:

```
function session_start_from_rewrite()
{
    global $HTTP_HOST, $REQUEST_URI;

    ereg("/([0-9a-z]{32})", $REQUEST_URI, $regs);
    $session_id = $regs[1];

    if(!isset($session_id) ¦¦ empty($session_id))
    {
        srand((double)microtime()*1000000);
        $session_id = md5(uniqid(rand()));

        $destination = "http://$HTTP_HOST/$session_id$REQUEST_URI";
        header("Location: $destination");
    }

    session_id($session_id);
    session_start();
}
```

Durante todas las peticiones, el navegador asumirá que el URL tiene el ID de sesión incluido y, por tanto, enviará el ID automáticamente con cada petición. Esto le libera del trabajo de tener que rescribir todos los enlaces usted mismo. Es decir, siempre y cuando sólo utilice enlaces relativos en su aplicación; si utiliza URL absolutos (por ejemplo, **/directorio/script.php3**), necesitará rescribirlos manualmente.

Rutas dinámicas con PHP 4

La rescritura automática del URL es una de las nuevas características de PHP 4 que se agradecen. Para que sea posible, necesita configurar PHP con **—enable-trans-id** y recompilarlo. Luego, se agregará automáticamente el ID de sesión en el formulario **<session-name>=<session-id>** para todos los enlaces relativos dentro de sus páginas PHP analizadas sintácticamente.

NO ES PARA LOS SITIOS DE ALTO RENDIMIENTO

Como ésta es una característica práctica, deberá utilizarse con mucha precaución en los sitios de alto rendimiento. PHP debe mirar en cada página individual, analizarla para ver si contiene enlaces relativos y, eventualmente, agregar el ID a los enlaces. Es obvio que esto disminuye el rendimiento. Recomendamos la utilización de mod_rewrite o trucos del DNS en su lugar.

Más tarde presentaremos detalles sobre la propagación del ID de sesión en la vida real. Antes, nos gustaría mostrarle otra manera de propagación del ID.

Trucos del DNS

La necesidad de etiquetar todos los enlaces de una aplicación con el ID de sesión puede resultar realmente molesto. PHP 4 dispone de una manera para hacerlo automáticamente, pero puede suponer un duro golpe para el rendimiento en grandes sitios y no funciona con PHP 3.

Tal vez tengamos una solución.

Las advertencias primero: tiene que poder cambiar el registro DNS para su servidor y el servidor que quiere utilizar porque este tipo de propagación del ID de sesión necesita su propio IP estático. Un *hosting* virtual basado en el nombre de *host* no funcionará aquí.

¿Reúne estos requisitos? Bien. Si es un experto o hábil con los servidores de nombres ya sabrá que las entradas de comodines se pueden utilizar en la configuración del DNS. Normalmente, esas entradas hacen coincidir un nombre de *host* arbitrario con un IP específico; por ejemplo, tenemos esta entrada para dirigir las peticiones de todo aquello que esté debajo de **phpwebdev.com** al IP **194.242.199.228**:

*.phpwebdev.com   IN   A   194.242.199.228

Una petición para **http://this.is.one.cool.domain.phpwebdev.com** será redirigida al IP especificado. Como el nombre de *host* es arbitrario, Apache debe estar configurado para manejar el IP; al contrario de lo que ocurre con un *hosting* virtual basado en el nombre, donde el nombre de *host* debe ser fijado y conocido. Nuestra configuración Apache se parece a esto:

```
<VirtualHost 194.242.199.228>
    ServerAdmin tobias@dev.phpwebdev.com
    DocumentRoot /home/www/htdocs
    ServerName phpwebdev.com
</VirtualHost>
```

Esta solución también funcionará bien si el servidor principal de Apache está ligado a esta dirección.

El propósito de esto es codificar el ID de sesión en el propio hombre de *host*. En la primera petición a la aplicación, se crea el ID de sesión y el cliente es redirigido al nuevo URL que contiene el nombre de *host* etiquetado, que se parecerá a esto:

355e1bce8828d4fb5c83c1e35ad02caa.phpwebdev.com

La ventaja está clara. Siempre y cuando utilice enlaces relativos en su aplicación, no será necesario preocuparse por la rescritura manual de un URL.

Hemos modificado la función de inicio de la sesión anterior para extraer el ID de sesión del nombre de *host*:

```
function session_start_from_host($host)
{
    global $HTTP_HOST, $PHP_SELF;

    ereg("([0-9a-z]{32})\.", $HTTP_HOST, $regs);
    $session_id = $regs[1];

    if(!isset($session_id) || empty($session_id))
    {
        srand((double)microtime()*1000000);
        $session_id = md5(uniqid(rand()));

        $destination = "http://$session_id.$host$PHP_SELF";
        header("Location: $destination");
    }

    session_id($session_id);
    session_start();
}
```

Un compromiso para la vida real

Ya hemos visto varias maneras para la propagación del ID de sesión, y todas funcionan en escenarios de la vida real con mayor o menor eficacia. Puede haber otros métodos; por ejemplo incrustar todas las páginas en un único marco y utilizar JavaScript en las páginas incrustadas para acceder al ID de sesión del marco principal; pero como se apoyan en JavaScript, configuraciones de presentación especiales u otros *kludges*, no se aplican normalmente en las aplicaciones web profesionales.

En las aplicaciones de la vida real recomendamos utilizar una combinación de *cookies* y rutas dinámicas o trucos del DNS. Codificar el ID de sesión en el nombre de *host* ahorra algún trabajo para el desarrollador.

En la sesión actual, el ID de sesión del usuario ha sido codificado en el URL o en el nombre del *host*. La utilización de la rescritura automática del URL de PHP 4 es también otra opción si el sitio no tiene mucho tráfico. Esto funciona con todos los navegadores, con *cookies* o sin ellas, asegurándole que va a alcanzar la base de usuarios más ancha posible. Si el usuario tiene activadas las *cookies*, el ID se almacena también como una *cookie*. En la siguiente visita del usuario, éste será identificado automáticamente a través de la *cookie* y le podrá dar la bienvenida con una página indexada personalizada; al igual que lo hace Amazon.com. Si el navegador carece del soporte de la *cookie*, el usuario debe registrarse y entrar con un nombre de usuario y contraseña, para así poder utilizar el sitio como cualquier otro visitante.

Resumiendo, la administración adecuada de una sesión realiza lo siguiente:

- Almacena los datos de la sesión en el servidor.

- Utiliza un ID de sesión aleatorio para identificar a un usuario.

- Guarda el ID de sesión (y únicamente éste) en el lado del cliente (en la máquina del cliente) utilizando *cookies*, GET/POST, la ruta del *script* o trucos del DNS.

- De manera ideal, utiliza automáticamente otros medios para la propagación del ID de sesión si el usuario tiene desactivadas las *cookies*.

La biblioteca de sesión incorporada de PHP

Afortunadamente, PHP 4 tiene incorporada la administración básica de una sesión, como muestra el Listado 4.1. Mientras que su utilización es muy clara y fácil y puede ser suficiente para sus necesidades, carece de algunas de las características más avanzadas que proporciona LibPHP. Como la biblioteca de PHP proporciona también módulos para la autenticación del usuario, la administración de los permisos y la capa de abstracción de la base de datos, es una biblioteca muy importante y se explica en el Capítulo 6, "Acceso a las bases de datos con PHP".

Listado 4.1. Ejemplo básico para la utilización de las sesiones incorporadas de PHP

```
// Inicia la sesión
session_start();

// Inicia el contador
if(!isset($counter))
{
    $counter = 0;
}

// Saca el ID de sesión y el contador
printf("Our session ID is: %s<br>", session_id());
print("The counter value is: $counter");

// Incrementa el contador
$counter++;

// Registra la variable de nuestra sesión
session_register("counter");
```

Este ejemplo muestra el ID de sesión y un contador que se incrementa cada vez que se accede a la página. Por supuesto, este ejemplo es diferente al de un contador de página normal; la sesión (y por ello el contador) está ligada a un usuario específico. Con la configuración predeterminada de PHP, la *cookie* de la sesión tiene un tiempo de vida de 0; si cierra el navegador y lo vuelve a reabrir, el contador empieza desde cero, ya que la *cookie* ha sido borrada.

Echemos una mirada más atenta a las funciones de sesión de PHP 4. La biblioteca de administración de la sesión de PHP ofrece las características descritas anteriormente:

- Almacena los datos de una sesión en el servidor. Como la biblioteca ofrece distintos módulos de almacenamiento, puede guardar los datos en archivos de sólo texto, memoria compartida o en bases de datos. Esto refleja exactamente lo que hemos explicado sobre los medios de almacenamiento. Donde se guarden los datos no es importante en realidad (bueno, siempre y cuando el rendimiento del medio sea suficiente).

- Utiliza un ID de sesión aleatorio para identificar a un usuario.

- Guarda el ID de sesión (y sólo éste) en el lado del cliente (máquina del cliente) utilizando *cookies*, **GET/POST** o la ruta del *script*. (La biblioteca PHP proporciona todos estos métodos; más adelante en este libro mostraremos cómo se deben utilizar.)

- Si el usuario ha desactivado las *cookies*, la aplicación puede utilizar otros medios de propagación de la sesión.

La vida de una sesión

Una sesión PHP 4 se inicia llamando a **session_start()** o, de manera implícita, en cuanto registra una variable de sesión con **session_register()**. Al inicio de la biblioteca, PHP comprueba si existe un ID de sesión válido, realizando las siguientes acciones:

1. Si **track_vars** está fijado en **false**, la biblioteca comprueba el espacio de nombres global para un ID de sesión. Si se encontrara alguno, la biblioteca no enviará una *cookie* con el ID de sesión, pero definirá el **SID** constante.

2. Si **track_vars** está activado y no se ha encontrado ningún ID de sesión en el espacio de nombres global, se busca en el *array* **$HTTP_COOKIE_VARS** un ID de sesión. Si no se encontrara ninguno, no se enviará ninguna *cookie* y no se definirá el **SID** constante.

3. Si todavía no se ha encontrado ningún ID de sesión, se busca en los *arrays* **$HTTP_GET_VARS** y **$HTTP_POST_VARS** un ID de sesión. Si no se encuentra ninguno, se definirá el **SID** constante.

4. Si todavía no se ha encontrado ningún ID de sesión, se analiza sintácticamente la ruta (**$REQUEST_URI**) para encontrar una cadena en la forma **<nombre de sesión>=<id de sesión>**. Si se encuentra, se definirá el **SID** constante.

5. Si la petición del cliente especificara un *referrer* HTTP externo (desde un sitio no local) y si **extern_referer_check** (observe que aquí sólo hay una "r") estuviera activado en la configuración de PHP, se rechaza el ID de sesión y se marca como no válido. Esto introduce alguna seguridad adicional, ya que evita que los usuarios que vengan desde otros sitios PHP tomen posesión de una sesión (lo que sin embargo es muy improbable debido al algoritmo utilizado para la generación del ID de sesión).

Generalmente, se definirá el **SID** constante a menos que la biblioteca de la sesión sepa con toda seguridad que el cliente soporta *cookies*; en otras palabras, a menos que se encuentre el ID de sesión en el *array* **$HTTP_COOKIE_VARS**.

Si no se encontrara ningún ID de sesión con todas estas comprobaciones, o si hubiera sido rechazado, significa que se debe iniciar una nueva sesión y se crea un nuevo ID.

Si ya existe un ID de sesión válido, se reactivan las variables bloqueadas de esa sesión y se reintroducen en el espacio de nombres global. Es tan fácil manejar las variables de una sesión como las variables GET/POST: si registra una variable llamada foo, $foo se hace accesible como una variable global automáticamente después de llamar a session_start(). Es también agregada al *array* global $HTTP_SESSION_VARS cuando se activa track_vars. Como la función serialize() ha sido mejorada en PHP 4, es también posible tratar los objetos (las clases) como variables de sesión.

ACTIVAR TRACK_VARS Y REGISTER_GLOBALS

Tiene que tener activado track_vars y register_globals en su configuración de PHP para poder utilizar toda la funcionalidad de la biblioteca de administración de la sesión.

Todas las variables que quiera preservar en las peticiones de página deben registrarse en la biblioteca de la sesión con la función session_register(). Tenga en cuenta que esta función toma el nombre de una variable como argumento, no la variable en sí. Para registrar la variable $foo, deberá utilizar:

```
session_register("foo");
```

Este código:

```
session_register($foo);
```

producirá algo que tenga sentido sólo si $foo era el nombre de otra variable:

```
$bar = "This is a string";
$foo = "bar";
session_register($foo);
```

Puede utilizar session_unregister() para eliminar variables de la biblioteca de la sesión.

Al igual que ocurre en la vida real, no siempre resulta fácil decir cuándo finaliza la vida de una sesión, a menos que sea una muerte violenta, forzada por session_destroy(). Si la sesión tiene que morir de vieja, se deben tener en cuenta diferentes configuraciones. Si ha propagado el ID de la sesión a través de *cookies*, el tiempo de vida predeterminado de la *cookie* es 0, lo que significa que será borrada en cuanto el usuario cierre el navegador. Puede influir en el tiempo de vida de la *cookie* con el valor de configuración lifetime. Como el servidor no sabe si la *cookie* sigue existiendo en el lado del cliente (máquina del cliente), PHP tiene otra variable de tiempo de vida que determina cuándo deben destruirse los datos después del último acceso a esa sesión: gc_maxlifetime. Pero llevar a cabo una limpieza así de las viejas sesiones (llamado **recolección de basura**) en cada petición de página, provocará un trabajo extra considerable. Por tanto, puede especificar con qué probabilidad debe invocarse la rutina de recolección de basura. Si gc_probability es 100, la limpieza se realizará en cada petición (es decir, con una probabilidad del 100%); si es **1**, las viejas sesiones serán eliminadas con una probabilidad del 1% por petición.

Si no utiliza *cookies*, sino que pasa el ID de sesión a través de **GET** o **POST**, necesita prestar especial atención a las rutinas de recolección de basura. La gente puede registrar los URL que contienen el ID de sesión, por lo que debe tener la seguridad de que esas sesiones se limpian a menudo. Si los datos de la sesión siguen existiendo cuando el usuario accede más tarde a la página con el ID de sesión, retomará la sesión anterior en lugar de empezar con una nueva, lo que tal vez no sea su intención. Por otra parte, no defina **gc_probability** con un valor demasiado alto, especialmente si está utilizando un almacenamiento de sesión basado en archivo. Ejecutar una recolección de basura en este caso aplica **stat()** en todos los archivos de sesión, buscando la hora de la última modificación de esas sesiones. Es una operación muy costosa y no debe iniciarse demasiado a menudo. Normalmente será apropiado definir **gc_probability** con un valor entre **5** y **10**, especialmente si destruye las sesiones cuando ha terminado con una transacción (por ejemplo, cuando el usuario paga y sale de su tienda).

Módulos de almacenamiento

Para leer y guardar los datos de la sesión, PHP utiliza módulos de almacenamiento, abstrayendo el extremo posterior de la biblioteca. Actualmente hay disponibles tres módulos de almacenamiento: **files**, **mm** y **user**. Por defecto, PHP utiliza el módulo **files** para guardar los datos de la sesión en un disco. Crea un archivo de texto con nombre después del ID de sesión en **/tmp**. En el ejemplo anterior, el contenido de este archivo se parecerá a esto, que es una representación serializada de la variable:

counter|i:4;

Probablemente no necesitará nunca acceder a este archivo directamente.

Si necesita un mayor rendimiento, el módulo **mm** es una alternativa viable; almacena los datos en la memoria compartida y no está limitado por el sistema E/S del hardware. El último módulo, **user**, se utiliza de manera interna para realizar funciones de retroalimentación a nivel de usuario que se define con **session_set_save_handler()**.

El poder real descansa en la capacidad para especificar retrollamadas de usuario como módulos de almacenamiento. Como puede escribir sus funciones para manejar las sesiones a la vez que sigue siendo capaz de confiar en la API estandarizada de PHP, puede almacenar las sesiones dónde y cómo quiera: en una base de datos como MySQL, en archivos XML, en un servidor FTP remoto (vale, el último no tiene mucho sentido pero ya va pillando la idea).

La función **session_set_save_handler()** toma seis cadenas como argumentos, que deben ser sus funciones de retrollamada. La sintaxis de la función es la siguiente:

void session_set_save_handler(string open, string close, string read, string
➥ write, string destroy, string gc)

SERIALIZAR LOS DATOS

Serializar significa la transformación de las variables en una representación de código byte que puede almacenarse en cualquier sitio como una cadena normal. Sin esta característica, no sería posible, por ejemplo, almacenar *arrays* PHP en una base de datos. Serializar los datos es muy útil para preservarlos en todas las peticiones; una faceta muy importante de una biblioteca de sesión. Puede utilizar serialize() y deserialize(), pero tome nota de que en PHP 3 estas funciones no funcionan correctamente en los objetos (clases); deberán descartarse las funciones de clase.

EXCLUIR ARGUMENTOS

Para dejar de lado un argumento, pase una cadena vacía ("") a session_set_save_ handler().

Las funciones se definen de la siguiente manera:

- bool open(string save_path, string sess_name)

  Esta función se ejecuta en el momento de inicialización de una sesión; deberá utilizarla para preparar sus funciones, para inicializar las variables, etc. Toma dos cadenas como argumentos. El primero es la ruta donde se deberá guardar las sesiones. Esta variable se puede especificar en **php.ini** o por la función **session_save_path()**; puede utilizar esta variable como un comodín y utilizarla para una configuración específica de módulo. El segundo argumento es el nombre de la sesión, por defecto **PHPSESSID**. La función **open()** deberá devolver **true** si ha tenido éxito y **false** si ha habido un error.

- bool close()

  Esta función se ejecuta al cierre de una sesión. Utilícela para liberar memoria o destruir sus variables. No toma argumentos y deberá devolver **true** si ha tenido éxito y **false** si hay error.

- mixed read(string sess_id)

  Esta importante función se llama cada vez que se inicia una sesión. Debe leer los datos de la sesión identificados con **sess_id** y devolverlos como una cadena serializada. Si no hay ninguna sesión con este ID, deberá devolverse una cadena vacía "". En caso de error, deberá devolver **false**.

- bool write(string sess_id, string value)

  Cuando se necesita guardar la sesión, se invoca esta función. El primer argumento es una cadena que contiene el ID de sesión, y el segundo argumento es la representación serializada de las variables de la sesión. Esta función deberá devolver **true** si ha tenido éxito y **false** si hay error.

- bool destroy(string sess_id)

  Cuando el desarrollador llama a **session_destroy()**, se ejecuta esta función. Deberá destruir todos los datos asociados con la sesión **sess_id** y devolver **true** si ha tenido éxito y **false** si hay error.

- **bool gc(int max_lifetime)**

  Esta función se llama al inicio de una sesión con la probabilidad especificada en **gc_probability**. Se utiliza para la recolección de basura; es decir, para eliminar las sesiones que no han sido actualizadas durante más de **gc_maxlifetime** segundos. Esta función deberá devolver **true** si ha tenido éxito y **false** si hay error.

El ejemplo del Listado 4.2 pone en acción las funciones de la retrollamada del usuario y define un módulo de almacenamiento para guardar los datos de la sesión en una base de datos MySQL. (El ejemplo completo, incluyendo el esquema necesario de la tabla MySQL, se incluye en el CD-ROM que se entrega con este libro.) Como **session_set_save_handler()** acepta sólo funciones simples y no funciones de clase, hemos utilizado una vieja programación estructural en lugar de una clase. No es una gran pérdida, ya que la herencia o las instancias múltiples no tendrían sentido en este tipo de código de todas maneras.

Listado 4.2. Módulo de almacenamiento de MySQL para la biblioteca de sesión de PHP 4

```
$sess_mysql = array();
$sess_mysql["open_connection"]  = true;
    // ¿Establece una conexión con MySQL al inicio de la sesión?
$sess_mysql["hostname"]         = "localhost";   // Nombre de host de
                                                 // MySQL
$sess_mysql["user"]             = "root";        // Nombre de usuario
                                                 // de MySQL
$sess_mysql["password"]         = "";            // Contraseña de
                                                 // MySQL
$sess_mysql["db"]               = "book";        // Base de datos donde
                                                 // almacenar las
                                                 // sesiones
$sess_mysql["table"]            = "sessions";    // Tabla donde almacenar
                                                 // las sesiones

function sess_mysql_open($save_path, $sess_name)
{
    global $sess_mysql;

    // Establece una conexión de MySQL si $sess_mysql["open_connection"]
    // es true if ($sess_mysql["open_connection"])
    {
        $link = mysql_pconnect($sess_mysql["hostname"], $sess_mysql
        // ["user"],
            $sess_mysql["password"]) or die(mysql_error());
    }

    return(true);
}

function sess_mysql_read($sess_id)
{
    global $sess_mysql;
    // Selecciona los datos que pertenecen a la sesión $sess_id desde
    // la tabla de sesión de MySQL
```

(continúa)

Listado 4.2. Módulo de almacenamiento de MySQL para la biblioteca de sesión de PHP 4 *(continuación)*

```
    $result = mysql_db_query($sess_mysql["db"], "SELECT data FROM
➥   ".$sess_mysql["table"]." WHERE id = '$sess_id'") or die(mysql_error());

    // Devuelve una cadena vacía si no se han encontrado datos para esta
    // sesión
    if(mysql_num_rows($result) == 0)
    {
        return("");
    }
    // Se han encontrado datos, por lo que tráelos y devuélvelos
    $row = mysql_fetch_array($result);
    mysql_free_result($result);

    return($row["data"]);
}

function sess_mysql_write($sess_id, $val)
{
    global $sess_mysql;

    // Escribe los datos serializados de la sesión ($val) en la tabla de
    // la sesión de MySQL
    $result = mysql_db_query($sess_mysql["db"], "REPLACE INTO
➥   ".$sess_mysql["table"]."VALUES ('$sess_id','$val', null)") or
➥   die(mysq_lerror());

    return(true);
}

function sess_mysql_destroy($sess_id)
{
    global $sess_mysql;

    // Borra de la tabla de MySQL todos los datos de la sesión $sess_id
    $result = mysql_db_query($sess_mysql["db"], "DELETE FROM
➥   ".$sess_mysql["table"]." WHERE id = '$sess_id'") or
    die(mysql_error());

    return(true);
}

function sess_mysql_gc($max_lifetime)
{
    global $sess_mysql;
    // Los viejos valores son valores con un Unix menos que ahora - $max
    // lifetime
    $old = time() - $max_lifetime;
    // Borra los viejos valores de la tabla de sesión de MySQL
    $result = mysql_db_query($sess_mysql["db"], "DELETE FROM
➥   ".$sess_mysql["table"]." WHERE UNIX_TIMESTAMP(t_stamp) < $old")
➥   or die(mysql_error());

    return(true);
}
```

(continúa)

Listado 4.2. Módulo de almacenamiento de MySQL para la biblioteca de sesión de PHP 4 *(continuación)*

```
/*
 *   Ejemplo básico: registrar funciones anteriores con session_set_save
 ➡ handler()
 *
$foo = 10;
session_set_save_handler("sess_mysql_open", "", "sess_mysql_read",
 ➡ "sess_mysql_write", "sess_mysql_destroy", "sess_mysql_gc");
session_start();
session_register("foo");
echo "foo: $foo";
$foo++;
 *
 */
```

Almacenamiento de la página en la caché

La biblioteca de sesión le permite también controlar cómo se almacenan las páginas en la memoria caché. Esto se hace a través de las directivas **Cache-Control** de HTTP. En la configuración de PHP, la directiva **cache_limiter** se puede fijar en **nocache**, **private** o **public**. Como se explica en el Capítulo 6, esto es muy similar al comportamiento de la biblioteca de PHP (pero tome nota de que PHPLib utiliza **no** en lugar de **nocache**).

Almacenar una página en la memoria caché está definido en **nocache** de forma predeterminada. Esto impide que se guarde la página en la memoria caché y es también el comportamiento estándar de todas las páginas PHP, como habrá podido ver. Para las páginas generadas dinámicamente, éste es generalmente el método que se prefiere, ya que esas páginas diferirán a menudo de petición en petición. Sin embargo, puede querer replantearse su estrategia para algunas partes de la aplicación que no cambian a menudo; su hardware de servidor se lo agradecerá. La cabecera de la salida se parecerá a esto:

```
Expires: Thu, 19 Nov 1981 08:52:00 GMT
Cache-Control: no-cache
Pragma: no-cache
```

Definir **cache_limiter** en **private** permitirá a los navegadores almacenar en la memoria caché las páginas, pero no los *proxys* u otras aplicaciones de la pasarela. Observe que hay una diferencia con la directiva **proxy-revalidate**; en este último caso, el *proxy* está autorizado a guardar el contenido de la página para sacar una revalidación en lugar de una recuperación completa. Las cabeceras HTTP generadas serán similares a:

```
Expires: Thu, 19 Nov 1981 08:52:00 GMT
Cache-Control: private, max-age=10800
Last-Modified: Thu, 03 Feb 2000 15:56:11 GMT
```

El último valor posible, **public**, permite meter la página en la memoria caché tanto por el cliente como por los *proxys*. Tenga mucho cuidado cuando utilice la opción caché **public**: las páginas generadas con esta configuración pueden estar disponibles para terceras personas que tengan acceso a los *proxys*.

Cuando se utiliza un almacenamiento público en la caché, la directiva de configuración **cache_expire** de PHP será tenida en cuenta. Esta directiva especifica el número de segundos tras los cuales la caché expirará. Las cabeceras generadas se parecerán a:

```
Expires: Thu, 03 Feb 2000 18:56:11 GMT
Cache-Control: public, max-age=10800
Last-Modified: Thu, 03 Feb 2000 15:56:11 GMT
```

Sesiones de PHP 3

Como la utilización de la API de las sesiones de PHP 4 es fácil e intuitiva, quisimos que fuera lo mismo también con PHP 3. Pensamos que sería estupendo tener una interfaz de sesiones coherente para ambas versiones, lo que permitiría, además, no utilizar la PHPLib (biblioteca de PHP) si no se quiere. Por tanto, estudiamos atentamente **sessions.c** y lo transportamos a PHP 3. No preservamos algunos aspectos internos esenciales, como el algoritmo utilizado para la generación del ID de sesión, e intentamos convertir la API en 100% compatible con PHP 4. Existen obviamente algunas limitaciones: por ejemplo, la rescritura automática del URL no es posible. Pero si recordamos las diferencias documentadas, podría ser posible utilizar nuestra biblioteca como una sustitución de las funciones de sesión de PHP 4. El código fuente completo se puede encontrar en el CD-ROM.

Nuestro puerto puede también ayudarle para comprender cómo funciona la biblioteca de sesión interna de PHP. Por ejemplo, la función **session_start()** refleja con mucha exactitud la función C original.

Consideraciones sobre la seguridad

Ejemplo 1. A principios de 1999 llevamos a cabo una revisión de un sitio web para una base de datos de trabajo en línea. Durante el análisis, descubrimos un problema de seguridad que nos dejó atónitos. El sitio web tenía una tienda en línea asociada donde los visitantes podían comprar libros relacionados con el tema de la búsqueda de empleo. La tienda había sido desarrollada por un constructor independiente que había construido otros varios almacenes en línea basados en sus *scripts* Perl y había habilitado en su sitio web un programa de demostración que incluía partes significativas del código fuente. Cada vez que un visitante pedía un elemento, se generaba un archivo de texto que contenía toda la información sobre esa petición, incluidos los datos de la tarjeta de crédito; todo ello sin encriptar. Y no sólo esto; los archivos se almacenaban en un directorio públicamente visible en el servidor web ("para comodidad de los que mantienen el sitio web", según nos dijeron). Este directorio estaba únicamente "protegido" por el hecho de que había sido declarado como no navegable en la configuración de Apache. Como los nombres de archivo seguían una convención estándar del tipo "yyyy-dd-mm-hh-mm-ss.txt", hubiera sido muy fácil para un pirata informático escribir un *script* para encontrar los archivos.

Ejemplo 2. Network Solutions, que ha sido durante mucho tiempo el único dominio registrador, tuvo la idea en septiembre de 1999 de dar una cuenta de correo web gratuita a sus mejores clientes. Crearon un nombre de usuario y contraseña para cada cuenta y lo enviaron al cliente respectivo. El nombre de usuario consistía en el apellido del usuario ("doe") y la contraseña era la misma que el nombre de usuario excepto que se había añadido un "nsi" ("doensi"). Durante 24 horas se pudo entrar en el sistema introduciendo la "contraseña" de los demás usuarios. Se podía cambiar la contraseña, leer el mensaje enviado a esa cuenta e incluso enviar un mensaje en nombre de ese cliente.

Ambos problemas de seguridad no fueron causados por defectos inherentes al lenguaje de programación que se utilizó, sino por una programación inadecuada. PHP en sí mismo es muy seguro; nunca hemos oído hablar de agujeros como el *bug* (error) ::$DATA de ASP. Este problema, descubierto en junio de 1998, permitió que cualquier usuario pudiera ver el código fuente de los *scripts* de ASP en la Web, simplemente añadiendo la cadena ::$DATA al URL del archivo (por ejemplo, **www.servidor.com/script.asp::$DATA**); la pesadilla de un desarrollador de software. Un problema de seguridad anterior que afectó sólo a Windows permitió acceder a la fuente especificando un URL como **www.servidor.com/script.asp.** (observe el punto que ha sido añadido al final), y después del error ::$DATA, en algunas versiones del Personal Web Server de Windows se podía utilizar **www.servidor.com/....../** para acceder al disco duro completo, no únicamente al árbol raíz del documento en el servidor web.

Hay que tener muy en cuenta el problema de la seguridad ya desde el primer paso de la utilización de un lenguaje de *script*: su instalación. Como sabe, PHP puede instalarse como un módulo de servidor (módulo Apache, *plug-in* ISAPI/NSAPI) o como un programa CGI (*Common Gateway Infarface*, Interfaz común de pasarela).

Si lo instala como un módulo de servidor, formará parte del servidor web subyacente y heredará su seguridad. No se conocen ataques específicos a PHP para este tipo de configuración. Por supuesto, es necesario que tenga un servidor seguro pero éste es un tema muy amplio para tratarlo aquí.

Por otra parte, los programas CGI se han hecho famosos por una gran variedad de ataques posibles (tanto ataques de intrusión como de negación de servicio). De manera tradicional, los problemas más serios surgen cuando se pone un intérprete de *script* en el directorio **cgi-bin** de un servidor web. Con algunos intérpretes de *scripts*, los usuarios podrán ejecutar cualquier comando. PHP intenta impedir esos ataques. Si ha sido invocado desde la Web, desestima los parámetros de la línea de comandos que han sido pasados por la interfaz común de pasarela (CGI); peticiones del tipo **http://servidor.com/cgi-bin/php?etc/contraseña** fallarán.

Desgraciadamente sigue siendo posible otro ataque directamente relacionado con los fallos en la especificación de la CGI. Puede acceder a cualquier archivo debajo de la raíz del documento del servidor web, incluso si el directorio está protegido por **HTTP-AUTH** (un archivo **.htaccess**), sólo con llamar a través del intérprete PHP: **www.server.com/cgi-bin/php/secret-directory/file.html** le permitirá visualizar **file.html** incluso si **secret-directory** está protegido por un archivo **.htaccess**. Si está utilizando Apache, active —**enable-force-cgi-redirect** cuando compile PHP para evitar este problema. Consulte la sección sobre la instalación en el manual de PHP para obtener más información sobre este tema.

Por supuesto, la elección de una instalación segura es sólo el primer paso. Un buen programador estará siempre pendiente de los temas de la seguridad durante todo el proceso de desarrollo. Hay tantos riesgos que no podemos tratarlos todos en este capítulo. En su lugar, intentaremos proporcionarle algunos consejos que se pueden aplicar de manera general.

No confíe en la Web

Todos los datos que llegan desde la Web son poco seguros y deberán ser validados por su aplicación. Por ejemplo, no hay ninguna garantía de que su *script* esté invocado desde su interfaz de formulario asociada; los usuarios pueden pasar por alto el formulario HTML y llamar al *script* directamente, posiblemente especificando parámetros a través de sus propios **GET** o **POST**.

Validar los datos de formulario es una de las tareas más tediosas que debe hacer un desarrollador de aplicaciones web en su trabajo diario. Las comprobaciones básicas se pueden automatizar con las rutinas de la biblioteca que se verá en el Capítulo 5, "Estrategias básicas de las aplicaciones web". Para efectuar una validación más complicada, todavía no hemos encontrado una manera genérica, por lo que lo hacemos manualmente. Dichos *scripts* siguen la lógica típica que se apunta en el Capítulo 5, que hemos llamado formulario normal PHP.

Ejecución de comandos del sistema

Preste especial atención a la seguridad cuando trabaje con archivos o ejecute comandos del sistema. Suponga que un *script* típico para visualizar la fuente toma un nombre de archivo como argumento y muestra el archivo en un modo coloreado:

```
show_source($file);
```

Se quiere que ese *script* sea llamado con **script.php3?file=script.php3**, pero ¿qué ocurre si alguien lo llama con **script.php3?file=/etc/passwd**? Pues bien, tiene un problema, ya que confió en que las variables que venían de la Web estuvieran en un rango determinado (por ejemplo, el directorio actual). Es absolutamente necesario imponer esas suposiciones en el servidor, por ejemplo, utilizando este fragmento de código en su lugar:

```
show_source(basename($file));
```

Veamos otro ejemplo: un visor de directorio que hemos encontrado en la Web. (El Listado 4.3 muestra una versión ligeramente modificada y recortada). El autor, Marcus Xenakis, nos ha dado gentilmente su permiso para incluirlo aquí.

Listado 4.3. Exploración de un directorio con riesgos de seguridad

```
print("<pre>");
exec("ls -la $dir", $lines, $rc);
$count = count($lines) - 1;
for ($i = 1; $i <= $count; $i++)
{
    $type = substr($lines[$i], 0, 1);
    $name = strrchr($lines[$i], " ");
    $name = substr($name, 1);
```

(continúa)

Listado 4.3. Exploración de un directorio con riesgos de seguridad *(continuación)*

```
$dire = substr($lines[$i], 0, strpos($lines[$i], $name));
printf('<font color="%s">', ($type == d) ? "blue" : "black");
print("$dire</font>");
if ($type == "d")
{
    if ($name == "." or $name == "..")
    {
        print("$name<br>");
    }
    else
    {
        printf("<a href=\"".basename($PHP_SELF)."?dir=%s\">$name
➥ </a><br>", empty($dir) ? $name : "$dir/$name");
    }
}
else
{
    printf("<a href=\"%s\">$name</a><br>", empty($dir) ? $name :
➥ "$dir/$name");
}

}

print("</pre>");
```

A la vez que confirma nuestra suposición de que el *script* debe colocarse en un entorno de confianza, muestra algunas técnicas que lo convertirán en una fuga de seguridad si usuarios ingenuos lo colocan en un directorio que sea accesible públicamente. Para empezar, invóquelo con **Directory_Viewer.php3?dir=/etc**. Bonito, ¿verdad? Puede explorar cualquier directorio del sistema desde el que esté permitido PHP. Pero no es suficiente: puede ejecutar cualquier comando utilizando este pequeño *script* y obtener un rápido acceso a la raíz del servidor que lo hospeda.

La sección clave es esta línea:

```
exec("ls -la $dir", $lines, $rc);
```

La variable **$dir**, proporcionada por el usuario, es pasada directamente a **exec()**. Como sabrá, puede concatenar comandos *shell* con ; —por tanto, ¿qué cree que ocurrirá cuando **$dir** sea igual a **"/etc; cat /etc/passwd"**?— Si quiere pasar esto como un argumento, necesita codificar la cadena en el URL, por lo que se podría llamar al *script* de la siguiente manera:

```
Directory_Viewer.php3??dir=/etc%3B+cat+%2Fetc%2Fpasswd
```

Pues sí, mostrará los contenidos de **/etc/passwd.** En lugar del comando **cat**, puede ejecutar cualquier otro comando, por ejemplo **fetch**, para obtener e instalar un caballo de Troya desde su propio servidor.

La solución para este problema específico es pasar la variable **$dir** a través de **Esca-peShellCmd()**. Enmascarará todos los caracteres críticos que podrían utilizarse con el fin de engañar al *shell* para que ejecute comandos concatenados. También puede ser una buena idea restringirlo para que enumere únicamente los subdirectorios:

```
$secure_dir = str_replace(".", "", $dir);
$secure_dir = $DOCUMENT_ROOT.dirname($PHP_SELF)."/$secure_dir";
$secure_dir = EscapeShellCmd($secure_dir);
```

El principio sigue siendo válido: no confíe nunca en las variables proporcionadas por los usuarios. Por supuesto, esto es válido para todos los lenguajes de *script*, no sólo para PHP. Está presente el mismo agujero en ASP al utilizar el objeto **FileSystem**, o en Perl cuando ejecuta comandos definidos por el usuario.

Variables contaminadas

Tenemos que insistir en lo siguiente: todos los datos que llegan desde el espacio del usuario deben ser tratados como si estuvieran contaminados, poco seguros, corrompidos, potencialmente nocivos. Internet está fuera del espacio de la aplicación en este caso. El espacio de la aplicación es un entorno de confianza, e Internet no lo es. Para pasar datos desde su programa hasta el cliente no requiere que se le preste una atención especial (dado que obtiene los datos desde sistemas de confianza; por ejemplo, el sistema de base de datos debe estar en el mismo nivel de confianza que la propia aplicación). El único caso en el que debe prestar especial atención es cuando quiere garantizar que los datos se reciben únicamente por un cliente específico, o que el cliente puede tener la seguridad de recuperar los datos desde una instancia específica (su servidor). Con una transferencia HTTP normal, estas garantías no se pueden cumplir; tenga en cuenta que en un caso así tendrá que utilizar SSL o un tipo de encriptación similar.

Traer datos desde un nivel inferior de seguridad hasta un nivel más alto (como cuando se importan variables de usuario) requiere que se preste más atención. No puede dar por hecho que los datos facilitados reúnen todos los requisitos, ni siquiera si facilitó los datos al cliente en primer lugar. Por ejemplo, puede comprobar datos en una formulario HTML con JavaScript en el lado (máquina) del cliente, pero no puede dar por hecho en el servidor que los datos están en el formato que esperaba, ya que el usuario ha podido desactivar JavaScript o ha podido enviar el formulario desde un indicador (*prompt*) Telnet. Otro error habitual es proporcionar datos al usuario y dar por supuesto que no han sido cambiados. Por ejemplo, una página puede mostrar información de cuenta para un usuario, llamada después de que el usuario haya entrado con una cadena de consulta del tipo **script.php3?user_id=1**. No hay nada que impida al usuario cambiar la variable **user_id** por un número que no sea 1 y editar los datos de cualquier otra persona.

Hoy en día, muchas aplicaciones web comprueban los contenidos proporcionados por un usuario a otro. Por ejemplo, sería muy difícil encontrar un tablón de mensajes que le permita introducir etiquetas **<script>** o un código HTML similar. Para un desarrollador, un error que puede cometer fácilmente es limitar las comprobaciones a este tipo de datos, descuidando datos que están destinados a ser utilizados únicamente por el propio cliente. Después de todo, ¿qué interés tendría un usuario en introducir un código maligno que sólo él va a ver?

La cuestión es que "inyectar" un *script* o código HTML en la aplicación es una fuerte violación de la confianza. El código maligno se ejecuta con el nivel de seguridad de la aplicación: parece que viene de la propia aplicación.

A menudo, los usuarios pueden llegar a ver un contenido que originalmente estaba destinado únicamente a los ojos de otro usuario. Vamos a construir un buscador, phpVista. Un usuario envía una palabra clave y el buscador intenta encontrarla en la Web. Se imagina que únicamente el usuario que quiere encontrar esa palabra la verá en realidad, por lo que no se preocupa de codificar caracteres especiales en la palabra clave. Un usuario podría introducir <script>alert("Hello World")</script> como palabra clave y obtendría en realidad un mensaje JavaScript en el navegador (si tiene habilitado JavaScript). Mientras que los usuarios introduzcan los términos de la búsqueda ellos mismos, esto no será un problema; lo peor que puede pasar es que colapsen sus propios navegadores con JavaScript malignos.

Pero espere un momento. ¿Por qué no pueden los usuarios apuntar a otros para el resultado de una determinada búsqueda que consideran útil? Por ejemplo, en **phpWizard.net** puede encontrar un formulario que busca automáticamente en Amazon todos los libros relacionados con PHP.

Ahora el problema es peliagudo. La persona que ataca puede tener un enlace para buscar los resultados para el término <script>alert("Hello World")</script> en su sitio web público. Todos los usuarios que siguen este enlace (o envían el formulario de búsqueda) recibirán el odioso mensaje "Hello World" como un mensaje desplegable en sus navegadores. Sin embargo, puede hacer cosas mucho más peligrosas que la de mostrar mensajes. Si extendemos un poco más el ejemplo, podemos utilizar phpVista como buscador en un sitio web de comercio electrónico que utiliza una administración de la sesión adecuada y almacena el ID de sesión en *cookies*. Si también incrementamos el IQ de la persona que nos está atacando, ésta desplegará el mensaje Hello World y utilizará otro JavaScript en lugar de leer la información de la *cookie* y enviarla al sitio web del atacante, donde éste está esperando las entradas de los ID de sesión, se apodera de las sesiones de los otros usuarios y compra algunos regalos para los amigos en **phpWizard.net**.

Aunque somos buenos inventando historias, esto hubiera podido ocurrir realmente: el buscador de productos de Amazon no codificó las etiquetas adecuadamente hasta que se lanzó un aviso de seguridad del CERT dos días después. Se puede encontrar el aviso en **www.cert.org/advisories/CA-2000-02.html**.

A pesar de que recuerde todas estas advertencias y compruebe todas las variables proporcionadas por el usuario, es muy fácil equivocarse. Por ejemplo, para algunas aplicaciones es mejor permitir determinados identificadores HTML en los datos. Uno de esos identificadores es la etiqueta <p>, que permite formatear el texto en párrafos. Puede tomar un atributo **align**, que especifica la alineación de los párrafos. Para hacer coincidir esta etiqueta de inicio puede utilizar la expresión regular <p[/>]>. Pero muchos navegadores soportan un comportamiento general de *script* en una amplia serie de etiquetas; un usuario puede enviar cualquier JavaScript incrustado en el evento **onClick** o **onMouseOver** de la etiqueta <p> y ejecutar de nuevo un código maligno.

Lo primero que hay que hacer es entender que todas estas amenazas juntas presentan un cuadro muy siniestro. Debe ser muy cuidadoso si quiere evitar todas esas trampas. Es también la principal razón por la que recomendamos que haya un asesor de seguridad en el equipo que trabaja en el desarrollo de una aplicación.

Presentamos algunas líneas generales e indicaciones para minimizar estos riesgos:

- Utilice las sesiones en lugar de pasar los datos de una página a otra en el cliente.

- Valide todos los datos que llegan del espacio de usuario; esto puede incluir codificar o sustituir el signo menor que (<), el signo mayor que (>) y el ampersand (&), así como prestar una atención especial a las comillas dobles ("), las comillas simples (') y los espacios en blanco, por los menos en los atributos de las etiquetas y en los valores de los atributos.

- Debe estar seguro de que su aplicación opera en un entorno de confianza.

- Preste especial atención al orden de las variables en PHP (véase la siguiente sección).

Orden de las variables en PHP

Ya sabe que, de manera automática, PHP hace que estén disponibles todas las variables **GET** y **POST** en el espacio de nombres global. ¿Sabía que podía desactivar esta característica en PHP 4?

A pesar de que la introducción automática de todas las variables es una de las características que hacen que PHP sea tan fácil para los usuarios novatos, puede resultar problemático en aplicaciones más grandes y complejas. Si accede a las variables pasadas desde el espacio de nombres global, no puede estar seguro de dónde vienen: ¿es **GET**, **POST** o *cookies*?

Si no le importa el orden de las variables, está aceptando que un usuario pueda llamar a su *script* utilizando **GET** o **POST**. Aunque no sea un problema de seguridad, sí es un estilo malo; por lo menos debe poder decidir cómo los datos son entregados a su aplicación. Por supuesto, PHP proporciona un método para acceder a las variables desde un espacio de nombres determinado: si **track_vars** está habilitado en la configuración de HPP, puede acceder a un *array* asociativo para cada espacio de nombres. La siguiente tabla muestra los *arrays* que están disponibles:

Nombre del *array*	Contenidos
$HTTP_GET_VARS	Variables desde una petición **GET**.
$HTTP_POST_VARS	Variables desde una petición **POST**.
$HTTP_COOKIE_VARS	Variables desde *cookies*.
$HTTP_ENV_VARS	Variables de entorno, por ejemplo $SHELL.
$HTTP_SESSION_VARS	Variables de sesión.
$HTTP_SERVER_VARS	Variables de servidor, en nuestro caso $argc y $argv.

Tome nota de que PHP 3 únicamente reconoce los tres primeros *arrays*.

Se sabe que algunos administradores de proyectos definen la directiva de configuración de PHP **register_globals** (sólo disponible en PHP 4) en **false**, para forzar a sus programadores a utilizar los *arrays* $HTTP_*_VARS.

También puede influir en el orden en el que se agregan las variables en el espacio de nombres global. De manera predeterminada, la directiva de configuración **variables_order** está fijada en "EGPCB". Esto indica a PHP que tiene que introducir las variables en el siguiente orden:

1. Variables de entorno.
2. GET.
3. POST.
4. *Cookies*.
5. Variables incorporadas (variables de servidor).

Esto significa que si un usuario pasa una variable PATH en la petición GET, sobrescribirá la variable de entorno (los valores nuevos anulan los valores anteriores). Al utilizar **getenv()** o cambiar la directiva **variables_order**, puede estar seguro de que se accede a las variables de entorno y no a las variables proporcionadas por el usuario.

Las variables de sesión sobrescriben siempre a las variables que llegan desde cualquier otro espacio, ya que llegan desde una zona de seguridad de confianza y esto evita un montón de problemas de seguridad.

No reinvente la criptografía

La **criptografía** es la ciencia que utiliza las matemáticas para encriptar y desencriptar datos. Le permite almacenar información sensible o transmitirla por canales de comunicación inseguros, por lo que no puede ser leída por nadie excepto por el destinatario al que va dirigida. La encriptación de datos es una ciencia en sí misma (no intente inventar sus propios algoritmos de encriptación). Utilice algoritmos del tipo RC5 o Blowfish.

ENCRIPTAR CON LAS FUNCIONES MCRYPT

Si ha compilado PHP con el módulo mcrypt, estará a su disposición una amplia variedad de algoritmos de encriptación y desencriptación. La sección "Las funciones MCrypt" muestra cómo utilizar este módulo y cómo saber qué algoritmos soporta su sistema.

Existen dos tipos de encriptación: encriptación simétrica y encriptación de clave pública.

Encriptación simétrica

La **encriptación simétrica**, también llamada **encriptación de clave secreta**, utiliza la misma clave para encriptar y para desencriptar los datos. El DES (*Data Encryption*

Standard, Estándar de cifrado de datos) es un ejemplo común de este método. El DES es un complejo algoritmo desarrollado por IBM en los años 70 y aprobado por el Bureau of Standards de Estados Unidos en 1976. Si bien es relativamente fácil romper el algoritmo de 56 bits (el DES Challenge III tardó sólo 22 horas hasta que descifró un mensaje encriptado), puede utilizarse para encriptar datos que no sean críticos. Algunos datos sólo necesitan "ocultarse" a los usuarios normales del sistema y no ser cifrados criptográficamente como medida de seguridad; es una cuestión de coste frente a beneficio.

Al utilizar la encriptación simétrica, tanto el remitente como el destinatario de un mensaje encriptado tienen que conocer la palabra secreta (la contraseña). Si sólo están involucradas dos personas en el intercambio de mensajes, esto no resulta un problema. Pero imagínese un sistema con 100 suscriptores, cualquiera de ellos pudiendo comunicarse en secreto con los demás. Si el sistema utiliza una clave secreta única, el usuario Joe no podrá verificar de manera segura que un mensaje ha sido enviado por la usuaria Jane. Para que esto sea posible, cada usuario tiene que tener una clave distinta y cada usuario necesitará conocer las claves de todos los demás usuarios. Recordar las noventa y nueve expresiones clave de los demás no parece muy divertido.

Los problemas principales de la criptografía de clave secreta son que el número de expresiones clave se incrementa con el número de usuarios en el sistema y que cada usuario debe tener tantas claves como usuarios haya.

Encriptación de clave pública

Veamos el sistema de 100 usuarios que acabamos de citar en la sección anterior. En lugar de requerir que los 99 usuarios restantes conozcan su clave secreta, Joe pone una clave pública a disposición de todos ellos y mantiene otra privada, una clave secreta. Los 99 usuarios restantes pueden ahora utilizar la clave pública para encriptar un mensaje y enviarlo a Joe, y sólo éste podrá descifrarlo con su clave secreta. Hay una grieta obvia en este sistema de seguridad: hemos perdido la autenticación. Joe no sabrá quién le envía el mensaje ya que cualquier usuario puede haberlo cifrado. El remitente de un mensaje necesita, por tanto, firmarlo con su clave privada para que el destinatario pueda comprobarlo para garantizar la autenticidad e integridad de los datos. Este sistema se llama **criptografía de clave pública,** y los dos algoritmos más conocidos para el mismo son Diffie-Hellman y RSA (RSA viene de Rivest, Shamir y Adleman, los inventores del sistema de encriptación RSA).

La ventaja principal de la clave pública sobre la secreta es el incremento del nivel de seguridad y de comodidad. Las claves privadas no necesitan nunca ser transmitidas a otra parte; por contra, una criptografía de clave secreta requiere el intercambio de la clave secreta sobre un canal de comunicaciones, lo que aumenta la posibilidad de un atacante de descubrir la clave al escuchar indiscretamente durante la transmisión.

Otra ventaja es que los sistema de clave pública pueden proporcionar firmas digitales, en las que un usuario firma su mensaje con su clave privada. La criptografía de clave secreta, por otra parte, requiere una base de datos central con copias de todas las claves secretas de un sistema para permitir las firmas digitales (Kerberos utiliza este método, por ejemplo). Por supuesto un punto central que tenga datos críticos es siempre una fuente de riesgo.

Un inconveniente potencial es el rendimiento; muchos algoritmos de clave secreta son significativamente más rápidos que los sistemas de clave pública.

La criptografía de clave pública no pretende sustituir a la criptografía de clave secreta; en algunas situaciones, la primera no es necesaria y sólo se requiere la segunda. Por ejemplo, al almacenar los datos en el servidor, probablemente utilizará una criptografía de clave única. Como no hay usuarios distintos en este escenario y como el sistema conoce la clave para cifrar y descifrar, no supone ninguna ventaja tener una clave pública y privada. Para transferir datos a un sistema remoto (por ejemplo, cuando envía órdenes desde una tienda en línea a través de un e-mail), es preferible la criptografía de clave pública, ya que el remitente y el destinatario son dos usuarios diferentes que se están comunicando a través de un canal inseguro.

La norma en la encriptación: Pretty Good Privacy (PGP)

Desgraciadamente, PHP no incluye todavía soporte para la privacidad (*Pretty Good Privacy,* PGP). Como hay algunas alternativas *Open Source* libremente disponibles (por ejemplo, Gnu Privacy Guard, **www.gnupg.org**), estamos seguros de que esto es sólo un problema de tiempo. Mientras tanto, hemos desarrollado la clase básica que muestra el Listado 4.4 para comunicar una versión de la línea de comandos de PGP. Esta clase le permite encriptar, desencriptar y firmar archivos o cadenas con PGP 6.5.1.

Listado 4.4.   Interfaz de PHP para PGP 6.5.1

```
class pgp
{
    var $pgp_bin    = "/usr/bin/pgp";    // Ruta a PGP binario
    var $tmp_path   = "/tmp";            // Ruta donde se almacenan los
                                         // archivos temporales
    var $error;                          // Utilizada para almacenar el
                                         // último mensaje de error

    function pgp()
    {
        // Comprueba si el PGP binario existe
        if(!file_exists($this->pgp_bin))
        {
            $this->error = "PGP binary file ".$this->pgp_bin." does not
            ➥ exist.\n";
            return(false);
        }

        // Comprueba si el PGP binario es ejecutable realmente
        if(!is_executable($this->pgp_bin))
        {
            $this->error = "PGP binary file ".$this->pgp_bin." is not
            ➥ executable.\n";
            return(false);
        }

        return(true);
    }
```

(continúa)

Listado 4.4. Interfaz de PHP para PGP 6.5.1 *(continuación)*

```php
function _check_file($file)
{
    if(!file_exists($file))
    {
        // Crea un nombre de archivo temporal en la ruta especificada
        // como variable de clase
        $temp_file = tempnam($this->tmp_path, "PGP").".asc";

        // Toca poco a poco el archivo
        touch($temp_file);

        // Abre el último archivo creado, escribe la cadena pasada
        // como argumento $file to it
        $fp = fopen($temp_file, "w");
        if (!$fp)
        {
            $this->error = "Could not open temporary file $temp_file
            ➥ for writing in _check_file().\n";
            return(false);
        }
        fputs($fp, $file);
        fclose($fp);

        // Asigna el nombre de archivo temporal en $file
        $file = $temp_file;
    }

    return($file);
}

function _exec_pgp_command($args)
{
    // Crea un nombre de archivo temporal en la ruta especificada como
    // variable de clase
    $temp_file = tempnam($this->tmp_path, "PGP").".asc";

    // Ejecuta el comando PGP
    $command = $this->pgp_bin." -o $temp_file $args ";
    exec($command);

    // Abre el archivo temporal creado por PGP y lo lee en $contents
    $fp = fopen($temp_file, "r");
    if (!$fp)
    {
        $this->error = "Could not open temporary file $temp_file for
        ➥ reading in _exec_pgp_command().\n";
        return(false);
    }
    $contents = fread($fp, filesize($temp_file));
    fclose($fp);

    // Borra el archivo temporal
    unlink($temp_file);

    // Devuelve los contenidos encriptados
    return($contents);
}
```

(continúa)

Listado 4.4. Interfaz de PHP para PGP 6.5.1 *(continuación)*

```
function encrypt($file, $my_user_id, $to_user_id)
{
    $file = $this->_check_file($file);
    $ret = $this->_exec_pgp_command("-e -u \"$my_user_id\" -a \"$file\"
    ➥ \"$to_user_id\"");

    return($ret);
}

function sign($file, $my_user_id)
{
    $file = $this->_check_file($file);
    $ret = $this->_exec_pgp_command("-s -a -u \"$my_user_id\" $file");

    return($ret);
}

function encrypt_sign($file, $my_user_id, $to_user_id)
{
    $file = $this->_check_file($file);
    $ret = $this->_exec_pgp_command("-es -a -u $my_user_id $file
    ➥ $to_user_id");

    return($ret);
}

function encrypt_conventional($file, $passphrase)
{
    $file = $this->_check_file($file);
    $ret = $this->_exec_pgp_command("-c -a -z \"$passphrase\" $file");

    return($ret);
}

function decrypt($file, $my_user_id)
{
    $file = $this->_check_file($file);
    $ret = $this->_exec_pgp_command("-c $file -u \"$my_user_id\"");

    return($ret);
}

function decrypt_conventional($file, $passphrase)
{
    $file = $this->_check_file($file);
    $ret = $this->_exec_pgp_command("-z \"$passphrase\" $file");

    return($ret);
}
}
```

Como la clase **pgp** sólo llama al PGP binario de su sistema con los argumentos apropiados, necesita un sistema PGP correctamente configurado. Para ser más concreto, su clave privada debe estar configurada correctamente y todas las claves públicas para las que quiere encriptar necesitan estar en su anillo clave local. La clave pública debe ser una clave de confianza, o PGP preguntará si es correcto encriptar para ese usuario y la clase fallará.

Todas las funciones funcionan con un archivo o con una cadena. Si pasa una cadena, se guardará en **$tmp_path** como un archivo temporal, ya que PGP sólo funciona con archivos.

Advertencia: En un sistema multiusuario, cualquiera puede leer este archivo. La utilización de esta clase en un sistema que no es de confianza (lo que significa que usuarios que no son de confianza tienen el permiso de acceder a él) deberá ser cuidadosamente evaluada.

La clase tiene seis funciones "públicas" y otras dos se utilizan internamente. Esas funciones devuelven **false** si ha ocurrido un error; en este caso, puede acceder a un mensaje de error muy prolijo desde **$pgp->error**.

- void pgp()

  El constructor de la clase comprueba si el PGP binario es accesible. Devuelve **true** si tiene éxito o **false** en caso de error.

- mixed encrypt(string what, string my_user_id, string to_user_id)

  PGP encripta el argumento **what**, que puede ser un nombre de archivo o una cadena, con la clave privada de **my_user_id** para la clave pública **to_user_id**. Devuelve el texto encriptado o **false** si hay error.

- mixed sign(string what, string my_user_id)

  Firma el argumento **what** con la clave privada de **my_user_id**. Devuelve el texto firmado o **false** si hay error.

- mixed encrypt_sign(string what, string my_user_id, string to_user_id)

  Firma **what** con la clave privada de **my_user_id**, y luego lo encripta para la clave pública de **to_user_id**. Devuelve el texto firmado o cifrado o **false** si hay error.

- mixed encrypt_conventional(string what, string passphrase)

  Encripta **what** sólo de manera convencional, utilizando **passphrase** como clave secreta. Devuelve el texto cifrado o **false** si hay error.

- mixed decrypt(string what, string my_user_id)

  Desencripta **what** con **my_user_id** como clave privada. Devuelve el texto descifrado o **false** si hay error.

- mixed decrypt_conventional(string what, string passphrase)

  Desencripta **what** de manera tradicional, utilizando **passphrase** como clave secreta. Devuelve el texto descifrado o **false** su hay error.

Las funciones MCrypt

Con la biblioteca Mcrypt están disponibles muchos algoritmos de bloque, incluidos DES, TripleDES, Blowfish e IDEA. Aquí no tenemos espacio suficiente para explicar todos estos algoritmos o para dar recomendaciones sobre cómo elegir uno para un escenario determinado (este tema se explica en profundidad en muchos libros o artículos en línea, algunos de los cuales puede encontrar enumerados en la sección "Resources" del CD-ROM).

Desgraciadamente, otra biblioteca supone otro estilo API y, como se indicó en el Capítulo 1, "Conceptos de desarrollo", pensamos que es un estilo malo. ¿Por qué mcrypt_cbc() toma un argumento que define si encriptar o desencriptar un dato? ¿No sería más lógico y coherente tener dos funciones, mcrypt_encrypt_cbc() y mcrypt_decrypt_cbc()? No hay ninguna session_var() que tome REGISTER o UNREGISTER como argumento, ¿verdad?

Bien, dejemos de quejarnos. Después de todo podemos editar la fuente para la interfaz de MCrypt y definir esas funciones adicionales; es la ventaja de un software *Open Source*. Por tanto, volvamos al tema. El ejemplo del Listado 4.5 muestra las funciones MCrypt que se utilizan. El ejemplo muestra un *array* que contiene todos los algoritmos MCrypt posibles y encripta un mensaje con cada algoritmo.

Listado 4.5. Rutinas de MCrypt

```
// Define un array de algoritmos generalmente soportado por MCrypt
$algorithms = array(
        MCRYPT_BLOWFISH,
        MCRYPT_DES,
        MCRYPT_TripleDES,
        MCRYPT_ThreeWAY,
        MCRYPT_GOST,
        MCRYPT_CRYPT,
        MCRYPT_DES_COMPAT,
        MCRYPT_SAFER64,
        MCRYPT_SAFER128,
        MCRYPT_CAST128,
        MCRYPT_TEAN,
        MCRYPT_RC2,
        MCRYPT_TWOFISH,
        MCRYPT_TWOFISH128,
        MCRYPT_TWOFISH192,
        MCRYPT_TWOFISH256,
        MCRYPT_RC6,
        MCRYPT_IDEA
        );

$message = "Hello PHP world.";  // Mensaje que hay que encriptar
$secret = "Secret password";    // Clave secreta

for($i=0; $i<count($algorithms); $i++)
{
    // Si este algoritmo está disponible, $algorithms[$i] es un entero
    // constante
    if (is_integer($algorithms[$i]))
    {
        print("<b>$algorithms[$i]:
        ➥ ".mcrypt_get_cipher_name($algorithms[$i])."</b><br>");
    }
    else
    {
        print("<b>$algorithms[$i] is not supported</b><br>");
        continue;
    }
```

(continúa)

Listado 4.5. Rutinas de MCrypt *(continuación)*

```
    // Obtiene el tamaño del bloque del algoritmo actual
    $block_size = mcrypt_get_block_size($algorithms[$i]);

    // Crea un vector de inicialización desde el dispositivo /dev/random
    $iv = mcrypt_create_iv($block_size, MCRYPT_DEV_RANDOM);

    // Encripta el texto completo con $algorithms[$i]
    $encrypted = mcrypt_cbc($algorithms[$i], $secret, $message, MCRYPT
➥ ENCRYPT, $iv);

    // Lo desencripta de nuevo
    $unencrypted = mcrypt_cbc($algorithms[$i], $secret, $encrypted, MCRYPT
➥ DECRYPT, $iv);

    // Saca el texto completo y el texto cifrado
    print("Ciphertext: $encrypted<br>");
    print("Plaintext: $unencrypted<p>");
}
```

MCrypt utiliza algoritmos de cifrado de bloque para encriptar y desencriptar los datos. Los **cifrados de bloque** son una aplicación del método de la encriptación simétrica mencionado anteriormente, opuesto a la encriptación de clave pública. Cuando se está encriptando un mensaje con un cifrado de bloque, se pueden utilizar diferentes modos de operaciones para aplicar el cifrado al texto completo. ISO92b define cuatro modos que pueden operar en bloques cifrados de cualquier tamaño: Electronic Code Book, Cipher Block Chaining, Cipher Feedback y Output Feedback.

- **Electronic Code Book** (ECB, Libro de códigos aleatorio) debe utilizarse con cuidado. Cada bloque de 64 bits de texto completo se encripta de manera independiente, uno tras otro, con los algoritmos especificados. Los patrones de texto completo no son ocultados; aparecen como iteraciones en el texto encriptado. Por tanto, ECB es sólo adecuado para encriptar datos aleatorios como, por ejemplo, una dispersión MD5.

- **Cipher Block Chaining** (CBC, Cifrado de bloque encadenado) evita este problema. La encriptación de cada bloque depende del bloque anterior y el mismo bloque de texto completo de 64 bits se puede encriptar en diferentes bloques encriptados, dependiendo de su posición en el mensaje. Como también puede tomar un vector de inicialización como semilla aleatoria, es mucho más seguro que ECB.

- **Cipher Feedback** (CFB, Cifrado reatroalimentado) lo hace de la otra manera: se encripta el texto completo. La ventaja de CFB es que funciona con bloques de menos de 64 bits y puede, por tanto, encriptar flujos de bytes.

- **Output Feedback** (OFB, Salida retroalimentada) es similar a CFB, pero tiene una ventaja. Los errores de bits que puedan ocurrir durante la transmisión no afectan a la desencriptación de los bloques cercanos. Sin embargo, al cambiar el texto encriptado, el texto completo puede ser manipulado fácilmente, al igual que con el modo ECB.

En la práctica, CBC es el modo más utilizado. TripleDES, junto con CBC, proporciona toda la seguridad que necesite en sus aplicaciones web.

Tenga personal cualificado en su equipo

Cuando la seguridad se convierte en un tema importante en un proyecto, resulta de gran ayuda tener a gente cualificada para asegurar la calidad y revisar la seguridad. Incluso si es un programador muy experimentado, es una persona humana y se puede equivocar. Tener a otro profesional que mire por encima de nuestro hombro en los momentos cruciales de un proyecto aporta la doble comprobación necesaria.

Desgraciadamente, resulta difícil encontrar personal cualificado y asequible con experiencia en temas de seguridad de software. Este tema se enseña cada vez más en las universidades pero ni siquiera la mejor educación puede compensar la carencia de experiencia en la vida real; esto es válido para todos los trabajos en la nueva industria de los medios pero especialmente en el campo de la seguridad de las computadoras y del software. Sin embargo, estas dificultades se pueden resolver. Al poner en venta su software con una licencia *Open Source*, es muy posible que los propios expertos de la industria examinen su sistema. *Open Source*, con su proceso de desarrollo abierto, refuerza la seguridad real; no la seguridad a través de la oscuridad, sino la seguridad frente a todos los posibles ataques de alguien que tenga un conocimiento completo del sistema y del código fuente.

Incluso si *Open Source* no es una opción, puede aplicar muchos de los principios de desarrollo de software que se utilizan en la comunidad *Open Source* para su propio producto. Por ejemplo, las revisiones profundas continuas le ayudan a evitar los *bugs* (errores) de seguridad más habituales que se introducen por no hacer suficientes comprobaciones.

Las revisiones profundas se pueden realizar como inspecciones regulares del código, lo que le ayuda no sólo a evitar fugas de seguridad, sino también a evitar otros *bugs* más generales del software. En las reuniones semanales, un grupo de unas cinco personas va al código fuente y lo inspecciona buscando errores comunes que puedan ocurrir, como una comprobación de límite que falte, variables que no están en uso o cuestiones de seguridad. Un moderador guarda el rastro de los defectos que se han encontrado y asegura que serán corregidos después por el desarrollador original. Un escenario típico de comprobación podría construirse de la siguiente manera:

1. Se forma un conjunto de entre 2 y 5 desarrolladores.

2. Se inspecciona el código fuente durante unos 60 minutos (entre 200 y 300 líneas del código). Cada miembro del grupo se mueve por el código línea a línea para entender totalmente qué hace cada línea. Se anotan todos los defectos.

3. El moderador toma todas las notas y las pasa al desarrollador original del software, quien no debe ser un miembro del grupo de inspección. El trabajo que hay que volver a hacer puede consistir en cambiar el código, agregar o eliminar comentarios, reestructurar o reasignar funciones, etc.

Hemos llamado a esto **inspección de software reducida**. En la ingeniería de software tradicional, las inspecciones son mucho más imponentes; la inspección de Fagan, que fue introducida originalmente por Michael Fagan de IBM en 1976[3], requiere más prepa-

---

[3] Fagan, M. E., "Design and Code Inspections to Reduce Errors in Program Development", IBM Systems Journal, vol. 14, No. 3, 1976, págs. 182-211.

ración, listas de comprobación detalladas y reuniones mucho más frecuentes. El desarrollo de una aplicación web es mucho más rápido. Los métodos de inspección que requieren demasiado tiempo y unos recursos intensivos no son realistas.

Autenticación

Pronto verá que necesita otra técnica una y otra vez: la autenticación. Por ejemplo, si sus usuarios pueden acceder a algunas partes de su sitio web sólo después de haberse registrado en el sistema, necesitan una autenticación.

El proceso de registro y entrada en el sistema

Echemos una mirada a los conceptos teóricos de la autenticación. El proceso de registro y entrada en el sistema consta de tres pasos: identificación, autenticación y autorización.

Identificación

Para poder autenticar a un usuario, necesita saber su identidad (le pide una identificación al usuario). La identificación es una sentencia sobre quién es el usuario: ésta puede ser un nombre de usuario, un número de cliente u otra cosa, siempre y cuando sea el único en su base de usuarios. El término usuario en este contexto puede significar una persona, un proceso o un sistema (por ejemplo, un nodo en una red).

La identificación no es la autenticación. El hecho de que un usuario presente una identidad no significa que esa identidad sea auténtica. Sin la autenticación, la identidad es sospechosa.

Autenticación

Después de obtener la identificación del usuario, necesita verificarla. Éste es el trabajo de un sistema de autenticación. Las identidades de los usuarios se verifican utilizando uno de los tres tipos de autenticación: algo que conocen, algo que tienen o algo que son.

En la Web, el método "algo que conocen", también llamado **autenticación por el conocimiento**, es el método más utilizado. Los usuarios pueden elegir o se les asigna una contraseña, que deben recordar y guardar en secreto. La autenticación se realiza comprobando si la identidad del usuario es confirmada por la contraseña. Otras variantes son el Número de identificación personal (*Personal Identification Numbers*, PIN), frases de paso o preguntar datos sobre el usuario cuya respuesta sólo él sabe. La principal debilidad de este tipo de autenticación es que a menudo resulta muy fácil aprender algo que otra persona sabe. Incluso es posible adivinar el "algo que conocen" mágico sin tener acceso a él (piense en los ataques de fuerza bruta practicados en los registros de entrada del *shell)*. Con las aplicaciones web, las ventajas de la autenticación por conocimiento valen más que las imperfecciones de seguridad; el usuario puede tomar la contraseña en cualquier sitio y tiene acceso a la misma siempre. Otra ventaja es la simplicidad de este método y la facilidad de su implementación.

Los ejemplos de la **autenticación por propiedad** ("algo que ellos tienen") incluye claves, tarjetas de banda magnética y distintivos. A diferencia del primer método, la autenticación por propiedad es más difícil de copiar, ya que los elementos de la misma son objetos físicos. En el caso de la Web este tipo de autenticación no ha sido aún establecida como una técnica válida, a pesar de algunos esfuerzos por introducir tarjetas de banda magnética en los sistemas de encriptación de clave pública.

El tercer tipo de autenticación es todavía más común: la **autenticación por características** ("algo que son"), que se suele utilizar en los sistemas de cortafuegos para garantizar el acceso a un objeto sólo en los sistemas que tienen una dirección IP o rango determinado. Fuera de la Web, se puede ver cada vez más la autenticación por características en sistemas que escanean la retina o las huellas dactilares como elementos de autenticación. Si bien este método es el más seguro de los tres (después de todo la meta de la autenticación es verificar quién eres y este tipo está muy ligado a esa meta), también es el más caro a la hora de su aplicación. Como ya hemos indicado, las direcciones IP no se pueden tener en cuenta a la hora de identificar a las personas, por lo que seguirá necesitando un sistema de identificación personal que utilice un producto periférico.

Por supuesto, los distintos métodos de autenticación se pueden combinar para producir unos resultados más seguros; sin embargo, por ahora sigamos con nuestro procedimiento de registro de entrada con una autenticación por conocimiento.

El usuario especifica un elemento de autenticación, normalmente una contraseña, junto con su pretendida identidad. Pero ¿cómo se transfiere esta información desde el cliente al sistema de autenticación? Los datos de la identificación son normalmente sujeto de interceptación por un intruso que está instalado entre el usuario y el sistema de autenticación (ataque de un intermediario). Como consecuencia, necesita protegerse frente a los indiscretos; se requiere una ruta de confianza, un canal de comunicaciones seguro, para transmitir la contraseña. Recuerde siempre que una cadena de autenticación sólo es todo lo segura como pueda serlo su elemento menos seguro (tener frases de paso de 128 bits no le ayudará si las transmite a través de una conexión HTTP normal al sistema de autenticación).

TODA LA COMUNICACIÓN DEBE SER SEGURA

Incluso cuando se transmiten los datos de identificación a través de un canal de comunicación seguro, como SSL, hay lugares para ataques "de intermediarios" si la otra comunicación después de la autenticación no es encriptada. El que ataca puede obtener el ID de sesión mirando de manera indiscreta, robar la sesión del usuario y usurpar su identidad (por ejemplo, para comprar artículos en una tienda en línea). Para evitar esto, se debe manejar toda la comunicación a través de un canal seguro.

El elemento de autenticación se comprueba en una base de datos de autenticación. El sistema que guarda esa base de datos y la manera en que se almacenan los datos de autenticación deben ser seguros y de confianza. La base de datos de autenticación necesita protección frente a un acceso general y los elementos de autenticación deberán almacenarse después de haber sido encriptados.

De la misma manera, los sistemas de copia de seguridad también necesitan ser seguros y de confianza. Una gestión adecuada de la confianza también implica definir bien los papeles de quienes pueden acceder a determinadas partes de un sistema y de qué manera. Pero este tema es demasiado amplio para ser tratado aquí.

Autorización

Si la autenticación indica que la identificación del usuario es correcta, el sistema completa el proceso de registro de entrada y asocia la identidad del usuario y la información de control de acceso con la sesión de usuario. En las aplicaciones poco importantes, la información de control de acceso puede solamente consistir en un indicador que muestre que el usuario actual ha sido autentificado con éxito. En situaciones más complejas, el sistema puede también asociar un nivel de seguridad o nivel de permiso, definiendo qué es lo que puede hacer el usuario actual en la aplicación (por ejemplo, puede ser un superusuario o un grupo de usuarios de sólo lectura). Dependiendo del nivel de seguridad que se necesita, el sistema necesita registros de entrada con éxito e intentos fallidos; por ejemplo, el C2 Security Standard requiere sistemas para revisar todos los eventos del registro de entrada.

Autenticación en HTTP

HTTP proporciona un método para la autenticación de los usuarios: HTTP Basic Authentication (Autenticación básica HTTP). En aquellas páginas que requieren una autenticación, el servidor web responde al cliente con una cabecera especial:

```
HTTP/1.1 401 Authorization Required
WWW-Authenticate: Basic realm="Protected Area"
```

El navegador presentará un cuadro de diálogo modal donde pide un nombre de usuario y contraseña. Desgraciadamente, este tipo de autenticación merece realmente el prefijo "básico"; hay una serie de inconvenientes:

- Para desconectar a un usuario, hay que aplicar trucos.

- Para desconectar a los usuarios después de un tiempo de inactividad definido, tiene que aplicar más trucos.

- Si necesita grupos de usuarios (lo que antes llamábamos "niveles de permiso"), necesita su propia lógica de aplicación para filtrar a los usuarios individuales en los grupos.

- Es imposible marcar el proceso de registro de entrada y conexión; el cuadro de diálogo desplegable será siempre el mismo, con independencia del sitio web.

- Los usuarios novatos se asustan generalmente cuando reciben esos cuadros de diálogo. Y no puede proporcionar ninguna ayuda, ya que no puede modificar el cuadro de diálogo.

- La autenticación básica de HTTP en PHP sólo es posible con la versión módular.

- Está restringido a los directorios. ¿Qué ocurre si quiere proteger sólo una página? Con las directivas Apache es imposible; tendría utilizar la autenticación básica de HTTP en PHP.

Todo esto nos lleva a la conclusión de que puede ser más sabio utilizar otra cosa excepto en los escenarios más básicos, donde sabe que su audiencia está acostumbrada a esos cuadros de diálogo y no necesita niveles de permiso o marcar un tiempo máximo de inactividad.

Autenticación en PHP

Por otra parte, la autenticación nativa en PHP posibilita utilizar arbitrariamente las ventanas de registro de entrada y los procedimientos de autenticación, ya que está basada en formularios. Para que funcione la autenticación, necesita tener también funciones para la gestión de la sesión. Una vez que el usuario se ha registrado, necesita recordar este estado a lo largo de múltiples peticiones.

Puede escribir su propia biblioteca de autenticación utilizando las funciones de gestión de la sesión de PHP que hemos introducido anteriormente, o puede utilizar la PHPLib. Con su clase **Auth** podrá administrar la autenticación, y la utilización de la clase **Perm** le permite configurar los niveles de autorización completa. Para más detalles sobre cómo funciona, véase el Capítulo 6.

Problemas de usabilidad

Tal vez se pregunte por qué se ha incluido una sección sobre la usabilidad en un libro sobre desarrollo de software. Creemos que es una necesidad para cualquier desarrollador serio conocer los principios básicos de la arquitectura de la información, la ingeniería de la interfaz de usuario y la usabilidad.

Como las aplicaciones web se están haciendo cada vez más grandes y complejas, los desarrolladores web se enfrentan ahora más que nunca a la creación de sitios web eficaces y funcionales, y la usabilidad se está convirtiendo en una característica clave de esos sitios.

¿Qué es la usabilidad? La facilidad de aprendizaje y utilización de un sistema de información es lo que se denomina **usabilidad** de un sistema. Como desarrollador de una aplicación, probablemente sea fácil para usted utilizarla, pero tal vez se sorprenda al saber lo difícil que resulta su sistema para los usuarios. Al principio, no estarán para nada familiarizados con él, y es posible que intenten utilizarlo para algo diferente a lo que usted pretendía.

A pesar de que los ingenieros de la usabilidad han intentado integrarla en las fases iniciales del desarrollo del software, este esfuerzo no ha tenido mucho éxito. Pero la usabilidad necesita jugar un papel importante desde el principio de cada proyecto; empezar a pensar sobre la usabilidad en la fase de prueba de la beta es insuficiente. Creemos que la usabilidad debe estar al mismo nivel que las demás características tradicionales de un software de calidad, como la exactitud, el mantenimiento y la fiabilidad. Como desarrollador de software, en cuanto comprenda la importancia de la usabilidad para determinar la calidad de una aplicación, se esforzará en potenciar la experiencia del usuario. La manera de conseguir una mejor usabilidad en sus aplicaciones puede variar de un proyecto a otro, pero algunos principios clave forman el corazón de todo desarrollo centrado en el usuario:

- Centrarse inicialmente en los usuarios, implicándolos directamente en el diseño del proceso.

- Evaluación inicial y continua de la aplicación.

- Medición empírica de la usabilidad, incluso en las primeras etapas del desarrollo.

- Diseño y desarrollo iterativo.

La usabilidad en las aplicaciones web

Las aplicaciones web tienen características distintas a las aplicaciones de escritorio.

Con HTML, no se puede controlar la presentación de una manera fiable al 100%, y hay que aceptar compromisos de visualización. Su sitio puede ser visto en una gran variedad de dispositivos de pantalla, que van desde Palm Pilots, pasando por la WebTV, hasta un navegador estándar en una pantalla de 800 x 600.

La interacción del usuario es lenta debido al bajo ancho de banda que está disponible en la actualidad y sólo es posible ejecutar *scripts* básicos con JavaScript en el lado del cliente.

En el desarrollo de software tradicional, usted puede controlar dónde puede ir el usuario; puede inhabilitar artículos del menú o mostrar un cuadro de diálogo modal que bloquea la aplicación hasta que el usuario responde a las preguntas. Pero no puede controlar cómo se mueve el usuario por su sitio web (éste puede venir tanto a través de enlaces directos como desde buscadores, etc.).

Y no puede esperar que los usuarios se lean todo un manual para familiarizarse con su aplicación web, lo que es normal con el software tradicional, ya que los usuarios se mueven muy rápidamente entre diferentes sitios. La estructura de hipertexto lleva a menudo al usuario a utilizar la Web como un todo y no como una única aplicación o sitio web.

Pero se siguen aplicando los principios de la ingeniería básica de la usabilidad desde "Usabilidad 101", y necesitamos explicar algunas de estas reglas genéricas. Las siguientes pautas dependen unas de otras y necesita evaluar qué importancia dar a las reglas individuales en una aplicación específica.

Una aplicación web que resulta agradable a un usuario tiene las siguientes características:

- Resulta apropiada para la tarea que debe realizar.

- Es controlable por el usuario.

- Se ajusta a las expectativas del usuario.

- Es personalizada.

- Es autoexplicativa.

¿Es apropiada?

La aplicación deberá ayudar al usuario a conseguir su meta de manera efectiva y eficaz. Los usuarios normalmente no se preocupan por los gráficos de fantasía, tan sólo quieren alcanzar su objetivo, ya sea éste la recuperación de información o algo más específico como, por ejemplo, la compra de un producto. En una tienda en línea, el sistema deberá asistir al usuario para que el proceso de compra de un producto sea lo menos penoso posible. Amazon.com ha fijado el estándar para esto: una vez que el usuario se ha registrado en el sistema, sólo necesita un clic para comprar un producto. Pero la conveniencia de una tarea puede empezar en los cuadros de diálogo:

- Mostrar sólo la información que el usuario necesita realmente para alcanzar su meta.

- Hacer que los valores predeterminados estén disponibles. Por ejemplo, prerrellenar un campo de datos en un formulario con la fecha actual.

- No exigir que el usuario realice pasos innecesarios. En lugar de mostrar información de error en una página nueva, requiriendo así que el usuario recuerde qué campos estaban incorrectamente rellenados y regresar a la página anterior, proporcione los mensajes de error directamente en el formulario (utilice el formulario normal de PHP). La Figura 4.2 muestra un ejemplo comparativo de estos dos enfoques.

Este sitio le obliga a volver a empezar y a recordar qué es lo que está mal.

Este sitio le permite fijar qué es lo que falta o está mal directamente en el formulario de error.

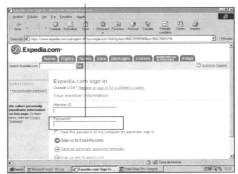

FIGURA 4.2
Pasos en la validación de un formulario, ejemplos bueno y malo.

¿Puede el usuario controlarla?

Una aplicación web es controlable por el usuario si éste puede influir en la velocidad y la dirección de la aplicación hasta que alcanza su objetivo.

La velocidad del cuadro de diálogo debe estar siempre bajo el control del usuario y no dictada por la aplicación. Esto parece obvio, pero hemos visto un magnífico ejemplo de cómo se puede romper esta regla básica. Después de que ha relleno un formulario de manera incorrecta, la aplicación muestra un mensaje de error y le lleva de vuelta al formulario después de cinco segundos. Por supuesto, los datos que introdujo correctamente no se guardaron y por eso tiene que volver a empezar todo de nuevo. Los usuarios que cambian a otra instancia de software o navegador después de haber enviado el formulario no verán nunca el mensaje de error.

Deberá también proporcionar al usuario el control sobre la cantidad de datos que se muestran. Si un formulario se extiende sobre varios pasos, permita que el usuario pueda cambiar entre los diferentes pasos sin perder los datos. Con frecuencia, los usuarios eligen una función por error y necesitan un camino para salir de ese paso no deseado. Si la aplicación es suspendida por el usuario, haga posible que pueda reanudarla después.

Ser controlable también significa que la aplicación deberá adaptarse a las necesidades y características de los usuarios. Por ejemplo, en una intranet puede haber usuarios más experimentados, ya que estarán habituados al sistema por su trabajo diario. Así, la estructura de navegación y la aplicación deberán proporcionar accesos directos o aceleradores para alcanzar algunos objetivos comunes como, por ejemplo, proporcionar menús desplegables para saltar directamente a una página determinada. Estos usuarios también necesitan páginas de ayuda más avanzadas para satisfacer sus diferentes niveles de conocimiento.

¿Se ajusta a las expectativas del usuario?

La coherencia es una de las contribuciones más sólidas para la usabilidad. Como dijo Jakob Nielsen, el mayor especialista mundial sobre la usabilidad, en su **Law of the Web User Experience**: "Los usuarios pasan la mayor parte de su tiempo en otros sitios". Las convenciones establecidas en la mayoría de los demás sitios web no deberán, por tanto, ser muy diferentes de las de su sitio. La columna bisemanal "Alertbox" de Jakob Nielsen habla tan bien de su experiencia en este campo, que es de lectura obligada para cualquiera que trabaje en el desarrollo de productos en el campo de las tecnologías de la información. En su columna del 22 de agosto de 1999, Jakob Nielsen proponía un buen ejemplo de qué ocurre cuando una aplicación no se ajusta a las expectativas del usuario[4]:

NOTA

Eric Davis, un arquitecto de la información de Resource Marketing, ha relatado recientemente una prueba de usabilidad de la terminología que se utiliza en la cesta de la compra. El diseño del borrador presentaba el término *Shopping Sled*

---

[4] Nielsen, Jakob, "Alertbox" (22 de agosto de 1999). Véase **www.useit.com/alertbox/990822.html**.

(trineo de la compra) ya que el sitio (venta de productos de deportes de invierno) tenía el deseo de sobresalir y de evitar utilizar la terminología estándar. Resultado: "El 50% de los usuarios no entendía el concepto de *Sled*. El otro 50% dijo que se habían imaginado lo que quería decir porque estaba en el mismo sitio en el que hubiera ido la palabra cart (cesta). Sabían que había que agregar algo y la única cosa que tenía un poco de sentido era el *Sled* (trineo)". Se puede aprender una lección con este caso: no intente ser más inteligente que nadie y utilizar nuevos términos cuando tenemos muy buenas palabras que están ya disponibles y que los usuarios conocen.

La coherencia también significa que el comportamiento de los cuadros de diálogo y los datos que aparecen en los mismos deberán ser uniformes:

- Mostrar siempre los mensajes del sistema (retroalimentación del estatus, mensajes de error o éxito) en el mismo lugar en una página y con la misma presentación.

- Etiquete los botones y enlaces con un sistema de asignación de nombres coherente.

- Utilice medios coherentes para cambiar el estado de un cuadro de diálogo. Por ejemplo, coloque siempre el botón para enviar el formulario en la esquina inferior derecha.

- No invente sus propios elementos de la GUI (*Graphic User Interface*, Interfaz gráfica de usuario) si puede evitarlo. Por ejemplo, un sitio web que hemos estudiado utilizaba imágenes en lugar de casillas de verificación HTML. Al hacer clic en la imagen volvía a cargar la página con una nueva variación de la imagen de la casilla de verificación (dependiendo del estado anterior, verificada o no verificada). Sería difícil encontrar un método más molesto.

¿Está personalizada?

Actualmente "contenido personalizado" es una de las expresiones más en boga en Internet. No queremos decir exactamente lo mismo que la gente de los departamentos de marketing que promueve deliberadamente publicidad personalizada, correo personalizado o noticias personalizadas. Para nosotros, las aplicaciones web personalizadas son aquellas que están hechas a la medida de las necesidades y características culturales de las personas que las utilizan.

Al igual que los usuarios europeos de Internet, a menudo nos encontramos con la afirmación de que los ciudadanos de Estados Unidos tienden a tener una visión centralista del mundo, desde la perspectiva de su país. Nombres de usuario que se atascan con la diéresis alemana, aplicaciones de planificación donde no puede introducir información sobre la zona horaria, sistemas de información que se apoyan en los códigos postales de Estados Unidos; la lista podría extenderse hasta el infinito (véase la Figura 4.3). Si bien es cierto que puede costar tiempo y recursos desarrollar una aplicación que pueda utilizarse por una audiencia internacional, merece la pena porque en septiembre de 1999 el 50% de los usuarios web no eran de los Estados Unidos.

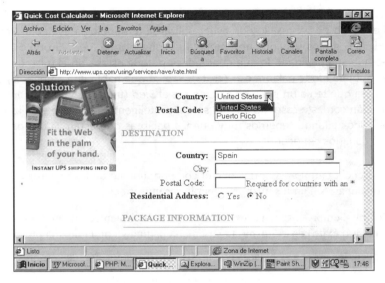

FIGURA 4.3
La calculadora de los costes de transporte de UPS sólo acepta EEUU y Puerto Rico como origen del envío, aunque UPS opera desde 50 países.

¿Es autoexplicativa?

Una aplicación es autoexplicativa si ayuda al usuario a aprender y entender el sistema. Esto es especialmente importante en la Web; la mayoría de los usuarios son novatos respecto a su sitio. Los usuarios se mueven de un sitio web a otro y generalmente no recordarán las reglas y convenciones de su sitio la siguiente vez que lo visiten, por lo que es mejor gastar tiempo en simplificar un cuadro de diálogo que gastarlo en hacer disponible un sistema de ayuda para cada campo de formulario. (Sin embargo, para formularios con cierta importancia es apropiado un sistema de ayuda que sea sensible al contexto).

En muchas aplicaciones hemos encontrado que resulta de gran ayuda para el usuario hacer un programa de demostración donde éste pueda experimentar o por el que será guiado paso a paso.

Dar coherencia a una aplicación también ayuda a que sea autoexplicativa. Si un mensaje de advertencia aparece siempre en la misma presentación y en el mismo lugar, el usuario los reconocerá como un aviso del sistema de manera más fácil.

Ingeniería de usabilidad reducida

En la vida real la gente rara vez utiliza los métodos de ingeniería de usabilidad recomendados en los proyectos de desarrollo de software. Una razón importante de ello es el coste de utilizar técnicas tradicionales de ingeniería de la usabilidad. En la muy respetada revista

"Communications of the ACM", los autores Mantei y Teorey [5] estimaban en 1988 que el "coste que supone agregar elementos de factor humano al desarrollo de software" era de unos 120.000 dólares, con independencia del tamaño del proyecto de desarrollo de software. La estimación consistía en evaluar los costes fijos como prueba y evaluación, construcción en laboratorio, análisis del producto, etc., que no cambian con el tamaño del proyecto y del código en desarrollo. Esto es más que todo el presupuesto de muchos proyectos de desarrollo de sitios web. No es sorprendente, por tanto, que el administrador de un proyecto, al leer tales cantidades de dinero, abandone completamente los métodos de usabilidad.

La propuesta sobre "ingeniería de usabilidad reducida" de Jakob Nielsen (**www.useit.com/papers/_guerrilla_hci.html**) pretende que la técnica (ingeniería) de la usabilidad sea más fácil y barata y que consuma menos tiempo. Cuando investigaba en este método en 1989, encontró que para la mayoría de los proyectos no era necesario aplicar todos los métodos de ingeniería de usabilidad tradicionales. En su lugar, con un conjunto básico de técnicas, fue capaz de mejorar sensiblemente la usabilidad.

Sobre la base del principio de centrarse rápidamente en los usuarios, utilizó las técnicas que se explican en las siguientes secciones:

- Escenarios.
- Pensamiento en alto simplificado.
- Evaluación heurística.

Escenarios

Un **escenario** es un conjunto de características muy reducido que es objeto de una prueba de usabilidad. La ingeniería de la usabilidad tradicional utiliza casos de prueba más complejos, difíciles de configurar y de probar. Como el "escenario reducido" es pequeño, puede permitirse cambiarlo frecuentemente y utilizarlo para probar diferentes versiones de un prototipo.

Un escenario así se construye sobre la base de un análisis de los usuarios reales y su trabajo para ser lo más representativo posible de la utilización real del sistema. Los escenarios típicos pueden ser las tareas "Imprimir el documento" o "Reservar un vuelo a El Hierro para el 1 de enero de 2001", que pueden ser luego probadas con el método de pensamiento en alto simplificado (que se describe en la siguiente sección).

Pensamiento en alto simplificado

En un estudio de **pensamiento en alto**, se controla a un usuario mientras está realizando una tarea previamente definida en un escenario. De manera tradicional, estos estudios eran llevados a cabo por psicólogos o expertos en usabilidad que grababan en vídeo a los participantes y hacían un análisis detallado. De nuevo hay que decir que esta sofisticada metodología es cara y puede intimidar a los desarrolladores. Sin embargo, es posi-

---

[5] Mantei, M. M., y Teorey, T. J., "Cost/benefit analysis for incorporating human factors in the software lifecycle", Communications of the ACM 31, 4 de abril de 1988, págs. 428-439.

ble hacer una prueba sin recurrir a un laboratorio sofisticado, simplemente tomando a algunos usuarios reales, dándoles algunas tareas típicas y pidiéndoles que piensen en voz alta mientras ejecutan esas tareas.

Las pruebas de pensamiento en voz alta simplificado necesitan que participen entre 3 y 5 usuarios, mientras que el método tradicional requiere la participación de diez o más para obtener datos válidos. Pero el propósito de la ingeniería de usabilidad reducida no es conseguir datos estadísticamente válidos, sino encontrar los problemas de usabilidad lo antes posible. Los estudios muestran que la mayoría de los problemas de usabilidad se pueden encontrar con las primeras pruebas realizadas.

En lugar de grabar en vídeo a los participantes, se toma nota sobre papel del comportamiento de los usuarios. Grabar, visionar y analizar cintas de vídeo es caro e implica por lo menos la participación de una persona adicional para llevar la cámara. Analizar las notas escritas en un papel es rápido y no menos eficaz. El tiempo que se gana se gasta mejor en llevar a cabo pruebas adicionales y en probar diferentes iteraciones de una interfaz.

Evaluación heurística

La **evaluación heurística** es un método para encontrar los problemas de usabilidad en una interfaz. Un pequeño conjunto de evaluadores prueba la interfaz y determina su conformidad con los principios de diseño de una interfaz establecidos (la **heurística**). Estos principios pueden ser los que se han descrito anteriormente, los 10 principios heurísticos recomendados por Nielsen para el diseño de una interfaz de usuario (ver nota a continuación), o bien un conjunto de principios hechos a medida de un entorno específico.

Los evaluadores no necesitan ser expertos en usabilidad (incluso los no expertos pueden encontrar problemas de usabilidad utilizando la evaluación heurística), y muchos de los problemas que persistan deberán ser revelados por la prueba simplificada de pensamiento en voz alta. Como distintas personas encuentran diferentes problemas de usabilidad, también resulta de ayuda dejar que de tres a cinco personas realicen una evaluación heurística. Otra persona deberá organizar los resultados aportados por cada evaluador y elaborar un informe detallado de la prueba que pueda ser presentado en una reunión interdisciplinaria de intercambio de ideas.

Con la evaluación heurística sólo se prueba la interfaz para encontrar problemas. Los evaluadores no utilizan realmente el sistema; simplemente toman la evaluación heurística como una lista de comprobación e intentan encontrar todo lo que no se ajuste a ella. Por tanto, esto se debe utilizar como complemento de los demás métodos de ingeniería de usabilidad reducida.

LOS DIEZ ELEMENTOS DE LA EVALUACIÓN HEURÍSTICA DE JAKOB NIELSEN

(www.useit.com/papers/heuristic/heuristic_list.html)

Visibilidad del estatus del sistema

El sistema debe siempre mantener informado al usuario de lo que está ocurriendo, con una retroalimentación apropiada dentro de un tiempo razonable.

Coincidencia entre el sistema y el mundo real

El sistema deberá hablar el lenguaje del usuario, con palabras, frases y conceptos que le sean familiares, en lugar de utilizar términos orientados al sistema. Seguir las convenciones del mundo real y hacer que la información aparezca en un orden natural y lógico.

Control de usuario y libertad

Los usuarios eligen a menudo funciones del sistema de manera equivocada y necesitan encontrar claramente una "salida de urgencia" para salir del estado no deseado sin tener que recorrer un cuadro de diálogo extendido. Debe soportar Hacer y Deshacer.

Coherencia y estándares

Los usuarios no tienen por qué saber si diferentes palabras, situaciones o acciones significan la misma cosa. Siga las convenciones de la plataforma.

Prevención de errores

Incluso mejor que un buen mensaje de error es un diseño cuidado que impida cometer errores a la primera.

Reconocimiento en lugar de recuerdo

Los objetos, acciones y opciones deben estar visibles. El usuario no tiene por qué recordar información de una parte del diálogo a otra. Las instrucciones para la utilización del sistema deben estar visibles o ser fácilmente recuperables cada vez que sea apropiado.

Flexibilidad y eficacia en la utilización

Los aceleradores, que pasan desapercibidos para el usuario novato, pueden acelerar la interacción para el usuaruio experimentado de tal manera que el sistema puede atender tanto a los usuarios que tienen experiencia como a los que no la tienen. Permita que el usuario adapte acciones frecuentes.

Diseño estético y minimalista

Los cuadros de diálogo no deberán contener información que sea irrelevante o que se utilice rara vez. Cada unidad de información adicional compite con las unidades relevantes y disminuye su visibilidad relativa.

Ayudar a que los usuarios reconozcan, diagnostiquen y recuperen a partir de los errores

Los mensajes de error deben tener un lenguaje simple (sin códigos), indicar precisamente el problema y sugerir constructivamente una solución.

Ayuda y documentación

A pesar de que es mejor si el sistema se puede utilizar sin documentación, puede resultar necesario proporcionar ayuda y documentación. Esta información deberá encontrarse fácilmente, centrarse en la tarea del usuario, enumerar los pasos concretos que se han de dar y no ser demasiado grande.

Usabilidad: sólo tiene que aplicarla

Nielsen dice: "Dos de los eslóganes fundamentales de la ingeniería de usabilidad reducida son que 'un dato es un dato' y que 'cualquier cosa es mejor que nada' cuando se trata de usabilidad". Le animamos a que pruebe la ingeniería de usabilidad reducida y a que la aplique en su desarrollo tan a menudo y regularmente como sea posible. No cuesta demasiado y aumentará significativamente la experiencia del usuario.

Resumen

En este capítulo ha visto las bases para la administración de una sesión, cómo pasar datos de una página a otra y cómo reconocer a los usuarios. Ha aprendido a crear sesiones con PHP 3 y 4 utilizando distintos métodos de almacenamiento y ha aprendido a saber cuál elegir y bajo qué circunstancias. Por encima de todo ello, ha aprendido a tener cuidado con la seguridad de los datos que le confían sus usuarios, así como a reforzar la seguridad de su sitio frente a un uso indebido. Ya conoce las diferentes técnicas de encriptación y los campos de su aplicación.

La usabilidad ya no le resulta una palabra extraña y esperamos que haya aprendido la importancia de hacer que su sitio sea compatible con ese propósito. Ya conoce la mayoría de las meteduras de pata que se hacen y puede identificar la debilidad del diseño de una interfaz sin disparar los costes de su desarrollo.

Después de todo serán sus usuarios los que finalmente decidirán sobre el éxito o fracaso de sus proyectos y este capítulo le ha mostrado cómo satisfacerlos.

Estrategias básicas
de las aplicaciones web

- El formulario normal de PHP.
- Planificación del proyecto.
- CVS.
- Aplicaciones de tres capas.
- Resumen.

El Capítulo 4, "Conceptos de las aplicaciones web", describe las principales diferencias entre las aplicaciones web y los *scripts*, y muestra los métodos para resolver la mayoría de los problemas básicos: la administración de la sesión. Este capítulo explora las estrategias que hay que adoptar con otros problemas comunes que surgen cuando se trabaja en proyectos más grandes. A la vez que presentamos soluciones que hacen ahorrar tiempo y son efectivas y fáciles de implementar, le animamos a que evalúe si realmente satisfacen sus necesidades. El capítulo se titula "Estrategias básicas de las aplicaciones web" y no "Soluciones básicas de las aplicaciones web" a propósito. Es mejor dedicar más tiempo a la evaluación que tener que hacerlo en la reorganización de un proyecto. Como se dijo en el Capítulo 1, "Conceptos de desarrollo", el tiempo es el recurso más valioso del que nunca tendrá suficiente.

Al principio, era el formulario HTML. Casi todas las aplicaciones web solicitan información del usuario. Por tanto, es importante prestar especial atención a la rutinas de validación del formulario; necesita encontrar una rutina genérica si no quiere reinventar la rueda una y otra vez. La primera parte de este capítulo describe el formulario normal de PHP y cómo utilizar la clase **EasyTemplate** para separar el código del diseño.

Utilizar un mecanismo de plantilla permite una mejor colaboración en los equipos de desarrollo multidisciplinarios. Pero sólo es una pequeña faceta en la administración del equipo; también le mostramos cómo organizar los proyectos y cómo utilizar software de administración de la versión.

Luego, de camino hacia el siguiente capítulo, nos detendremos en el departamento de marketing y discutiremos los beneficios reales de las aplicaciones "multicapas".

El formulario normal de PHP

¿Cómo valida sus datos de formulario? ¿Con JavaScript? ¿Con un segundo *script* manejador de la acción? ¿Tal vez no los valida, o lo hace parcialmente?

Como se ha explicado en el Capítulo 4, los datos proporcionados por un usuario en un formulario enviado o en una consulta, deben tratarse como si estuvieran "contaminados" hasta que hayan sido validados por su aplicación. Por tanto, debe comprobar esa entrada. Pero, ¿cómo validarla?

JavaScript es un método comúnmente utilizado. Pero JavaScript no deberá ser nunca el único método de validación utilizado; puede que el usuario lo haya desactivado debido a los riesgos relacionados con los *scripts* del lado del cliente, o puede incluso que el navegador no lo soporte. En un escenario todavía peor para los usuarios de su sitio web, tendrá que tratar con capacidades de JavaScript inhabilitadas. Debido a las distintas implementaciones de JavaScript entre los navegadores, una validación más complicada, por ejemplo hacer coincidir un patrón con expresiones regulares, es completamente imposible de llevar a cabo o una pesadilla para el desarrollador. Y a pesar de que la **seguridad a través de la oscuridad** no es nunca un buen principio, algunas veces no querrá que el usuario vea todas sus reglas de validación utilizando la característica View Source (Ver Código Fuente) de su navegador.

Por supuesto, si su uso fuera seguro, JavaScript (o mejor, una validación del lado del cliente en general) sería nuestro método preferido. La principal ventaja de la validación del lado del cliente es la velocidad. Una validación sintáctica se puede hacer de manera instantánea, eliminando la necesidad de enviar los datos del formulario al servidor web, analizarlos sintácticamente ahí, y luego enviar una página completa como respuesta al navegador; un procedimiento tedioso y lento. Sin embargo, en la situación actual, JavaScript sólo se puede utilizar como un completo en la validación del lado del servidor.

Y aquí vuelve a entrar en juego PHP. Incluso con PHP existen muchas maneras de proporcionar la validación de un formulario. Los usuarios más recientes utilizarán la técnica clara de tener dos archivos separados; uno que contiene el HTML del formulario y el otro el *script* manejador de la acción de PHP. Esto es más habitual con los *scripts* tradicionales Perl y CGI. En la mayoría de las situaciones no nos gusta este escenario porque tiene varios inconvenientes:

- Necesita tener dos archivos separados. Con todo lo inocente que pueda parecer, esto se convierte en un problema cuando tiene que tratar con grandes proyectos que tienen centenares de archivos PHP.

- Conduce a las páginas "Su formulario tiene un error, por favor utilice el botón **Volver** para regresar al formulario" que hemos criticado en el Capítulo 4.

- Es más fácil prerrellenar campos de formulario cuando la validación y el formulario están en un archivo; entonces no importa de dónde vienen los datos prerrellenados, si desde el usuario en caso de error o desde una base de datos para una página de edición.

Según nuestra experiencia, el formulario normal PHP (como muestra la Figura 5.1) es la opción más versátil para procesar formularios. Por supuesto, se pueden ajustar mejor otras estrategias a sus necesidades específicas, pero la lógica que hemos subrayado en el formulario normal es tan genérica que se puede incluir en la mayoría de ellos. Bási-

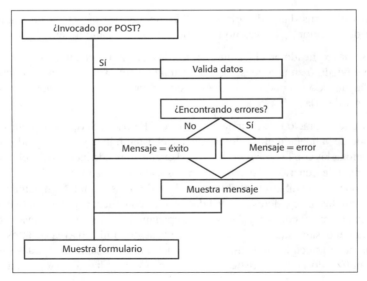

FIGURA 5.1
Formulario normal de PHP.

camente, el formulario normal combina la interfaz de usuario (el formulario) y la lógica de la aplicación en una página, aunque sigue separando la presentación HTML del código. En la primera petición de la página, se muestra el formulario. Cuando lo envía, la aplicación valida los datos.

Vamos a construir un formulario simple como ejemplo (el Listado 5.1 muestra el código fuente). Queremos que el usuario introduzca su nombre y dirección de e-mail. En la parte superior del *script*, la lógica de la aplicación comprueba si el *script* ha sido invocado al enviar el formulario. Si éste es el caso, la variable de entorno **$REQUEST_METHOD** de CGI es fijada en **POST** y la aplicación sabe que deberá empezar para validar los datos de formulario.

Listado 5.1. Ejemplo de un formulario normal de PHP

```
/*
 *      mixed sprint_error(string string)
 *      Devuelve un mensaje de error formateado o nada si el argumento
 *      ➥ pasado está vacío
 */
function sprint_error($string)
{
    if(!empty($string))
    {
        return("<br><font color=\"red\"><b> ! </b></font>
        ➥ $string\n");
    }
}
// Inicializa $message
$message = "Please fill out this form:";

// ¿Ha sido enviado el formulario?
if($REQUEST_METHOD == "POST")
{
    // Inicializa el array de error
    $errors = array();

    // Arregla todos los datos enviados
    while(list($key, $value) = each($form))
    {
        $form[$key] = trim($value);
    }

    // Comprueba los nombres enviados
    if(!is_clean_text($form["name"], 4, 30))
    {
        $errors["name"] = "The name you entered is not valid.";
    }

    // Comprueba la dirección de e-mail enviada
    if(!is_email($form["email"]))
    {
        $errors["email"] = "The email address you entered is not valid.";
    }
    print('<div align="center">');
```

(continúa)

Listado 5.1. Ejemplo de un formulario normal de PHP *(continuación)*

```
    // ¿Puede ser procesado el formulario o hay errores?
    if(count($errors) == 0)
    {
        print("The form has been processed.<p>");
        printf("Name: %s<br>", $form["name"]);
        printf("Email: %s<br>", $form["email"]);
        phpBook_footer("../");
        exit;
    }
    else
    {
        $message = "There were some errors. Please see below for details.";
    }

    print('</div>');
}

// Crea una nueva clase EasyTemplate
$template = new EasyTemplate("PHP_Normal_Form.inc.html");

// Asigna los valores de la plantilla
$template->assign("HEADER", $message);
$template->assign("ACTION", basename($PHP_SELF));
$template->assign("NAME_VALUE", isset($form["name"]) ? $form["name"] : "");
$template->assign("EMAIL_VALUE",  isset($form["email"]) ? $form["email"]
➡ : "");
$template->assign("NAME_ERROR", sprint_error($errors["name"]));
$template->assign("EMAIL_ERROR",  sprint_error($errors["email"]));

// Imprime la plantilla
$template->easy_print() or die($template->error);
```

Consejo: $REQUEST_METHOD es obviamente una variable de ámbito global y por ello no está disponible dentro de las funciones. Puede acceder a ella utilizando el *array* $GLOBALS con $GLOBALS["REQUEST_METHOD"] o haciendo un **global $REQUEST_ METHOD;**.

Los datos enviados son validados para una corrección sintáctica utilizando dos funciones del archivo **String_Validation.inc.php3** que proporciona algunas funciones de validación de cadena que se utilizan habitualmente (véase la Tabla 5.1). Cuando se encuentra un error en los datos enviados, se inserta un mensaje de error apropiado en el *array* asociativo $errors. Esto ayudará después a determinar si se ha encontrado un error; si **count($errors)** es mayor que 0, la aplicación reacciona en consecuencia y no procesa el formulario.

Tabla 5.1. Funciones de validación de la cadena desde String_Validation.inc.php3

Función	Propósito
is_alpha()	Comprueba si una cadena contiene sólo caracteres alfabéticos; comprueba opcionalmente la longitud mínima y máxima.
is_numeric()	Comprueba si una cadena contiene sólo caracteres numéricos; opcionalmente comprueba la longitud mínima y máxima.

(continúa)

Tabla 5.1. Funciones de validación de la cadena desde String_Validation.inc.php3
(continuación)

Función	Propósito
is_alphanumeric()	Comprueba si una cadena contiene sólo caracteres alfanuméricos; opcionalmente comprueba la longitud mínima y máxima.
is_clean_text()	Comprueba si una cadena contiene un conjunto de caracteres extendidos que pueden ocurrir en los nombres del alfabeto occidental (incluye todos los caracteres alfabéticos, los caracteres de diéresis, todos los tipos de comillas); opcionalmente comprueba la longitud mínima y máxima.
is_email()	Comprueba si la cadena es una dirección de e-mail válida sintácticamente (véase la explicación sobre los límites de esta función más adelante).
contains_bad_words()	Comprueba si la cadena contiene palabras definidas en el *array* **$bad_words** dentro de la función. Es útil para los tablones de anuncios, espacios de discusión, etc., donde se quiere evitar un lenguaje insultante.
contains_phone_number()	Comprueba si una cadena contiene números de teléfono; cualquier secuencia de más de 10 dígitos, opcionalmente separada entre paréntesis, espacios, guiones o barras.

VALIDAR UNA DIRECCIÓN DE E-MAIL

Validar una dirección de e-mail es un problema común. Nuestra propuesta sólo verifica la corrección sintáctica utilizando la siguiente expresión regular:

```
$ret = ereg(
        '^([a-z0-9_]¦\\-¦\\.)+'.
        '@'.
        '(([a-z0-9_]¦\\-)+\\.)+'.
        '[a-z]{2,4}$',
        $string);
```

• Debe contener un conjunto de caracteres definido delante del signo @.
• Un signo @.
• Un nombre de *host* con una longitud mínima de dos caracteres.
• Un dominio de nivel más alto con una longitud mínima de dos caracteres.

En la mayoría de los casos, esta validación es suficiente, pero en ningún caso es una comprobación completa frente a la sintaxis oficial definida en RFC 822. RFC permite direcciones de e-mail en el formulario "Name" <mail@host.com>, que nuestra comprobación rechazaría. Pero nuestra comprobación tampoco prueba si la dirección de e-mail existe en realidad.

Ocasionalmente verá otra propuesta que parece ser más adecuada a primera vista, pero falla demasiado en la vida real para ser útil. Se basa en el hecho de

182   **5 Estrategias básicas de las aplicaciones web**

que SMTP (*Simple Mail Transfer Protocol*, Protocolo simple de transferencia de correo) proporciona retroalimentación si un usuario local existe. Al enviar la cabecera de SMTP indicando la dirección o nombre de usuario del destinatario en el sistema local, el servidor de SMTP responde con un código de estado de 250 si el usuario existe y uno de 550 si el usuario es desconocido para el sistema. Desgraciadamente, muchos servidores están configurados para aceptar a todos los usuarios, y responderán a todas las peticiones con "250—Recipient OK". Lo hemos comprobado con uno de los servidores de correo que utilizamos; como nuestro servidor estaba configurado de esa manera, recibimos la respuesta esperada de aceptación de todos los usuarios. Como SMTP es un protocolo de texto claro, puede verificar fácilmente este comportamiento "simulando" una sesión SMTP en Telnet:

```
bash-2.01$ telnet smtp.dnet.it 25
Trying 194.242.192.2...
Connected to ns.dnet.it.
Escape character is '^]'.
220 ns.dnet.it ESMTP Sendmail 8.9.3/8.9.3; Tue, 26 Oct 1999 14:02:43
➡ +0200 (MET)
HELO www.profi.it
250 ns.dnet.it Hello www.profi.it [194.242.192.194], pleased to meet you
MAIL FROM: tobias@dnet.it
250 tobias@dnet.it... Sender ok
RCPT TO: this.user.doesnt.exist.for.sure
250 this.user.doesnt.exist.for.sure... Recipient ok
QUIT
221 ns.dnet.it closing connection
Connection closed by foreign host.
```

Una idea mejor sería comprobar si existe el *host* MX (Mail eXchange). Para ello puede utilizar la función getmxrr(). Pero esto puede ralentizar la validación considerablemente si el servidor DNS del *host* remoto es de acceso lento o las búsquedas no están en la caché local, por lo que debe utilizarse con cuidado. Recuerde que puede haber más de un *host* MX y que es suficiente si se puede alcanzar cualquiera de ellos.

De vez en cuando se utiliza otro método: el *script* PHP puede señalar al usuario en el *host* remoto para verificar una dirección de e-mail. Por supuesto, esto sólo funciona si a) se ha configurado un servidor para señalar y b) si el nombre de usuario coincide con la dirección de e-mail. Lo que no ocurre a menudo.

La Figura 5.2 muestra la reacción de la aplicación ante una entrada errónea: aparece un mensaje de error justo debajo del campo de entrada incorrecto, lo que provoca una retroalimentación instantánea al usuario. Todos los campos del formulario están prerrellenados con las entradas del usuario, por lo que no se ha perdido ningún dato. Si no se descubriera ningún error en la fase de validación, **count($errors)** es igual a cero y la aplicación puede procesar los datos, los almacena en una base de datos y los envía por e-mail.

FIGURA 5.2
El formulario normal de PHP en acción.

Otro pequeño truco que nos parece útil es tener todos los datos del formulario combinados en un *array*, que en el ejemplo se llama **$form**. Si quiere aplicar una regla de validación a cada elemento enviado por el usuario, esto resulta muy cómodo. Es una cuestión de hacer un bucle en el *array*. Este ejemplo lo utiliza para eliminar espacios en blanco iniciales y de arrastre de los datos del formulario con **trim()**.

Consejo: A diferencia de PHP 3, PHP 4 soporta *arrays* multidimensionales en los formularios. Esto hace que sea realista tener todas las variables de formulario, incluidos los campos **select multiple**, en un único *array*.

Utilización de las plantillas HTML

Tal vez se haya dado cuenta de que no hay código HTML en el ejemplo del formulario. En realidad, hemos "sacado la fuente" de HTML a un archivo separado llamado **PHP_Normal_Form.inc.html**. Éste es un archivo de plantilla, que contiene toda la presentación HTML y algunas etiquetas de plantilla como **{HEADER}**.

Tal vez esto le resulte familiar puesto que ya ha utilizado la clase **FastTemplate**. **EasyTemplate** deja fuera todas las características avanzadas de **FastTemplate**; todo lo que hace es proporcionar una interfaz rápida para sustituir las etiquetas escalares en las plantillas con un valor de cadena. Al restringirse a esta simple operación, ofrece un incremento del rendimiento por encima del 120% comparado con **FastTemplate** a la hora de analizar sintácticamente nuestra plantilla de formulario.

La clase plantilla que hemos desarrollado sólo tiene tres funciones: **assign()**, **easy_parse()** y **easy_print()**, descritas en la siguiente tabla:

Función	Descripción
void EasyTemplate (string template_filename)	Es el constructor de la clase. Toma como argumento el nombre de archivo de la plantilla que quiere utilizar. Si ocurre un error, la variable **$error** contendrá el mensaje de error.
bool assign (string tag, string value)	Asigna un valor para una etiqueta de plantilla. Devuelve **true** si tiene éxito y **false** en caso de error.
mixed easy_parse()	Analiza sintácticamente la plantilla y la devuelve como una cadena. Si ocurre un error, la función devuelve **false** y define la variable **$error** de la clase a un mensaje con sentido.
mixed easy_print()	Analiza sintácticamente la plantilla y la imprime. Si ocurre un error, la función devuelve **false** y define la variable **$error** de la clase a un mensaje con sentido.

Consejo: Un constructor en PHP devuelve siempre **void**, sin importar lo que esté intentando hacer con **return()**.

¿Cuál es la ventaja de utilizar plantillas? La principal es la separación de los datos que se quiere presentar del código. Cualquier diseñador puede abrir el archivo de plantilla en su software HTML sin tener que preocuparse por si rompe el código del *script*. Y el desarrollador no necesita tratar con HTML en absoluto.

La alternativa sería incrustar el código PHP directamente en HTML. Si tuviera que rediseñar su aplicación, pasaría un mal rato cambiando el código HTML manualmente.

Pero ¿por qué no utilizamos **FastTemplate**? En primer lugar sería demasiado para esta situación, y si este demasiado significa una pérdida del 120% en el rendimiento, no nos lo vamos a pensar dos veces a la hora de crear una situación más específica.

Sólo porque el formulario normal de PHP es nuestra manera favorita para validar los datos del formulario no significa que sea el único método, o ni siquiera el mejor método, para manejar su problema específico. Puede objetar que el formulario normal de PHP tal y como lo hemos presentado aquí no proporciona una interfaz de alto nivel para los formularios. Para cada formulario que escriba, necesita desarrollar el *script* para validar los datos. Pues bien, es una persona inteligente y probablemente tenga razón; parece que otras personas han tenido la misma idea. La biblioteca PHP estándar, **PHPLib**, incluye una propuesta orientada a objetos para manejar los formularios: **OOH Forms** y **tpl_form**.

Estas clases proporcionan una interfaz orientada a objetos para los formularios HTML. Pueden validar la entrada de usuario del lado del cliente utilizando JavaScript y del lado del servidor utilizando expresiones regulares PHP. En lugar de escribir el código HTML directamente, **OOH Forms** le permite utilizar sus funciones para crear elementos de formulario. Esta notación orientada a objetos gusta a algunas personas, y le animamos a evaluar el paquete. La API es bastante compleja pero está bien documentada en el sitio web **http://phplib.netuse.de.** Creemos que la automatización de la validación de formulario no funciona bien en la vida real porque a menudo hay implicada demasiada complejidad: alguna entrada de formulario depende de las datos previamente enviados, utiliza reglas de validación de cadena complejas que no se pueden expresar con expresiones regulares, o involucran a otras fuentes externas, como las bases de datos. No se puede abstraer lo suficientemente bien para proporcionar unas rutinas de validación completamente genéricas.

Nota: Cuando escribíamos este libro se estaban haciendo los primeros esfuerzos para integrar una plantilla API en PHP 4. Eso estará bien porque ofrecerá un manejo de las plantillas abierto y estandarizado.

Planificación del proyecto

A pesar de dedicarle 12 horas diarias, de trabajar duramente los fines de semana y de consumir litros de café y refrescos, nada será suficiente para que un único desarrollador complete un proyecto a tiempo. Para el programador medio, esto es un giro significativo en su vida: se acabó el machacar su propio código en solitario, utilizar ese estilo que sólo él puede leer, ser su propio jefe, salir del mundo de los codificadores sólo de vez en cuando para comerse una pizza.

No, ahora se tiene que preocupar por los estándares, por el estilo y la gestión del proyecto. Pero tal vez, como recompensa, pueda volver a las horas de trabajo normal, dejar libre algunos ratos para las cosas que no estén relacionadas con el trabajo. Quien sabe, ¿tal vez empiece a socializarse de nuevo?

Colaboración en equipo

Internet introdujo la capacidad para comunicarse y trabajar juntos a grandes distancias, independientemente de la ubicación geográfica de los miembros del equipo. Esto abre grandes posibilidades nuevas para equipos que están distribuidos. Actualmente, las grandes compañías no están limitadas por fronteras geográficas. Incluso muchas corporaciones desarrollan aplicaciones de software combinando las habilidades de los expertos desde diferentes zonas geográficas.

La administración del proyecto es un componente crítico en la gestión efectiva de un desarrollo de software que está distribuido. Cuando se inicia un nuevo proyecto, la gente no sabe nada. No sabe qué hacer ni cuándo hacerlo. Necesitan que alguien coordine las actividades, asigne responsabilidades y controle el progreso y los resultados. Necesitan un administrador del proyecto.

La administración de un proyecto de desarrollo de software es un tema tan amplio que, desgraciadamente, no puede ser explicado en este libro. Existen muy buenos métodos y recursos y les animamos a consultarlos si no tiene una preparación formal en el tema. Esto incluye desde la lectura de **The Mythical Man Month** hasta métodos como **Personal Software Process**.

Nos centraremos en las etapas de un proyecto en las que esté implicado el desarrollo técnico. Ya hemos visto en el Capítulo 3, "Diseño de aplicaciones: un ejemplo de la vida real", cómo planificar y presentar una interfaz de programación de aplicaciones (API). Eso ya era un miniproyecto en sí mismo. Hicimos algunas suposiciones silenciosas en aquella explicación: cómo organizar el código en los directorios, quién está en el equipo de desarrollo, cuántas versiones diferentes de la API se mantienen.

Sin embargo, en proyectos reales (más grandes) deberá tomar por sí mismo esas decisiones. Y como forman parte de la base de su proyecto, deberá pensárselo dos veces antes de confiar en algo que pueda resultar inadecuado después.

Estructura del directorio

La decisión técnica más básica, y sin embargo a menudo descuidada, que hay que tomar cuando se empieza a desarrollar el código fuente de un nuevo proyecto es qué diseño de directorio utilizar. Generalmente, utilizamos la siguiente estructura:

```
/home/www/phpwebdev.com/live/cgi-bin
                        htdocs
                        htpasswd
                        include
                        logs
/home/www/phpwebdev.com/staging/cgi-bin
                        htdocs
                        htpasswd
                        include
                        logs
/home/www/phpwebdev.com/dev/cgi-bin
                        htdocs
                        htpasswd
                        include
                        logs
```

Fíjese en la primera unidad de directorio, y observe que hay directorios separados para archivos incluidos (bibliotecas, archivos de configuración, plantillas) y archivos de contraseña (para utilizar con los archivos **.htaccess**). Los archivos de contraseña no deben ser asequibles nunca desde la Web, ya que las contraseñas ahí contenidas están encriptadas con débiles algoritmos estándar y por ello son susceptibles de ataque con un programa adecuado. Los archivos de inclusión pueden no necesitar estar protegidos del acceso exterior por razones de seguridad, pero siempre es una buena idea almacenarlos fuera de la raíz del documento. Incluso si el servidor web fallara al analizar sintácticamente un documento debido a una configuración errónea, no serán visibles a los navegadores web las importantes bibliotecas que puedan contener secretos del negocio, información del sistema o algoritmos innovadores.

Consejo: En todos los proyectos hemos utilizado un archivo llamado **configuration.inc.php3** que define los datos de configuración en el ámbito del proyecto. Este archivo también define la ruta base del proyecto; así será más fácil incluir después en el *script* archivos adicionales localizados en los subdirectorios.

Existen tres grupos de directorios diferentes: **live**, **dev** y **staging**.

- El subdirectorio **live** contiene el entorno de producción (el sitio web real).

- **dev** se utiliza para el servidor de desarrollo.

- **staging** es la transición desde **dev** a **live** y se utiliza para asegurar la calidad y comprobación final antes de desenrollarlo (o almacenarlo).

La separación del servidor de desarrollo y del servidor de producción es indispensable en sitios grandes; no puede permitirse editar aplicaciones web en directo. Un error de *script* afectaría inmediatamente a centenares o miles de usuarios. Piense en lo que puede pasar si ese error de *script* produjera inconsistencia en los datos en una base de datos de producción.

Por tanto, la solución es diferenciar entre un servidor de desarrollo y un servidor de producción. En nuestro ejemplo esos dos servidores están en la misma máquina física. El servidor de desarrollo podría ser accesible con **dev.phpwebdev.com** con restricciones de acceso adecuadas como, por ejemplo, filtrar la base del IP. En sistemas más grandes y críticos, normalmente es mejor desplazar el servidor de desarrollo a un segundo servidor idénticamente configurado. Esto hace que sea más fácil probar las actualizaciones de software, la reconfiguración del sistema operativo, los cambios de hardware, etc.

Pero ¿para qué sirve el servidor de transición, el tercer servidor? ¿Le parece demasiado exagerado? No si su equipo es los suficientemente grande para tener personal dedicado a asegurar la calidad (QA) o a revisar la seguridad. Para un sitio complejo, necesitará a menudo dedicar mucho tiempo a las pruebas antes de lanzar una revisión. Los desarrolladores no pueden estar desocupados mientras que el personal QA está aporreando el servidor de desarrollo. Otra razón para incluir un servidor *staging* (de transición) en su configuración es que los desarrolladores se sienten libres para introducir más cambios significativos en el servidor de desarrollo; no necesitan preocuparse demasiado por si rompen el código de los demás desarrolladores. Si ocurre un problema, pueden resolverlo antes de que el administrador del proyecto confíe la versión de desarrollo al servidor *staging* (de transición).

¿Cómo funciona un ciclo de vida de desarrollo típico utilizando esta configuración?

1. EL nuevo proyecto se inicia creando la estructura de directorio y configuración CVS (hablaremos más sobre CVS en breve).

2. Los desarrolladores retiran una copia de la rama de desarrollo.

3. Los desarrolladores envían sus cambios a la rama de desarrollo.

4. Después de que se haya alcanzado un punto que suponga un progreso significativo y que el sistema está preparado para la prueba, el administrador del proyecto transfiere el código de desarrollo al servidor de transición.

5. Los responsables de la calidad y la seguridad realizan sus pruebas en el servidor *staging*. Los problemas que se encuentren son registrados para los desarrolladores.

6. Los desarrolladores fijan los *bugs* (errores) y devuelven el proyecto a los responsables de la calidad a menos que se encuentren más errores.

7. Para lanzarlo, el servidor de transición se copia en el servidor de producción. ¡No se olvide de la fiesta de lanzamiento en este punto!

Tome nota de que aquí sólo hablamos de la etapa del desarrollo del código del proyecto. Por supuesto, el proyecto como un todo sigue los ciclos de la ingeniería de software:

1. Inicialización del proyecto.

2. Análisis.

3. Diseño.

4. Especificación técnica y diseño de la base de datos.

5. Implementación (de esto es de lo que estamos hablando).

6. Garantía de calidad.

7. Lanzamiento.

CVS

Cuando múltiples desarrolladores trabajan en un proyecto, aumenta el potencial de conflictos entre las versiones, y esto es más probable cuando los desarrolladores no están trabajando todos en el mismo cubículo sino que están distribuidos por todo el mundo. ¿Qué ocurre si dos desarrolladores editan un archivo al mismo tiempo? Los cambios de un desarrollador se sobrescribirán inevitablemente. ¿Qué ocurre si un *script* creado por John no vuelve a funcionar después de haber sido cambiado por Jane? John pasará un mal rato intentando averiguar qué es lo que ha cambiado Jane.

Aquí es donde entra en juego el **sistema de control de la versión**. Este software "recuerda" las versiones anteriores de un archivo, lo que le permite volver rápidamente a una versión anterior (una especie de acción deshacer extendida). El software de versión le notificará cuando otros desarrolladores hayan editado archivos en los que está trabajando y le permitirá reaccionar ante los conflictos. Finalmente, recordará quién realizó determinados cambios.

CVS (*Concurrent versiones system*, Sistema de control de la versión) es un software que hace todo lo arriba indicado, e incluso es libre (*Open Source*). El desarrollo del propio PHP es gestionado con CVS, y proyectos tan exitosos como el servidor web Apache, el proyecto Mozilla y KDE confían en CVS para gestionar el trabajo de decenas de desarrolladores individuales. Incluso el código fuente XML de este libro es mantenido con CVS. Los autores están en Alemania (Till) e Italia (Tobias), la empresa editora originaria (New Riders, Prentice Hall) se encuentra en Estados Unidos, el revisor técnico en Australia y todos trabajamos en un depósito central llamado **phpBook** que está en un servidor CVS al norte de Italia. El depósito contiene todo el texto, algunas utilidades de PHP para crear versiones unificadas de los archivos de los capítulos, algunos archivos de recursos para XMetaL (descrito brevemente), los ejemplos del código y las figuras. En nuestros sistemas locales utilizamos WinCVS o la línea de comandos CVS para administrar los archivos y trabajar en el texto con XMetaL, el editor XML de SoftQuad, y todo ello lo hacemos de manera muy confortable.

Muchos proyectos de software tienen un escenario similar. Los desarrolladores están dispersos por todo el mundo. CVS es ideal para el desarrollo de un software basado en Internet: es una aplicación cliente-servidor que utiliza la Red como capa de transporte y mantiene un depósito central del código fuente. Los proyectos individuales se organizan en módulos dentro del depósito. Cada desarrollador saca un módulo de ese depósito y trabaja en la versión local; es una manera estupenda para reducir el tiempo en línea, especialmente cuando se utiliza una conexión por línea conmutada para acceder a Internet. Cuando el desarrollador ha terminado con sus cambios, envía el archivo actualizado al depósito. El software de CVS maneja todo el resto y hace lo siguiente:

- Asocia un número de versión a cada revisión de un archivo.

- Almacena una entrada de acceso para cada revisión.

- Guarda el rastro de quién ha examinado un archivo para trabajar en él.

- Le avisa cuando otros han editado un archivo que quiere examinar.

Demos un paseo por una típica sesión CVS al principio de un proyecto. Hay dos desarrolladores, John y Jane, que están trabajando en la implementación de una API. Imaginemos que su administrador de proyecto ha configurado un servidor CVS completo, creado un módulo de depósito llamado **f-api** (como una API de ficción) y definido las variables de entorno CVS en sus cuentas *shell*. (Para más información sobre la instalación del servidor o cliente CVS, consulte el manual de referencia de CVS.)

El primer paso para ambos desarrolladores es registrarse para acceder al servidor CVS y sacar una copia del módulo. Esto se hace utilizando el comando **cvs checkout** que creará un directorio después del módulo (en nuestro ejemplo, **./f-api**):

```
john@dev:/mnt/daten/home/john > cvs login
(Logging in to john@www.phpwebdev.com)
CVS password: <password>
john@dev:/home/john > cvs checkout f-api
cvs server: Updating f-api
U f-api/config.inc.php3
U f-api/f-api_read.php3
U f-api/f-api_write.php3
```

Ahora que cada desarrollador tiene una copia local de todo el proyecto, empieza a editar los archivos. Han acordado que John trabajará en **f-api_read.php3** y que Jane lo hará en **f-api_write.php3**. Éste es un concepto importante del que hay que tomar nota: CVS no puede sustituir a la comunicación entre los miembros del equipo.

Después de que John ha terminado su paso de desarrollo inicial, transfiere de nuevo el archivo al depósito central. Como nadie más ha editado el archivo mientras tanto, lo único que necesita para esta acción es un comando CVS:

```
john@dev:/home/john/f-api > cvs commit f-api_read.php3
```

CVS lanzará ahora el editor de textos estándar del sistema (en los sistemas UNIX suele ser vi, y en Windows, Notepad), y pedirá un mensaje de registro de entrada que será asociado con la revisión. Este mensaje se puede visualizar por los demás desarrolladores, por lo que deberá describir con precisión el trabajo que ha sido realizado. Mensajes del tipo "archivo cambiado" o "característica nueva" no tienen ningún sentido y deberán evitarse. Intente escribir un resumen conciso y claro del trabajo que se ha realizado; tenga presente las líneas generales que se apuntaron en el Capítulo 1, "Conceptos de desarrollo", para los comentarios de línea del código fuente. Algunos equipos de desarrollo utilizan los mensajes de registro de entrada para proporcionar automáticamente al cliente una cuenta detallada del trabajo que se ha hecho hasta la fecha. Por ejemplo, ésta es una muestra de un mensaje bien escrito:

```
Fixed bug #42; implemented additional checks on user-data (int, date),
➤ _see spec p25
(Fijado error #42, implementadas comprobaciones adicionales en datos de
➤ usuario (int, fecha), véase especificaciones p25)
```

A diferencia de otros sistemas de control de versión, como RCS o Visual Source Safe de Microsoft, CVS no bloquea los archivos que han sido sacados. Esto significa que múltiples desarrolladores pueden editar archivos simultáneamente y esto supone una gran ventaja a nuestro entender. En nuestro escenario, tanto Jane como John pueden editar simultáneamente el archivo **config.inc.php3**. En cuanto John examine un archivo que ha sido modificado y examinado por Jane, recibirá un aviso y necesitará actualizar su copia local antes de poder entregar el archivo. Por ejemplo, si John ha editado una función al principio y Jane ha editado una función al final de un archivo, CVS fusionará las dos versiones automáticamente y John podrá entregar la versión combinada. En otras circunstancias no sería posible una fusión automática. Imagine la siguiente línea original en el archivo de configuración:

```
define("FT_ZIP_ARCHIVE", "ZIP_ARC"); // Archivo GZip
```

John modifica la constante y la entrega al depósito:

```
define("FT_ZIP", "ZIP_ARC"); // Archivo GZip
```

Jane clarifica el comentario en la línea en discusión:

```
define("FT_ZIP_ARCHIVE", "ZIP_ARC"); // Archivo GZip (no compatible con
➤ PkZip!)
```

Obviamente ella está trabajando en una versión del archivo que no es la actual y la necesidad de una fusión es evidente. Cuando Jane intenta entregar su versión, CVS muestra un aviso:

```
jane@dev:/home/jane/f-api > cvs commit config.inc.php3
cvs server: Up-to-date check failed for `config.inc.php3'
cvs [server aborted]: correct above errors first!
cvs commit: saving log message in /tmp/cvs07789baa
```

Esto significa que necesita actualizar su versión local antes de que sea posible la entrega:

```
jane@dev:/home/jane/f-api > cvs update config.inc.php3
RCS file: /usr/local/cvsroot/config.inc.php3/config.inc.php3,v
retrieving revision 1.3
retrieving revision 1.5
Merging differences between 1.3 and 1.5 into config.inc.php3
rcsmerge: warning: conflicts during merge cvs
server: conflicts found in config.inc.php3
C config.inc.php3
```

Éste es un caso donde la fusión automática no es posible. En su lugar, CVS crea una versión especial del archivo en conflicto, que contiene marcadores especiales para indicar las secciones en conflicto. Dentro de este marcador, CVS muestra la versión local de la sección en cuestión y la versión del depósito remoto:

```
<<<<<<< config.inc.php3
    define("FT_ZIP_ARCHIVE", "ZIP_ARC"); // Archivo GZip (no compatible
                                         // con PkZip!)
    =======
    define("FT_ZIP", "ZIP_ARC"); // Archivo GZip
>>>>>>> 1.3
```

El primer grupo contiene la versión de Jane, el segundo la versión del depósito. Es ahora responsabilidad de Jane ir al código y corregir los conflictos. Esto puede ser una simple cuestión de agregar los cambios del otro desarrollador en la versión local, o bien un problema más complejo que debe resolverse con otros miembros del proyecto a través de una llamada telefónica o una reunión. Incluso en el caso de nuestro ejemplo más simple, Jane tendrá que hablar con John sobre las razones que tuvo para acortar la constante de **FT_ZIP_ARCHIVE** a **FT_ZIP**.

En cuanto Jane haya resuelto todos los conflictos, podrá entregar el archivo al depósito y CVS lo aceptará:

```
jane@dev:/home/jane/f-api > cvs commit config.inc.php3
```

A su vez, John podrá ahora actualizar su versión local con la copia unificada para completar su turno de edición.

Las fusiones manuales son muy raras y se pueden evitar manteniendo una adecuada comunicación entre los miembros del equipo. Los pocos conflictos que provocan dolores de cabeza se deben todos a una pobre comunicación entre los desarrolladores; un problema que ningún sistema de control de fuente puede evitar.

Ahora que Jane ha tenido que tratar con conflictos, se ha vuelto cautelosa y quiere comprobar el estado del archivo **f-api_write.php3**. Escribe un comando **status** de CVS:

```
jane@dev:/home/jane/f-api > cvs status f-api_write.php3
```

Este comando muestra que la copia disponible más actualizada es la suya local. Éstos son los códigos de estado en CVS:

Código	Descripción
Up-to-date	La copia local es idéntica a la copia en el servidor CVS.
Locally Modified	La copia local ha sido modificada y todavía no entregada.
Locally Added	El archivo acaba de ser agregado al directorio local.
Locally Removed	El archivo acaba de ser eliminado del directorio local.
Needs Checkout o Needs Patch	La versión en el depósito remoto es más reciente que la copia local que necesita se actualizada.
Needs Merge	La versión en el depósito remoto es más nueva que la copia local, que también ha sido modificada. El resultado es una fusión después de la actualización.
File had conflicts on merge	Ha habido una fusión manual y sus conflictos no han sido todavía resueltos.
Unknown	Este archivo no está bajo el control de CVS.

Cada revisión entregada por un desarrollador es automáticamente etiquetada con un número de versión. Como ya hemos dicho, esto permite la recuperación de cualquier versión de un archivo. Con el comando **cvs diff**, un desarrollador puede incluso ver las diferencias que hay entre versiones arbitrarias sin recuperar realmente el archivo. La acción predeterminada de **cvs diff** es comparar la revisión local con la versión remota:

```
jane@dev:/home/jane/f-api > cvs diff f-api_write.php3
```

Al utilizar la opción **-r**, que le permite especificar la versión con la mayoría de los comandos CVS, Jane puede comparar la copia local con la revisión remota 1.1 (la versión original):

```
jane@dev:/home/jane/f-api > cvs diff -r 1.1 f-api_write.php3
Index: config.inc.php3
===================================================================
RCS file:
/usr/local/cvsroot/config.inc.php3/config.inc.php3,v
retrieving revision 1.1
retrieving revision 1.3
diff -r1.1 -r1.5 3c3
< define("FT_ZIP_ARCHIVE", "ZIP_ARC"); // GZip Archive
---
> define("FT_ZIP", "ZIP_ARC"); // GZip Archive (not PkZip compatible!)
```

Aunque CVS es normalmente muy bueno para fusionar diferentes revisiones de un archivo, en algunas circunstancias es más fácil evitar las fusiones. Por ejemplo, si la diferencia muestra cambios extensos en el servidor remoto, y Jane sólo ha realizado unos pocos cambios en su versión, tal vez sea mejor abandonar su versión a favor de la revisión que hay en el depósito CVS. Para ello, sólo tiene que borrar el archivo local y sacar uno nuevo del servidor.

Cómo ahorrar tiempo en CVS con las GUI y CVSweb

Si ya conoce los comandos CVS básicos descritos en la sección anterior, tiene en sus manos toda la potencia de la herramienta de la línea de comandos: puede utilizar CVS en *shells* remotos, automatizar procesos con *scripts* de *shell* y demostrar a sus colegas que realmente conoce su trabajo. Sin embargo, para el trabajo de cada día preferimos una interfaz gráfica de usuario (GUI).

Para las estaciones de trabajo de Windows, WinCVS, disponible en **www.wincvs.org**, es una buena utilidad que le ayudará a realizar el trabajo (véase la Figura 5.3). Este software no oculta la complejidad de CVS, pero le facilita un acceso adecuado a la mayoría de las características que se utilizan más a menudo a través de un gráfico frontal.

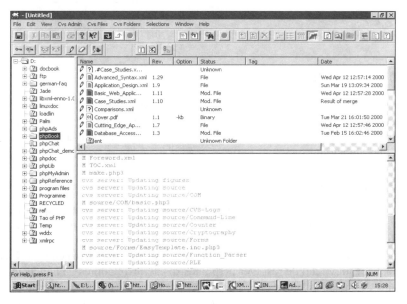

FIGURA 5.3
WinCVS.

Otra herramienta muy útil es CVSweb, un *script* CGI de Perl que le da una visión general de sus depósitos CVS. Ayuda a administrar grandes proyectos mostrando cada archivo en una lista con su último mensaje de registro de entrada, fecha de modificación y autor (véase la Figura 5.4). Puede pedir cualquier revisión de un archivo y ver en distintos colores las diferencias que hay entre las versiones arbitrarias.

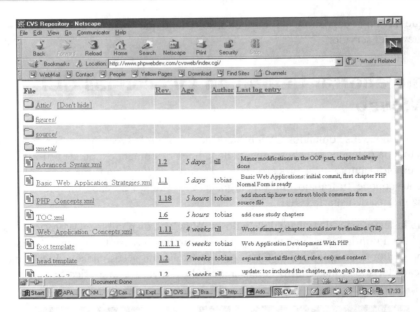

FIGURA 5.4
Interfaz de CVSweb.

CVS avanzado

Por supuesto que hay una razón para que el manual de referencia CVS de Per Cederqvist sea tan largo. Los comandos básicos se aprenden rápidamente, incluso para los desarrolladores que son nuevos en CVS, pero las características avanzadas de CVS requieren más atención.

Etiquetas y ramas

Por ejemplo, CVS utiliza el concepto de **etiquetas** y **ramas**. Las etiquetas de CVS son fáciles de entender. En nuestro ejemplo anterior, John y Jane trabajaron con mucha atención hasta alcanzar la etapa final del proyecto y lanzar la versión 1.0 de su F-API. Ahora, dos días después, un cliente importante descubre un *bug* (error) en la API. En realidad es un error muy fácil de resolver pero nuestros desarrolladores ya han avanzado en el desarrollo y no pueden lanzar el código fuente actual como una versión estable. Si quisieran aplicar el *bug* fijo tendrían que encontrar qué versión de cada archivo estaba en ese lanzamiento, sacar esa revisión de CVS y crear un nuevo lanzamiento. Esto puede ser posible con los tres archivos de nuestro ejemplo, pero sería mucho más complicado si el proyecto tuviera un gran número de archivos.

La solución que ofrece CVS es asociar una etiqueta prolija con una revisión específica cuando se ha alcanzado un avance. Antes del lanzamiento, Jane etiqueta los archivos con el nombre de ese lanzamiento:

```
jane@dev:/home/jane/f-api > cvs tag rel-1_0
```

Si necesita recuperar después la versión de ese lanzamiento, puede escribir un comando **cvs checkout** en esa etiqueta:

```
jane@dev:/home/jane/f-api > cvs checkout -r rel-1_0 f-api
```

Ya está, el lanzamiento 1.0 está de nuevo aquí. Será creado en el directorio ./**f-api**.

Las ramas son un poco más complejas, pero puede pensar que son etiquetas más precisas. En realidad, cuando quiere tener una separación más rigurosa de dos bases de código (que están relacionadas con un único proyecto), deberá crear dos ramas. Para volver a nuestro ejemplo, John y Jane quieren reparar una versión de desarrollo de su API y una versión estable; al igual que en el desarrollo del *kernel* de Linux.

Se crea una nueva rama utilizando el comando **cvs tag -b**. Para iniciar una rama de desarrollo con la base de código actual, Jane ejecuta este comando:

```
jane@dev:/home/jane/f-api > cvs tag -b dev .
```

El nombre de la rama recién creada es **dev**. Para crear una copia local de esta rama, Jane la saca de CVS igual que lo haría normalmente, con una versión etiquetada:

```
jane@dev:/home/jane/f-api > cvs checkout -r dev f-api
```

La diferencia entre archivos normales etiquetados y archivos ramificados es ahora explícita: todos los comandos posteriores de Jane actuarán en esta rama y no afectarán a la rama principal estable. Todas las entregas, actualizaciones, etc., utilizarán la rama **dev**, lo que permitirá que Jane trabaje en la rama de desarrollo sin alterar la rama principal. Pero hay que tener cuidado: mantener diferentes ramas puede ser una pesadilla para la administración. Le sugerimos que utilice un máximo de tres ramas por proyecto.

Consejo: Para ver a qué rama pertenece un archivo, utilice **cvs status**. La salida contendrá el nombre de la rama y el número de revisión.

Una tarea habitual es fusionar una rama de nuevo en la rama principal. Se pueden agregar nuevas características desde la rama de desarrollo hasta la rama principal. Esto se hace sacando primero la rama principal y luego aplicando las diferencias de la rama de desarrollo:

```
jane@dev:/home/jane/ > cvs checkout f-api
jane@dev:/home/jane/f-api/ > cvs update -j dev .
```

La opción **-j** (juntar) en el comando **cvs update** indica a CVS que tiene que fusionar las diferencias que hay en el árbol de desarrollo en la copia local.

Consejo: El nombre de la rama del árbol principal es siempre **HEAD**. Sabiendo esto, Jane puede fusionar el árbol principal con la rama de desarrollo local ejecutando **cvs update -j HEAD**.

Después de resolver los conflictos potenciales, Jane puede ahora entregar su copia al árbol principal y el puerto de atrás está completo.

Notificaciones automatizadas

En este punto, Jane tendrá que informar de nuevo a su colega sobre la fusión. Como ya hemos dicho, CVS no puede sustituir una comunicación efectiva entre los miembros del equipo. Pero sí puede ayudar.

Se puede configurar el servidor CVS para que realice determinadas acciones en cada entrega. Enviar un e-mail a un servidor de lista de correo puede ser una de esas acciones. Al configurar una lista de correo o grupos de alias para cada proyecto, resulta fácil difundir todos los mensajes entregados, incluidos los registros de entrada en el sistema, a todos los miembros del proyecto.

Para conseguirlo, uno de los archivos administrativos de CVS, el archivo **loginfo**, necesita ser editado. Este archivo controla cómo se maneja la información entregada; puede enviarla por correo, pero también registrarla en un archivo o almacenarla en una base de datos, etc.

Puede alterar los archivos administrativos directamente en el directorio **CVSROOT** del sistema. La manera recomendada para cambiarlos es a través de CVS; de esta manera tendrá todas las características regulares y la seguridad de la red de CVS. Para empezar una sesión, saque el directorio **CVSROOT**:

```
jane@dev:/home/jane/ > cvs checkout CVSROOT
```

Luego, edite el archivo **loginfo**. La primera parte de una línea es una expresión regular que ha sido probada con el directorio o archivo que se ha entregado. Si se encuentra una coincidencia, lo que queda de la línea es el programa que hay que invocar. El programa esperará la información entregada en la entrada estándar. También puede tener una línea en el archivo que empiece por **DEFAULT** en lugar de por una expresión regular. Se considerará esta directiva si no se reconoce ningún directorio. Otra directiva especial es **ALL**, que será invocada en todos los casos. Presentamos dos ejemplos de esas líneas:

```
^phpBook$ /cvs/loginfo_process_phpBook.sh
ALL /cvs/loginfo_process_all.sh
```

El primer *script* de *shell*, **loginfo_process_phpBook.sh**, sólo es invocado para el depósito **phpBook**. El segundo *script*, **loginfo_process_all.sh**, será invocado en cada entrega, independientemente del depósito, ya que está marcado con la palabra clave **ALL**.

Como parte del programa que hay que invocar, se puede invocar un conjunto de variables especiales para dar información extendida sobre la entrega. Estas variables están identificadas con un signo de porcentaje (%) que las precede, similar a la declaración de formato en **printf()**. Si se utiliza más de una variable, se pueden agrupar entre llaves. A continuación mostramos las variables disponibles.

Variable	Significado
s	Nombre de archivo.
V	Número de versión antes de la entrega.
v	Número de versión después de la entrega.

En cuanto utiliza una de estas variables, automáticamente se agrega delante de la variable otra cadena que contiene el nombre del módulo CVS:

```
^f-api /bin/mail -s "CVS update: %s" -c john jane
```

Pero ¿qué ocurre si el mensaje entregado debe también ser anotado en un archivo? CVS reconoce sólo la primera entrada de un directorio, por lo que no resultaría de ayuda especificar otra línea para **^f-api**. Sin ninguna duda, un *script* de *shell* manejaría la situación, pero ¿qué ocurrirá si la rutina debe ser extendida para anotar el mensaje en una base de datos después? El Listado 5.2 muestra cómo resolver este problema con PHP. En el archivo **loginfo**, es llamado de la siguiente manera:

```
phpBook /usr/local/cvsroot/CVSROOT/Commit_Info.php3
➡ "/usr/local/cvsroot/CVSROOT/logs/default.log" "CVS update %s" till tobias
```

Esta línea indica a CVS que tiene que invocar el *script* **Commit_Info.php3** cuando llega una entrega para el depósito **phpBook**. El *script* es invocado con, al menos, tres argumentos (cuatro en nuestro ejemplo):

- Un nombre de archivo donde deberá almacenarse un resumen del registro para esta entrega.

- La línea del asunto del mensaje de e-mail.

- El o los destinatarios. Se requiere una dirección de e-mail de un destinatario; proporcione simplemente una lista de direcciones como se indica en el ejemplo anterior si quiere enviar el mensaje a más de un destinatario.

Listado 5.2. Enviar y registrar un mensaje de información de entrega

```
// Comprueba si el número de argumentos es correcto
if(count($argv) < 4)
{
    print("Usage: Commit_Info.php3 logfile subject to-address [to-address
    ➡ ...]\n");
    print("\n");
    print("A script to log and mail CVS commit messages.\n");
    print("   From Web Application Development with PHP\n");
    print("   Tobias Ratschiller and Till Gerken.
    ➡ Copyright (c) 2000, New Riders Publishing\n");
    exit;
}

// El primer argumento es el nombre de logfile
$logfile = $argv[1];

// El segundo argumento es el asunto del mensaje de correo
$subject = $argv[2];

// Inicializa la variable del cuerpo
$body = "";
```

(continúa)

Listado 5.2.   Enviar y registrar un mensaje de información de entrega *(continuación)*

```
// Obtiene el mensaje de entrega pasado por la entrada estándar
$fp = fopen("php://stdin", "r") or die("Fatal Error: could not read from
➥ stdin.");
while(!feof($fp))
{
    $body .=  fgets($fp, 64);
}
fclose($fp);

// Envía el mensaje a todos los destinatarios especificados
for($i=2; $i<count($argv); $i++)
{
    mail($argv[$i], $subject, $body);
}

// Registra el mensaje
$fp = fopen($logfile, "a") or die("Fatal Error: could not write logfile
➥ ($logfile) for writing");
fputs($fp, "$subject\n");
fputs($fp, "$body\n");
fputs($fp, "---------------------------------------------------------\n");
fclose($fp);
```

¿Por qué utilizamos PHP para hacer estos *scripts* en la línea de comandos? Incluso si fue inicialmente pensado como un lenguaje de *script* de Web, PHP ha evolucionado de tal manera que ahora permite que se utilice para tareas como ésta. Compilando simplemente PHP como un binario aislado, puede invocarlo como un intérprete de *script* al igual que Perl. En los sistemas UNIX, puede definir la primera línea del archivo para el intérprete de *script*:

```
"#!/usr/bin/php
```

Al fijar el bit ejecutable en este sentido, puede invocarlo como cualquier otro archivo ejecutable regular en los sistemas UNIX:

```
tobias@dev:/home/tobias/ > chmod +x script.php
tobias@dev:/home/tobias/ > ./script.php
```

En Windows, puede asociar la extensión del archivo **.php** con el intérprete para conseguir el mismo resultado.

El *script* muestra dos conceptos importantes que se necesitan a menudo en los *scripts* de la línea de comandos: acceder a los argumentos pasados al *script* y leer desde la entrada estándar. PHP configura automáticamente un *array* llamado **$argv** que contiene el nombre de archivo del *script* como primera entrada y como entradas subsiguientes todos los argumentos en el *script*. Éste es en realidad el mismo comportamiento que en C. Al igual que en C, hay otra variable, **$argc**, que contiene el número de argumentos. Por supuesto, también puede utilizar **count($argv)**. Por ejemplo, si llama a un *script* PHP con **php script.php3 foo**, **$argv[1]** contendrá el primer argumento, **foo**.

La otra parte que hay que resaltar del código es que hay que leer desde la entrada estándar. PHP 4 permite utilizar las llamadas **secuencias** de PHP con **fopen()**. Para aceptar la entrada de un usuario en la línea de comandos o leer los datos pasados desde otro programa, se utiliza **php://stdin**. El *script* lo utiliza para leer el mensaje de registro de entrada proporcionado por CVS, y también puede pedir la entrada del usuario con una función similar. El Listado 5.3 muestra esto en acción.

Listado 5.3. Pedir la entrada del usuario utilizando las secuencias entrada-salida de PHP

```
function readln()
{
    // Inicializa el valor de devolución
    $ret = "";

    // Lee desde la entrada estándar hasta que el usuario pulsa Intro
    $fp = fopen("php://stdin", "r") or die("Fatal Error: could not read
➥ from stdin");
    do
    {
        $char = fread($fp, 1);
        $ret .= $char;
    }
    while($char != "\n");

    return($ret);
}

print("Please enter your firstname:\n");
$firstname = readln();

print("You entered: $firstname\n");
```

Las otras secuencias disponibles son **php://stdout** y **php://sterr**. Esto proporciona una manera efectiva e independiente de la plataforma para acceder a la entrada estándar, a la salida estándar y al dispositivo que maneja el error estándar. Esto funciona incluso con Windows 98/NT.

El concepto de las secuencias de PHP se introdujo con PHP 4 y no está disponible en el árbol de 3.x. En los sistemas UNIX se puede trabajar con esas limitaciones accediendo directamente a los dispositivos **/dev/stdin**, **/dev/stdout** o **/dev/stderr**. Por supuesto, esto funciona sólo en los sistemas que tienen dispositivos válidos. La mayoría de los sistemas UNIX más recientes los tienen; Windows se queda de lado de nuevo.

Si utiliza CVS para administrar todos sus archivos en un proyecto de sitio web (no sólo el código fuente sino también imágenes, archivos, Flash, etc.), pronto notará que hay algunas limitaciones con archivos binarios. Las diferencias en el texto no tienen sentido en los datos binarios; normalmente no tiene ninguna importancia para usted saber qué bits de un archivo de imagen han cambiado.

CVS puede crear problemas de verdad cuando se tratan todos los archivos como ASCII. CVS trata algunas secuencias de caracteres como palabras clave; por ejemplo:

```
$Id: Basic_Web_Application_Strategies.xml,v 1.5 1999/12/15 15:49:55 tobias
➥ Exp $
```

y las sustituye en la entrega con la contrapartida expandida, lo que puede crear un lío con los datos binarios.

Puede especificar manualmente la opción **-b** si aplica **cvs add** a un archivo, pero esto será cada vez más difícil de recordar y de utilizar coherentemente. Sería mucho más fácil si CVS pudiera reforzar el tipo binario en algunas extensiones de archivo. Afortunadamente, esto resulta muy fácil utilizando el archivo administrativo **cvswrappers**. Este archivo le permite configurar acciones que transformarán los archivos en cada entrega o comprobación. Es similar al archivo **loginfo** en que se puede invocar en una entrega, pero, a diferencia de las directivas en el archivo **loginfo**, puede ejecutar acciones que alterarán el archivo en cuestión. Para tratar imágenes y archivos de copia de seguridad como archivos binarios, el archivo **cvswrappers** podría parecerse a esto:

```
*.gif -kb *.jp[e]g -kb *.png -kb *.gz -kb *.ta -kb *.zip -kb
```

Esto añadirá automáticamente **-kb** a todos los comandos CVS que tengan que ver con archivos que hayan sido reconocidos por el filtro especificado. La opción **-k** impide a CVS intentar utilizar la expansión de la palabra clave; el cambio de la **-b** indica un archivo binario e inhabilita la posibilidad de producir diferencias de texto en este archivo.

Algunas veces necesitará comunicar herramientas de línea de comandos externas con la Web. Muchos programas UNIX esperan que la entrada se produzca en la entrada estándar y sacan los resultados de la computación en la salida estándar como, por ejemplo, sort. La manera más fácil de pasar la entrada y leer la salida del programa es utilizar popen() y las secuencias de PHP. popen() abre una tubería unidireccional a un programa y le permite pasar datos a su entrada estándar. Y como ya sabe, puede utilizar fopen() para leer la entrada estándar, para el que escribirá el programa externo. Un ejemplo simple se puede parecer a esto:

```
// Abre una tubería de escritura al comando sort
$fpout = popen("sort", "w");

// Abre la entrada estándar con las secuencias PHP
$fpin = fopen("php://stdin", "r");

// Saca algunos caracteres a sort
fputs($fpout, "a\n");
fputs($fpout, "c\n");
fputs($fpout, "b\n");

// Cierre la tubería a sort - sort procesará ahora la entrada
// y la escribirá en la salida estándar
pclose($fpout);

// La salida estándar de sort es la entrada estándar para nosotros - leer
// hasta feof().
while($c = fread($fpin, 1))
{
    print($c);
}
```

Referencia rápida de CVS

Aunque CVS tiene unos 25 comandos principales, una multitud de opciones e incluso más combinaciones posibles, en la vida real sólo se necesita normalmente un pequeño conjunto de comandos. La siguiente tabla proporciona una visión general que puede servir como recordatorio para los comandos básicos.

Comando	Ejemplo	Descripción
cvs login	cvs login	Entra en el servidor CVS; pedirá su contraseña.
cvs checkout	cvs checkout phpBook	Obtiene un módulo del depósito CVS. Normalmente se utiliza para sacar un módulo (el directorio completo debajo del nivel más alto).
cvs update	cvs update TOC.xml	Actualiza su copia local de un archivo o directorio.
cvs commitl	cvs commit TOC.xm	Envía su versión local de archivos o directorios al servidor CVS.
cvs add	cvs add TOC.xml	Agrega un nuevo archivo o directorio al servidor CVS. La adición se completará la siguiente vez que entregue.
cvs remove	cvs remove TOC.xml	Borra un archivo o directorio del servidor CVS. La eliminación se completará la siguiente vez que entregue. Tenga en cuenta que este comando en realidad no borra un archivo; seguirá pudiendo acceder a las antiguas versiones.
cvs status	cvs status TOC.xml	Muestra el estado de la modificación de su versión local.
cvs diff	cvs diff TOC.xml	Muestra las diferencias entre dos versiones de un archivo. Lo predeterminado es mostrar las diferencias entre la copia local y la versión remota.
cvs log	cvs log TOC.xml	Muestra los mensajes de registro de entrada de CVS para todas las revisiones de un archivo.

Aplicaciones de tres capas

Con equipos de desarrollo más grandes, es vital tener medios eficaces para organizar un proyecto. Por ahora, hemos visto métodos para manejar la separación entre los datos a presentar y el código, organizar estructuras de directorio y utilizar un sistema de control de la versión para administrar el código fuente. En cuanto hable de desarrollo distribuido, separación de las fases y procesos del negocio, la gente de marketing le saltará encima y le hablará a gritos sobre las aplicaciones multicapas. ¿A qué se debe tanto jaleo?

Cliente-servidor tradicional

En el pasado, una aplicación tradicional no web era responsable de manejarlo todo desde la entrada de usuario pasando por la lógica de la aplicación hasta el almacenamiento de datos. Esas tres entidades se entrelazaban unas con otras, dificultando o imposibilitando cambiar una de ellas sin afectar a las otras dos. Si se quería proporcionar una aplicación así a usuarios múltiples, había un problema. ¿Qué ocurría si el formato de los datos cambiaba? ¿Qué ocurría si tenía que cambiar la lógica de la aplicación? Tenía que proporcionar a todos los usuarios una nueva copia local de la aplicación, un propuesta imposible de aplicar en grandes sistemas.

Con la llegada del análisis orientado a objetos, el diseño, los principios de programación y las aplicaciones de negocios se basaron en los componentes. La interfaz de usuario se desarrolló habitualmente en las estaciones de trabajo, y los datos y la lógica de la aplicación fueron hospedados en un servidor *mainframe*. El término cliente-servidor se ha utilizado para describir esta separación en capas. Una arquitectura cliente-servidor de dos capas proporciona una separación básica de las tareas. El cliente, en la primera capa, es responsable de la presentación de los datos al usuario (interfaz de usuario), y el servidor, en la segunda capa, es responsable de proporcionar los servicios de datos al cliente y manejar la lógica de la aplicación. Hasta aquí todo bien, pero verá que el modelo de dos capas sigue combinando dos conceptos distintos en la segunda capa (el servidor): servicios de datos y lógica de la aplicación. La lógica de la aplicación es el corazón del programa, responsable de la validación de datos, reglas de procesamiento, etc.

Los servicios de datos administran los datos en bruto de la aplicación y a menudo consisten en un sistema de administración de bases de datos relacionales (RDBMS) o en un sistema de legado *mainframe*, en el que una compañía ya ha invertido mucho tiempo y dinero. Entrelazar estos dos conceptos en una aplicación de dos capas introduce problemas de escalabilidad, reutilización y mantenimiento. Tomemos como ejemplo la reciente introducción del euro como moneda oficial en toda la Unión Europea: si una aplicación no ha separado claramente la lógica de la aplicación de los datos, será necesario cambiar ambas capas. Los valores de las monedas duramente codificados en la validación de datos debían ser alterados, así como el formato de almacenamiento de datos del valor de las monedas.

Al utilizar una propuesta multicapas, se pueden separar claramente los tres conceptos.

PHP y las aplicaciones multicapas

El concepto de sistema multicapas se hizo popular a principios de los años 90 y se ha afianzado como la arquitectura de software de aplicación empresarial a finales de los 90 y principios del siglo XXI. Una arquitectura multicapa (también llamada de tres capas) supone una mayor escalabilidad de la aplicación, un mantenimiento menor y un incremento de la reutilización de los componentes. La arquitectura de tres capas ofrece un método de tecnología neutral para construir aplicaciones cliente-servidor con distribuidores que emplean interfaces estándar, proporcionando servicios para cada capa lógica. Observe el modelo de tres capas de la Figura 5.5; ¿no le resulta familiar como desarrollador de aplicaciones web? En la primera capa hay un cliente claro, traducido al mundo de las aplicaciones web sería el navegador. La capa de en medio (servidor de aplicación) es obviamente PHP (y el servidor web como aplicación de *host*), mientras que la tercera consiste en un RDBMS.

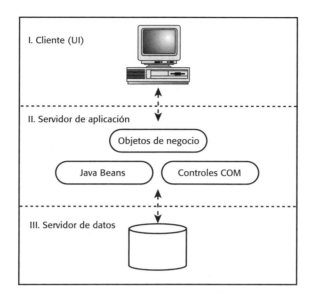

FIGURA 5.5
Capas de una aplicación multicapas.

Trabajar con PHP lleva al modelo básico de tres capas de una manera tan coherente que ni siquiera lo notará. Pero hay (o había) una trampa a la hora de utilizar PHP como un servidor de aplicación. Hasta la versión 4, PHP no estaba totalmente preparado para acceder a una tercera parte de los objetos de software y, por tanto, no era la mejor herramienta para escenarios de negocios con requisitos similares. Esto ha cambiado y creemos que éste es uno de los puntos más importantes de la evolución de PHP. La versión actual le permite no sólo acceder a los controles COM en los sistemas Win32, sino también ejecutar métodos Java en cualquier sistema que tenga una Java Virtual Machine (JVM).

Hay tres arquitecturas estándar para una empresa tan amplia de reutilización de objetos: (D)COM de Microsoft, JavaBeans/RMI de Sun Microsystems y CORBA de Object Management Group. En estos momentos la que más se utiliza es COM, debido a la extendida utilización de los sistemas Windows (véase la siguiente sección para más detalles sobre la utilización de PHP y COM). Sin embargo, las empresas con entornos más heterogéneos prefieren Java o CORBA por su mayor soporte de plataforma.

Por ejemplo, JavaBeans (y de manera alternativa los objetos COM) están disponible para acceder a sistemas SAP R/3 a través de su interfaz Business API (BAPI), lo que le permite integrar el marco de business SAP en su capa de servidor de aplicación. Reflexione sobre las posibilidades que esto introduciría en un sistema de comercio electrónico: podría combinar efectivamente una tienda en línea frontal con la aplicación de almacén de la empresa en el extremo posterior.

PHP y COM

El **Modelo de objetos de componente** *(COM, Component Object Model)* es una arquitectura de software desarrollada por Microsoft que permite abstraer trozos de software en componentes binarios. COM define un estándar para la interoperabilidad de los componentes y especifica las características que debe tener un componente. No depende de ningún lenguaje de programación. Microsoft está mostrando esfuerzos por establecer COM como un IETF (*Internet Engineering Task Force*) abierto estándar. Se puede acceder a los objetos COM mediante cualquier aplicación y lenguaje de programación acomodaticios; por ejemplo desde Visual Basic, Delphi o PHP.

La cuestión que plantea COM es la siguiente: ¿Cómo se puede diseñar un sistema para que los componentes binarios de software de diferentes distribuidores puedan interoperar? La primera respuesta de Microsoft a esta cuestión, el concepto de las DLL, falló miserablemente. Debido a la ausencia del tipo de versión en las DLL (*Dynamic Link Library*, Biblioteca de enlaces dinámicos), dos DLL que exponían la misma interfaz no podían ser utilizadas en un único sistema. Tomemos un ejemplo. Digamos que tiene una aplicación de control de servidor que comprueba continuamente si un servidor está apagado y registra los datos recopilados. Tiene un frontal con estadísticas y alguna lógica para reaccionar de manera adecuada si no se puede alcanzar el servidor. El extremo posterior del software deberá ser una DLL que realice el control: digamos que **ServerSpy.dll** expone una función **is_reachable()**, toma un nombre de servidor y devuelve **true** si el servidor es alcanzable o **false** si no lo es.

Todavía no hemos definido qué tipo de servidor hay que controlar; podría ser un servidor web, un servidor de correo, un servidor de nombres o cualquier otro sistema, y la propia declaración de función, así como el extremo posterior, no deberían cambiar. La única parte que necesita un cambio será la implementación de la función **is_reachable()**.

Con las DLL puede tener exactamente un servicio de control en el sistema, ya sea un espía del servidor web o del servidor de correo, etc. Si instala otra DLL, sobrescribirá la anterior.

Su aplicación no podrá dejar que el usuario elija entre los servicios de control disponibles. Tampoco será posible tener una versión diferente de un servicio que esté disponible en el sistema. Si otro distribuidor de software crea una implementación mejor de **ServerSpy.dll** y la vende a su cliente, nuevamente sobrescribirá su versión de la DLL. Si la función funciona exactamente de la misma manera, no pasará nada; pero si no fuera así, su aplicación dejaría de funcionar.

Un modelo de componentes adecuado intenta resolver estos problemas. COM proporciona una manera de identificar componentes a través de un único ID globalmente único (GUID), lo que le permite utilizar muchos servicios a la vez; el sistema operativo reconoce todos los componentes instalados y su aplicación podrá consultarlo para encontrar componentes en la categoría "*Server Spy monitoring services*". COM permite tener diferentes versiones de un componente del sistema sin que se afecten los unos a los otros.

Y finalmente, proporciona una introspección de los componentes, lo que le permite ver qué métodos y propiedades expone un componente.

Probablemente haya oído hablar de los controles ActiveX. Los controles ActiveX, también conocidos como controles OLE u OCX debido al departamento de marketing creativo de Microsoft, son simplemente una aplicación de componentes COM. Proporcionan un reducido conjunto de interfaces COM, por lo que son más pequeños y se adaptan mejor para ser utilizados en redes de alto estado latente. Puede utilizar los controles ActiveX casi de la misma manera que los controles COM más desarrollados.

Luego está el protocolo DCOM (*Distributed Component Object Model*, Modelo de objetos de componente distribuido) que introduce los componentes COM en el mundo de las aplicaciones de red distribuidas. Básicamente, es un protocolo para llamadas de procedimiento remoto orientado a objetos útil para los sistemas distribuidos basados en componentes. PHP 4 funciona tanto con COM como con DCOM en los sistemas Win32. No funciona con otras plataformas donde COM pudiera estar disponible (como Apple o Solaris).

Invocar los controles (D)COM con PHP 4 es muy fácil. **COM** es un nombre de clase reservado que puede instanciar pasando el nombre del control al constructor. Así tendrá una instancia completa del objeto **COM** donde podrá ejecutar funciones o definir y leer propiedades como si fuera una clase PHP. Para las propiedades que no se pueden expresar utilizando la sintaxis de PHP (por ejemplo, porque contienen un punto u otros caracteres no válidos para PHP), puede utilizar las siguientes funciones de ayuda:

- **bool com_set(class com_object, string property_name, string property_value)**

   Asigna un valor a una propiedad en el objeto COM instanciado en **com_object**. Los alias para esta función son **com_propset()** y **com_propput()**. Devuelve **true** si hay éxito y **false** en caso de error.

- **mixed com_get(class com_object, string property_name)**

   Devuelve el valor de una propiedad en el objeto COM instanciado en **com_object**. El alias para esta función es **com_propget()**. Devuelve el valor de la propiedad si tiene éxito o **false** en caso de error.

El código fuente del Listado 5.4 muestra la utilización básica de la característica COM. Crea una instancia de la clase **COM** utilizando el componente **Softwing.EDConverter**, una utilidad de conversión de moneda que está disponible libremente. Luego se invoca el método miembro **Triangulate()** y se muestra el resultado devuelto. No hay manera más fácil de conseguirlo.

Listado 5.4. Ejemplo COM básico

```
$amount = 1000;        // Cantidad que hay que convertir
$curr_from = "DEM";    // Símbolo de moneda ISO de la divisa original
$curr_to = "ITL";      // Símbolo de la moneda de destino

// Instancia un nuevo objeto COM
$conv = new COM("Softwing.EDConverter") or die("Unable to instantiate
➥ Euro-Converter");
```

(continúa)

Listado 5.4.   Ejemplo COM básico *(continuación)*

```
// Ejecuta un método de componente en la instancia del objeto COM
$ret = $conv->Triangulate(10000, "ITL", "DEM") or die("Exception
➥ triggered by Triangulate() on line ".__LINE__);

// Imprime el resultado
print($ret);
```

Para crear una instancia de un componente DCOM en un sistema remoto, se debe pasar el nombre de *host* como segundo argumento al constructor. Por ejemplo:

$comp = new COM("My.Component", "remote.server.com");

En PHP 3 no se puede utilizar la clase **COM**; en su lugar, necesita utilizar las funciones **com_load()**, **com_invoke()**, **com_set()** y **com_get()**. Nuestro ejemplo se parecerá al Listado 5.5.

Listado 5.5.   Ejemplo básico COM con la versión 3 de PHP

```
$amount = 1000;         // Cantidad que hay que convertir
$curr_from = "DEM";     // Símbolo de moneda ISO de la divisa original
$curr_to = "ITL";       // Símbolo de la moneda de destino

// Instancia un nuevo objeto COM
$conv = com_load("Softwing.EDConverter") or die("Unable to instantiate
➥ Euro-Converter");

// Ejecuta un método de componente en la instancia del objeto COM
$ret = com_invoke($conv, "Triangulate", "10000", "ITL", "DEM") or
➥ die("Exception triggered by Triangulate() on line ".__LINE__);

// Imprime el resultado
print($ret);
```

La sintaxis de estas funciones (que no están disponibles en PHP 4) es la siguiente:

- **int com_load(string component_name)**

  Instancia un componente **COM** y crea una referencia al mismo. El valor de entero devuelto debe utilizarse en las siguientes llamadas **com_*()**. Devuelve **false** y presenta un aviso si ocurre un error.

- **mixed com_invoke(int com_identifier, string function_name[, mixed argument1[,...]])**

  Invoca un método del componente **COM** y devuelve el valor de devolución del método. El primer argumento de la función es un identificador **COM** válido creado con **com_load()**. El segundo argumento debe ser el nombre de un método de componente. De manera opcional puede especificar argumentos para el método invocado. Esta función devuelve **false** si hay error.

- bool com_set(int com_identifier, string property_name, string property_value)

  Asigna un valor a una propiedad en el objeto **COM** instanciado en **com_object**. Los alias para esta función son **com_propset()** y **com_propput()**. Devuelve **true** si tiene éxito y **false** si hay error.

- mixed com_get(int com_identifier, string property_name)

  Devuelve el valor de una propiedad en el objeto **COM** instanciado en **com_object**. El alias para esta función es **com_propget()**. Devuelve el valor de la propiedad si hay éxito y **false** si hay error.

PHP y Java

Java, el "lenguaje del día" para muchos desarrolladores de software corporativos, se utiliza cada vez más en todas las áreas de desarrollo. Desde la versión 4, PHP se puede compilar para soportar la llamada de funciones Java nativas, lo que le permite utilizar los componentes Java de empresa en un entorno multicapas.

La instalación del soporte Java no es difícil. Tiene que tener en cuenta las siguientes cosas:

- Primero necesita instalar una Java Virtual Machine (JVM) en su sistema (hemos utilizado la implementación de libre disposición *Open Source* Kaffe 1.0.5).

- PHP necesita ser compilado como DSO con APXS, lo que significa que será cargado como un módulo compartido en Apache. Puede encontrar instrucciones para esto en el archivo **INSTALL.DSO** de la distribución PHP.

Por favor, consulte el archivo **README** en el directorio **ext/java** para más instrucciones.

Una vez que tiene el soporte Java en PHP, la sintaxis es similar a la que invoca los componentes **COM**. Ambas utilizan una característica interna Zend llamada **sobrecarga de objeto**. El término sobrecarga en la ingeniería de software significa que una construcción puede reaccionar de manera diferente dependiendo del contexto. En consecuencia, sobrecarga de función significa que una función puede ser diferente dependiendo del orden o del tipo de los argumentos.

Por ejemplo, en C++ puede tener dos declaraciones de función similares a:

```
void add(int Left, int Right);
void add(double Left, double Right);
```

Dependiendo de si ha pasado un valor **int** o **double** a **add()**, se llamará a la función respectiva. Los desarrolladores intentan evitar esta ambigüedad, ya que puede resultar una pesadilla a la hora de depurarla.

El motor Zend permite una sobrecarga de funciones similares de manera interna y lo utiliza para realizar sobrecarga de objetos. Dependiendo del contexto (por ejemplo, el nombre de la clase) un objeto puede significar cosas muy distintas: puede ser una clase normal definida por el usuario, pero también puede ser algo mucho más sofisticado como un **COM** o una interfaz Java.

Al igual que ocurría con **COM**, la creación de un nuevo objeto Java se hace instanciando la clase Java sobrecargada. El argumento constructor es la clase Java que hay que utilizar:

```
$system = new Java("java.lang.System");
```

En el objeto devuelto, las funciones se pueden utilizar de la misma manera que con los objetos **COM**.

Para leer y escribir las propiedades, debe utilizar unas funciones de ayuda (recuerde que con el módulo **COM** se puede acceder directamente a las propiedades), **getProperty()** y **setProperty()**:

```
$system = new Java("java.lang.System");
printf("Java version = %s\n", $system->getProperty("java.version"));
```

Resumen

En este capítulo hemos visto las estrategias básicas comunes a todas las aplicaciones web. Ahora ya sabe cómo tratar correctamente la entrada del usuario y cómo validar formularios y verificar su contenido. Puede utilizar plantillas para separar el código de los datos que hay que presentar, sabe cómo coordinar los esfuerzos de su equipo y tratar con más de una persona que trabaja en un único archivo. Se han explicado las ventajas de los sistemas de control de versión y puede estructurar sus objetos en un disco de manera clara. Puede utilizar de manera avanzada el flexible sistema CVS. Finalmente, se han explicado las aplicaciones multicapas que implementan también las interfaces en lenguajes ajenos.

Equipado con este conocimiento, puede enfrentarse ahora al diseño y la implementación de aplicaciones de vanguardia en los capítulos siguientes.

6

Acceso a base de datos con PHP

- PHPLib: la biblioteca base de PHP.
- Abstracción de base de datos.
- Autenticación.
- Resumen.

Una base de datos es una herramienta de uso diario para un desarrollador web, y deberá conocer SQL por lo menos tan bien como PHP. La mayoría de los modelos de datos de las aplicaciones web tienen que ver con una base de datos relacional. Mientras que los usuarios novatos intentan evitar el esfuerzo adicional que suponen una SQL y un sistema de administración de bases de datos relacionales (RDBMS), los desarrolladores experimentados aprecian las características que aportan. Todo aquello que no sea trivial —como accesos concurrentes, búsqueda y ordenación, o permitir relaciones entre diferentes conjuntos de datos— se convierte rápidamente en un calvario cuando se utilizan métodos de almacenamiento como archivos o *arrays*. Las bases de datos se construyen para una mejor organización y recuperación de los datos y, en la mayoría de los casos, no es necesario imitar esta característica en pseudosistemas de bases de datos.

Este capítulo le introduce en el acceso a una base de datos con PHPLib y muestra dos de las muchas características de esta biblioteca: la autenticación de usuario y la administración de permisos.

PHPLib: la biblioteca base de PHP

Como ya hemos mencionado anteriormente en este libro, la PHPLib puede ahorrarle mucho trabajo en su rutina de programación diaria. Algunos conceptos aparecerán una y otra vez en el desarrollo de aplicaciones web: administración de sesión, autenticación, separar la presentación del código. La PHPLib es un conjunto de objetos sólido que proporciona soluciones para estas tareas necesarias.

Para muchos programadores la PHPLib es intimidatoria cuando mira la documentación y los ejemplos. Es un complejo conjunto de clases y los diferentes objetos son dependientes los unos de los otros de una manera que no es trivial. Sin embargo, una vez que domina la instalación y la escritura de sus propias clases base, no es difícil de usar y verá ejemplos que son claros y fáciles de entender.

La PHPLib puede encontrarse en **http://phplib.netuse.de/**. Su documentación aporta instrucciones detalladas de la instalación, por lo que no vamos a volver a explicarlo aquí; damos por hecho que tiene configurado un entorno PHPLib adecuado, con **prepend.php3** a cada *script* automáticamente (es la configuración recomendada en la documentación). Tampoco incluimos una descripción de cada función y propiedad en este capítulo, ya que lo hace la documentación; en su lugar intentaremos mostrarle lo importante y explicarle PHPLib con nuestras propias palabras.

Historia

El primer desarrollo de PHPLib se realizó por Boris Erdmann y Kristian Koehntopp en 1998. Estaban trabajando en un gran proyecto ISP en Kiel, Alemania, y se dieron cuenta de que estaban programando los mismos procedimientos una y otra vez. La manera que tenían para resolver esos problemas no era muy satisfactoria.

Por ejemplo, necesitaban un procedimiento de registro de entrada al sistema que no estuviera basado en la autenticación básica de HTTP, ya que este método de autenticación no es muy seguro ni muy agradable. Para una autenticación adecuada, necesitaban una gestión de sesión que funcionara (como hemos subrayado en el Capítulo 4, "Conceptos de las aplicaciones web"), por lo que empezaron a desarrollar una biblioteca orientada a objetos para la gestión de sesión y autenticación, construida sobre una idea de gestión de sesión de Karl-Heinz Wild. Al igual que ocurre con muchos proyectos *Open Source*, con el tiempo cada vez más gente se fue uniendo al proyecto y éste creció rápidamente. Actualmente, la PHPLib contiene módulos para muchos aspectos de la autenticación y la gestión de sesión, pero también métodos para crear formularios de entrada HTML, tablas y árboles.

Ventajas e inconvenientes

Como hemos dicho en el Capítulo 1, "Conceptos de desarrollo", deberá elegir sus armas cuidadosamente. La PHPLib es la que mejor se ajusta a proyectos que llevan más de dos días para ser desarrollados. La primera utilización de la biblioteca le causará más trabajo que de costumbre: necesitará tiempo para leer la documentación, necesitará tiempo para entender los conceptos, y necesitará tiempo para resolver sus errores.

LA PHPLib parece ideal para proyectos con más de un desarrollador de software. Fuerza a los programadores a utilizar interfaces similares y anima a la orientación a objetos, lo que puede traer una mejor estructura a una aplicación. Así mismo, como PHPLib requiere que se entiendan algunos de los aspectos más avanzados de PHP y de las aplicaciones web en general, exige que los miembros de un equipo tengan un nivel de conocimientos similar.

Como PHPLib está escrita en PHP nativo, no es tan rápida en operar como una extensión C de PHP, pero esto la hace más flexible. Como las bibliotecas están escritas como clases, puede realizar cambios fácilmente para ajustarlas a sus necesidades. Y necesitará hacer algunos cambios: PHPLib no es un producto empaquetado listo para su utilización. Necesitará proporcionarle algunas funciones usted mismo.

Las dependencias entre las diferentes clases de PHPLib son complejas. Por ejemplo, no puede utilizar las funciones de la gestión de sesión sin utilizar la parte de capa de abstracción de base de datos de la biblioteca. Si sólo necesita una gestión de función, será mejor que utilice las funciones de sesión de PHP 4 o nuestro puerto de atrás de PHP 3. No obstante, siga leyendo; PHPLib tiene algunas características que pueden definitivamente facilitarle la vida.

Archivos importantes

En la distribución de PHPLib, hay dos archivos que con toda probabilidad necesitará cambiar: **local.inc** y **prepend.php3**.

El archivo **prepend.php3** carga los archivos que deberán estar disponibles en todas las páginas que utilicen PHPLib. Por defecto, carga el extremo posterior de la base de datos para MySQL y utiliza el contenedor de almacenamiento de SQL para la gestión de sesión. Por ejemplo, para cambiar de MySQL a Postgres, necesitará cambiar la línea

```
require($_PHPLIB["libdir"] . "db_mysql.inc");  /* Cambie esto para
➥ concordar con su base de datos. */
```

para incluir **db_pgsql.inc** en lugar de **db_mysql.inc**.

Si utiliza otras clases desde PHPLib (por ejemplo, la clase **Template**), lo mejor es que las incluya en **prepend.php3**.

El archivo **local.inc** es donde se hace la personalización de PHPLib.

Personalización de la PHPLib

Las clases base de PHPLib no se utilizan directamente en la mayoría de los casos; en su lugar cada uno define sus propias clases derivadas, que están personalizadas para ajustarse a su entorno. Ya hay implementaciones predeterminadas en PHPLib, que utilizaremos más tarde en los ejemplos de código. Por ejemplo, estas implementaciones hacen algunas suposiciones sobre su sistema; por ejemplo, que utiliza MySQL. Si estas suposiciones no se ajustan con su aplicación, el archivo **local.inc** es el lugar donde hay que hacer los cambios; la técnica recomendada es crear un nuevo objeto como extensión de **DB_Sql**. Al hacerlo, evita la necesidad de definir estas variables de configuración en cada aplicación; en su lugar, las define una vez en la clase.

Tiene que ajustar **local.inc** para sus propias necesidades y deberá, por lo menos, cambiar el nombre de la clase **Example_Session**; se utiliza su nombre como nombre de las *cookies* de sesión y son pasadas al URL con el modo GET. No parecerá muy profesional si **Example_Session** aparece en su URL.

Abstracción de base de datos

Una capa de abstracción de base de datos es una API que proporciona un conjunto de funciones para tratar con una multitud de bases de datos de una manera independiente de la implementación. Por ejemplo, al cambiar el extremo posterior de la capa de abstracción de base de datos, puede fácilmente cambiarse de MySQL a Oracle. La DBI (*Data-Base Interface*, Interfaz de base de datos) de Perl es una capa de ese tipo y una de las características más conocidas de PHPLib es su capa de abstracción de base de datos organizada en la clase **DB_Sql**.

Transportabilidad

Para un programador profesional de aplicaciones web, la abstracción de base de datos puede resultar útil e importante. La base de cada aplicación es su modelo de datos, un conjunto de estructuras de datos para una utilización con propósitos generales, que a

Para un programador profesional de aplicaciones web, la abstracción de base de datos puede resultar útil e importante. La base de cada aplicación es su modelo de datos, un conjunto de estructuras de datos para una utilización con propósitos generales, que a menudo está contenida dentro de una base de datos. Si bien PHP soporta un gran número de bases de datos, cada base de datos tiene una interfaz de programación de aplicaciones (API) diferente. Utilizando esas API nativas, el desarrollo del sistema operativo y de una base de datos independiente es imposible. Si quiere transportar una aplicación desde MySQL hasta Oracle, tiene que estar preparado para realizar un duro trabajo, a menos que utilice una capa de abstracción como PHPLib. La Tabla 6.1 muestra cómo las interfaces de base de datos pueden diferir de un sistema a otro.

Tabla 6.1.   API para acceder a MySQL y Oracle

Descripción	MySQL	Oracle 7
Conectar.	mysql_connect()	ora_logon()
Consultar.	mysql_query() o	ora_parse(), luego
	mysql_db_query()	ora_exec()
Obtener siguiente fila de re-sultado.	o mysql_fetch_array()	Funciona con desplazamientos: ora_columnname(), ora_getcolumn()
Número de filas en un conjun-to de resultado.	mysql_num_rows()	No es posible, ya que Oracle empieza a devolver filas antes de conocer el número total de filas en el conjunto de resultado.
Último ID de clave principal insertado.	mysql_insert_id()	No hay equivalente en las funciones de PHP.

Normalmente, no cambia su base de datos a un ritmo semanal, por lo que esto puede no tener mucha importancia para usted. La transportabilidad entre las bases de datos es sólo un sueño, incluso si utiliza PHPLib, si no la había planificado en su proyecto desde el principio. La vida real muestra que el problema no es transportar la API sino las funciones específicas de la base de datos. Puede crear un código de base de datos realmente transportable sólo si acepta que no puede utilizar determinadas características de un RDBMS; pero entonces puede acabar recreando esa característica en su código, que tal vez le pueda llevar a aplicaciones que sean más duras de mantener y más lentas.

Si su intención es programar un código transportable, debe sortear las especificidades de la base de datos subyacente. PHPLib puede facilitar esta tarea. Tiene incorporado un tratamiento de la secuencia y un simple mecanismo de bloqueo de la tabla, que funciona de una manera independiente de la base de datos. Más tarde, los desarrolladores de la PHPLib han añadido la clase **Query** (consulta), que está destinada a abstraer consultas sencillas (insertos, actualizaciones, sentencias WHERE, y algunas otras, que cubren alrededor del 80% de la utilización normal de una base de datos) para que sean independientes de la base de datos. Actualmente esta clase sólo funciona con MySQL y Oracle 7 (y posteriores).

Otras dos características de la capa de abstracción de base de datos de PHPLib son por lo menos tan importantes como la transportabilidad, y realmente le ahorran tiempo en las aplicaciones diarias. Las siguientes secciones describen esas características.

Modo de depuración

La clase **DB_Sql** tiene un modo de depuración que le permite ver qué consultas son enviadas a la base de datos. Para cambiar al modo de depuración sólo tiene que insertar **$db->Debug = true** en su programa después de haber instanciado la clase. En nuestros programas, solemos tener un **DEBUG** global constante, que hemos asignado a la clase **DB_Sql** de la siguiente manera:

```
define("DEBUG", true);
$db->Debug = DEBUG;
```

Cuando este modo está activado, la clase **DB_Sql** imprimirá algunos valores de las llamadas de función e información adicional. Esto puede ser de ayuda si está buscando un error, o si quiere verificar que las consultas SQL que su *script* está generando son correctas.

Tratamiento de errores

La PHPLib se ocupa de tratar todos los errores que puedan resultar de las funciones relacionadas con la base de datos. Como efecto positivo tenemos que el código que está escribiendo utilizando **DB_Sql** es más compacto, ya que no tiene que preocuparse de tratar los errores.

Con los parámetros predeterminados, un *script* se detiene en cada error que encuentra. Esto se puede controlar cambiando la variable de clase **$Halt_On_Error**, que está fijada en **yes** por defecto. Si se configura en **report**, provocará que la biblioteca imprima el error sin salir del *script*. Configurar esta variable en **no** indica a la biblioteca que ignore todos los errores. Esto puede dar como resultado unos efectos no deseados. Por ejemplo, datos incoherentes cuando es ignorada una consulta fallida de la base de datos, por lo que debe tener mucho cuidado con esta opción. En las aplicaciones de producción, los mensajes de error deberán ser informativos y aparecer en una presentación común, ajustada a la identidad corporativa del sitio. Para aplicar su propio tipo de formato a los mensajes de error, puede crear una nueva clase extendiendo **DB_Sql** y anulando ahí la función **haltmsg()**. Como esta función controla la salida de todos los mensajes de error, resulta fácil personalizar los mensajes de esta manera:

```
class test_db extends DB_Sql
{
    function haltmsg($msg)
    {
        print("Database Error: $msg<br>");
        printf("MySQL said: %s<br>", $this->Error);
    }
}
```

La función **haltmsg()** es solamente responsable de sacar el mensaje de error; parar el *script* o limpiar después de un error se deja a la PHPLib. La función se invoca sólo si **$Halt_On_Error** está fijado en **yes** o en **report**. La variable **$msg**, pasada como argumento a **haltmsg()**, contiene una descripción prolija del error encontrado. También puede acceder a **$this->Error** y **$this->Errno** para recuperar los mensajes producidos por el motor de base de datos.

Ejemplo de DB_Sql

Un pequeño ejemplo le mostrará mejor cómo se utiliza la clase **Db_Sql**. El código fuente del Listado 6.1 conecta a una base de datos y muestra todo el contenido en una única tabla. Utiliza la clase **Example_Db** definida en **local.inc**, que extiende **Db_Sql** y forma una implementación de referencia sobre cómo puede crear sus propias clases personalizadas. Para una mayor simplicidad, utilizamos los ejemplos de la distribución de PHPLib en los siguientes fragmentos de código.

Listado 6.1.   Primer ejemplo simple de cómo utilizar DB_Sql

```
// Instancia Example_DB class
$db = new Example_DB;

// Connecta a RDBMS
$db->connect("test", "localhost", "root", "");

// Crea una sentencia SQL
$sql = "SELECT * FROM test";

// Ejecuta la consulta
$db->query($sql);

// Hace un bucle en el conjunto del resultado
while($db->next_record())
{
    // Hace un bucle en $db->Records hash
    while(list($key, $value) = each($db->Record))
    {
        // Imprime sólo los índices no numéricos
        print(is_string($key) ? "<b>$key</b>: $value<br>": "");
    }

    print("<p>");
}
```

La primera línea crea una nueva instancia de la clase **DB_Sql**. Por defecto, esta clase está definida en el archivo **db_mysql.inc** (cargado en **prepend.php3**) y utiliza MySQL como motor de base de datos.

El siguiente paso es conectarse a la base de datos. Por supuesto, tiene que cambiar los valores de sus parámetros. En este ejemplo, conectamos con la base de datos **test** en **localhost**, con el nombre de usuario **root** y sin contraseña.

También puede definir estas propiedades explícitamente utilizando sus respectivas variables de clase:

```
$db = new Example_Db;
$db->Database = 'test';
$db->Host     = 'localhost';
$db->User     = 'root';
$db->Password = '';
```

A la llamada de **$db->query()** PHPLib notará que no se ha establecido ninguna conexión todavía y abrirá una automáticamente utilizando los valores definidos anteriormente en esas variables de clase.

Nuestro ejemplo continúa con **$db->query()**, que maneja todo lo que necesita para enviar una consulta a la base de datos. Conecta con la base de datos seleccionada (si todavía no lo ha hecho) y trata los errores que pudieran ocurrir. Si hemos fijado **$db->Debug** en **true**, esta función sacará la consulta SQL antes de enviarla a la base de datos.

Luego se llama a **$db->next_record()** en un bucle **while**. Esta función obtiene la siguiente fila a partir de un conjunto de resultados y almacena la fila recuperada en el *array* **$db->Record**. Si no hay más filas en el resultado, la función devuelve **false**, terminando así el bucle.

El segundo bucle recorre el *array* **$db->Record** y saca los nombres de campo junto con sus respectivos contenidos. Como este *array* contiene los contenidos con un índice numérico (similar a los *arrays* devueltos por la utilización predeterminada de **mysql_fetch_array()**) y el nombre de campo como clave, estamos seguros de sacar sólo la entrada de *array* donde el índice es un nombre de campo.

Compare el ejemplo de PHPLib en el Listado 6.1 con el ejemplo de la programación tradicional en el Listado 6.2. Tienen aproximadamente la misma longitud, pero el ejemplo de PHPLib hereda la capa de base de datos subyacente. Tiene un tratamiento de errores más potente que en el otro ejemplo. Al cambiar una variable de clase, puede instruir a PHPLib para que se detenga en los errores, los registre o ignore, mientras que el ejemplo tradicional simplemente salía cuando había un error. También tiene un soporte de depuración incorporado.

Listado 6.2. Ejemplo de programación tradicional

```
// Conecta con RDBMS
$link = mysql_connect('localhost', 'root', '') or die(mysql_error());

// Selecciona base de datos
$db = mysql_select_db('test') or die(mysql_error());

// Crea sentencia SQL
$sql = "SELECT * FROM test";

// Ejecuta la consulta
$res = mysql_query($sql) or die(mysql_error());
```

(continúa)

Listado 6.2. Ejemplo de programación tradicional *(continuación)*

```
// Hace un bucle en el conjunto de resultado
while($row = mysql_fetch_array($res))
{
    // Hace un bucle en $db->Records hash
    while(list($key, $value) = each($row))
    {
        // Imprime sólo los índice no numéricos
        print(is_string($key) ? "<b>$key</b>: $value<br>": "");
    }

    print("<p>");
}
```

Preste atención a una posible trampa: deberá limitarse a utilizar una base de datos por aplicación. PHP tiene problemas cuando maneja el acceso a diferentes bases de datos en un *script,* especialmente con MySQL. PHP da por hecho que puede reutilizar silenciosamente las conexiones que se han establecido utilizando el mismo nombre de usuario y contraseña. Estudie el siguiente ejemplo:

```
$res_one = mysql_connect("localhost", "root", "") or die(mysql_error());
$res_two = mysql_connect("localhost", "root", "") or die(mysql_error());
```

Tal vez piense que tiene dos identificadores de conexión diferentes aquí, ¿verdad? Sin embargo, no es así, ya que PHP reutiliza la conexión abierta en la segunda llamada **mysql_connect()**. Imprimir los identificadores de conexión, **$res_one** y **$res_two**, sacará el mismo identificador de recurso para ambas variables. La implicación de este comportamiento es que utilizar **mysql_select_db()** en un enlace cambiará también el contexto en la otra conexión. Esto también se aplica a los objetos en la PHPLib: utilizar una base de datos para **DB_Sql** y otra diferente para los datos de sesión provocará problemas. Desgraciadamente, todavía no se ha encontrado una solución para este problema.

Sesiones

La PHPLib proporciona por lo menos una funcionalidad equivalente a la biblioteca de gestión de sesión incorporada de PHP; incluso los nombres de las funciones son a menudo los mismos. A pesar de que es similar en muchos aspectos a la gestión de sesión interna de PHP, no es idéntica. Una característica adicional es el modo retirada automática (descrito en la siguiente sección).

Retirada automática (fallback)

De manera predeterminada, la gestión de sesión funciona con *cookies.* Como se ha resaltado en la sección "HTTP y las sesiones" del Capítulo 4, ésta debería ser la técnica preferida (cuando el cliente la soporta) y es el método de propagación del ID de sesión más fácil. Pero puede cambiarlo al método GET/POST cambiando una variable, **$mode**. La variable **$mode** define qué método debe utilizarse como método principal de propagación del ID de sesión. Puede ser **cookie** o **get**; el valor predeterminado es **cookie**.

La PHPLib proporciona un modo de retirada automática en el tiempo de ejecución. Si la variable **$fallback_mode** está fijada en **get**, el modo GET/POST se utilizará cuando el modo preferido especificado en la variable **$mode** (normalmente **cookie**) no es soportado por el cliente. Fijar **$mode** en **cookie** y **$fallback_mode** en **get** es lo que más sentido tiene. La PHPLib intentará utilizar *cookies*; si no son soportadas, se retirará al modo GET/POST. La PHPLib verifica si hay soporte para *cookies* de la siguiente manera:

1. En la primera petición de una página de PHPLib, ésta intenta fijar la *cookie* de la sesión nombrada después de la instancia de clase **Session**.

2. A continuación, redirige al usuario hacia la misma página con el ID de sesión añadido como una cadena de consulta, utilizando el siguiente código:

```
header("Location: ". $PROTOCOL. "://".$HTTP_HOST.$this->self_url());
```

3. La PHPLib verifica si el ID de sesión se puede encontrar en el *array* **$HTTP_COOKIE_VARS**. Si es así, la sesión permanece en el modo **cookie**. Si el ID de sesión no se puede encontrar, el cliente no acepta *cookies* y la sesión cambia al modo **get**.

Almacenamiento de páginas en la caché

La clase **Session** también le permite controlar cómo las páginas se almacenan en la memoria caché. Su variable de clase **$allow_cache** puede fijarse en **no**, **private** o **public**. Su valor predeterminado depende de la versión de PHPLib. Por ejemplo, con la versión 7.2 está fijado en **private**, con versiones posteriores está fijado en **no**. El mecanismo de almacenar una página en la caché es muy similar al que viene proporcionado en las funciones de sesión nativas de PHP 4.

Serialización

En PHP 3 no podía serializar los objetos fácilmente. La función **serialize()** no conservaba los métodos de clase de forma adecuada y no había manera de hacerlo manualmente. Al soporte para objetos de PHP 3 le faltaba una cosa importante: introspección. No se podía obtener el nombre de una clase o el nombre de su clase padre. Por tanto, PHPLib necesitaba utilizar un remedio: requería clases para tener dos valores adicionales, **$classname** y **$persistent_slots**, que contenían el nombre de la clase y las variables de clase que había que serializar, respectivamente. Conociendo el nombre de clase, PHPLib podía crear el código PHP instanciando la clase (**$class = new class;**) y almacenarlo en el depósito de datos de la sesión. Cuando los datos de sesión eran reactivados, este código era ejecutado con **eval()**. ¿Recuerda el ejemplo del contador automodificable del Capítulo 2, "Sintaxis avanzada"? PHPLib utiliza los mismos conceptos.

Nota: Con PHP 4, estos rodeos ya no son necesarios. PHP 4 tiene funciones como **get_class()** y **get_parent_class()** para permitir una mejor introspección de clase. Y **serialize()** funciona ahora de manera transparente en los objetos.

Ejemplo de sesión

En su trabajo diario, utilizar el objeto de sesión PHPLib es tan fácil como utilizar la biblioteca de sesión de PHP 4. El ejemplo del Listado 6.3 así lo refleja; realiza el mismo trabajo que el ejemplo del Capítulo 4:

Listado 6.3.   Ejemplo básico de la utilización de la clase Session de PHPLib

```
// Crea una nueva instancia manualmente
$sess = new Example_Session;

// Inicia la sesión
$sess->start();

// Registra nuestra variable de sesión
$sess->register("counter");

// Inicia el contador
if(!isset($counter))
{
    $counter = 0;
}
// Saca el ID de sesión y contador
printf("Our session ID is: %s<br>", $sess->id);
print("The counter value is: $counter");

// Incrementa el contador
$counter++;

// Guarda el estado de sesión
$sess->freeze();
```

La única diferencia significativa entre este ejemplo y el ejemplo de PHP 4 es que PHPLib utiliza una propuesta orientada a objetos.

Al igual que la biblioteca de sesión PHP 4, PHPLib utiliza módulos de almacenamiento (llamados contenedores en la terminología de PHPLib) para almacenar los datos de sesión. Las clases de contenedor empiezan todas con un prefijo **CT_**. Una base de datos SQL es la manera más común de almacenar datos, pero PHPLib también reconoce otras clases de contenedores.

Las clases de contenedores disponibles en PHPLib 7.2 son las siguientes:

* **CT_Sql** es el contenedor predeterminado y almacena los datos de sesión en una base de datos. Tiene las siguientes variables de clase:

Nombre	Descripción
$database_class	El nombre de la clase **DB_Sql**, que deberá utilizarse para conectar con la base de datos.
$database_table	El nombre de la tabla que se utilizará para almacenar los datos de sesión.

Nombre	Descripción
$encoding_mode	Esta variable controla cómo se almacenan los datos de sesión. Puede tomar dos valores: **base64** o **slashes**. Normalmente, no deberá cambiar el valor predeterminado (**base64**); de esta manera, los datos de sesión se codificarán con Base64 antes de ser almacenados en la base de datos. Para propósitos de depuración puede utilizar el método alternativo, **slashes**, para almacenar los datos de sesión como texto completo en la tabla.

- En términos de características, **CT_Split_Sql** es idéntico a **CT_Sql**. Se debe utilizar si la base de datos subyacente es incapaz de almacenar suficientes datos en un campo para los datos de sesión, especialmente si la base de datos tiene problemas con grandes objetos binarios (BLOB). **CT_Split_Sql** no es compatible con las tablas de **CT_Sql**.

- Para cambiar la longitud a la que la clase divide los datos de sesión puede utilizar la variable **$split_length**, cuyo valor predeterminado es **4096** (4 KB).

- **CT_Shm** almacena los datos de sesión en una memoria compartida. Necesita haber compilado PHP con soporte de memoria compartida para poder hacerlo. Este contenedor es más rápido porque almacena los datos de sesión que son directamente accesibles en la memoria. Los inconvenientes son que si ha restaurado su servidor por alguna razón, se perderán todos los datos de sesión. Así mismo, el número de sesiones concurrentes es limitado debido al consumo de memoria. Cada sesión ocupa una determinada cantidad de memoria (la cantidad depende de la cantidad y del tamaño de las variables de sesión), y después de que se haya consumido toda la memoria disponible, ya no se pueden crear más sesiones nuevas.

- Estas variables de clase son diferentes a las de **CT_Sql**:

Parámetro	Descripción
$max_sessions	Número máximo de sesiones activas simultáneas. Lo predeterminado es **500**.
$shm_key	Única clave que se deberá utilizar para el segmento de memoria compartida. Es importante que esta clave sea única para cada aplicación.
$shm_size	Tamaño del segmento de memoria compartida en bytes. Este tamaño se puede calcular aproximadamente con la fórmula **shm_size = max_sessions * session_size**, donde el tamaño de la sesión puede ser un tamaño medio de unos 600 bytes. El valor predeterminado es **64000** (64 KB).

- **CT_Dbm** utiliza un archivo DBM de UNIX para almacenar los datos de sesión. Este tipo de base de datos almacena datos como pares clave-valor en archivos regulares en un sistema. La única variable que deberá fijar es **$dbm_file**, que es el nombre de archivo de su archivo DBM. El archivo debe existir con los derechos apropiados; el servidor necesita acceso de escritura a él.

- **CT_Ldap** almacena datos de sesión en un servidor LDAP (*Lightweight Directory Access Protocol*, Protocolo de acceso a directorio ligero). PHP debe ser compilado con soporte LDAP para utilizar este contenedor. La clase **CT_Ldap** tiene las siguientes propiedades:

Elemento	Descripción
$ldap_host, $ldap_port	Nombre de *host* y número de puerto del servidor LDAP.
$rootdn, $rootpw	Nombre de *root* y contraseña del servidor LDAP utilizado para conectarse a él.
$basedn	Debajo de este nombre distinguido se deberán almacenar los datos de sesión.
$objclass	Nombre de la clase de objeto (se puede comparar con un nombre de tabla SQL).

Si se fija en **local.inc**, verá una serie de definiciones de clase, en realidad tres de ellas tienen que ver con nuestro ejemplo:

```
class DB_Example extends DB_Sql {
   var $Host     = "localhost";
   var $Database = "phplib";
   var $User     = "tobias";
   var $Password = "justdoit";
}

class Example_CT_Sql extends CT_Sql {
   var $database_class = "DB_Example";     ## Qué base de datos hay que
                                           ➥ conectar...
   var $database_table = "active_sessions"; ## y buscar nuestros datos
                                           ➥ de sesión en ésta
}

class Example_Session extends Session {
   var $classname = "Example_Session";

   var $cookiename    = "";                ## predeterminados para nombre
                                           ➥ de clase
   var $magic         = "Hocuspocus";      ## semilla ID
   var $mode          = "cookie";          ## Propagamos los ID de sesión
                                           ➥ con cookies
   var $fallback_mode = "get";
   var $lifetime      = 0;                 ## 0 = hacer cookies de
                                           ➥ sesión, else minutos
                                           hasta que la sesión expire
   var $that_class    = "Example_CT_Sql";  ## nombre del contenedor de
                                           ➥ almacenamiento de datos
   var $gc_probability = 5;
}
```

Como puede ver, las clases forman una relación; en la clase **Example_Session**, la variable **$that_class** está fijada al nombre de la clase **Example_CT_Sql**, y en **Example_CT_Sql**, la variable **$database_class** apunta a la clase **DB_Sql**. La Figura 6.1 muestra detalladamente esta relación.

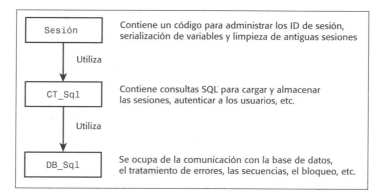

FIGURA 6.1
Modelo de relación de las clases DB_Sql, CT_Sql y Session.

Nuestro ejemplo no utilizaba las clases base, sino las extensiones de las mismas definidas en **local.inc**. La Figura 6.2 muestra esas dependencias.

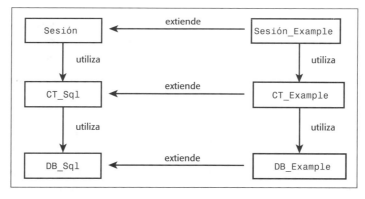

FIGURA 6.2
Dependencias y relaciones en el ejemplo.

Abreviaturas I: page_open()

Imaginemos que quiere desarrollar una aplicación más grande, utilizar la gestión de sesión, la abstracción de base de datos y las características de administración de autenticación y permisos de PHPLib. Necesita instanciar los objetos sesión, autenticación y permisos. Su archivo **local.inc** local se parecerá a algo como esto:

```
$sess = new Session_Example;
$sess->start();

$auth = new Auth_Example;
$auth->start();
```

```
$perm = new Perm_Example;
$user = new User_Example;
$user->start();
```

Como las clases dependen unas de otras, tiene que inicializarlas en el orden correcto, y no puede instanciar **User_Example** hasta que tenga una sesión y una instancia de autenticación. Y no es todo. El final de su programa depende de qué clases haya abierto antes; es importante el orden en que se llaman las rutinas de limpieza de las clases.

PHPLib le ayuda con las funciones **page_open()** y **page_close()**. La documentación las llama funciones de gestión de página. Pueden manejar todo el trabajo relacionado con la inicialización y apagado de PHPLib. Utilizando estas dos funciones podemos acortar considerablemente nuestro ejemplo:

```
page_open(array("sess" => "Session_Example",
                "auth" => "Auth_Example",
                "perm" => "Perm_Example"));

[...]

page_close();
```

La función **page_open()** en el ejemplo crea instancias de **Session_Example**, **Auth_Example** y **Perm_Example**, llamadas **$sess**, **$auth** y **$perm**, respectivamente. Puede utilizar estas instancias directamente, por ejemplo con **$sess->register()**.

Nota: La función **page_open()** debe ser llamada antes de toda salida, ya que definirá una *cookie* y otras cabeceras HTTP.

Abreviaturas II: purl(), url() y pself()

Si su aplicación utiliza **cookie** como modo principal de la propagación del ID de sesión y **get** como modo de retirada, necesita etiquetar todos sus enlaces con el ID de sesión. Para utilizar cualquiera de los demás métodos de propagación del ID de sesión que hemos subrayado en el Capítulo 4, deberá extender PHPLib para aceptar otro valor para **$mode**.

Pero PHPLib incluso facilita mucho la rescritura manual del URL. Proporciona la función **url()**, que añade el ID de sesión a los enlaces cuando está en el modo **get**:

```
$link = $sess->url("script.php3");
```

Si su sesión está actualmente en el modo **get**, la variable resultante **$link** se parecerá a esto:

```
script.php3?Example_Session=2e4c3670ce9a143fee398aec282f960c
```

La función maneja correctamente incluso cadenas de consulta; no se confundirá si la llama con un URL que contiene un parámetro, por ejemplo **script.php3?foo=bar**.

Para imprimir el enlace resultante puede utilizar la función **purl()** de PHPLib, que funciona de la misma manera que **url()** y también saca el URL generado. De manera similar, **self_url()** y **pself_url()** generan y sacan (con la última función) un enlace etiquetado al archivo actual.

Autenticación

En la sección "Autenticación" del Capítulo 4 se decía que la autenticación básica de HTTP tiene una serie de inconvenientes y que debía evitarlos con una autenticación basada en PHP. A continuación damos más detalles.

Ventajas de la autenticación PHP

Esta sección sigue a partir de donde lo dejamos en la sección "Autenticación" del Capítulo 4. Hemos explicado que la autenticación básica de HTTP tenía una serie de inconvenientes y que éstos se podían evitar con una autenticación basada en PHP. PHPLib presenta clases sofisticadas para manejar la autenticación de usuario y la administración de los permisos.

PHPLib autentica las sesiones; depende de la clase **Session**. En aquellas páginas en las que necesite una autenticación, se deberá hacer la siguiente llamada **page_open()** para instanciar una sesión y objeto de autenticación:

```
page_open(array("sess" => "Session_Example", "auth" => "Auth_Example"));
```

Al estar basada en las sesiones, introduce una serie de ventajas para la autenticación:

* El nombre de usuario y el elemento de autenticación sólo se envían una sola vez, en el momento del registro de acceso. Una vez autenticado, el servidor almacena los datos de la autenticación dentro de la sesión y no transmite el nombre de usuario o el elemento de autenticación de nuevo. Es diferente de la autenticación básica de HTTP, donde el nombre de usuario y la contraseña se transmiten en las cabeceras de HTTP en cada petición. Pero esto también significa que, si pierde la sesión, pierde la autenticación.

* El procedimiento de autenticación en el servidor puede ser complejo. Puede utilizar cualquier base de datos o cualquier otro mecanismo en el que pueda pensar. La autenticación se lleva a cabo por una función indefinida de la clase **Auth** (**auth_validatelogin()**) y deberá implementarla.

* No está limitada a un directorio, pueden ser diferentes para archivos individuales de la aplicación e incluso puede implementar niveles de autenticación dentro del *script*. Es posible ocultar partes del *script* a los usuarios que no tienen permiso para acceder a los mismos.

- Los usuarios que no son conocidos por el sistema pueden registrarse antes de entrar en el mismo. Se ofrece un formulario de registro y PHPLib creará automáticamente una entrada estándar en la base de datos del usuario.

- La autenticación a través de PHPLib funciona incluso con la versión CGI de PHP.

- Puede desconectar a los usuarios limpiamente. Esto significa que puede dar a sus usuarios la posibilidad de terminar la sesión actual (un botón de desconexión y salida).

- Los usuarios pueden ser desconectados automáticamente después de un determinado tiempo sin hacer nada. Al hacerlo se añade más seguridad a su aplicación, ya que puede impedir asaltos a la sesión después de un largo tiempo sin hacer nada.

Ejemplo de Auth

Sigamos con un ejemplo básico. El ejemplo del Listado 6.4 muestra la pantalla de registro de entrada predeterminada de PHPLib cuando la llama por primera vez. Entre con el par nombre de usuario-contraseña predeterminado de PHPLib de **kris/test**. Cuando haya sido autenticado, verá su ID de sesión, su nombre de usuario y sus permisos.

Listado 6.4. Ejemplo básico de cómo utilizar Auth

```
page_open(array("sess" => "Example_Session", "auth" => "Example_Auth"));

printf("Your session id: %s<p>\n", $sess->id);
printf("Your user ID: %s<br>\n", $auth->auth["uid"]);
printf("Your user name: %s<br>\n", $auth->auth["uname"]);
printf("You permissions: %s<br>\n", $auth->auth["perm"]);

page_close()
```

Todas las páginas que utilicen la autenticación de PHPLib siguen esta estructura general. Primero se llama a **page_open()**; el resto del *script* se ejecutará sólo después de que el usuario se haya registrado y autenticado. Puede suponer sin temor a equivocarse que ningún usuario verá nada de lo que se encuentre por debajo de **page_open()** sin que se haya registrado para entrar. Con una llamada de una línea **page_open()** ha agregado una autenticación de usuario completa a su *script*. Después de establecer las clases que quiere utilizar en la aplicación, PHPLib es fácil de utilizar. Los ejemplos que hemos presentado hasta aquí han utilizado las clases de ejemplo proporcionadas en la distribución de PHPLib. Sin embargo, en su trabajo querrá crear sus propias clases (derivadas de las clases base) para satisfacer mejor sus necesidades. Para ello, es necesario comprender un poco mejor cómo funciona PHPLib internamente.

Cualidades esenciales de Auth

Dando por hecho de que utiliza MySQL como motor de su base de datos, se utilizará el siguiente esquema para su tabla de usuario:

```
CREATE TABLE auth_user (
    user_id varchar(32) NOT NULL,
    username varchar(32) NOT NULL,
    password varchar(32) NOT NULL,
    perms varchar(255),
    PRIMARY KEY (user_id),
    UNIQUE k_username (username)
);
```

La clave principal es **user_id**, porque internamente PHPLib funciona con este ID, no con el par nombre de usuario-contraseña del usuario. Este ID (llamado **uid** en PHPLib) es una cadena única, similar a un ID de sesión, que es creado con una combinación de **uniqid()** y **md5()**:

```
$uid = md5(uniqid($hash_secret));
```

¿Por qué PHPLib no utiliza simplemente una clave principal compuesta con los campos **username** y **password**? De esta manera podría guardar el campo adicional **user_id**. La razón es que la meta de PHPLib es funcionar con cualquier proceso de autenticación y hacer la comunicación lo más fácil posible. Tener un único identificador separado de longitud fija para cada usuario facilita tener tablas adicionales que están ligadas en un modelo relacional a la tabla **auth_user**.

El truco en nuestro último ejemplo fue que utilizamos la implementación predeterminada de la clase **Auth**, tal y como viene proporcionada por la distribución de PHPLib en **Example_Default_Auth**. Casi siempre necesitará escribir su propia clase, extendiendo la clase base **Auth**. **Auth** es inutilizable tal cual porque no proporciona dos funciones necesarias para la autenticación. **Auth** no sabe qué aspecto quiere que tenga su pantalla de registro de entrada ni tampoco cómo quiere manejar la autenticación. Por tanto, no intenta hacerlo por usted y deberá definir esas funciones en sus clases derivadas. El Listado 6.5 muestra un ejemplo de una clase derivada, que es similar a las que se encuentran en **local.inc** como implementación de un ejemplo.

Listado 6.5. Extender la clase base Auth

```
require("EasyTemplate.inc.php3");
class My_Auth extends Auth
{
    var $classname = "My_Auth";
    var $database_class = "DB_Example";
    var $database_table = "auth_user";

    function auth_loginform()
    {
        // Crea instancia de plantilla
        $tpl = new EasyTemplate("loginform.inc.html");

        // ¿Está fijado el nombre de usuario? Si sí, significa que el
        // primer intento de autenticación falló.
        if(isset($this->auth["uname"]))
        {
```

(continúa)

Listado 6.5.   Extender la clase base Auth *(continuación)*

```
            $tpl->assign("USERNAME", $this->auth["uname"]);
            $tpl->assign("MESSAGE", "Either your username or your password
        ➥ are invalid.<br> Please try again!");
        }
        else
        {
            $tpl->assign("USERNAME", "");
            $tpl->assign("MESSAGE", "Please identify yourself with a
        ➥ username and a password:");
        }

        // Asigna una acción al formulario, que apunta hacia nosotros
        $tpl->assign("ACTION", $this->url());

        // Saca la plantilla analizada sintácticamente
        $tpl->easy_print();
    }

    function auth_validatelogin()
    {
        // Variables globales de formulario
        global $username, $password;

        // Si $nombre de usuario está fijado, recordarlo
        if(isset($username))
        {
            $this->auth["uname"] = $username;
        }

        // Define $uid en false de forma predeterminada
        $uid = false;

        // Selecciona las filas correspondientes al nombre de usuario-
        // contraseña enviados
        $query = "
                SELECT
                    *
                FROM
                  $this->database_table
                WHERE
                    username = '$username'
                    AND password = '$password'
                ";

        // Ejecuta la consulta
        $this->db->query($query);

        // Si una fila ha sido devuelta, el usuario ha sido autenticado
        if($this->db->num_rows() == 1)
        {
            $this->db->next_record();

            // Configura $uid y $this->auth array.
            $uid = $this->db->Record["user_id"];
            $this->auth["uid"] = $uid;
            $this->auth["uname"] = $this->db->Record["username"];
        }

        return($uid);
    }
}
```

Las dos variables de clase **$database_class** y **$database_table** se utilizan internamente por **Auth** para guardar la información de la sesión y la autenticación. No tienen influencia sobre la autenticación; el procedimiento de registro de entrada se maneja por los dos métodos de clase que necesita definir: **auth_loginform()** y **auth_validatelogin()**.

Cuando un usuario pide una página protegida y todavía no ha entrado, la clase **Auth** invoca la función **auth_loginform()**. Esta función dibujará una pantalla de registro de entrada. Como esta función será llamada de nuevo si falla la autenticación, deberá proporcionar los mecanismos necesarios para manejar los intentos fallidos. En nuestro ejemplo, mostramos un mensaje de error en consecuencia, y prerrellenamos el campo de formulario del nombre de usuario con el valor enviado.

La segunda función, **auth_validatelogin()**, es el corazón de la clase; es la que realiza la autenticación. Será llamada después de que el usuario haya enviado la información de autenticación desde el formulario proporcionado por la función **auth_loginform()**. Las variables de formulario son entonces variables globales y, por supuesto, deben ser hechas globales en la función antes de que se pueda acceder a las mismas. Cómo llevar a cabo la autenticación depende completamente de usted. En el ejemplo, hemos autenticado frente a la tabla estándar **auth_user** desde la distribución de PHPLib, pero también puede utilizar los archivos del tipo **.htaccess**, un servidor LDAP, etc.

Si la autenticación tiene éxito, la función debe devolver un ID de usuario válido y configurar el *array* **$this->auth**. Este *array* asociativo debe contener por lo menos dos elementos: **uid** es el único ID de usuario, **uname** es el nombre de usuario tal y como ha sido introducido por el usuario.

Si quiere utilizar niveles de permiso con la clase **Perm** (hablaremos más de esto dentro de poco), necesita configurar un elemento adicional: **$this->auth["perm"]**. Este elemento deberá contener los permisos que el usuario tiene, como una lista de nombres separados con una coma y sin dejar espacios. Por ejemplo, **admin** o **author,editor**. Normalmente, esta lista será recuperada desde el mismo medio de almacenamiento de donde obtiene la información de usuario; en nuestro ejemplo, la base de datos MySQL.

Si la autenticación falla, la función debe devolver **false**; luego la función **auth_loginform()** será de nuevo llamada. ¿Se ha fijado que hemos configurado **$this->auth["uname"]** con independencia de si la autenticación ha tenido éxito? El *array* **$this->auth** es una variable de sesión y por ello persiste en todos los intentos de registro de entrada. En la función **auth_loginform()**, hemos comprobado si el nombre de usuario ya ha sido especificado una vez y, eventualmente, hemos prerrellenado el formulario de registro de entrada con él.

Ahora que el usuario se ha conectado adecuadamente a su aplicación, sabe exactamente con quién está tratando. Para administrar diferentes niveles de permisos asociados con los usuarios, puede utilizar otra clase de PHPLib, **Perm**.

Administración de los niveles de permiso

En una aplicación típica, generalmente tendrá dos niveles de permisos: usuario y administrador. Sin embargo, algunas aplicaciones requieren un control de acceso más sofisticado. Por ejemplo, un sistema de gestión de contenidos necesita muchos niveles de permisos:

- Un superusuario, capaz de cambiar todo en el sistema, de modificar el sistema de usuario, etc.

- Los editores, que pueden modificar artículos y contenidos y aprobar los contenidos enviados por los autores.

- Los autores, que pueden crear contenidos y enviarlos a los editores, pero no aprobar el contenido.

- Los usuarios que sólo tienen acceso de lectura.

Como ya sabe qué usuario está actualmente conectado y puede identificarlo con una única cadena (**$uid**), no resultará difícil escribir funciones para asociar al usuario con un grupo y presentar contenidos de acuerdo con ese grupo. PHPLib tiene incorporada una funcionalidad para manejar esta situación.

Para utilizar la clase **Perm**, debe agregar otro elemento a la llamada **page_open()**. PHPLib proporciona una implementación predeterminada de la clase **Perm**, llamada **Example_Perm**, pero aquí se aplican los mismos principios que hemos mencionado anteriormente: para utilizar toda la funcionalidad disponible y satisfacer sus requerimientos específicos, deberá derivar su propia clase en **local.inc**.

El Listado 6.6 muestra un ejemplo de la utilización de **Perm**. Tiene un poco más de funcionalidad que la absolutamente necesaria, ya que le permite desconectarse y volver a conectarse con un nombre de usuario diferente; esto hace que sea más fácil ver los diferentes niveles de permiso que se están utilizando. El usuario del ejemplo proporcionado por PHPLib (nombre de usuario **kris**, contraseña **test**) tiene privilegios de administrador (**admin**); el *script* le mostrará un mensaje "**Welcome Admin**" cuando se registre con ese usuario. Como PHPLib sólo proporciona este único usuario, necesita crear un nuevo usuario si quiere ver a qué se parece la página para usuarios con privilegios menores que **admin**.

Listado 6.6.   Utilización de la clase Perm

```
page_open(array("sess" => "Example_Session", "auth" => "Example_Auth",
➤ "perm" => "Example_Perm"));

if(isset($mode) && $mode == "reload")
{
    $auth->unauth();
    print("You have been logged out.<br>");
    printf('If you want, you can <a href="%s"> login again.',
    ➤ $sess->url(basename($PHP_SELF)));
}
else
{
    if($perm->have_perm("admin"))
    {
```

(continúa)

Listado 6.6. Utilización de la clase Perm *(continuación)*

```
        print("<b>Welcome Admin.</b><br>");
        print('You are logged in with "admin" permissions.<br>');
    }
    else
    {
        printf('You are logged in with "%s" permissions.<br>',
    ➥  $auth->auth["perm"]);
    }

    printf("Your user name: %s<br>", $auth->auth["uname"]);
    printf('<a href="%s">Log out</a>', $sess->url(basename($PHP_SELF).
    ➥  "?mode=reload"));
}

page_close();
```

Operaciones bit a bit

Los cálculos bit a bit provocan a menudo mucha confusión entre los programadores novatos e, incluso, los desarrolladores avanzados tienen dificultades ocasionales cuando tratan con ellos. Sin embargo, representar valores de indicadores como patrones de bits puede resultar muy útil; PHPLib lo utiliza para los niveles de permisos. También se utilizan a menudo para almacenar valores de indicadores en un único campo **INT** de una base de datos. Imagine una aplicación que necesita guardar rastro de un número de diferentes estados como, por ejemplo, las aficiones de los usuarios. En lugar de tener un campo en una base de datos para cada afición y configurarlo como **true** o **false**, puede tener un único campo de indicador. Dependiendo de si el usuario tiene una afición específica, esta afición estará en ON u OFF.

Las operaciones bit a bit son operaciones que manipulan uno o más bits a la vez. Ya sabe que en un sistema binario, hay octetos de bits; una serie de 0 y 1. El número decimal 42 en el sistema binario está representado como 00101010:

```
Posición de bit: 7 6 5 4 3 2 1 0
Valor de bit:    0 0 1 0 1 0 1 0
```

El bit que está más a la derecha, el bit 0, es conocido como el bit menos significativo. El bit 7 es conocido como el bit más significativo. Para convertir desde un sistema binario a un sistema decimal, y viceversa, puede utilizar **BinDec()** y **DecBin()** en PHP.

Los operadores binarios alternan los bits en esos octetos en *off* u *on*.

Cómo definir un bit

Para definir un bit en un valor deberá utilizar OR (**value | value**) inclusivo. Por ejemplo, si el valor del indicador actual es 3 (lo que significa que el primer y segundo bits están definidos) y quiere fijar el segundo bit (recuerde que los bits se empiezan a contar a partir de 0), tiene que poner el valor actual OR con 4 (2 para la segunda potencia):

```
$value = 3;
$value |= 4;
```

El valor es ahora 7. En el sistema binario, la operación se parece a esto:

```
  0 0 0 0 0 1 1
| 0 0 0 0 1 0 0
= 0 0 0 0 1 1 1
```

Cómo alternar un bit

Alternar un bit, ponerlo en 1 si está en 0 y viceversa, se hace utilizando el operador exclusivo OR (XOR) (**value ^ value**). Si nuestro valor es 3 y queremos alternar el primer bit (que actualmente es 1: **0000010**), se deberá utilizar la siguiente línea:

```
$value = 3;
$value ^= 2;
```

El resultado de esto sería 1. En binario:

```
  0 0 0 0 0 1 0
^ 0 0 0 0 0 1 0
= 0 0 0 0 0 0 1
```

Cómo borrar un bit

Para borrar, lo más fácil es asegurarse que está conmutado y luego invertirlo. Esto requiere dos operadores bit a bit, INVERSE y AND (**value & ~value**). Para borrar el primer bit en el valor 3, se puede utilizar esta línea:

```
$value = 3;
$value &= ~2;
```

Cómo probar un bit

Para probar si un bit está fijado en un valor, utilice el operador lógico AND. Compara dos valores; si ambos bits están son 1, devuelve 1. Por ejemplo, para probar si el primer bit está fijado en el valor 3, deberá utilizar:

```
if(2 & 3)
    // more code
```

Desplazamientos bit a bit

Para desplazar bits a la izquierda o a la derecha, utilice los operadores de desplazamiento << y >>. Por ejemplo, desplazar un 1 binario hacia la izquierda con un 1 binario dará un 10 binario:

```
   0 0 0 0 0 1
<< 0 0 0 0 1 0
=  0 0 0 0 1 0
```

Esto puede resultar útil para definir los bits, como veremos más tarde en el ejemplo.

Precedencia del operador

Éste es un buen momento para hablar sobre la precedencia con operaciones bit a bit. Recuerde que los operadores bit a bit tienen una precedencia menor que los operadores aritméticos. La sentencia 1 + 2 | 3 será evaluada como (1+2) | 3. También es importante recordar que los operadores bit a bit tienen una precedencia menor que los operadores de comparación. Tenga cuidado de no escribir sentencias como if(2 & 3 != 0). En lugar de probar si el segundo bit está fijado en el valor 3 (lo está) esta sentencia probará primero 3 !=0, devolverá **true**, lo que dará como resultado 2 & 1, devolviendo 0, que, definitivamente, no es lo que usted quería.

Ejemplo

Volvamos al ejemplo de las aficiones que hemos mencionado anteriormente. Imagine que el usuario puede elegir entre estas cuatro aficiones disponibles: leer, programar, escribir y hacer excursiones. Asignamos primero un bit a cada afición:

- leer: 1

- programar: 2

- escribir: 4

- hacer excursiones: 8

En binario, esto representa los siguientes valores:

```
leer:             0 0 0 0 0 1
programar:        0 0 0 0 1 0
escribir:         0 0 0 1 0 0
hacer excursiones: 0 0 1 0 0 0
```

En el código, puede definir estas aficiones con un simple desplazamiento de bit:

```
define("HOBBY_READING", 1 << 0);
define("HOBBY_PROGRAMMING", 1 << 1);
define("HOBBY_WRITING", 1 << 2);
define("HOBBY_HIKING", 1 << 3);
```

Si el usuario elige escribir y programar como aficiones, puede crear un patrón de bits utilizando OR con esos valores:

```
$pattern = HOBBY_WRITING ¦ HOBBY_PROGRAMMING;
```

Después, puede probar si el usuario ha elegido la escritura como su afición comprobando el bit asociado en el patrón:

```
printf("Writing %s chosen.", (HOBBY_WRITING & $pattern) ? "is": "is not");
```

Para quitarle la definición al bit de escritura, puede utilizar esta línea:

```
$pattern &= ~HOBBY_WRITING;
```

La comprobación real del nivel de permisos necesario se hace utilizando la función **$auth->have_perm()**. Pasa el nivel de permiso que quiere comprobar como un argumento. Nuestro ejemplo utiliza **$auth->have_perm("admin")** para ver si nuestro usuario tiene el privilegio **admin**. Si el usuario tiene los permisos necesarios, la función devuelve **true**; si no, devuelve **false**.

Cada usuario tiene privilegios asociados. Utilizando la implementación **Example_Auth**, los privilegios se almacenan en la tabla **auth_user** de MySQL. Ya hemos visto el campo antes:

```
perms varchar(255)
```

Se define una lista de permisos válidos en la clase derivada de **Perm**, es decir, la variable de clase **$permissions**. La clase **Example_Perm** tiene los siguientes permisos:

```
var $permissions = array(
        "user"       => 1,
        "author"     => 2,
        "editor"     => 4,
        "supervisor" => 8,
        "admin"      => 16
        );
```

Los permisos son internamente traducidos a mapas de bits y calculados con OR y AND lógicos. Los valores en este *array* asociativo definen un patrón de bits para cada nivel de permiso. Aunque esto pueda parecer complicado, la utilización de patrones de bits tiene algunas ventajas para escenarios como los niveles de permisos. Por ejemplo, proporcionan los niveles que heredan los permisos desde niveles inferiores; un nivel **admin** tiene automáticamente privilegios **user** si diseñó los patrones de bits adecuadamente.

La configuración predeterminada no tiene este comportamiento inclusivo: el nivel **admin** es diferente del nivel **user**, y un usuario que pertenezca al grupo **admin** no podrá acceder a la funcionalidad asegurada con **$auth->have_perm("user")**. Para aclarar todo esto, resulta de gran ayuda visualizar cómo PHPLib calcula los patrones de bits:

- Funcionalidad accesible sólo para niveles **user**. Este nivel tiene el patrón de bits 1.

- El usuario está en el nivel **admin**, que tiene el patrón de bits 16.

- Estos dos operandos están combinados con un AND lógico, lo que da como resultado 0 (verifique usted mismo: **print(16 & 1);**). El resultado **0** no es el mismo que el nivel pedido (1), por lo que el acceso es denegado.

La esencia de este cálculo es que PHPLib comprueba si el patrón de bits proporcionado como argumento a **$perm->have_perms()** tiene fijado el bit de permiso del usuario. Esto autoriza complejas combinaciones.

Echemos un vistazo a otro ejemplo. Suponga que tiene cuatro niveles de permisos; **admin, editor_in_chief, editor** y **author**. Quiere que los editores no puedan enviar contenidos (nivel **author**), pero los otros grupos deberán heredar los permisos por debajo de éstos. El sistema de autorización final se parece a esto:

- **admin**: hereda **editor_in_chief, editor, author**
- **editor_in_chief**: hereda **editor, author**
- **editor**
- **author**

Para calcular los patrones de bits de cada grupo, empiece por el nivel más bajo, **author**, con un patrón de bits de 1 (lo que significa que está fijado el bit más a la derecha). Si queremos que el editor herede el nivel de autor, tenemos que seguir con el patrón de bits de autor y definir el siguiente bit más alto (**1 | 2**). Sin embargo, para este ejemplo queremos que los grupos de autor y editor estén separados, por lo que definimos el nivel **editor** para el siguiente patrón de bits libre más alto, 2 decimal (10 binario).

Si un editor pide ahora una página protegida con permisos **author**, el acceso será denegado:

- nivel requerido (**author**): 1
- nivel actual (**editor**): 2
- lógico AND de 1 y 2 (**1 & 2**) es 0, que no es el nivel que se requiere.

El siguiente nivel más alto (tercer bit por ahora) es **editor_in_chief**, que hereda **editor** y **author**. Esto significa que los bits 1 y 2 deben fijarse en el patrón de bits de editor jefe, y también fijamos el segundo bit (2 a la segunda potencia, o 4): **1 | 2 | 4**; esto da como resultado **7**.

Para verificar la exactitud de esto:

- nivel requerido (**editor**): 2
- nivel actual (**editor_in_chief**): 7
- lógico AND de 7 y 2 (**7 & 2**) es **2**, que es el nivel que se requiere.

El único nivel que queda es el de administrador, que de nuevo hereda todos los niveles por debajo de él: **7 | 8** (8 se utiliza para fijar el tercer bit). El resultado es **15**. Para probarlo:

- nivel requerido (**editor_in_chief**): 7
- nivel actual (**admin**): 15
- lógico AND de 15 y 7 (**15 & 7**) es **7**, que es el nivel que se requiere.

Por tanto, nuestros permisos están definidos de la siguiente manera:

```
define("PHPLIB_PERM_AUTHOR",            1 | 0);
define("PHPLIB_PERM_EDITOR",            1 | 1);
define("PHPLIB_PERM_EDITOR_IN_CHIEF", 1 | 2 | 4);
define("PHPLIB_PERM_ADMIN",             1 | 2 | 4 | 8);

var $permissions = array(
        "author"           => PHPLIB_PERM_AUTHOR,
        "editor"           => PHPLIB_PERM_EDITOR,
        "editor_in_chief" => PHPLIB_PERM_EDITOR_IN_CHIEF,
        "admin"            => PHPLIB_PERM_ADMIN
        );
```

Resumen

En este capítulo hemos visto las clases básicas y los usos de PHPLib. Hemos visto que es una potente solución para muchos problemas con los que inevitablemente se enfrentará cuando cree aplicaciones web, aunque es fácil de utilizar una vez que se ha establecido el marco necesario. Proporciona una infraestructura completa para la administración de la sesión y la autenticación de usuario en todos los aspectos.

En el siguiente capítulo veremos la utilización de PHPLib con una aplicación de la vida real. Ese capítulo muestra también otra clase de la PHPLib que todavía no hemos mencionado: la clase **Template** para separar el código de la presentación.

7

Aplicaciones de vanguardia

- Depósitos de conocimiento.
- PHP y XML.
- Resumen.

En este capítulo vamos a ahondar más en los temas relacionados con las aplicaciones web de vanguardia.

En la primera sección, "Depósitos de conocimiento", hemos creado un depósito de ejemplo con rangos de usuario, contador de accesos y categorías anidadas ilimitadas. Veremos las estructuras en árbol y llevaremos a la práctica el conocimiento aprendido en el Capítulo 2, "Sintaxis avanzada".

XML (*Extensible Markup Language*, Lenguaje de marcas ampliable) se ha convertido rápidamente en el estándar más utilizado para el intercambio de datos. No obstante, las explicaciones a menudo generalizadas (del tipo "XML es HTML permitiéndole crear sus propias etiquetas") hacen que sea difícil entender los conceptos reales que se esconden detrás de él. Intentaremos explicárselo detalladamente y proporcionarle una buena introducción al análisis sintáctico (intérprete) de XML con Expat, la interfaz DOM (*Document Object Model*, Modelo de objeto de documento) y LibXML.

WDDX (*Web Distributed Data eXchange*, Intercambio de datos distribuidos web) proporciona un medio para intercambiar estructuras de lenguaje de programación (objetos, clases, *arrays*, etc.) en Internet. Mostraremos por qué es útil y cómo utilizarlo en sus aplicaciones.

Depósitos de conocimiento

En el entorno corporativo ha surgido una clara tendencia en los últimos años: alejarse de la planificación basada en el producto e ir hacia la estrategia enfocada al cliente. Con esta tendencia, se ha generalizado una nueva tecnología: la gestión del conocimiento.

Para una compañía que quiere tener una ventaja estratégicas sobre sus competidoras, es necesario organizar el conocimiento corporativo de tal manera que sea siempre fácilmente accesible por cualquiera. Con el auge de las intranets, este tema está más de actualidad que nunca.

En las intranets tradicionales, la información es a menudo difícil de encontrar porque está dispersa en muchas páginas diferentes y llega desde muchas fuentes distintas. La información que realmente está ahí es a menudo inútil porque no está indexada y organizada en pequeñas unidades lógicas, lo que facilitaría su búsqueda.

¿Qué puede hacer una compañía para resolver estos problemas de manera eficaz? La clave está en una gestión eficaz del conocimiento. Muchas compañías ofrecen soluciones sofisticadas, pero también puede tener en cuenta la posibilidad de desarrollar sus propias herramientas; serán más simples y por ello más fáciles de utilizar que las soluciones comerciales o se ajustarán mejor a la estrategia de la empresa.

Tenemos un punto de inicio para usted. En el CD-ROM que acompaña a este libro encontrará el código fuente completo para una base de datos de conocimiento que puede ser fácilmente transformada en un depósito de soporte o en un directorio de enlace corporativo. El sistema fue desarrollado originariamente por Zend Technologies, pero han sido tan amables de dejarnos distribuirlo con este libro.

La aplicación tiene una amplia gama de características: búsqueda de texto simple, número ilimitado de categorías y subcategorías, un registro que muestra todos los consejos de un autor o autores específicos con la mayoría de las entregas, estimación de entradas de usuario, etc.

El sistema se realizó utilizando PHPLib para la abstracción de base de datos y plantillas HTML. Por tanto, el siguiente paseo también le dará una visión general del desarrollo de la aplicación con PHPLib. La Figura 7.1 muestra la pantalla de inicio de la aplicación.

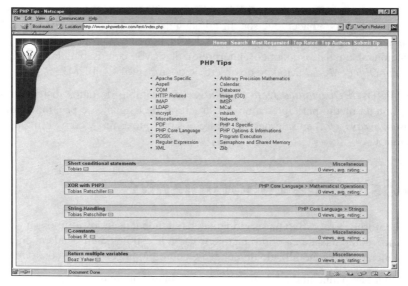

FIGURA 7.1
Pantalla de inicio del depósito de conocimiento.

Lista de requerimientos

Como explicamos en el Capítulo 3, "Diseño de aplicaciones: un ejemplo de la vida real", un proyecto empieza con la compilación de los requerimientos. Normalmente, éste es un proceso iterativo en estrecha colaboración con el cliente y se realiza a menudo por un analista de sistemas, el administrador del proyecto o un consultor técnico, aunque también suelen realizarlo los programadores. Analizar el dominio del problema y escribir una lista de requerimientos es una de las fases más importantes en el desarrollo de software, la cual determinará en buena medida el éxito del proyecto. Este proyecto se inició con una lista de requerimientos facilitada por Zend Technologies.

Un sistema de software deberá desarrollarse para organizar hechos, consejos y modificaciones de manera que sea fácil navegar y buscar algo en él. La primera página de la aplicación deberá mostrar las categorías disponibles debajo de la categoría raíz y una lista de las entradas recientemente añadidas a la base de datos. Haciendo clic en una de las categorías, el usuario puede explorar las entradas que hay debajo de esa categoría. Haciendo clic en una entrada, el usuario obtiene una página que muestra los detalles de esa entrada: el título, el texto completo, el nombre del autor, la fecha en que se añadió la entrada y la valoración actual. En esta página deberá ser posible valorar la entrada, en una clasificación que vaya de uno a cinco, siendo uno la valoración más alta.

El software deberá tener una característica de búsqueda de texto, utilizando AND como el operador de concatenación predeterminado. Si el usuario introduce "imap connect", el sistema deberá devolver todas las entradas que haya en la base de datos que tengan "imap" y "connect" en su título o cuerpo. La búsqueda no deberá distinguir entre mayúsculas y minúsculas.

Deberá ser posible recuperar todas las entradas enviadas por un autor determinado. Y deberán estar disponibles tres registros adicionales, mostrando los autores que tengan más entradas en la base de datos, las entradas con la valoración más alta y las entradas a las que se accede con mayor frecuencia.

Únicamente los usuarios registrados podrán de enviar nuevas entradas. Las entradas enviadas no deberán ser visible pero sí deberán insertarse en la base de datos con un indicador que marque que necesitan ser aprobadas. Se deberá notificar al administrador cuando se envía una nueva entrada.

En el sitio Zend.com ya se utiliza PHPLib. El sistema deberá, por tanto, utilizar PHPLib para la gestión de la sesión, el acceso a la base de datos y las plantillas. La clase **Template** de PHPLib deberá utilizarse para separar el código y los datos a presentar. El sistema deberá exponer una API clara, y deberá ser mantenido más tarde por diferentes desarrolladores en Zend Technologies.

No es muy habitual que el cliente proporcione una lista de requerimientos detallada. A menudo, los clientes no sabrán cómo los problemas de negocios se pueden traducir en las aplicaciones de software. El cliente no es un experto en el desarrollo de software, pero sí conoce el ámbito de los problemas. Durante las primeras conversaciones con el cliente, el analista compila normalmente una lista de requerimientos desde el ámbito de los problemas. "¿Para qué es la aplicación?" y "¿qué tendrá que hacer la aplicación para el usuario?" son las típicas preguntas en esa etapa. Luego es tarea del analista ayudar al cliente a expresar el problema en términos adecuados para las soluciones de software. Durante la fase de análisis, el analista aprende más sobre el problema y puede plasmarlo en términos concretos y documentables.

Especificación

La lista de requerimientos le da un conocimiento general del problema. Una vez que la tiene, es hora de crear las pautas para la implementación real: escribir una especificación. El primer paso para esto es explorar las estructuras de datos que se necesitan.

Intente partir el problema complejo en estructuras más pequeñas. Al analizar la lista de requerimientos y el dominio del problema, se hace más patente que hay tres importantes estructuras de datos; el resto de la aplicación está construido sobre las mismas. La estructura más importante es una entrada en el depósito de conocimiento. ¿Qué forma una entrada? Desde la lista de requerimientos sabemos que una entrada tiene propiedades asociadas: un título, el cuerpo, el autor, la categoría, las valoraciones y los registros de entrada. Como ya hemos resuelto problemas similares con anterioridad, vemos un patrón de diseño en esta estructura de datos: es un simple contenedor. Pero sabemos que necesitaremos una manera para hacer referencia a este contenedor. (Dibujar a partir de la experiencia pasada es muy importante y puede distinguir a un buen programador de otro mediocre. El problema más difícil es fácil de resolver si ya lo ha resuelto antes.)

Crear la estructura de datos para la categoría sigue un procedimiento similar, pero inicialmente todo lo que sabemos sobre ella es que la estructura debe tener una propiedad de "nombre" asociada. La lista de requerimientos dice que necesitamos categorías anidadas, por lo que esta estructura necesita un único identificador (dos categorías en ramas diferentes pueden tener el mismo nombre). Un anidamiento ilimitado de categorías es también otro requisito, pero por ahora nos lo saltaremos porque es un problema independiente.

La tercera estructura de datos ya está predefinida, ya que hemos utilizado PHPLib. Simplemente se corresponde con la clase **Auth** de PHPLib.

Esta propuesta es diferente de la tradicional descomposición funcional y de la ingeniería de arriba abajo. La **descomposición funcional** identifica las funciones de un sistema que están incorporadas (en nuestro ejemplo, "organizar hechos en categorías", "proporcionar informes para la mayoría de las entradas accedidas", etc.) y las rompe en pequeñas subfunciones hasta que las funciones son atómicas y pueden proyectarse directamente a funciones de programa. En este punto no intentaremos hacerlo, ya que no tenemos ni idea de cómo definir subfunciones todavía. Las descomposición funcional parece estupenda hasta que se intenta. Puede llevarle en la dirección equivocada y una vez que está en marcha es prácticamente imposible corregir las decisiones porque sólo puede dividir la función una y otra vez. Tendrá que empezar completamente de nuevo.

En su lugar, hemos intentado romper la totalidad del problema en patrones de diseño: intentamos reconocer los problemas que ya hemos solucionado alguna vez. Conocer ya la solución a un problema similar es la mejor manera para solucionar los problemas. Por ejemplo, no necesitamos hacer ningún tipo de descomposición funcional en el problema de autenticación; sabemos que podemos utilizar partes de PHPLib para esto.

Las estructuras de entrada y categoría pueden proyectarse al código. Nuestra aplicación guarda las estructuras de entrada y categoría en clases:

```
class category
{
    var $cat_id, $cat_name, $parent_id;
}

class entry extends category
{
    var $entry_id, $title, $body, $t_stamp, $author, $views, $votes,
    ➥ $rating;
}
```

La utilización de las clases fue una decisión de diseño y no una implicación de la lista de requerimientos. Nuestra experiencia anterior muestra que la utilización de clases lleva a un código más limpio porque puede tener múltiples instancias separadas.

Puede ver estas estructuras de datos en diferentes "dominios" del software. Forman unidades lógicas pero interactúan unas con otras. El propósito del documento de especificación es cubrir todos los dominios de una aplicación. En este momento no es importante saber cómo los dominios están representados en el código, y sólo sirve para ilustrar las estructuras.

Trasladar estas estructuras de datos a un modelo relacional es bastante simple. La aplicación utiliza tablas de base de datos para almacenar las entradas en el depósito de conocimiento: categorías disponibles, valoraciones de entrada y registros de acceso. Las dos tablas principales son **entries** y **categories**, con enlaces a las subtablas **ratings** y **logs**. Por supuesto, como MySQL no reconoce claves extrañas, estos enlaces deben manejarse en el espacio de la aplicación. Por ejemplo, si el administrador quiere borrar una entrada, también necesita borrar las correspondientes entradas (a las que se hace referencia con el mismo **entry_id**) en las tablas **ratings** y **logs**. La Figura 7.2 muestra un diagrama de relación de entidad para la estructura de tabla.

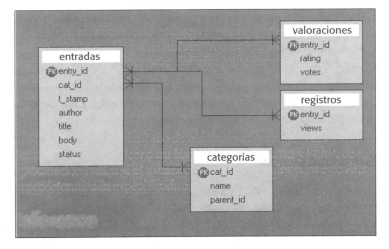

FIGURA 7.2
Diagrama de relación de entidad para la aplicación de depósito de conocimiento.

Ahora que conoce las estructuras de datos básicas de la aplicación, la siguiente pregunta es ¿qué ocurre con ellas? De la lista de requerimientos conocemos una serie de acciones que la aplicación deberá permitir. Es ahora tarea nuestra separar limpiamente esas tareas.

Normalmente, las acciones se agrupan en torno a las estructuras de datos definidas anteriormente. Centrémonos primero en las acciones que tienen que ver con las entradas en la base de datos:

- Recuperar una entrada específica. Esta acción necesita conocer el identificador de la entrada que hay que recuperar. La acción puede fallar si no hay ninguna entrada que se corresponda con el identificador en la base de datos. También puede fallar si ocurre un fallo del sistema. Por ejemplo, si el sistema de base de datos es inaccesible. En caso de éxito, la acción devuelve una estructura para una entrada.

- Recuperar las entradas en una categoría específica. Esta acción necesita conocer el nombre de la categoría para la que se deben recuperar las entradas. Puede fallar en caso de un error, o devolver una lista de entradas válidas. ¿Una lista de entradas? Espere un poco, todavía no hemos definido esa estructura de datos. Ya habrá tiempo para volver a la especificación y agregar una nueva estructura para las listas.

- Recuperar las últimas diez entradas añadidas.

- Recuperar las entradas de mayor valoración.

- Recuperar las entradas a las que más se ha accedido.

- Recuperar todas las entradas enviadas por un autor determinado.

Y así sucesivamente para todas las acciones y dominios subrayados. El resultado será una amplia lista de estructuras y acciones necesarias, documentando la totalidad del proyecto.

Para resumir: hemos creado una lista de requerimientos, descrito el dominio del problema y las características que tiene que tener la aplicación. El resultado de poner la lista de requerimientos en términos más concretos ha sido una especificación. La especificación describe las estructuras de datos y el comportamiento de la aplicación.

Después de esto ha llegado la hora de mirar los detalles de la implementación de la aplicación. Resaltamos dos puntos interesantes aquí, la utilización de plantillas y la implementación de las categorías anidadas en SQL.

La clase Template

Como vimos en el Capítulo 6, "Acceso a bases de datos con PHP", PHPLib ofrece una solución para muchos problemas comunes a las aplicaciones web. En nuestro caso, los desarrolladores de Zend ya han utilizado PHPLib para algunas partes de su sitio, por lo que lo hemos estandarizado para la gestión de sesión, la abstracción de base de datos y las plantillas HTML.

La clase **Template** de PHPLib permite la separación del código y de los datos a presentar, de manera similar a cómo lo hacía la clase **EasyTemplate** que hemos desarrollado en el Capítulo 5, "Estrategias básicas de las aplicaciones web". Esta clase tiene una característica más rica que la de nuestra clase. Por ejemplo, puede contener bloques que marcan las secciones que hay que reemplazar más de una vez (es muy útil para las filas en las tablas) y puede abrir múltiples archivos en una instancia y combinarlos fácilmente. El inconveniente es que es menos intuitiva que **EasyTemplate**.

La clase **Template** está completamente separada del resto de PHPLib y puede utilizarla sin usar ninguna otra característica de PHPLib. En caso de que esté interesado en mirar su código fuente, puede encontrarlo en el archivo **template.inc** en la distribución de PHPLib.

Al igual que **EasyTemplate**, la clase **Template** de PHPLib guarda el HTML en archivos separados, utilizando "posicionadores" para los datos que deben ser dinámicamente sustituidos por PHP. Los posicionadores "escalares", que serán sustituidos por cadenas ordinarias, tienen el mismo formato que los de **EasyTemplate**.

El código del Listado 7.1 procesa esta plantilla simple.

Listado 7.1. Ejemplo básico de la clase Template

```
// Crea una instancia de plantilla
$tpl = new Template();

// Carga un archivo, le asigna un identificador
$tpl->set_file("page" => "basic_template.inc.html");

// Asigna los contenidos a los posicionadores
$tpl->set_var(array("TITLE" => "This is a Template test",
                    "CONTENTS" => "Hello World!"));

// Analilza sintácticamente una variable temporal (identificador)
$tpl->parse("out", "page");

// Saca la plantilla analizada
$tpl->p("out");
<html>
 <title>{TITLE}</title>
 <body>
  {CONTENTS}
 </body>
</html>
```

La primera línea crea una instancia de la clase **Template**. El constructor de la clase toma dos argumentos opcionales: el primero especifica un directorio base donde reside la plantilla (el predeterminado es el directorio actual, *./*); el segundo define cómo manejar los posicionadores que no se utilizan en su *script*. Puede ser uno de **keep, comment** o **remove**, siendo **remove** el valor predeterminado. Si están fijados en **keep**, los posicionadores se conservan; si nuestro ejemplo no asignara un valor al posicionador **{TITLE}**, éste aparecería como en la plantilla analizada. Configurar la variable en **comment** producirá la siguiente salida en nuestro ejemplo, si no se asignara un valor a **{TITLE}**:

```
<html>
 <title><!-- Template : Variable TITLE undefined --></title>
 <body>
  Hello World!
 </body>
</html>
```

Definir la variable en **remove** (lo predeterminado) borrará silenciosamente de la plantilla a los posicionadores no asignados.

La siguiente línea en el ejemplo utiliza **set_file()** para asignar un archivo de plantilla a la clase. Esta función toma como primer argumento un manejador bajo el cual el archivo de plantilla será referenciado en funciones posteriores. El segundo argumento es el nombre de archivo; se buscará el archivo en la ruta especificada en el constructor (en nuestro ejemplo, el directorio actual). De manera alternativa, puede pasar un *array* asociativo a la función **set_file()**, asignando múltiples archivos a la vez. En ese caso, las claves del *array* son los manejadores y los elementos definen los nombres de archivo actuales.

Después de esto, se asignan las cadenas a los posicionadores de la plantilla utilizando **set_var()**. Nuevamente, puede pasar un único par clave-valor a esta función, o un *array* asociativo para procesar por lotes. La parte restante del ejemplo invoca la función analizadora **parse()**) e imprime el resultado (**p()**).

El ejemplo muestra la utilización básica de la clase **Template**; sólo funciona con un archivo de plantilla y reemplaza cada posicionador con una cadena variable. También podía haber utilizado **EasyTemplate** para esto, y probablemente habría sido más rápido e intuitivo que la propuesta de PHPLib. Sin embargo, la clase **Template** muestra toda su potencia cuando se utiliza en escenarios más complejos.

Una de las características más avanzadas es que la clase **Template** puede manejar múltiples archivos de plantilla y combinarlos en un archivo de salida. La aplicación de depósito de conocimiento lo utiliza mucho: una plantilla de página define el aspecto y disposición general, las hojas de estilo en cascada y la cabecera y pie de página; y otras muchas plantillas más pequeñas forman los contenidos dentro de la plantilla "padre". Observe estos extractos de la página principal de la aplicación, **index.php**:

```
$tpl->set_file(array(
    "page" => "page.inc.html",
    "table" => "table.inc.html",
    "entry_summary" => "entry_summary.inc.html"
    ));

// [resto de código, asignaciones, etc.]

$tpl->parse("CONTENTS", "table", true);
$tpl->parse("CONTENTS", "entries", true);
$tpl->parse("CONTENTS", "page");
$tpl->p("CONTENTS");
```

Se hace referencia a la plantilla principal con el identificador **page**. Éste es básicamente un marco HTML que contiene un importante posicionador, **{CONTENTS}**, para los contenidos reales de la página. Este posicionador será sustituido por otro archivo de plantilla separado, al que se referirá como **table**. Esto funciona porque la clase **Template** le permite añadir los resultados de un redondeo del análisis sintáctico a un posicionador. El *script* analiza primero el archivo de plantilla con la referencia **table** y luego lo añade a la plantilla principal.

Si estudia otro archivo de plantilla de la aplicación, **entry_summary.inc.html**, verá otra característica avanzada de la clase **Template**: los **bloques**. Los bloques dinámicos se utilizan para partes de una plantilla que será reemplazada de manera iterativa por sí misma. En nuestro caso, se utiliza para mostrar las últimas cinco entradas en la base de conocimiento. La plantilla **entry_summary.inc.html** contiene un bloque que se repite para producir cinco resúmenes de entrada. Se define un bloque en la plantilla utilizando una sintaxis de comentario:

```
<!-- BEGIN blockname -->
    block
<!-- END blockname -->
```

En el código se accede al bloque utilizando la función **set_block()**. El primer argumento a esta función es la referencia padre, normalmente una referencia al archivo de plantilla. El segundo argumento es el nombre del bloque. El tercer argumento opcional es el nombre de una nueva referencia; si se omite se presupone que es el mismo que el nombre del bloque. En nuestro ejemplo, la llamada **set_block()** se parecerá a esto:

```
set_block("table", "blockname");
```

La referencia resultante (**blockname**) puede luego ser manejada de la misma manera que las referencias producidas con **set_file()** y analizadas sintácticamente con regularidad. Es cierto que esto puede resultar confuso cuando lo oye por primera vez. Veamos cómo funciona conceptualmente la clase **Template**. Una unidad lógica importante de la clase **Template** son los manejadores. Los manejadores son similares a los identificadores de enlace (ID de recurso): apuntan a un determinado conjunto de datos y pueden utilizarse en varias funciones como referencia a ese conjunto de datos. Puede crear manejadores utilizando uno de estos tres métodos:

- **set_file()** crea un manejador para un archivo de plantilla.

- **set_var()** crea un manejador para un posicionador dentro de una plantilla.

- **set_block()** crea un manejador para un bloque dentro de una plantilla.

Con cada una de las funciones, puede especificar el manejador que deberá ser creado. En **set_file()** y **set_var()**, el manejador que hay que crear es el primer argumento (o las claves del *array*, si un *array* asociativo es pasado como argumento). En **set_block()**, el manejador es el segundo argumento. En funciones como **parse()**, **subst()** o **get_undefined()**, utilice los manejadores creados con anterioridad para hacer referencia al conjunto de datos que las funciones deberán procesar. Para las funciones no tiene importancia cómo fue creado el manejador; funcionan en los archivos de plantillas, así como en los posicionadores o los bloques dinámicos. Veamos un ejemplo simple. Digamos que tenemos un archivo de plantilla con un posicionador y un bloque dinámico:

```
<b>{PLACEHOLDER}</b>
<ul>
<!-- BEGIN block -->
    <li> {BLOCK_PLACEHOLDER}
<!-- END block -->
</ul>
```

Para analizarlo sintácticamente, debe primero definir un manejador para todo el archivo, utilizando **set_file()**. El posicionador normal puede tratarse normalmente, como hemos visto antes. Luego defina un manejador de bloque. Este bloque puede ahora tratarse de la misma manera que trató al propio manejador de archivo; es una división independiente igualmente importante dentro del archivo. Por tanto, también puede combinar los dos manejadores como hemos hecho antes con los dos archivos separados. En el código, se parecerá a lo siguiente:

```
$tpl->set_file("page", "page.inc.html");

// Asigna un valor para posicionadores escalares
$tpl->set_var("PLACEHOLDER", "This is just a test.");

// Crea un manejador de bloque, llamado "block"
$tpl->set_block("page", "block");

// Crea tres instancias de bloque
for($i=0; $i<3; $i++)
{
    // Reemplaza el posicionador por esta iteración de bucle
    $tpl->set_var("BLOCK_PLACEHOLDER", "Loop #$i");

    // Analiza sintácticamente el bloque, añade el resultado al mismo
    $tpl->parse("block_handle", "block", true);
}

// Analiza sintácticamente y saca la página
$tpl->parse("page", "page");
$tpl->p("page");
```

Esto da al diseñador la posibilidad de definir plantillas de fila sin tener que tratar con ningún código PHP. Si bien esto añade flexibilidad a la tarea del diseñador, sigue habiendo algunos escenarios en los que no tendrá otro camino que mezclar de nuevo el código y los datos a presentar. Un ejemplo de esto es la página de resultados de la búsqueda de nuestra aplicación. En el código para esta página, encontrará esta sección:

```
$entries = kb_get_entries_by_keyword($keywords);
// ¿Cualquier entrada encontrada?
if($entries)
{
    $tpl->set_block("tip_summary", "tip", "entries");
    kb_entries_to_template($entries, $tpl);

    $tpl->set_var(array(
        "RESULTS_TITLE" => sprintf(count($entries).
        ➥ " %s found:", count($entries) > 1 ? "entries" : "entry"),
        "KEYWORDS" => $keywords
        ));
}
else
{
    $tpl->set_var("MESSAGE",  '<div align="center"><i>No entries
    ➥ found.</i></div>');
    $tpl->parse("entries", "tip", true);
}
```

El código comprueba si las entradas que se corresponden con los términos de la búsqueda han sido encontradas en la base de datos y muestra un mensaje donde figura que no se ha encontrado ninguna entrada o el listado de todas las entradas encontradas. En el listado, el código también da formato al mensaje dependiendo de si se muestra más de una entrada ("1 entrada encontrada" frente a "x entradas encontradas"). Sin embargo, esto es claramente un problema de presentación, el número de entradas encontradas no influye en la lógica de la aplicación en absoluto. Por tanto, en un mundo ideal, el diseñador podrá proporcionar esos mensaje. Tal vez quiere que el mensaje **Not entries found** esté en rojo y el número de entradas encontradas sea igual de grande y en negrita. En nuestro caso, el diseñador tendrá que pedir amablemente al programador que lo implemente; después del tercer cambio, esto empieza a ser un poco frustrante tanto para el diseñador como para el programador.

Una propuesta para resolver este problema es darle a la plantilla algún control y dejar al diseñador que decida sobre la lógica de la plantilla. Las plantillas contendrán un simple metalenguaje de *script* que se parecerá a esto:

```
{{if ENTRIES_FOUND > 1}}
    {{ENTRIES_FOUND}} entries found:
{{/if}}
{{if ENTRIES_FOUND=1}}
    One entry found:
{{/if}}
{{if ENTRIES_FOUND=0}}
    No entries found for your search!
{{/if}}
```

Por supuesto es una estrecha línea entre la separación del código y la presentación y su mezcla de nuevo. ¿Prefiere que la presentación esté en el código o que el código esté en la presentación? Es el eterno problema del huevo y la gallina. En el momento de escribirse este libro, se estaban haciendo esfuerzos para crear una plantilla API para la distribución PHP estándar. El ejemplo del *metascript* se ha tomado de un borrador de Andrei Zmievski para un lenguaje de plantilla. Andrei (autor de la plantilla API y del desarrollador del núcleo de PHP) pretende implementar una serie de características adicionales. Por ejemplo, variables predefinidas estándar **#ODD** o **#EVEN** dentro de los bloques dinámicos. Esto hará que sea posible implementar los populares cambios de color en filas de tablas repetidas; lo que de otra manera necesitaría ser manejado nuevamente por un programador. Andrei quiere integrar la plantilla API directamente en PHP, lo que ofrecerá una serie de ventajas sobre las actuales soluciones de plantilla, como las de PHPLib. En primer lugar, será estándar y los desarrolladores de software podrán depender de ella. En segundo lugar, como tendrá que estar fuertemente integrada en el motor del núcleo de PHP, el arranque tendrá un mayor rendimiento. Por ejemplo, las plantillas analizadas sintácticamente podrán guardarse en la memoria caché.

Recursión con SQL

Nuestra aplicación permite un anidamiento ilimitado de categorías. Hemos elegido la solución más básica y fácil de implementar para anidar categorías. La tabla **categories** está definida de la siguiente manera:

```
CREATE TABLE categories (
   cat_id bigint(21) DEFAULT '0' NOT NULL auto_increment,
   name varchar(32) NOT NULL,
   parent_id bigint(21) DEFAULT '0' NOT NULL,
   PRIMARY KEY (cat_id),
   KEY parent_id (parent_id)
);
```

El campo responsable del anidamiento es, por supuesto, **parent_id**; contiene el valor **cat_id** de la categoría un nivel por encima. En realidad, ésta es la implementación de árbol más básica posible: cada nodo tiene exactamente una propiedad que hace referencia al nodo padre. Hay una serie de inconvenientes con esta propuesta, y el más importante es que resulta imposible conseguir todos los nodos padre de un nodo con una consulta SQL. En su lugar, para conseguir el padre, necesita emitir múltiples consultas, necesita n-1 consultas para profundizar n niveles.

Hemos elegido una implementación recursiva para conseguir los nodos padre en la función **kb_cat_get_parents()**. Recupera los nodos de categoría desde la base de datos siempre y cuando **cat_id** coincida con la categoría raíz. Esto se puede visualizar con un ejemplo. Imaginemos que hay tres categorías anidadas:

```
INSERT INTO categories VALUES (1, 'Main Category', 0);
INSERT INTO categories VALUES (2, 'Sub Category I', 1);
INSERT INTO categories VALUES (3, 'Sub Category II', 2);
```

Cuando es llamada con un valor inicial **cat_id** de 3, la función **kb_cat_get_parents()** recupera primero el ID padre de este nodo (que en nuestro ejemplo es 2). Luego se llama a sí misma con este ID, formando una función recursiva. El terminador de la función recursiva es la condición **parent_id == 0**, es la categoría raíz, y no puede haber ningún nodo por encima de esta categoría. La función se llamará a sí misma de manera recursiva hasta que encuentre esa condición.

Autenticación

Los requerimientos para la aplicación incluyen que sólo los usuarios registrados podrán enviar nuevas entradas. Gracias a PHPLib, agregar la autenticación al sistema es una cuestión de agregar una llamada **page_open()** al *script* que quiere proteger; en nuestro caso, **submit.php**. De esta manera, el usuario sólo puede acceder a los contenidos de la página después de haber sido autenticado.

En la tabla **entries** hemos almacenado el único ID de usuario proporcionado por PHPLib. Como ya hemos visto antes en este capítulo, puede acceder a este ID utilizando el *array* **$auth**: está almacenado en **$auth->auth["uid"]**, y **$auth->auth["uname"]** contiene el nombre de usuario.

Nuestra aplicación no trata con la gestión de usuario. En algún otro lugar de su sitio web tiene que proporcionar medios para registrar como usuario, editar los registros, enviar contraseñas olvidadas, etc. Como depende de usted implementar esto, no tenemos ninguna posibilidad de obtener el nombre completo de un usuario; todo lo que tenemos es el ID de usuario y el nombre de usuario. Por tanto, hay una función llamada real_user_name(), que toma un ID de usuario como parámetro y devolverá un nombre completo para este usuario. De manera predeterminada, la función devuelve de nuevo el ID de usuario; deberá extender la función para buscar el nombre completo en su base de datos y devolverlo.

El producto acabado

La función real_user_name() y todas las demás funciones API se guardan en un archivo central, lib.inc.php3. Como todas las funciones tienen una documentación de sintaxis básica en la fuente, es fácil compilar una visión general de la API de manera automática. Todo lo que necesitamos es un simple comando grep:

```
grep '^[\\\/ ]*\*' lib.inc.php
```

Sin embargo, esto no es una sustitución para una documentación técnica completa y deberá servir sólo como referencia rápida. Después de haber definido la API, el resto de la aplicación trata sobre todo de la invocación de las funciones API y de la impresión de los resultados.

PHP y XML

Nota: Si ya está familiarizado con los conceptos básicos de XML, puede saltarse la siguiente sección que es una breve introducción a XML y continuar directamente con PHP y Expat.

¿Qué es XML?

XML (*Extensible Markup Language*, Lenguaje de marcas ampliable) es un metalenguaje de marcas para documentos que contienen información estructurada. Expliquemos las palabras una tras otra:

- **XML es extensible**. Fíjese en HTML: la etiqueta <h1> denota siempre una cabecera de primer nivel. Por el contrario, en XML la etiqueta no significa nada hasta que le da un significado con una regla de acompañamiento, la DTD (*Document Type Definition*, Definición de tipo de documento).

- **XML es un lenguaje de marcas**. De la misma manera que tendría que hacerlo HTML, teóricamente, XML no proporciona información de la presentación a la aplicación de procesamiento.

- **XML es un metalenguaje**. XML no tiene definida una etiqueta; proporciona la posibilidad de definir etiquetas.

- **XML funciona con documentos**. Documentos no limitados a archivos. Los documentos pueden venir de una base de datos, de la red o de los archivos.

• **XML define información estructurada**. Coloca partes de datos en un cuerpo mayor y le da un significado contextual y una relación estructural.

Información estructurada

Hay un concepto clave que necesita entender cuando se habla de XML: los documentos estructurados o, más elocuentemente, el **marcado de información estructurado**. El marcado estructurado define explícitamente la estructura y el contenido semántico (el significado contextual) de un documento. No influye en la manera en que el documento aparecerá al lector; la interpretación de los datos (análisis sintáctico, presentación, etc.) se deja completamente a la aplicación de procesamiento. Tomemos la etiqueta <p> (de párrafo) de HTML: denota múltiples sentencias que están juntas para formar una unidad lógica. La etiqueta en sí misma no implica cómo deberá presentarse el párrafo en el navegador. El navegador puede insertar una línea en blanco delante o detrás, sangrar la primera línea del párrafo o agregar bordes ornamentales en el mismo. Esto es un marcado lógico; la información de estilo está fuertemente codificada dentro del navegador. Los documentos XML están compuestos por esas marcas lógicas. Al igual que en HTML, las etiquetas se utilizan para identificar la información de marcas. Pero en XML, no hay elementos visuales como en HTML (piense en <font>); está restringido a marcas lógicas. No hay manera de especificar una palabra en cursiva en XML. Sólo la puede marcar por su significado semántico, por ejemplo, con <emphasis>.

¿Dónde está entonces la estructura? Las etiquetas XML pueden anidarse y tienen un estado contextual; es decir, es importante el lugar donde aparecen en un documento. Una combinación de etiquetas <chapter><title> se trata de diferente forma que <book> <title>. No hay límite en el número de elementos anidados en la especificación XML; el único requisito es que todos los elementos deben originar un elemento raíz.

Antecedentes de XML

El antecedente de XML es SGML. Desde que se convirtió en un estándar ISO en 1986, SGML (*Standard Generalized Markup Language*, Lenguaje de marcas generalizado estándar) se ha utilizado para mantener documentos estructurados por grandes corporaciones en todas las industrias. Sin embargo, SGML es un estándar complejo difícil de soportar en las aplicaciones. La mayoría de las aplicaciones SGML, editores, servidores de almacenamiento, herramientas de transformación, son por tanto muy caras (a menudo cuestan por encima de los 10.000 dólares).

HTML, por otra parte, tiene un amplio soporte de industrias y es utilizado en millones de sitios web. Define un tipo de documento simple para una clase común de artículos cortos, con cabeceras, párrafos, listas, ilustraciones y algo para hipertexto y multimedia. Pero es muy limitado en cuanto a flexibilidad y extensibilidad. Las etiquetas y la semántica son fijas; no puede definir su propia etiqueta para una entrada en una tabla de contenidos. Tampoco es adecuado para medios que no sean interfaces de computadora; si alguna vez ha intentado imprimir artículos distribuidos para múltiples archivos, ya sabrá lo que esto significa. La especificación abierta lleva a una fragmentación con múltiples implementaciones diferentes. Como ya sabe, es un arte escribir HTML que sea neutral con respecto al navegador.

Por tanto, había una necesidad de crear un nuevo formato que permitiera que se utilizasen documentos estructurados en la Web. XML fue creado para superar las limitaciones de las únicas alternativas viables: SGML y HTML.

Los objetivos de diseño de XML tenían algunos puntos claramente definidos:

- Debe ser de fácil utilización tanto para los usuarios como para los desarrolladores que implementen intérpretes XML. La complejidad de SGML es una dificultad que hay que eliminar.

- XML debe estar abierto para soportar una amplia variedad de aplicaciones y subprotocolos. La dependencia de un único tipo de documento inflexible como en HTML debía ser eliminada.

- Requiere una sintaxis estricta. Las características opcionales llevan a problemas de compatibilidad cuando los usuarios quieren compartir documentos. Existía un temor constante de que pudiera ocurrir lo mismo que ocurría con HTML: competencia múltiple e implementaciones incompatibles.

- Debe ser compatible con SGML. Los miembros de los comités de desarrollo también estaban involucrados en los esfuerzos de SGML y tenían datos de herencia contenidos en los sistemas.

El desarrollo tuvo como resultado una clara especificación aprobada por el World Wide Web Consortium (W3C) de recomendación del Extensible Markup Language (XML) 1.0 el 10 de febrero de 1998.

XML es diferente a SGML: XML elimina muchas de las características menos utilizadas y más complejas de SGML y crea una nueva aplicación reducida basada en SGML. Como es un subconjunto de SGML, puede leer un documento XML con cualquier sistema que se acomode a SGML. Cada documento XML válido es un elemento SGML válido.

XML es diferente a HTML: además de eliminar los conceptos erróneos de HTML, tiene importantes diferencias sintácticas. Más todavía, las etiquetas, atributos y contenidos pueden estar en una cadena de codificación definida por Unicode.

Echemos una mirada a un pequeño extracto del código fuente de este libro:

```
<title>Cutting-Edge Applications</title>
<abstract>
    <para>
        If you realize that all things change,
          there is nothing you will try to hold on to.
    </para>
</abstract>
```

Aquí puede ver las etiquetas que se están utilizando, proporcionando marcas estructuradas y lógicas. En contraste con HTML:

- Las etiquetas distinguen entre mayúsculas y minúsculas (son sensibles a la caja).

- Los espacios en blanco son importantes.

- Las etiquetas de apertura deben siempre tener una etiqueta correspondiente de cierre o ser de cierre automático (por ejemplo, <xref/>).

- Los documentos pueden tener una definición de tipo de documento válida (DTD).

De esta manera podemos resumir que XML elimina la enorme complejidad de SGML, a la vez que sigue proporcionando todas las características necesarias para el marcado estructural, incluida la definición de tipo de documento a medida.

Las ventajas de XML

Pero ¿por qué XML? Con todas esas definiciones formales, los desarrolladores a veces no ven la utilidad para sus actividades diarias. ¿Por qué utilizar XML y no Word o Notes? O ¿su propio formato de almacenamiento patentado? O ¿una base de datos relacional?

El argumento principal contra los formatos patentados es precisamente eso: que están patentados. Los datos que están diseñados para ser utilizados en una red heterogénea como Internet tienen que ser utilizables por todos los tipos de computadoras que se conecten a la misma. XML está construido en formato de sólo texto (en oposición al formato binario de la mayoría de las aplicaciones patentadas), lo que lo hace soportable por todas las plataformas de computación actuales. Además, los formatos de datos patentados a menudo no son una opción (por ejemplo, en cuerpos públicos). No es bueno depender y estar a merced de un único fabricante que pueda cambiar el formato a su antojo o incluso abandonarlo completamente. XML es de licencia libre, neutral con respecto al fabricante e independiente de la plataforma.

A la vez que XML proporciona medios para un contenido estructurado, presenta una visión del contenido diferente (pero no necesariamente opuesta) al de los sistemas de base de datos relacionales. XML no proporciona un modelo relacional. Permite ilimitados niveles anidados, que no se podrían manejar en un sistema de bases de datos. Por otra parte, le faltan características encontradas en RDBMS, como tipos de campo estrictos, coacciones, claves, etc. Por supuesto, hay similitudes en los dos conceptos y se está avanzando en el desarrollo para crear un lenguaje de consulta parecido a SQL para los documentos XML. De todos modos, el éxito de XML no debería hacerle olvidar la utilidad de los RDBMS tradicionales, ya que proporcionan muchas características de procesamiento importantes que difícilmente pueden ser construidas en XML y, además, están optimizadas para la velocidad desde el principio.

La ventaja principal y definitiva de XML es la separación de la estructura lógica y de la presentación. Al tener sus documentos en XML, puede transformarlos en cualquier representación que quiera: HTML, PostScript, PDF, RTF, texto simple, audio, Braille, a partir de una única fuente. Y como los documentos (texto simple) de XML se pueden interpretar con su lenguaje de *script* favorito, resulta fácil cambiar los hiperenlaces dinámicamente, cambiar el contenido de los elementos o asociar estructuras con una base de datos.

Y si todavía no está convencido, repase todas las DTD (definición de tipo de documento) que se están desarrollando o que ya están en uso. El propio XML es casi siempre una tecnología "en la sombra", la sustancia son las aplicaciones que lo utilizan.

¿Para qué se utiliza XML?

Como lenguaje de marcas estructurado, XML se utiliza, por supuesto, en los sistemas de administración de contenidos, soluciones de archivo y depósitos de documentos corporativos. Pero existen muchas otras aplicaciones y subprotocolos. Debido a la naturaleza abierta del estándar, las DTD se han desarrollado rápidamente.

DocBook

La definición de tipo de documento (DTD) DocBookX es un conjunto de etiquetas muy popular para describir libros, artículos y otros documentos en prosa, especialmente documentación técnica. Fue desarrollado originalmente en 1991 por el editor O'Reilly como una DTD de SGML para su utilización interna. Pronto se hizo popular entre los autores y se expandió por otras casas editoriales, un cambio que agradó a O'Reilly, quien entregó el desarrollo posterior al Grupo Davenport. A mediados de 1998, OASIS (*Organization for the Advance of Structured Information Standards*) se hizo cargo del mantenimiento de DocBook. Cuando XML se hizo cada vez más popular, una versión no oficial de XML (3.1) fue creada por Norman Walsh. Se está trabajando actualmente para transformarla en una versión oficial; DocBook 5 vendrá lo más probablemente con SGML y XML.

Cuando empezamos a escribir este libro, estaba claro que queríamos utilizar un formato abierto como XML. La DTD DocBook fue elegida porque ofrecía todas las características que íbamos a necesitar. Todos los elementos utilizados en la escritura técnica están presentes y, para decirles la verdad, incluso están incluidos algunos muy esotéricos; o ¿es que ha visto alguna vez un elemento **MouseButton** (de la consulta rápida: el nombre convencional de un botón del ratón) en su procesador de textos?

XML y DocBook ofrecen algunas ventajas claras para nosotros. Podemos utilizar CVS como herramienta de control de versión para los ejemplos de PHP y para los archivos del libro. La transformación en HTML es fácil, tanto con PHP como utilizando un procesador de hoja de estilo como el XT de James Clark. Y la edición es muy cómoda, gracias a XmetaL de SoftQuad, que permite una edición visual intuitiva utilizando las hojas de estilo en cascada (CSS) para la ventana en el entorno de autor, como muestra la Figura 7.3.

WML

WML (*Wireless Markup Language*, Lenguaje de marcas inalámbrico) es otra definición de tipo de documento (DTD) que se ha convertido rápidamente en un estándar de la industria. Se utiliza para especificar contenidos e interfaces de usuario para dispositivos inalámbricos, como teléfonos móviles o Personal Digital Assistants. Estos dispositivos tienen algunos inconvenientes que hacen que HTML sea una mala elección para una lenguaje de marcas:

- Ventanas gráficas pequeñas y de baja resolución.

- Interacción de usuario limitada.

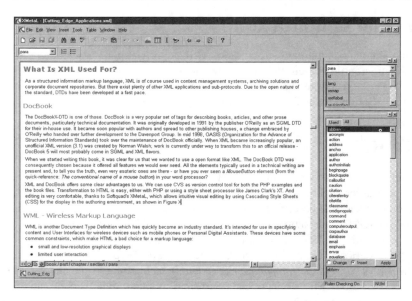

FIGURA 7.3
Entorno de autor XmetaL de SoftQuad, utilizado para escribir este libro.

- Acceso a red de banda estrecha (por ahora).

- Recursos de computación limitados.

WML se dirige a esos problemas. Divide el contenido en pequeñas piezas ("cartas") y las organiza en unidades de información más grandes ("barajas"). Para evitar continuos accesos de red, WML define un conjunto de procedimientos de *script* del lado del cliente en XML. Por ejemplo, la posibilidad de definir y acceder a variables en la computadora del cliente. Debido al estado real limitado de la pantalla, es especialmente difícil crear rutas de navegación que tengan sentido en dispositivos móviles. WML requiere explícitamente al agente de usuario, el navegador WAP, que tenga una historia de navegación y permita que los documentos WML puedan utilizarla, así se libera al autor de alguna responsabilidad y se la delega en el agente de usuario.

RDF

La especificación RDF (*Resource Description Framework*, Marco de descripción de recursos) define un lenguaje para almacenar metainformación sobre recursos web en un formato XML. La Web tal y como está, con sus millones de páginas HTML, es muy difícil de procesar por máquinas automáticas como arañas o robots. Los motores de búsqueda alcanzan su límite cada día, e incluso los algoritmos más hábiles no garantizan que el resultado de las búsquedas tengan significado, como sabe todo aquel que utilice la Web para una investigación profesional. El tipo de búsqueda de las páginas web sólo puede ser de texto simple, lo que realmente es un método de búsqueda muy limitado.

El HTML actual permite un almacenamiento primitivo de metadatos sobre un documento. Como ya sabrá, las metaetiquetas se pueden utilizar para denotar palabras clave para un documento, un resumen pequeño e información del autor. Pero ¿qué ocurre si quiere almacenar la historia de la publicación del documento? ¿Información sobre los editores? Cualquier bibliógrafo se reirá ante las metaetiquedas de HTML.

En 1998, el W3C formó un comité para encontrar un formato para definir metadatos y lanzó el Resource Description Framework (RDF) como recomendación el 22 de febrero de 1999.

RDF extiende el formato originalmente utilizado para PICS, un sistema de evaluación de contenidos y está sustituyendo cada vez más al estándar Dublin Core Metadata for Resource Discovery, que es otra metodología para clasificar metadatos. RDF ha sido rápidamente aceptado como un mecanismo estándar para el intercambio global de metadatos en Internet.

Documentos XML

Los documentos XML consisten en marcas y contenido (llamados **datos de carácter** en términos de XML) en el conjunto de caracteres de Unicode. Hay diferentes tipos de marcas, que introduciremos en la siguiente visión general.

Elementos

Los elementos resultarán familiares para alguien que haya trabajado con HTML. Denotan el significado de una sección de contenido. XML no puede contener elementos que no tengan una etiqueta de cierre (por ejemplo <img> de HTML):

```
<xref    linkend="end"/>
```

Recuerde que el anidamiento de las etiquetas es importante; las etiquetas que están incorrectamente anidadas producirán documentos mal formados.

Atributos

Los elementos pueden tener atributos. Los atributos son pares nombre-valor que ocurren dentro de las etiquetas detrás del nombre del elemento y especifican una propiedad de un elemento. Los valores de atributo deben estar contenidos entre comillas. No debe aparecer ningún nombre de atributo más de una vez en la misma etiqueta.

Un documento XML puede opcionalmente (y con independencia de la definición de tipo de documento) tener dos atributos estándar: xml:lang y xml:space. El atributo xml:lang ha sido definido, ya que la independencia del lenguaje es uno de los objetivos más importantes de XML.

Sin saber en qué lenguaje está escrito un texto, es imposible que una aplicación lo pueda mostrar, verificar o indexar. El gran soporte Unicode de XML no sería de ninguna ayuda si el autor no pudiera asignar una etiqueta de lenguaje a una parte concreta de un documento. Por eso se introdujo el atributo **xml:lang**:

```
<p>Worldwide declarations of love</p>
<p xml:lang="It">Ti amo.</p>
<p xml:lang="De">Ich liebe Dich.</p>
<p xml:lang="X-Klingon">qabang</p>
```

El identificador de lenguaje es uno de los siguientes:

- Un código de lenguaje ISO 639 de dos letras.

- Un código de lenguaje registrado por la Internet Assigned Numbers Authority (IANA); estos empiezan con el prefijo "i-" (o "I-").

- Un código definido por el usuario, que empieza con "x-" (o "X-").

El otro atributo estándar, **xml:space**, no es tan fácil de entender y utilizar. Como hemos mencionado con anterioridad, el espacio en blanco es importante en XML y será pasado a la aplicación de procesamiento. Pero después de leer nuestras líneas generales sobre el estilo de codificación, ya sabe que el espacio en blanco es importante para estructurar y sangrar el código con el fin de mejorar su legibilidad. Se utiliza de esta manera para disponer las marcas, pero no tiene importancia para la propia marca o para los datos de caracteres. Por otra parte, puede ocurrir que un autor quiera que el espacio en blanco se preserve.

Debido a estos dos aspectos conflictivos del tema, el comité XML introdujo el atributo **xml:space** que controla el comportamiento del espacio en blanco. Sólo puede tener dos valores: **preserve** o **default**. En cualquier elemento que incluya el atributo **xml:space="preserve"**, el espacio en blanco será tratado como "importante" y pasado a la aplicación de procesamiento tal y como está. El valor **defaul**t indica a la aplicación que el procesamiento predeterminado de la aplicación deberá aplicarse. Ambos atributos estándar son heredados por los subelementos hasta que son explícitamente restaurados en un elemento.

Nota: Un procesador XML es el programa utilizado para leer documentos XML. El procesador XML posibilita que una aplicación acceda a la estructura y contenido de un documento XML. A lo largo de este libro, los términos procesador XML y analizador sintáctico o intérprete (*parser*) XML se refieren al mismo tipo de software.

Instrucciones de procesamiento

Otro "elemento" tipo que encontrará en los documentos XML es la **instrucción de procesamiento**, o PI. Las instrucciones de procesamiento se utilizan para definir partes en un documento que no deberán ser interpretadas por un motor analizador regular, sino por un manejador de procesamiento especializado. Consisten en <? y un nombre de destino utilizados para identificar la aplicación a la que se dirige la instrucción. La etiqueta PHP larga (<?php) es, por supuesto, una PI y puede utilizarse en documentos XML para marcar el código PHP.

Nota: Para poder acomodarse a XML, debe definir la directiva **short_tags** de su configuración de PHP en **Off** y utilizar la etiqueta larga de apertura **<?php** coherentemente. La etiqueta corta de apertura confundiría a XML y no será una instrucción de procesamiento válida. Por otra parte, las etiquetas como **<xml** interferirán con PHP, ya que PHP tomará **xml** por un código y, en consecuencia, producirá un error de análisis sintáctico.

Entidades

Cualquier texto que no está marcado constituye los datos de caracteres del documento. Dentro de este contenido, un autor necesita una manera para incluir caracteres especiales como < or > que normalmente introducirá el principio o el final de las secciones de marcado. De manera similar a HTML, XML conoce la notación de las entidades. Hay cinco entidades predeterminadas:

Entidad	Carácter	Símbolo
<	<	menor que.
>	>	mayor que.
&	&	ampersand.
"	"	comilla doble.
'	'	comilla simple (apóstrofe).

Nota: Si utiliza una DTD, estas entidades necesitan ser declaradas si quiere utilizarlas.

Si utiliza referencias de caracteres, puede insertar cualquier carácter Unicode arbitrario en su documento. Consisten en la notación normal de las referencias, pero con el signo de la libra (#) detrás del ampersand. Detrás de esto se inserta una referencia decimal o hexadecimal a la posición de Unicode. Por ejemplo, tanto ℞ como &#x221E hacen referencia al signo de infinito ((). Las entidades no están limitadas a un único carácter, pueden ser de cualquier longitud. Por ejemplo, una DTD puede definir una entidad **&footer;** para contener "Copyright (c) 2000 New Riders".

Comentarios

XML utiliza la misma notación para los comentarios que HTML: **<!—comment—>**. Los comentarios pueden contener cualquier dato excepto la cadena literal - - y pueden colocarse entre entradas de marcado en cualquier sitio en el documento. La especificación XML afirma explícitamente que los comentarios no son parte de los contenidos de un documento; no se requiere analizarlos sintácticamente para pasarlos a la aplicación de procesamiento. Esto significa que no puede utilizar los comentarios para instrucciones ocultas o cosas parecidas, como podía hacerlo en HTML (no olvide utilizar etiquetas de comentarios para ocultar JavaScript en navegadores antiguos).

Secciones CDATA

Un tipo especial de contenido son las secciones CDATA. En cuanto intente incrustar grandes secciones de código (que contienen muchas apariciones de < o &) en un documento XML, encontrará pesado y difícil el método estándar de referenciar caracteres especiales por las entidades. HTML tiene la etiqueta <pre> para desactivar la interpretación de marcado de una sección; pero como XML no reconoce ninguna etiqueta incorporada, esto está fuera de nuestro alcance. Para superar esto, puede marcar las secciones en XML como CDATA utilizando esta construcción:

```
<![CDATA[
    print("<a href="script.php3?foo=bar&baz=foobar");
]]>
```

Dentro de una sección CDATA pueden darse todos los caracteres excepto para la secuencia]]>.

Prólogo de documento

Nota: Los documentos XML deberán (pero no están obligados) empezar con una declaración XML que especifica la versión que se está utilizando. Esta información de la versión es parte del prólogo del documento:

```
<?xml version="1.0"?>
    <greeting>Hello, world!
</greeting>
```

Al tener esta información al principio del documento, un procesador puede decidir si está capacitado para manejar la versión XML del documento. También resulta útil como método para identificar el tipo de documento; de la misma manera que #!/bin/sh en la cabecera de un archivo declara que es un *script* de *shell*, la declaración XML identifica un documento XML.

La segunda parte importante del prólogo de documento es la **declaración de tipo de documento**. No hay que confundirla con definición de tipo de documento (DTD). La declaración de tipo de documento contiene o apunta a una DTD. La DTD consiste en declaraciones de marcas que proporcionan una "gramática" para los documentos XML. La declaración de tipo de documento puede apuntar a una DTD externa, contener las declaraciones de marcas directamente o ambas cosas. La DTD de un documento consiste en ambos subconjuntos tomados juntos. Éste es un ejemplo de una declaración de tipo de documento:

```
<!DOCTYPE book SYSTEM "docbookx.dtd">
```

Esta declaración de tipo de documento tiene el nombre **book** y apunta a una DTD externa llamada **docbookx.dtd**. No tiene DTD de línea.

Si un documento contiene la DTD completa y ninguna entidad externa, se le llama un **documento aislado** y está marcado así en la declaración de XML:

```
<?xml version="1.0" standalone='yes'?>
```

Esto puede resultar útil para algunas aplicaciones. Por ejemplo, para la entrega de documentos en una red cuando quiere abrir sólo un único flujo de documentos. Tenga en cuenta que incluso los documentos XML con DTD externas pueden convertirse en documentos aislados importando la DTD y las entidades externas en el prólogo del documento.

Estructura de documento

Ahora conoce todos los dispositivos que forman un documento XML: elementos (con atributos), instrucciones de procesamiento, entidades, comentarios y secciones CDATA. Pero ¿cómo se agrupan estas piezas para formar un documento XML con significado?

La especificación XML sólo define una estructura de documento muy genérica. Afirma que cada documento bien formado tiene estas cualidades (explicaremos lo que significa "bien formado" después):

- Puede tener un prólogo de documento que identifique la versión XML y la DTD.

- Debe tener exactamente un elemento raíz y un número de elementos arbitrario debajo de la raíz.

- Puede tener material diverso detrás de esto.

La última parte, "material diverso", está tomada aquí en un tono irónico; mucha gente considera que es un error de diseño de XML. Hace que el análisis sintáctico de los documentos XML sea potencialmente más duro, ya que no puede confiar en que el final del documento sea el elemento raíz de cierre. Cuando se analiza sintácticamente un documento en una conexión de red, no puede cerrar la conexión después de haber recibido el elemento de cierre raíz, debe esperar hasta que el servidor cierre la conexión, ya que puede haber más contenido "diverso" a tener en cuenta.

Pero todavía no se ha dicho nada sobre la sintaxis y la estructura de la cosa que supuestamente es la responsable de toda la magia de XML: la **definición de tipo de documento**. Es la DTD la que da significado a un documento XML; define su sintaxis, la secuencia y anidamiento de las etiquetas, los posibles atributos de los elementos, las entidades; en pocas palabras, toda la gramática. Escribir DTD complejas no es una tarea fácil y se han escrito muchos libros para explicar este tema. Como al ser usuario de XML no necesita normalmente tratar con esta tarea directamente, no explicaremos aquí este tema. En su lugar, veremos otro concepto de XML que puede ser más importante en su trabajo diario.

Espacio de nombres XML

Ya hemos visto diferentes aplicaciones XML (definiciones de tipo de documento) y para qué se utilizan. Pero ¿qué ocurre si quiere crear un único documento XML que contenga elementos de dos DTD diferentes? Por ejemplo, el elemento <part> puede significar una parte de un libro en una DTD y una parte de fabricación en otra. Sin una manera para separar estos dos espacios de nombres, los dos nombres de elemento entrarán en conflicto. ¿Cómo se pueden identificar estos elementos distintos? Necesita asociar un identificador con el elemento, por ejemplo <part namespace = "book"> o, si quiere evitar los atributos, <book:part> y <manufacturing:part>.

El W3C se enteró pronto de este punto débil en XML e introdujo una nueva especificación: los espacios de nombres en XML, publicado como recomendación el 14 de enero de 1999.

Los espacios de nombres de XML proporcionan un método para tener múltiples espacios de nombres, identificados por Uniform Resource Identifiers (URI, Identificadores uniformes de recursos), en un documento XML. La DTD de Resource Description Framework (RDF, Marco de descripción de recursos) utiliza este método. Veamos el siguiente ejemplo de la especificación RDF:

```
<?xml version="1.0"?>
<rdf:RDF   xmlns:rdf="http://www.w3.org/1999/02/22-rdf-syntax-ns#"
           xmlns:s="http://description.org/schema/">
     <rdf:Description about="http://www.w3.org/Home/Lassila">
          <s:Creator>Ora Lassila</s:Creator>
     </rdf:Description>
</rdf:RDF>
```

Esto define dos espacios de nombres, uno llamado **rdf** y otro llamado **s**. Detrás de la definición, se referencia un espacio de nombres poniéndole un prefijo (concatenado con dos puntos) a un nombre de elemento; así se evita efectivamente la colisión entre distintos significados lógicos y definiciones sintácticas.

Nota: El URI en un identificador de espacio de nombres, no una DTD. Sería estupendo poder apuntar a diferentes DTD utilizando los espacios de nombres, pero actualmente existen muchos problemas técnicos con esta propuesta; ha sido dirigida por el W3C en la definición del esquema de XML que estaba en desarrollo cuando se escribió este libro.

EBNF, O "¿QUÉ DIABLOS ES ESTO OTRA VEZ?"

Como desarrollador web, frecuentemente se enfrentará a la tarea de leer especificaciones; especificaciones de proyectos, definiciones de lenguaje formales o libros blancos estándar. Al leer alguna de las especificaciones del W3C (probablemente, las más conocidas son los documentos HTML y XML), se encontrará con una extraña mezcla de caracteres que presumiblemente forman una definición gramatical.

```
document ::= prolog element Misc*
```

Ésta es la primera definición de sintaxis en la especificación de XML y define la estructura básica de un documento XML. La notación utilizada se llama Extended Backus-Naur Form, o EBNF para abreviar. Entender las especificaciones formales será mucho más fácil una vez que entienda lo básico de EBNF.

EBNF es una manera formal de definir la sintaxis de un lenguaje de programación, por lo que no hay ninguna ambigüedad sobre lo que es válido o está permitido. También se utiliza en muchos otros estándares, como protocolos o formatos de datos y lenguajes de marcas como XML y SGML. Como EBNF hace una definición de gramática muy rigurosa, están disponibles herramientas de software que transforman automáticamente un conjunto de reglas EBNF en un analizador sintáctico (*parser*). Los programas que hacen esto se llaman compiladores de compiladores. El más famoso de todos es YACC (*Yet Another Compiler Compiler*), pero por supuesto hay muchos más.

Puede considerar a EBNF como un conjunto de reglas, llamadas producciones o reglas de producción. Cada regla describe una parte de la sintaxis general. Puede empezar con un símbolo de inicio (llamado S, por tradición) y luego puede definir las reglas para lo que quiere reemplazar con este símbolo. Gradualmente, esto formará un lenguaje gramatical complejo compuesto por el conjunto de cadenas que puede producir cuando sigue esas reglas.

Si estudia el ejemplo de arriba nuevamente, verá que es una asignación; hay un símbolo a la izquierda, un operador de asignación (que también puede escribirse como :=) y una lista de valores a la derecha. Tiene que seguir la definición del símbolo hacia abajo hasta la última aparición, luego ya no se dan más símbolos a la derecha de la asignación sino una cadena final, llamada terminal, que es un valor atómico.

EBNF define tres operadores, que le resultarán familiares de las expresiones regulares:

Operador	Significado
?	Opcional.
+	Debe ocurrir una o más veces.
*	Debe ocurrir cero o más veces.

Para definir la gramática del lenguaje, que le permite expresar números de coma flotante, se utilizará esta notación de EBNF:

```
S := SIGN? D+ (. D+)?
D := [0-9]
SIGN := "+"¦"-"
```

La primera línea define el símbolo de inicio, con la siguiente secuencia:

• Un signo opcional, que consiste en + o en −.

• Uno o más elementos de la producción D.

• De manera opcional, un punto y nuevamente uno o más elementos de la producción D.

Observe que EBNF permite a los operadores trabajar en grupos de símbolos: (. D+)? significa que esta expresión es opcional.

La segunda línea enumera los finales (átomos) de la producción D, los dígitos 0 a 9 en este caso. La sintaxis utilizada es la misma que con las expresiones regulares, se define un conjunto en una expresión entre paréntesis. La tercera línea define los dos signos posibles: el carácter de tubería (*pipe*) (|) se utiliza para denotar alternativas: A|B significa "A o B pero no ambos".

Ha sido una explicación muy básica de EBNF. La especificación de XML define la sintaxis adicional. Por ejemplo, las restricciones de validez y las restricciones de buena formación. Todo esto está explicado en la sección "Notation" de la especificación, por lo que no daremos más detalles aquí. Se puede encontrar más información sobre EBNF en cualquier libro compilador moderno.

Validez y buena formación

Hay dos tipos de documentos que se acomodan a XML: los documentos **válidos** y los documentos **bien formados**. Cualquier documento está bien formado si se corresponde con todas las reglas de sintaxis básicas de XML:

- Contiene un elemento raíz y un número arbitrario de elementos debajo de ese elemento.

- Los elementos están adecuadamente anidados.

- Los atributos aparecen sólo una vez por elemento y están enmarcados entre comillas simples o dobles. No pueden contener directa o indirectamente referencias de entidad a entidades externas. Tampoco pueden contener una etiqueta de apertura (<).

- Las entidades deben ser declaradas antes de que se utilicen, salvo en los casos de entidades estándar.

- Las entidades no deben referirse a sí mismas de manera recursiva.

Por ejemplo, el siguiente es un documento XML bien formado:

```
<greeting>Hello world.</greeting>
```

Pero no es un documento válido. La especificación XML lo define de la siguiente manera: un documento XML es válido si tiene una declaración de tipo de documento asociada y si el documento cumple con las restricciones en él expresadas. Esto significa que cualquier documento XML válido también está bien formado. Un documento bien formado puede ser no válido si no se adhiere a la sintaxis presentada en la DTD asociada. Un documento mal formado no puede nunca ser válido. Un documento mal formado no es un documento XML: contiene errores fatales y los analizadores sintácticos de XML están instruidos para que detengan el procesamiento en ese punto. La distinción entre válido y bien formado tiene dos connotaciones muy importantes para XML. En primer lugar, aporta dos clases de analizadores de XML: los que se preocupan de la validez de un documento XML y los que no; es decir, analizadores **validadores** o **no validadores**. La lista de especificaciones de XML presenta la facilidad de uso para los desarrolladores como un objetivo de diseño y, en realidad, es muy fácil para un programador de nivel medio escribir un analizador no validador. Escribir un analizador validador es un tema diferente.

En segundo lugar, el concepto de validez frente a buena formación divide las aplicaciones XML en dos categorías. Una trata a XML como un formato extendido de almacenamiento de datos. Los documentos bien formados se utilizan para el almacenamiento de datos y para mostrarlos. Para esta tarea no se necesita una DTD; un documento bien formado es suficiente. Con esta propuesta puede conseguir cierto nivel de reutilización de código. Por ejemplo, puede reutilizar el código para analizar sintácticamente los datos y generar etiquetas en aplicaciones posteriores. Pero en cuanto quiera intercambiar información como información (lo contrario que tratarla como datos puros), necesitará dar un significado al documento y asociarlo con una DTD. En aplicaciones que tratan con el procesamiento e intercambio de información sólo son adecuados los documentos válidos.

Ahora que hemos visto lo más básico de XML y los temas relacionados, vamos a poner el conocimiento adquirido en práctica echando un vistazo a Expat, un analizador sintáctico no validador incorporado a PHP.

PHP y Expat

Expat es el analizador XML responsable de procesar en Mozilla, Apache, Perl, y otros muchos proyectos. Puede ser compilado dentro de PHP desde la versión 3.0.6 y es parte de la distribución oficial de Apache desde Apache 1.3.9. Como Expat es un analizador no validador, es más rápido y pequeño, y se ajusta muy bien a las aplicaciones web.

API basada en eventos

Hay dos tipos de analizadores sintácticos XML de API: analizadores basados en árbol que normalmente proporcionan una interfaz al DOM (*Document Object Model*, Modelo de objeto de documento) (ya hablaremos de esto más tarde) y aquellos que procesan documentos XML con un enfoque basado en eventos. Expat hace que una API basada en eventos esté disponible.

Los analizadores sintácticos basados en eventos tienen una visión centrada en los datos de los documentos XML. Analizan el documento desde el principio hasta el final y registran los eventos; como el principio de un elemento, el final de un elemento, el principio de los datos de carácter, etc., para la aplicación, normalmente a través de las funciones de retrollamada (*callback*). El documento de ejemplo "Hello World" utilizado anteriormente en el capítulo será registrado por un analizador basado en eventos como una serie de esos eventos:

1. Elemento de apertura: greeting.

2. Sección CDATA de apertura, valor: Hello World.

3. Elemento de cierre: greeting.

A diferencia de los analizadores basados en árbol, no crean una representación de estructura del documento. Esto proporciona un acceso de nivel inferior y es mucho más eficaz en términos de rapidez y utilización de los recursos. No hay necesidad de mantener la totalidad del documento en la memoria; los documentos pueden ser mucho mayores que la memoria de su sistema. Por supuesto es completamente posible crear una estructura en árbol nativa si necesita hacerlo. Antes de analizar un documento, un analizador basado en eventos requiere que registre las funciones de retrollamada que serán invocadas cuando un evento determinado ocurra. Expat no es una excepción. Define seis posibles eventos, más un manejador predeterminado:

Destino	Función	Descripción
elementos	xml_set_element_handler()	Elementos de apertura y cierre.
datos de carácter	xml_set_character_data_handler()	Principio de datos de carácter.
entidades externas	xml_set_external_entity_ref_handler()	Aparición de una entidad externa.
entidades externas no analizadas	xml_set_unparsed_entity_decl_handler	Aparición de una entidad externa no analizada.
instrucciones de procesamiento	xml_set_processing_instruction_handler()	Aparición de una instrucción de procesamiento.
declaraciones	xml_set_notation_decl_handler()	Aparición de una declaración de notación.
predeterminado	xml_set_default_handler()	Todos los eventos que no tienen un manejador asignado.

Empecemos con un ejemplo realmente básico. El código fuente del Listado 7.2 forma un programa para extraer todos los comentarios de un documento XML (recuerde, los comentarios tienen la forma <!– ... –>). El ejemplo registra sólo un manejador que es llamado para todos los eventos durante el análisis sintáctico. Si registra otro manejador, por ejemplo utilizando **xml_set_character_data_handler()**, el manejador predeterminado no será invocado para este evento específico; el manejador predeterminado procesa sólo eventos "libres" que no tengan ningún manejador asignado.

Listado 7.2. Extracción de comentarios de un documento XML

```
require("xml.php3");

function default_handler($p, $data)
{
    global $count;  // número de comentarios encontrados

    // Comprueba si el actual contiene un comentario
    if (ereg("!—", $data, $matches))
    {
        $line = xml_get_current_line_number($p);

        // Inserta un tabulador delante de líneas nuevas
        $data = str_replace("\n", "\n\t", $data);

        // Saca el número de la línea y comentario
        print "$line:\t$data\n";
```

(continúa)

Listado 7.2. Extracción de comentarios de un documento XML *(continuación)*

```
        // Aumenta el número de comentarios encontrados
        $count++;
    }

}

// Procesa el archivo pasado como primer argumento al script
$file = $argv[1];

$count = 0;

// Crea el analizador XML
$parser = xml_parser_create();

// Define el manejador predeterminado para todos los eventos
xml_set_default_handler($parser, "default_handler");

// Analiza un archivo y comprueba el código de retorno
$ret = xml_parse_from_file($parser, $file);
if(!$ret)
{
    // Imprime el mensaje de error y mueve
    die(sprintf("XML error: %s at line %d",
                xml_error_string(xml_get_error_code($parser)),
                xml_get_current_line_number($parser)));
}

// Libera la instancia de analizador
xml_parser_free($parser);
```

El ejemplo funciona de manera clara. En primer lugar, la instancia del analizador sintáctico XML se crea utilizando **xml_parser_create()**. En todas las funciones subsiguientes utilizará el identificador de analizador que creó así, de manera similar al identificador de resultado en las funciones MySQL. Luego se registra el manejador predeterminado y el archivo es analizado sintácticamente. **xml_parse_from_file()** es una función personalizada que hemos proporcionado en una biblioteca. Esta función abre el archivo especificado como argumento y lo analiza en bloques de 4 KB. Las funciones XML originales de PHP **xml_parse()** y **xml_parse_into_struct()** operan en las cadenas. Utilizando envoltorios para abrir, leer y cerrar un archivo y pasar sus contenidos a las funciones respectivas, puede ahorrar tiempo y código.

El manejador predeterminado comprueba si la sección de datos actual es un comentario, y la saca si así es. Junto con cada comentario, también se imprime el número de línea actual (devuelto por **xml_get_current_line_number()**).

Ahora bien, a pesar de que este ejemplo muestra los conceptos básicos para invocar el analizador sintáctico XML, registrar las funciones de retrollamada y procesar los datos, no muestra exactamente la utilización común de un analizador sintáctico XML. No procesa la información, los datos de fila sólo son leídos y escrutados para una cadena; nada que no pueda ser hecho por las expresiones regulares tradicionales. En la mayoría de las situaciones en las que procese XML, podrá guardar por lo menos una representación básica de la estructura del documento.

Pilas, profundidades y listas

Nuestro segundo ejemplo ilustra cómo recordar la profundidad del elemento que el analizador está procesando actualmente. En el manejador del elemento de inicio, la variable global **$depth** se incrementa en cuatro; en el manejador del elemento de detención se decrementa en la misma proporción. Éste es el caso más reducido de una pila de analizador; no se guarda más estructura que la información de profundidad. A igual que una impresión XML, el ejemplo utiliza la profundidad para sangrar el código adecuadamente. Las funciones de manejador aplican una hoja de estilo en cascada a los datos actuales para producir una salida con un formato bonito. La otra parte digna de mención del código es esta línea:

```
xml_parser_set_option($parser, XML_OPTION_CASE_FOLDING, 0);
```

Esto inhabilita **case folding** para el analizador, indicándole que se debe preservar la caja de los nombres de elemento. Si se habilita esta opción, todos los nombres de elemento son transformados a mayúsculas (caja alta). Normalmente, esto deberá estar desactivado, ya que el tipo de caja es importante para los nombres de elemento en XML.

No vamos a imprimir aquí el código fuente del ejemplo debido a su simplicidad; puede encontrarlo en el CD-ROM. La Figura 7.4 muestra una ventana de la salida.

FIGURA 7.4
Salida de la impresión XML.

Normalmente, esta propuesta de mantener sólo una variable de profundidad no es suficiente. Con analizadores sintácticos basados en eventos, acabará utilizando sus propias pilas o listas para mantener información sobre la estructura del documento. Esto se ve bastante bien con el siguiente ejemplo del Listado 7.3.

Listado 7.3. XMLStats que presenta información estadística sobre un documento XML

```php
require("xml.php3");

// El primer argumento es el archivo que hay que procesar
$file = $argv[1];

// Inicializa las variables
$elements = $stack = array();
$total_elements = $total_chars = 0;

// La clase base para un elemento
class element
{
    var $count = 0;
    var $chars = 0;
    var $parents = array();
    var $childs = array();
}

// Función de utilidad para imprimir un mensaje en un cuadro
function print_box($title, $value)
{
    printf("\n+%'-60s+\n", "");
    printf("¦%20s", "$title:");
    printf("%14s", $value);
    printf("%26s¦\n", "");
    printf("+%'-60s+\n", "");
}

// Función de utilidad para imprimir una línea
function print_line($title, $value)
{
    printf("%20s", "$title:");
    printf("%15s\n", $value);
}

// Función de ordenación para usasort()
function my_sort($a, $b)
{
    return(is_object($a) && is_object($b) ? $b->count - $a->count: 0);
}

function start_element($parser, $name, $attrs)
{
    global $elements, $stack;

    // ¿Existe realmente este elemento en el array global $elements?
    if(!isset($elements[$name]))
    {
        // No - agrega una instancia nueva de elemento de clase
        $element = new element;
        $elements[$name] = $element;
    }
```

(continúa)

Listado 7.3.   XMLStats que presenta información estadística sobre un documento XML
(continuación)

```
    // Incrementa el número de este elemento
    $elements[$name]->count++;

    // ¿Hay un elemento padre?
    if(isset($stack[count($stack)-1]))
    {
        // Sí -define $last_element para el padre
        $last_element = $stack[count($stack)-1];

        // Si no hay entrada para el elemento padre en el array
        // padre del elemento actual, inicializarlo en 0
        if(!isset($elements[$name]->parents[$last_element]))
        {
            $elements[$name]->parents[$last_element] = 0;
        }

        // Incrementa el número para este padre del elemento
        $elements[$name]->parents[$last_element]++;

        // Si no hay entrada para este elemento en el array hijo
        // del elemento padre, inicializarlo en 0
        if(!isset($elements[$last_element]->childs[$name]))
        {
            $elements[$last_element]->childs[$name] = 0;
        }

        // Incrementa el número para este padre de elemento en el array
        // hijo del padre
        $elements[$last_element]->childs[$name]++;
    }

    // Agrega elemento actual a la pila
    array_push($stack, $name);
}

function stop_element($parser, $name)
{
    global $stack;

    // Elimina último elemento de la pila
    array_pop($stack);
}

function char_data($parser, $data)
{
    global $elements, $stack, $depth;

    // Incrementa el número de caracteres para el elemento actual
    $elements[$stack[count($stack)-1]]->chars += strlen(trim($data));
}

// Crea el analizador Expat
$parser = xml_parser_create();

// Define las funciones de manejador
xml_set_element_handler($parser, "start_element", "stop_element");
xml_set_character_data_handler($parser, "char_data");
xml_parser_set_option($parser, XML_OPTION_CASE_FOLDING, 0);
```

(continúa)

Listado 7.3. XMLStats que presenta información estadística sobre un documento XML
(continuación)

```
// Analiza sintácticamente el archivo
$ret = xml_parse_from_file($parser, $file);
if(!$ret)
{
    die(sprintf("XML error: %s at line %d",
                    xml_error_string(xml_get_error_code($parser)),
                    xml_get_current_line_number($parser)));
}

// Libera el analizador sintáctico
xml_parser_free($parser);

// Libera los elementos de ayuda
unset($elements["current_element"]);
unset($elements["last_element"]);

// Ordena el array $elements por número de elemento
uasort($elements, "my_sort");

// Hace un bucle en todos los elementos reunidos en $elements
while(list($name, $element) = each($elements))
{
    print_box("Element name", $name);

    print_line("Element count", $element->count);
    print_line("Character count", $element->chars);

    printf("\n%20s\n", "* Parent elements");

    // Hace un bucle en los padres de este elemento, los saca
    while(list($key, $value) = each($element->parents))
    {
        print_line($key, $value);
    }
    if(count($element->parents) == 0)
    {
        printf("%35s\n", "[root element]");
    }

    // Hace un bucle en los hijos de este elemento, los saca
    printf("\n%20s\n", "* Child elements");
    while(list($key, $value) = each($element->childs))
    {
        print_line($key, $value);
    }
    if(count($element->childs) == 0)
    {
        printf("%35s\n", "[no childs]");
    }

    $total_elements += $element->count;
    $total_chars += $element->chars;
}

// Resumen final
print_box("Total elements", $total_elements);
print_box("Total characters", $total_chars);
```

Esta aplicación utiliza Expat para reunir datos estadísticos sobre un documento XML. Para cada elemento, imprime la siguiente información:

- Cuántas veces ha ocurrido dentro del documento.

- Cuántos datos de caracteres se encontraron dentro de este elemento.

- Todos los elementos padre encontrados.

- Todos los elementos hijo.

Para conseguirlo, el *script* necesita por lo menos conocer el elemento padre para el elemento actual. Esto no es posible utilizando el analizador sintáctico XML normal, ya que sólo obtiene eventos para el elemento actual y no se registra información contextual. Por ello necesitamos definir nuestra propia estructura de pila. Podíamos haber utilizado una pila FIFO (*First In, First Out*, Primero en entrar, primero en salir) con dos elementos, pero para darle un mejor ejemplo sobre cómo guardar información anidada de elementos dentro de una estructura de datos, hemos elegido una pila FILO (*First In, Last Out*, Primero en entrar, último en salir). Esta pila, que es un *array* normal, guarda todos los elementos actualmente abiertos. En el manejador de elemento abierto, el elemento actual es empujado hacia la parte superior de la pila utilizando **array_push()**. En consecuencia, el manejador de elemento final elimina el elemento superior con **array_pop()**.

Una nota más sobre **array_pop()** y **array_push()**. Estas y otras muchas funciones útiles que tratan con *arrays* se han añadido sólo en PHP 4. Queremos transportarlas a PHP 3, pero es difícil implementarlas de manera eficaz en PHP nativo debido a la manera de funcionar de **unset()**. Para sacar un elemento de la pila, deberá utilizar un fragmento como:

```
unset($array[count($array) - 1]);
```

Si esto funciona bien, será trivial implementar **array_pop()**; sin embargo, no funciona bien. Con PHP, **unset()** deja agujeros en el *array*, ya que no restaura el "contador de índice". Puede verificarlo por sí mismo claramente:

```
$array = array("a");
unset($array[0]);
$array[] = "a"; _var_dump($array);
```

El elemento **a** tendrá ahora la clave **1**, en lugar de la esperada **0**. Esto lleva a *arrays* fragmentados, inadecuados para una pila. Este comportamiento tiene sus razones con cada elemento en el *array*: Si se elimina el agujero, el *array* necesitará ser reorganizado, lo que no será deseable en muchas situaciones. Para sortear este problema, necesitados una versión **array_compact()** (que no existe en PHP en el momento de escribir este libro). La única conclusión que se puede sacar es ésta: utilice PHP 4. En la implementación de PHP 3 del ejemplo (véase el CD-ROM), tuvimos que utilizar la variable **$depth** para guardar manualmente el rastro del anidamiento de elementos. Esto introduce otras variables generales y no es tan elegante como **array_pop()** y **array_push()**, pero funciona.

Para reunir información sobre cada elemento, el *script* necesita recordar todas las apariciones de cada elemento. Utilizamos una variable de *array* global $elements para guardar todos los elementos distintos del documento. Las entradas de *array* son instancias de la clase **element**, que tiene cuatro propiedades (variables de clase):

Propiedad	Descripción
count	El número de veces que el elemento se ha encontrado en el documento.
chars	Bytes de datos de caracteres dentro del elemento.
parents	Elementos padre.
childs	Elementos hijo.

Como se puede ver, no es un problema guardar las instancias de clase dentro de un *array*.

Consejo: Una característica peculiar del lenguaje de PHP es que puede recorrer las estructuras de clase igual que lo haría con los *arrays* asociativos, utilizando el bucle **while(list() = each())** mostrado en el Capítulo 1, "Conceptos de desarrollo". Le mostrará todas las variables de clase y los nombres de método como cadenas.

Cada vez que se encuentra un elemento, el elemento **count** en el correspondiente *array* **elements** es incrementado. En la entrada del padre (padre significa la etiqueta de elemento que fue la última en abrirse), el nombre del elemento actual se añade a la entrada del *array* **childs**. El elemento padre se añade a la entrada del *array* con la clave **parents**. El resto del código hace un bucle en el *array* **elements** y sus *subarrays* para mostrar la estadística. Aunque esto produce una bonita salida, el código en sí mismo no es de una elegancia particular ni consiste en trucos muy hábiles: es un bucle igual que los que probablemente utiliza cada día para hacer su trabajo.

DOM

La otra familia principal de los analizadores sintácticos XML son los que le permiten acceder a una estructura DOM (*Document Object Model*, Modelo de objeto de documento). Como hemos visto con los analizadores sintácticos basados en eventos a menudo debemos definir nuestras propias estructuras de datos. La propuesta del DOM evita ese requisito construyendo su propia estructura en la memoria principal. En lugar de responder a eventos específicos, trabaja con esta estructura para procesar el documento. Mientras que los analizadores sintácticos basados en eventos leen un documento XML en pequeños trozos, reduciendo la utilización de la memoria de análisis y aumentando el rendimiento, los analizadores sintácticos DOM necesitan crear una representación en la memoria de la totalidad del documento. Esto ocupa más memoria; recuérdelo cuando trabaje con documentos grandes.

El nivel 1.0 del DOM se definió como estándar (recomendación de la W3C) en octubre de 1998 por la organización W3C (que ahora ya conocerá bien). Tal vez haya oído hablar del estándar DOM en otro contexto. El término también se suele utilizar para describir el modelo de objeto de las páginas HTML a las que se puede acceder con JavaScript. Por ejemplo, para leer el valor de un campo de formulario, deberá utilizar el siguiente fragmento de JavaScriptt:

```
fieldvalue = document.myform.myfield.value;
```

Fíjese en la jerarquía expresada en la sentencia. **document** es el elemento raíz y **myform** denota un formulario HTML, dentro del cual **myfield** es un campo de texto. El DOM de HTML es una extensión del núcleo del modelo de objeto de documento definido por el W3C. El núcleo del DOM representa la funcionalidad utilizada para los documentos XML y también sirve como base para el DOM de HTML. Es una colección de objetos que utiliza para acceder y manipular los datos y marcas almacenados en un documento XML. Define lo siguiente:

- Un conjunto de objetos para representar la estructura completa de un documento XML.

- Un modelo de cómo esos objetos se pueden combinar.

- Una interfaz para acceder a esos objetos y manipularlos.

Al abstraer el documento, el DOM expone un árbol, con nodos padre e hijo, y métodos como **getAttribute()** para los nodos. El DOM le proporciona una interfaz estándar, orientada a objetos y con estructura en árbol para los documentos XML.

La especificación DOM es independiente del lenguaje de programación. La especificación recomienda una implementación orientada a objetos y requiere un lenguaje con, por lo menos, características básicas orientadas a objetos. Define un conjunto de tipos de nodos (interfaces) que, tomados juntos, forman el documento completo. Algunos tipos de nodos pueden tener nodos hijo, otros son nodos hoja que no pueden tener nada por debajo de ellos. Continuaremos describiendo estos tipos de nodos, como vienen subrayados en la especificación original de W3C. Por favor, consulte la especificación para obtener una descripción detallada de todos los métodos y atributos de cada instancia.

Document

La interfaz **Document** es el nodo raíz de la estructura en árbol. Esta interfaz puede contener sólo un elemento, que es el elemento raíz del documento XML. También puede contener la declaración de tipo de documento asociada con este documento (organizada en una interfaz **DocumentType**) y, si está disponible, instrucciones de procesamiento o comentarios desde fuera del elemento raíz.

Como los otros nodos están colocados debajo del nodo **Document**, la interfaz **Document** contiene una serie de métodos para crear subnodos. Utilizando esas funciones, es posible construir un documento XML completo programáticamente. La especificación también define un método **getElementsByTagName()** para recuperar todos los elementos con un nombre de etiqueta dado en el documento.

DocumentFragment

Un nodo **DocumentFragment** es un trozo de un documento XML completo . A menudo es necesario reorganizar partes de un documento o extraer una parte del mismo. Para esto, se necesita un objeto ligero para guardar el fragmento resultante. Por ejemplo, imagine que quiere construir un único archivo de libro a partir de muchos capítulos diferentes; cada capítulo se podrá leer en el objeto **DocumentFragment** e insertarse en la estructura de documento del libro. Sin tener una manera para organizar los fragmentos de los documentos, deberá agregar cada elemento de cada capítulo uno por uno en el documento libro.

Para hacerlo todavía más fácil, la especificación define que cuando **DocumentFragment** es insertado en un nodo, sólo el hijo de **DocumentFragment** y no el propio **DocumentFragment** se inserta en el nodo.

DocumentType

El nodo **DocumentType** guarda la declaración de tipo de documento de un documento, si está presente. Esta interfaz es de sólo lectura; no puede ser alterada a través del DOM.

Element

Cada elemento en un documento está representado por un nodo **Element**. Para obtener el nombre del elemento, se puede utilizar la propiedad **tagName**. Esta interfaz también define una serie de funciones para definir y obtener atributos de elementos, y para acceder a los subelementos.

Attr

Un nodo **Attr** representa un atributo de elemento en un objeto **Element**. El nombre y el valor del atributo se pueden leer para las propiedades **name** y **value** de la interfaz. La propiedad **specified** le indica si el usuario especificó un valor para este **Attr** o si el valor es la cadena predeterminada especificada en la DTD.

EntityReference

Este nodo representa una referencia de entidad encontrada en el documento XML. Tenga en cuenta que las referencias de carácter (por ejemplo <) son expandidas por el analizador XML y, por ello, no están disponibles como nodos **EntityReference**.

Entity

Este nodo representa a una entidad, analizada o no sintácticamente.

ProcessingInstruction

El nodo **ProcessingInstruction** representa una instrucción de procesamiento (PI) en un documento. Sólo tiene dos atributos **target** (el destino de PI) y **data** (los contenidos).

Comment

Esta interfaz **CharacterData** representa el contenido de un comentario, es decir, todos los caracteres entre <!-- y -->. No tiene más atributos o métodos.

Text

La interfaz **Text CharacterData** representa los datos de carácter (contenido textual) de una nota **Element** o **Attr**. La interfaz **Text** no tiene atributos y sólo un método, a saber **splitText()**. Este método divide un nodo **Text** en dos, que puede utilizarse para reorganizar el contenido.

CDATASection

La interfaz **CDATASection** hereda la interfaz **Text** (y con ella la interfaz **Character-Data**) y guarda la sección **CDATA**.

Notation

Este nodo representa una notación declarada en la declaración de tipo de documento.

Interfaces básicas

Todos estos objetos heredan la interfaz **Node**, que es el tipo de datos básico principal para el DOM. Representa un único nodo en la estructura en árbol del documento. La interfaz **Node** define los atributos y métodos que utiliza con más frecuencia cuando trata con el DOM. Por ejemplo, para recorrer un documento, deberá utilizar el atributo **child-Nodes** que contiene todos los hijos y el atributo **nextSibling** que contiene el siguiente nodo que hay en el mismo nivel. Métodos como **appendChild()** y **removeChild()** pueden utilizarse para alterar la estructura en árbol.

Los únicos objetos que no se derivan directamente de una interfaz **Node** son **CDATA-Section**, **Text** y **Comment**. **Text** y **Comment** se derivan de la interfaz **CharacterData**; **CDATASection** hereda **Text**. La interfaz **CharacterData** extiende **Node** con un conjunto de atributos y métodos para acceder a los datos de carácter. Por ejemplo, puede utilizar **substringData()** para extraer parte de los datos de carácter.

Ejemplo: análisis de un documento corto con el DOM

La manera más fácil para tener una idea de la implementación concreta del DOM es cómo se tratará un documento XML con un procesador que se acomode al DOM. Vamos a crear un documento de libro corto:

```
<?xml version="1.0"?>
<!DOCTYPE book SYSTEM "docbookx.dtd">
<book>
    <title>
        Cutting-Edge Applications
    </title>
```

```
        <para language="en">
            Sample paragraph.
        </para>
</book>
```

Una representación DOM de este documento se organizará con una estructura jerárquica como la que aparece en la Figura 7.5. En una API que se acomode al DOM, el código podría parecerse a este pseudocódigo:

```
// Construye una instancia de clase Document
$doc = new Document("file.xml");

// Saca el nombre del elemento raíz
printf("Root element: %s<p>", $doc->documentElement->tagName);

// Obtiene todos los elementos debajo del nodo raíz
$node_list = $doc->getElementsbyTagName("*");

// Recorre la lista de nodos devuelta
for($i=0; $i<$node_list->length; $i++)
{
    // Crea un nodo
    $node = $node_list->item($i);

    // Saca el nombre de nodo y su valor
    printf("Node name: %s<br>", $node->nodeName);
    printf("Node value: %s<br>", $node->nodeValue);
}
```

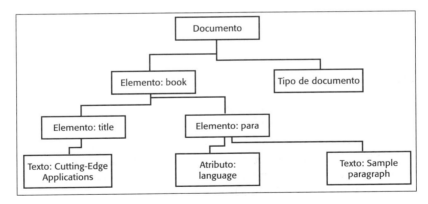

FIGURA 7.5
Estructura del DOM.

LibXML: un analizador sintáctico XML basado en el DOM

Desde la versión 4, se ha incorporado un nuevo analizador sintáctico XML en PHP: LibXML. Daniel Veillard creó este analizador para el proyecto Gnome para ofrecer un analizador preparado para el DOM y administrar el complejo intercambio de datos, y Uwe Steinman lo integró en PHP.

Aunque la representación de documento interna de LibXML está próxima a las interfaces DOM, es un error llamar a LibXML un analizador DOM: el análisis sintáctico y la utilización del DOM ocurren en momentos diferentes durante la vida de un documento. Sería posible crear una API encima de Expat para proporcionar una interfaz DOM. La biblioteca LibXML facilita esta tarea; es sobre todo una cuestión de cambiar la API para que se corresponda con la especificación DOM. Hay un módulo GDome en Gnome, que implementa una interfaz DOM para LibXML.

Nota: En el momento de escribir este libro, se estaba finalizando la API LibXML en PHP. Era inestable y contenía errores (*bugs*), pero a pesar de ello ya mostraba los tremendos beneficios que ofrecerá la API LibXML cuando esté acabada. Por tanto, hemos decidido documentar aquí los principios básicos y proporcionar algunos ejemplos. Si ocurren cambios, los documentaremos en el sitio web del libro.

Visión general

La mayoría de los desarrolladores estarán de acuerdo en que un documento XML está mejor representado en una estructura en árbol. LibXML proporciona una API para construir árboles y estructuras de datos como el DOM a partir de un archivo XML. Cuando se analiza sintácticamente un documento con LibXML, PHP construye un conjunto de clases y trabaja con ellas directamente. Al invocar funciones en esas clases, puede acceder a todos los niveles de la estructura y modificar el documento.

Los dos objetos más importantes que tendrá que reconocer cuando trabaje con LibXML son los objetos documento y nodo.

Documentos XML

El documento abstracto XML está representado en un objeto documento. Estos objetos son creados por las funciones **xmldoc()**, **xmldocfile()** y **new_xmldoc()**.

La función **xmldoc()** toma como su único argumento una cadena que contiene un documento XML. La función **xmldocfile()** se comporta de manera muy similar, pero toma un nombre de archivo como argumento. Para construir un nuevo documento XML en blanco, puede utilizar **new_xmldoc()**.

Estas tres funciones devuelven un objeto documento que tiene cuatro métodos asociados y una variable de clase:

- root()
- add_root()
- dtd()
- dumpmem()
- version

La función **root()** devuelve un objeto nodo que contiene el elemento raíz del documento. En documentos vacíos como los creados por **new_xmldoc()**, puede agregar un elemento raíz utilizando **add_root()**, que devolverá también un objeto nodo. La función **add_root()** espera el nombre del elemento como primer argumento cuando es llamada como método de clase. También puede llamarla como una función global, pero entonces necesita pasar una instancia de clase de documento como primer argumento y el nombre del elemento raíz como segundo argumento.

La función **dtd()** devuelve un objeto DTD sin ningún método y las variables de clase **name**, **sysid** y **extid**. El nombre de una DTD es siempre el nombre del elemento raíz. La variable **sysid** contiene el identificador de sistema (por ejemplo **docbookx.dtd**); la variable **extid** contiene el identificador externo o público. Para convertir la estructura de la memoria en una cadena, puede utilizar la función **dumpmem()**. La variable de clase **version** contiene la versión XML del documento, normalmente **1.0**.

Con estas explicaciones, está preparado para un primer y simple ejemplo. Vamos a construir un documento XML **Hello World** con LibXML:

```
$doc = new_xmldoc("1.0");
$root = $doc->add_root("greeting");
$root->content = "Hello World!";
print(htmlspecialchars($doc->dumpmem()));
```

Esto resultará en un documento XML bien formado:

```
<?xml version="1.0"?>
<greeting>Hello World!</greeting>
```

El ejemplo también muestra una propiedad que todavía no conoce: acceder a los contenidos de un objeto nodo.

Nodos

El Tao Te King afirma que todo es Tao. En el análisis sintáctico XML todo es un nodo: los elementos, atributos, texto, PI, etc. Desde el punto de vista del programador, todos se pueden tratar de manera muy similar, porque son nodos.

Como ya hemos dicho, los nodos pueden ser la estructura atómica básica en un documento XML. Un objeto nodo tiene las siguientes funciones y variables asociadas:

- parent()
- children()
- new_child()
- getattr()
- setattr()
- attributes()

- type

- name

- si está disponible, **content**

Con estas funciones y propiedades, puede obtener toda la información disponible sobre un nodo. Puede acceder a sus atributos, nodos hijos (si los tiene) y nodo padre. Y puede modificar el árbol agregando hijos o fijando atributos. El Listado 7.4 muestra las funciones en acción. Es la impresión mencionada antes en la sección sobre Expat, transportada a LibXML. En lugar de registrar las funciones del manejador, aplica un formato diferente dependiendo del tipo del nodo. Cada nodo tiene un tipo asociado. El identificador de tipo es una constante PHP y puede ver la lista completa en la fuente del ejemplo. Utilizando la función **children**(), que devuelve los elementos hijos del nodo (como objetos nodo), es fácil hacer un bucle en el documento. El ejemplo realiza el bucle de manera recursiva llamando de nuevo a la función **output_node**().

Listado 7.4.   Impresión XML, ejemplo que utiliza las funciones de LibXML

```
// Define el ancho del tabulador
define("INDENT", 4);

function output_node($node, $depth)
{
    // Diferente acción por tipo de nodo
    switch($node->type)
    {
        case XML_ELEMENT_NODE:
            for($i=0; $i<$depth; $i++) print(" ");

            // Imprime elemento inicial
            print("<span class='element'>&lt;");
            print($node->name);

            // Obtiene nombres y valores de atributos
            $attribs = $node->attributes();
            if(is_array($attribs))
            {
                while(list($key, $value) = each($attribs))
                {
                    print(" $key = <span class='attribute'>$value</span>");
                }
            }

            print("&gt;</span><br>");

            // Procesa hijo, si lo hay
            $children = $node->children();
            for($i=0; $i < count($children); $i++)
            {
                output_node($children[$i], $depth+INDENT);
            }
```

(continúa)

Listado 7.4.   Impresión XML, ejemplo que utiliza las funciones de LibXML *(continuación)*

```
                    // Imprime elemento final
                    for($i=0; $i<$depth; $i++) print(" ");
                    print("<span class='element'>&lt;/");
                    print($node->name);
                    print("&gt;</span><br>");
                    break;
                case XML_PI_NODE:
                    for($i=0; $i<$depth; $i++) print(" ");
                    printf("<span class='pi'>&lt;?%s %s?&gt;</span><br>",
                    ➥ $node->name, $node->content);
                    break;
                case XML_COMMENT_NODE:
                    for($i=0; $i<$depth; $i++) print(" ");
                    print("<span class='element'>&lt;!-- </span>");
                    print($node->content);
                    print("<span class='element'> --&gt;</span><br>");
                    break;
                case XML_TEXT_NODE:
                case XML_ENTITY_REF_NODE:
                case XML_ENTITY_REF_NODE:
                case XML_DOCUMENT_NODE:
                case XML_DOCUMENT_TYPE_NODE:
                case XML_DOCUMENT_FRAG_NODE:
                case XML_CDATA_SECTION_NODE:
                case XML_NOTATION_NODE:
                case XML_GLOBAL_NAMESPACE:
                case XML_LOCAL_NAMESPACE:
                default:
                    for($i=0; $i<$depth; $i++) print(" ");
                    printf("%s<br>", isset($node->content) ? $node->content : "");
            }
        }

        // Saca hoja de estilo
        ?>
        <style type="text/css">
        <!--
        .xml {  font-family: "Courier New", Courier, mono;
                font-size: 10pt; color: #000000}
        .element {  color: #0033CC}
        .attribute {  color: #000099}
        .pi {  color: #990066}
        -->
        </style>
        <span class="xml">
        <?

        // Procesa el archivo analizado sintácticamente como primer argumento
        // al script
        $file = "test.xml";

        // Sangría inicial
        $depth = 0;

        // Comprueba si existe el archivo
        if(!file_exists($file))
        {
```

(continúa)

Listado 7.4.   Impresión XML, ejemplo que utiliza las funciones de LibXML *(continuación)*

```
    die("Can't find file \"$file\".");
}

// Crea objeto xmldoc desde el archivo
$doc = xmldocfile($file) or die("XML error while parsing file \"$file\"");

// Accede al nodo raíz
$root = $doc->root();

// Inicia transversal
output_node($root, $depth);

// Finaliza expansión hoja de estilo
print("</span>");
```

Una de las grandes ventajas de LibXML sobre Expat es que también se puede utilizar para construir documentos XML. Esto evita tener que dar vueltas con la creación de rutinas XML personalizadas y le libera de la tarea de tener que recordar el nivel de anidamiento para cerrar adecuadamente las etiquetas. El Listado 7.5 lleva nuestro ejemplo anterior "Hello World" un paso más lejos y construye un documento RSS completo (RSS viene de Rich Site Summary, un formato XML para proporcionar información de contenidos para sitios web). Utiliza **setattr()** para agregar atributos a un elemento y **new_child()** para agregar elementos a un nodo. ¿Se ha fijado en cómo se utiliza **new_child()**? La función devuelve un objeto nodo y puede descartar este valor de devolución si no lo necesita; sólo necesita asignarlo a una variable si quiere añadir elementos hijo a la nota que acaba de crear.

Listado 7.5.   Utilizar rutinas LibXML para construir documentos XML

```
$doc = new_xmldoc("1.0");

$root = $doc->add_root("rss");
$root->setattr("version", "0.91");

$channel = $root->new_child("channel", "");
$channel->new_child("title", "XML News and Features from XML.com");
$channel->new_child("description", "XML.com features a rich mix of
➥ information and services for the XML community.");
$channel->new_child("language", "en-us");
$channel->new_child("link", "http://xml.com/pub");
$channel->new_child("copyright", "Copyright 1999, O'Reilly and Associates
➥ and Seybold Publications");
$channel->new_child("managingEditor", "dale@xml.com (Dale Dougherty)");
$channel->new_child("webMaster", "peter@xml.com (Peter Wiggin)");

$image =$channel->new_child("image", "");
$image->new_child("title", "XML News and Features from XML.com");
$image->new_child("url", "http://xml.com/universal/images/xml_tiny.gif");
$image->new_child("link", "http://xml.com/pub");
$image->new_child("width", "88");
$image->new_child("height", "31");

print(htmlspecialchars($doc->dumpmem()));
```

Árboles XML

Los métodos arriba subrayados construyen objetos separados para el documento y para cada nodo. Aunque es estupendo para hacer bucles en el documento como muestra el ejemplo de la impresión XML, acceder a elementos únicos tiende a ser un poco más incómodo. ¿Recuerda nuestro ejemplo del documento Hello World que hemos presentado más arriba en este capítulo?

```
<?xml version="1.0"?>
<greeting>Hello World!</greeting>
```

Para acceder al contenido del elemento raíz, tenía que utilizar el siguiente código:

```
// Crea un objeto xmldoc desde el archivo
$doc = xmldocfile("test.xml") or die("XML error while parsing file
➡ \"$file\"");

// Accede al nodo raíz
$root = $doc->root();

// Accede a los hijos de raíz
$children = $root->children();

// Imprime primero el contenido del hijo
print($children[0]->content);
```

Y esto es para una profundidad de uno; imagine cómo tendrá que continuar con elementos anidados a una mayor profundidad. Si cree que esto es demasiado trabajo, estamos de acuerdo con usted. Afortunadamente, Uwe Steinman también lo está y ha proporcionado un método más elegante de acceso aleatorio a los elementos del documento: **xmltree()**. Esta función crea una estructura de objetos PHP, representando la totalidad del documento XML. Cuando se le pasa una cadena que contiene un documento XML como primer argumento, la función devuelve un objeto documento. Sin embargo, el objeto es un poco diferente al que hemos descrito anteriormente. No permite que se llame a las funciones, pero configura propiedades de las mismas. En lugar de conseguir una lista de elementos hijo con una llamada **children()**, los hijos están ya presentes en la estructura (en la variable de clase **children**), facilitando el acceso a los elementos en cada nivel de profundidad. Acceder a los contenidos del elemento **greeting** se realizará, por tanto, con la siguiente llamada:

```
// Crea el objeto  xmldoc desde el archivo
$doc = xmldocfile(join("", file($file)) or die("XML error while parsing
➡ file \"$file\"");

    print($doc->root->children[0]->content);
```

Ahora tiene mucho mejor aspecto. Cuando vuelca la estructura devuelta por **xmltree()** con **var_dump()**, obtiene la siguiente salida:

```
object(Dom document)(2) {
  ["version"]=>
  string(3) "1.0"

  ["root"]=>
  object(Dom node)(3) {
    ["type"]=>
    int(1)

    ["name"]=>
    string(8) "greeting"

    ["children"]=>
    array(1) {
      [0]=>
      object(Dom node)(3) {
        ["name"]=>
        string(4) "text"

        ["content"]=>
        string(12) "Hello World!"

        ["type"]=>
        int(3)
      }
    }
  }
}
```

Podemos ver que ésta es una estructura grande, con todo el documento preparado en su lugar. Las partes reales de la estructura siguen siendo nodos de documento o de objeto; internamente se utilizan las mismas definiciones de clase. Sin embargo, a diferencia de lo que ocurría con los objetos creados con **xmldoc()** y otros, no puede invocar funciones en estas estructuras. En consecuencia, la estructura devuelta por **xmltree()** en este momento es de sólo lectura. Para construir documentos XML, necesita utilizar los otros métodos.

Intercambio de datos con WDDX

Ahora que hemos aprendido a crear y procesar documentos XML, ha llegado la hora de introducirnos en una aplicación real de esta tecnología. Ya habrá oído decir que XML es independiente de la plataforma, independiente del distribuidor, y que está soportado por PHP y otros lenguajes de programación. ¿Cómo se podría utilizar XML para comunicarse entre plataformas diferentes o entre diferentes lenguajes de programación? WDDX hace exactamente eso.

Web Distributed Data eXchange (WDDX)

WDDX (Intercambio de datos distribuidos web) es una tecnología abierta propuesta por Allaire Corporation. Es un vocabulario XML para describir estructuras de datos básicas y complejas como las cadenas, *arrays* y conjuntos de registros de una manera genérica, por lo que podrán ser movidos entre diferentes plataformas de *script* de la Web utilizando únicamente HTTP. PHP soporta WDDX y también lo hacen otros importantes lenguajes de *script* como, por ejemplo, Perl, ASP y ColdFusion.

El reto

Como las aplicaciones web juegan cada vez un mayor papel en el mundo del software, uno de los retos más importantes es el intercambio de datos entre diferentes entornos de programación. La nueva Web promueve aplicaciones distribuidas y de red. Al principio sólo había simples sitios web con información estática. Éstos fueron desarrollando aplicaciones web más avanzadas y dinámicas y ahora estas aplicaciones web están empezando a trabajar juntas, a intercambiar datos, a ofrecer servicios programables adicionales. Ha sido sólo recientemente cuando han surgido estándares abiertos como XML y se ha generalizado su uso. Ha sido también ahora cuando el mercado ha forzado a los distribuidores a adoptar esos estándares en sus productos.

Al extender las aplicaciones web con el fin de implementar las interfaces de programación abiertas para intercambio y modificación de datos, la inteligencia de la Web ha experimentado un incremento inmenso. De repente, las aplicaciones pueden hablar unas con otras. Han pasado de ser sitios web cerrados y patentados a una nueva generación de aplicaciones empresariales conectadas.

Las aplicaciones web pueden exponer una API o hacer que las estructuras de datos estén disponibles: el intercambio de datos entre servidores distribuidos se ha hecho posible. WDDX ofrece una solución posible para intercambiar datos estructurados. WDDX consta de dos partes: una parte tiene que ver con la abstracción de datos en una representación XML llamada **paquetes WDDX**, y otra parte que traduce las estructuras de datos en y desde el entorno de *script* y los paquetes WDDX.

WDDX no es una utilidad de llamada a un procedimiento remoto: desde WDDX no se puede invocar una función en un servidor y que devuelva un paquete WDDX. Cómo transferir los paquetes depende totalmente de usted. Por esta razón, WDDX no tiene previstos los problemas de seguridad. Es asunto suyo seleccionar un canal de comunicación que tenga una seguridad adecuada y permita sólo que las partes autorizadas tengan acceso a la parte WDDX de su sistema.

Escenarios posibles

Ya sea para sincronizar los datos, centralizar la entrega de datos o realizar comunicaciones empresa a empresa, el intercambio de datos estructurados abre una nueva dimensión en la computación distribuida. Por ejemplo, imagine que puede operar en un sitio web de comercio electrónico. ¿No sería estupendo poder proporcionar a los clientes un seguimiento de los paquetes durante el transporte? Esto se podría implementar fácilmente si UPS o FedEx proporcionaran una manera para realizar una consulta sobre un artículo enviado programáticamente. Al abrir servicios al cliente (la mayoría de las empresas de paquetería permiten el rastreo de los paquetes de sus clientes) a la computación distribuida (el rastreo de paquetes como una API programable), se ha hecho posible una nueva interacción de aplicaciones.

En otro escenario, WDDX se podría utilizar en la interacción servidor a servidor. Algunos servicios podrían funcionar mejor en una plataforma Windows NT. Por ejemplo, consultando el extremo posterior de SAP con un conector COM. Puede utilizar ASP para esto y entregar los resultados de la consulta como paquetes WDDX a su aplicación PHP en un servidor web UNIX. Ahí, los paquetes serán pasados de nuevo a estructuras de datos, como *arrays*, transparentemente y sin ningún trabajo adicional.

Abstracción de datos con WDDX

Y lo más importante de todo: WDDX es XML. Las posibles estructuras de WDDX están definidas en una DTD de XML y, por tanto, los paquetes WDDX válidos son siempre XML bien formados y potencialmente válidos. La especificación no requiere que un paquete WDDX sea válido, ya que no necesitan incluir una declaración de tipo de documento en el prólogo del documento.

La idea básica es que WDDX le permite transformar cualquier estructura de datos estándar, enteros, cadenas, *arrays*, etc., en una representación XML, que conforma la DTD de WDDX. Estos datos pueden luego transferirse por cualquier canal de comunicaciones capaz de transferir XML: HTTP, FTP, e-mail, etc. En cualquier momento, los datos se pueden leer desde el formato WDDX que les dará exactamente la misma estructura que antes. Durante todo el proceso de conversión, se preservan los tipos de datos. Si serializa un *array* como un paquete WDDX, volverá a ser de nuevo un *array* después de la deserialización.

Ahora bien, si esto fuese todo, no sería muy excitante. Después de todo, puede serializar cualquier estructura de datos en PHP en una forma patentada utilizando **serialize()** y recuperarla después con **deserialize()** tantas veces como quiera. El aspecto interesante de WDDX es que la representación serializada es en XML y que los módulos serializador y deserializador serán limpiamente separados de la misma. Todos los lenguajes de programación que soporten WDDX podrán serializar y deserializar los paquetes WDDX. Serialice un *array* PHP en un paquete WDDX, deserialice el paquete en ASP y tendrá de nuevo un *array*. La implementación real del serializador-deserializador no es importante; en PHP tiene las funciones **wddx_*()**; enColdFusion, la etiqueta **CFWDDX**; en ASP, está disponible un componente COM.

Es verdad que todo esto se podría hacer sin WDDX. Sin embargo, hacerlo sería muy complicado, especialmente cuando piensa preservar tipos de datos en diferentes entornos de programación. La ventaja de WDDX es que le libera de esta tarea y le proporciona una manera flexible, abierta y pragmática para intercambiar datos de una aplicación estructurada.

Tipos de datos WDDX

La mayoría de los lenguajes de programación comparten un conjunto de tipos de datos común; por ejemplo, las cadenas o los *arrays*. Acceder a esas estructuras puede variar de un lenguaje a otro, pero la idea general sigue siendo válida. Una cadena es una serie de caracteres y si los incluye entre comillas simples, comillas dobles o no los incluye en nada no tiene ninguna importancia desde el punto de vista conceptual.

WDDX soporta estos tipos de datos genéricos. En la versión 1.0 de la especificación, se definen los siguientes tipos:

- Valores nulos: elemento **null**

- Valores booleanos: **bool**

- Números (sin distinción entre enteros y números con coma flotante): **number**

- Cadenas: **string**

- Valores fecha-hora: **dateTime**

- *Arrays* indexados: **array**

- *Arrays* asociativos: **struct**

- Colección de *arrays* asociativos, un conjunto de campos con nombre con el mismo número de filas de datos: **recordset**

- Objetos binarios, en este momento codificados con Base64: **binary**

Todos los paquetes WDDX siguen un formato XML común. El elemento raíz es **wddxPacket**, con un atributo de versión opcional especificando la versión de la DTD de WDDX. El número de versión, actualmente **1.0**, está limitado y definido en la DTD. Esto significa que cualquier paquete WDDX con una versión de **1.0** es sólo válido cuando se utiliza con DTD 1.0 de WDDX, y no con 2.0 ó 0.9.

El elemento **header** debe seguir inmediatamente debajo del elemento raíz **wddxPacket**. La cabecera puede contener sólo un elemento comentario y nada más.

El siguiente elemento requerido es **data**, denotando el cuerpo del paquete. Dentro de este elemento debe aparecer exactamente un elemento **null**, **boolean**, **number**, **dateTime**, **string**, **array**, **struct**, **recordset**, o **binary**. Un ejemplo de un paquete WDDX aparece en el Listado 7.6.

Listado 7.6. Ejemplo de paquete WDDX

```
<wddxPacket version='1.0'>
    <header/>
    <data>
        <struct>
            <var name='string'>
                <string>This is a 'string'.</string>
            </var>
            <var name='int'>
                <number>42</number>
            </var>
            <var name='float'>
                <number>42.5</number>
```

(continúa)

Listado 7.6.   Ejemplo de paquete WDDX *(continuación)*

```
            </var>
            <var name='bool'>
                <boolean value='true'/>
            </var>
            <var name='array'>
                <array length='3'>
                    <number>1</number>
                    <number>2</number>
                    <number>3</number>
                </array>
            </var>
            <var name='hash'>
                <struct>
                    <var name='foo'>
                        <string>bar</string>
                    </var>
                    <var name='baz'>
                        <string>fubar</string>
                    </var>
                </struct>
            </var>
        </struct>
    </data>
</wddxPacket>
```

PHP y WDDX

Como WDDX utiliza XML para la representación de estructuras de datos, necesita compilar PHP tanto con XML como con WDDX para poder utilizarlo. Si todavía no lo ha hecho, las siguientes funciones están a su disposición:

- wddx_serialize_value()
- wddx_serialize_vars()
- wddx_packet_start()
- wddx_add_vars()
- wddx_packet_end()
- wddx_deserialize()

Al utilizar estas funciones, podrá serializar las variables PHP en paquetes WDDX y deserializar paquetes WDDX.

Las funciones WDDX

Hay tres maneras diferentes de construir un paquete utilizando las funciones WDDX. El método más básico es utilizar **wddx_serialize_value()**. Esta función toma una variable más un comentario opcional y crea un paquete WDDX fuera de él:

```
$var = "This is a string.";
print(wddx_serialize_value($var, "This is a comment."));
```

Y esto es todo. Este fragmento sacará el siguiente paquete WDDX:

```
<wddxPacket version='1.0'>
    <header>
        <comment>This is a comment.</comment>
    </header>
    <data>
        <string>This is a string.</string>
    </data>
</wddxPacket>
```

Nota: En realidad, este paquete ha sido editado manualmente para una mayor claridad. El paquete original tal y como es creado por PHP no contiene espacios en blanco ni sangría.

Los otros dos métodos serializan múltiples variables PHP en un elemento **struct** de WDDX, similar al que aparecía en el Listado 7.6. La función **wddx_serialize_vars()** toma un número arbitrario de argumentos de cadena que contiene los nombres de las variables PHP. El valor de devolución de la función es el paquete WDDX como cadena. La ventaja de esto es que le permite serializar múltiples variables PHP en un paquete WDDX; pero tome nota de que cuando sea metido en el deserializador, resultará en un *array* asociativo (por supuesto, la variable original marcada PHP ha sido antes convertida en una etiqueta **struct** de WDDX). En el código, un ejemplo básico de **wddx_serialize_vars()** podría parecerse al siguiente fragmento:

```
$string = "This is a string.";
$int = 42;
print(wddx_serialize_vars("string", "int"));
```

El trío **wddx_packet_start()**, **wddx_add_vars()** y **wddx_packet_end()** funciona básicamente de la misma manera. Múltiples variables PHP se transforman también en una **struct** de WDDX. La diferencia es que funciona como una transacción con tres pasos, lo que tiene la ventaja de que puede agregar variables PHP a un paquete WDDX a lo largo de una larga ejecución; por ejemplo durante un cálculo complejo. Por el contrario, la función **wddx_serialize_vars()** funciona de una manera atómica. Puede ensamblar un paquete llamando a la función **wddx_packet_start()**, que toma un argumento opcional, el comentario de cabecera para el paquete WDDX. Esta función devuelve un identificador de paquete, similar a los identificadores de archivo devueltos con **fopen()**. El identificador se utiliza como el primer argumento en la función **wddx_add_vars()**. Los argumentos restantes son exactamente los mismos que con **wddx_serialize_vars()**: un número arbitrario de cadenas que contienen los nombres de las variables PHP. Presentamos un ejemplo básico:

```
$i1 = $i2 = $i3 = "Foo";
$packet_id = wddx_packet_start("This is a comment");
for($i=1; $i<=3; $i++)
{
    wddx_add_vars($packet_id, "i$i");
}
print(wddx_packet_end($packet_id));
```

El ejemplo simplemente agrega tres variables de cadena a un paquete WDDX en un bucle **for()** y produce la siguiente salida (nuevamente editada para una mejor claridad añadiendo una sangría adecuada):

```
<wddxPacket version='1.0'>
    <header>
        <comment>This is a comment</comment>
    <data>
        <struct>
            <var name='i1'>
                <string>Foo</string>
            </var>
            <var name='i2'>
                <string>Foo</string>
            </var>
            <var name='i3'>
                <string>Foo</string>
            </var>
        </struct>
    </data>
</wddxPacket>
```

Resumen

Este capítulo le ha mostrado todo lo que necesita saber sobre las aplicaciones de vanguardia. Hemos visto cómo diseñar, crear y configurar un depósito de conocimiento, almacenar datos adecuadamente en el depósito y recuperarlos de manera eficaz. Hemos presentado formatos de datos comunes y estándares abiertos para intercambiar datos, llamadas de procedimiento remoto y almacenamiento de datos independiente de la plataforma. Después de leer y entender estas técnicas podrá implementar las características clave de las aplicaciones actuales de alto rendimiento.

CAPÍTULO 8

Análisis de casos reales

- BizChek.com.
- SixCMS.
- MarketPlayer.com.
- Resumen.

Las siguientes secciones presentan tres análisis de casos reales sobre la utilización de PHP en sitios web de gran tamaño y en productos comerciales. Estos análisis describen compañías que han elegido PHP después de evaluar cuidadosamente las tecnologías que competían, y que dependen de PHP para muchos aspectos de su negocio diario. Gran parte del texto ha sido proporcionado por las compañías y, por tanto, muestra una idea concreta de lo que han sido sus procesos de desarrollo y hechos técnicos. Estos análisis prueban que PHP es una solución segura y de vanguardia para el desarrollo de aplicaciones web del lado del servidor. Esperamos que le puedan ayudar para convencer a la dirección y a sus colegas de las ventajas de PHP.

BizChek.com

Ya sabrá probablemente que HotMail, una compañía de Microsoft, utiliza FreeBSD en sus servidores. Si bien sería estupendo si tuviéramos un caso práctico real que revele que Microsoft utiliza PHP para su correo basado en la Web, tenemos algo por lo menos equivalente: BizChek.com (**www.bizchek.com**), el proveedor líder de e-mail para los negocios basado en la Web utiliza PHP. Con clientes como Budweiser y Micro Warehouse y con más de dos millones de usuarios registrados, BizChek.com es uno de los actores clave de la industria.

Y no sólo esto: Mark Musone, CTO de Chek Inc., la compañía madre de BizChek.com, es un desarrollador activo de PHP. Ha escrito o coescrito módulos tan útiles para PHP como IMAP y MCAL, que son la parte de la distribución estándar de PHP.

Web Mail

Con más de 70 empleados, 8 de los cuales son programadores, BizChek es un actor importante en el mercado de la comunicación electrónica y las intranets. Cuando BizChek se combina con el resto de Chek Network, Chek.com se coloca entre los 20 primeros sitios más importantes de Internet en la lista de los 100 primeros (**www.100hot.com**).

BizChek ocupa una posición única en el área de las soluciones para el negocio del e-mail. Aunque la principal aplicación es un producto aislado de e-mail basado en la Web, BizChek ofrece también un paquete de herramientas de productividad que agregan cohesión al negocio individual mientras que, a la vez, incrementa la efectividad y la productividad general de la organización. BizChek es más que un producto de e-mail. Mediante un convenio de etiqueta privada, BizChek puede ayudar a que una compañía establezca una identidad electrónica. La compañía se puede idetificar a sí misma ante sus empleados y el mercado en general teniendo una dirección de correo electrónico con su propio nombre de empresa en lugar de una dirección genérica (AOL, HotMail, etc.). Una vez que una empresa entiende los beneficios tangibles e intangibles derivados de una solución de comunicación electrónica basada en la Web, la conversión o iniciación al servicio es fácil. Del mismo modo, los propietarios y administradores de empresas son cada vez más conscientes de los beneficios que puede aportar un producto de comunicación electrónica de fuente externa basado en la Web.

BizChek ofrece una serie de características que incluyen e-mail, compartir y revisar documentos y archivos, gestión de tareas, servicio de calendario, un tablón de anuncios de la compañía, y muchas más. Cuando se hace una comparación financiera, las fuentes externas disminuirán dramáticamente los costes de una compañía a lo largo del tiempo en casi todos los casos. Como no hay que hacer inversión en hardware o software, y como tampoco se requiere mantenimiento desde el punto de vista de IT, el ahorro es real y se puede calcular. Las fuentes externas se pueden también traducir en un menor riesgo al proporcionar una solución profesional de confianza en la que el control de virus y la prevención de *spam* son administrados centralmente. Esto también apunta a los beneficios intangibles añadidos que ofrece un producto de comunicación basado en la Web.

¿Por qué PHP?

Los desarrolladores de BizChek han utilizando PHP desde su incorporación a principios de 1998, cuando utilizaban PHP 2. A pesar de que BizChek se construyó desde el principio en torno a PHP, esto no significa que no se discutieron o evaluaron otras soluciones. Los expertos de la compañía pasaron varios meses evaluando y probando diferentes ideas: ASP, Mod_Perl y Cold Fusion. Encontraron que PHP era la mejor elección para BizChek, y desde el principio PHP ha sido su foco principal. Como toda compañía punto-com que empieza con fondos limitados y nada sino toneladas de duro trabajo que ofrecer al principio, encontraron que la comunidad *Open Source* era muy atractiva. Aunque PHP, al igual que muchos productos *Open Source*, no está respaldado o apoyado comercialmente por grandes compañías, recientes estudios de mercado muestran el enorme incremento de los sitios que lo utilizan y una participación general en PHP. El control de servidores web de Netcraft, por ejemplo, afirmaba que PHP era utilizado por más de 1,4 millones de dominios en febrero de 2000, sobre un total de 11 millones de servidores analizados [1]. Los desarrolladores de BizChek creen que si se comparan estos resultados, no es difícil ver que PHP y otros productos *Open Source* encabezan sus campos respectivos, incluso frente a contendientes comerciales de compañías establecidas.

En su búsqueda de un lenguaje de *script*, los desarrolladores de BizChek han evaluado muchas opciones viables que podrían haber producido una solución que satisficiera sus necesidades. Las dos primeras opciones fueron Perl y varios lenguajes de *script* de CGI. A continuación fueron las ASP de Microsoft. Finalmente evaluaron Cold Fusion y PHP. Como sus necesidades principales eran hacer *script* del lado del servidor y conectividad de base de datos, los desarrolladores de BizChek pudieron excluir cualquier motor de *script* del lado del cliente. A pesar de que Perl les gustó como lenguaje para propósitos generales, pensaron que no estaba realmente optimizado para utilizarse en la Web y que se quedaba corto a la hora de tratar con un tráfico denso a través de múltiples sitios web. Los *scripts* de CGI y Perl pueden saturar la memoria rápidamente y la CPU, lo que da lugar a problemas de rendimiento. Al igual que ASP, Cold Fusion y PHP, funcionan de forma conjunta con el servidor web sin tener que expandir procesos

---

[1]   El estudio se puede encontrar en **www.netcraft.com/survey/**.

adicionales, y fueron la elección lógica para evaluaciones posteriores de BizChek. Aunque Cold Fusion hubiera podido ser una elección aceptable, era un producto muy nuevo en ese momento; se sabía poco de él y esto hizo que BizChek lo descartara como opción. BizChek se imaginó que si Apache era elegido como servidor web, Mod_Perl, que incrusta el intérprete de Perl directamente en el servidor web, produciría resultados parecidos a los de PHP y ASP. A pesar de que Mod_Perl hubiera podido ser una gran elección, los desarrolladores de BizChek pensaron que tal vez era insuficiente a la hora de tratar con aplicaciones web de gran volumen. Para ellos era un lenguaje demasiado general, mientras que veían a PHP mucho más simple aunque potente y hecho específicamente para la Web. No había necesidad de saltar por ningún aro para conseguir que PHP "funcionara con la Web".

ASP ofrecía una gran variedad de componentes, pero los costes iniciales y de conservación eran motivo de gran preocupación. El hecho de que ASP estuviera también restringido a las plataformas de Internet Information Server y Windows de Microsoft lo descalificó como una opción para BizChek. Mientras que ASP se apoya principalmente en ODBC para hacer conexiones de bases de datos, lo que podría resultar útil si se cambia entre bases de datos una vez al mes, PHP y Perl tienen conexiones de bases de datos nativas, lo que les da una pequeña ventaja. La depuración, que todo programador sabe que puede ocupar la mayor parte del tiempo de un proyecto y ser una auténtica pesadilla si no se conserva la precisión, era también más dura con ASP. PHP ofrece mensajes de error precisos que pueden ayudar eficazmente a resolver un problema.

Otras ventajas de PHP se vieron en la sintaxis de su lenguaje parecido a C, la facilidad con la que puede ser agregado a HTML completo, su extensibilidad, conectividad de base de datos y su precio. La ventaja final fue el soporte que proporciona la comunidad PHP. La existencia de una lista de correo extensiva, uno de los mejores centros de documentación en línea, numerosos tutoriales en línea y en copia dura, así como el amistoso hábito de compartir los conocimientos entre los gurús y los principiantes, crearon esta cadena de apoyo.

Otro gran aspecto que mucha gente pasa por alto sobre los productos *Open Source* es que el desarrollo ocurre continuamente y en algunos casos se lanzan nuevas versiones una vez al mes. Si necesita una función particular, puede agregarla usted mismo, si tiene tiempo y conocimiento. Esto significa que no tiene que esperar al siguiente lanzamiento para ver si sus necesidades han sido satisfechas. Algunos programadores de BizChek pertenecen al equipo de desarrollo de PHP y han contribuido al código que es el resultado de sus propias necesidades. A pesar de que la mayoría del trabajo de los proyectos PHP se hace fuera de la oficina, ocasionalmente ocurre durante las horas de oficina; BizChek apoya activamente esta actividad, ya que la mayoría del código creado será conectado directamente en su sistema. Los desarrolladores de BizChek han sido un factor de contribución en una serie de módulos de PHP, incluidos MCAL, IMAP, FTP y Aspell. En su origen, esos módulos fueron creados para soportar BizChek, pero como otros programadores se podían beneficiar de los módulos y como los desarrolladores sintieron un impulso apremiante de devolver algo a la comunidad, las extensiones se agregaron al código del núcleo de PHP. Algunos de los empleados de BizChek están también involucrados en pequeños desarrollos con Apache y Linux.

Ansiosos por las actualizaciones

BizChek fue previamente actualizado desde PHP 2 hasta la versión 3, y ahora está preparado para pasar a PHP 4. El paso de la versón 2 a la 3 y de las betas 3 a la 4 se realizó sin ninguna dificultad grave y sólo se necesitaron un par de pequeñas alteraciones.

En crecimiento diario, el sistema total consiste en unos 200 archivos y unas 25.000 a 30.000 líneas de código. Al darse cuenta de que sólo era necesario cambiar unas 20 líneas de código para cada actualización, los desarrolladores de BizChek estuvieron muy contentos con el excepcional soporte hacia atrás ofrecido por PHP.

La ambición de BizChek por ejecutar PHP 4, que ya habían probado de manera interna, sólo se corresponde con la preocupación de utilizar una beta en un servidor de producción. Les gustaban las actualizaciones en la manipulación de *array*, la instalación y los nuevos módulos en la beta de PHP 4. El sistema de soporte de sesión actualizado para PHP 4 fue una de las mayores características que estaba buscando BizChek, especialmente porque la PHPLib no existía durante la creación de BizChek y no la habían utilizado nunca. Si bien su sistema de gestión de sesión interna funciona de manera fiable, pasarán a utilizar el soporte de sesión incorporado a PHP 4.

Conclusión

"PHP ha funcionado maravillosamente para satisfacer nuestras necesidades" ha dicho Mark Musone, CTO de Check Inc. "Ha funcionado de forma conjunta con Apache, MySQL y Oracle, por citar sólo unos cuantos, de manera fiable y con un alto rendimiento, resultando en un contenido web dinámico y eficaz con problemas limitados y cerca del 100% de tiempo de servicio. PHP es una clara ventaja para nuestra empresa y estamos encantados de poder utilizarlo".

SixCMS

Los sistemas de gestión de contenidos profesionales han sido tradicionalmente de dominio de las grandes compañías y eran muy costosos, con productos estándar vendidos por cifras de seis números. ¿Cómo quiere que sea un sistema de gestión de contenidos (CMS, *Content Management System*) escrito en PHP? Six Open Systems (www.six.de) tiene uno en su bolsillo de atrás.

Antecedentes de la compañía

Fundada hace ocho años, Six Offene Systeme GmbH (que traducido al inglés sería Six Open Systems, y que aquí llamaremos simplemente "Six") ha desarrollado y entregado sofisticadas aplicaciones de bases de datos utilizando tecnologías de Internet e intranet basadas en *Open Source* para diversos sectores de la industria. Six se ha especializado en desarrollar soluciones individuales creadas para objetivos de empresa, poniendo el énfasis en el mercado de destino, el rango del producto y los requisitos técnicos del cliente. El ámbito de los servicios de consulta de Six y las soluciones hechas a medida incluyen el desarrollo de modelos de empresa efectivos para la presencia en línea, la definición de grandes avances con una estrategia diferenciada para la implementación, la asistencia con medios de identificación y planes de rentabilidad a largo plazo, utilizando una creación de modelos de proceso de negocios para una utilización óptima de los recursos, formulando requerimientos técnicos y el desarrollo de especificaciones de requerimientos detalladas. Al aplicar la experiencia acumulada y el saber cómo hacer las cosas, resultado de más de cuatro años de experiencia de desarrollo, Six ha lanzado ahora dos soluciones comerciales estandarizadas que utilizan PHP: SixCMS (*Content Management System*, Sistema de gestión de contenidos) y SixAIM (*Account and Invoice Management*, Gestión de cuentas y facturación). Six emplea actualmente a 27 personas y proporciona un entorno y oportunidades excelentes a estudiantes de varios campos involucrados con IT y las "nuevas tecnologías", donde pueden investigar y cumplir con su semestre de prácticas y requisitos de sus tesis.

De los 27 empleados de Six, 20 están directamente involucrados en el desarrollo y programación de aplicaciones. Una de las ventajas de Six se basa en los diversos antecedentes de educación y experiencia de sus desarrolladores, que vienen de campos tan diversos como la ciencia de la computación, la física, el mundo editorial, la cartografía, la agricultura, la filosofía y la gestión de sistemas.

Negocio Open Source

Six sigue viendo distintas ventajas en la propuesta de *Open Source/System* frente a otras muchas propuestas de tecnologías patentadas. Six es un líder de mercado y un proveedor de soluciones de clase mundial en toda Alemania y Europa Occidental y ha abierto una oficina en Nueva York, en enero de 2000.

La aplicación SixCMS es reconocida por muchas personas como la número uno en el sistema de gestión de contenidos en Europa. La capacidad que tiene la aplicación de soportar lenguajes múltiples para la interfaz y su gran funcionalidad hacen de ella una solución óptima para gestionar sitios de contenidos dinámicos.

El sitio web corporativo (http://www.six.de) y el URL específico de SixCMS (http://sixcms.com) proporcionan información adicional sobre la compañía, sus clientes y sus soluciones. Estos sitios web aportan un vehículo excelente para que la compañía presente información sobre sí misma y sus soluciones; pero la publicidad verbal de los clientes satisfechos es responsable de casi la mitad del crecimiento que tiene y de sus nuevos clientes. La presentación del sitio web también proporciona una oportunidad para mostrar a SixCMS en acción y crea unos sitios de prueba y demostración específicos para el cliente.

¿Por qué PHP?

La facilidad de utilización y los bajos costes de las licencias fueron naturalmente criterios importantísimos a la hora de la elección de PHP por parte de Six. Los requisitos de coste y licencia no son un problema con PHP, mientras que las demás opciones hubieran costado miles de dólares en desarrollo o servidor activo. Ésta es una de las ventajas considerables de utilizar la tecnología *Open Source* como un proveedor de soluciones. No se encuentra atado al cliente en la discusión sobre complicados honorarios y, por tanto, puede dedicarse a hablar sobre los costes totales de la solución con respecto a la funcionalidad de la aplicación. Sin embargo, el rendimiento de PHP también ha jugado su papel, y la habilidad para incrustar PHP como un módulo en el servidor web Apache proporcionó beneficios de rendimiento sobre los otros métodos CGI. Desde un punto de vista empresarial, la utilización de PHP denotaba tener buen sentido y aseguraba un coste efectivo y aplicaciones de alto rendimiento. Seis desarrolladores han considerado, y en algunos casos utilizado, Hexbase, WebSQL, WebObjects, Cold Fusion, Oracle Web Application Server, CGI, embperl, Java, C, y Perl. A pesar de que PHP no es la única plataforma de desarrollo utilizada en Six (Perl también se aplica en algunas situaciones), en torno al 90% de sus aplicaciones se han hecho utilizando PHP; una decisión que Six mantiene actualmente. Todas las aplicaciones de PHP eran construidas y desarrolladas utilizando primero PHP.

Además, los aspectos de *Open Source* de PHP han contribuido a su selección. En un entorno donde se está utilizando Linux, Apache y MySQL, PHP se ajusta muy bien a esta mezcla. La utilización cada vez más generalizada y la aceptación creciente de la propuesta de *Open Source/System* permite a Six utilizar este entorno de manera eficaz para sus soluciones comerciales, como SixCMS. Es una propuesta muy viable meterse en este mercado y proporciona un excelente método para entregar un capital intelectual muy valioso de una manera rentable. Las tecnologías *Open Source* se han ganado el respeto y soporte de la industria y lo seguirán haciendo, especialmente desde que su utilización se ha extendido cada vez más y que están disponibles más soluciones basadas en esta tecnología. Una de las ventajas de las soluciones *Open Source* es que si algo no funciona como se esperaba puede echar una mirada al código fuente. La experiencia de Six es que ha sido mucho más fácil y ha requerido menos tiempo conseguir soporte o cambios para los componentes de *Open Source* que para los comerciales. Una simple nota en uno de los grupos de noticias o listas de correo a menudo tiene como resultado una gran cantidad de respuestas cualificadas y útiles, en cuestión de horas o de minutos. Las aplicaciones y entornos comerciales y patentados son complicados y a menudo "dejan mucho que desear" con respecto a los mecanismos de coste y de patente.

Mientras tanto, Six soporta el desarrollo de PHP directa e indirectamente. Un empleado de Six, el doctor Egon Schmid, es miembro del Grupo de Documentación de PHP y ha contribuido y es coautor del libro sobre PHP **PHP. Dynamische Webauftritte professionell realisieren** (Markt u. Technik, Haar, 1999). De manera adicional, los desarrolladores de Six han contribuido, como participantes, con recomendaciones y opiniones en las listas de correo y grupos de usuarios de PHP. Estos esfuerzos son soportados e incitados tanto en las horas de trabajo como de manera privada.

Consideraciones tecnológicas

Six recomienda utilizar PHP en muchas situaciones y usa PHP para la mayoría de sus aplicaciones, incluido SixCMS. PHP es una excelente plataforma, especialmente para sitios orientados a presentación con un tráfico entre bajo y medio, o en situaciones en las que una aplicación necesita ser construida rápidamente desde cero. Naturalmente, todo ello reduce al ámbito del proyecto. Al igual que con cualquier otra plataforma, PHP tiene limitaciones; en proyectos muy grandes o en sitios con mucha actividad, PHP puede presentar un problema, especialmente si se toma en consideración el tiempo de ejecución del *script*. Si surgen problemas de rendimiento con respecto a la carga del sistema con PHP, deberá implementarse la caché y preprocesamiento del código para crear páginas estáticas. De manera general (depende de una serie de factores), será necesario generar páginas estáticas si un sitio obtiene la visita de en torno a las 500.000 páginas completamente dinámicas, o de 5 a 10 consultas por página.

En situaciones específicas, Six también utiliza Mod_Perl, pero la configuración de servidor y los requisitos para afinar el *kernel* se convierten en problemas más importantes con este método. Perl está muy bien elaborado y existe desde hace mucho tiempo; por tanto, tiene una sintaxis y un esquema de lenguaje muy consistente. Adicionalmente, como Mod_Perl está compilado y guardado en la memoria, un sitio web puede crearse desde distintos componentes que tienen su propio espacio con nombre y puede ser compilado separadamente uno de otro. Con Mod_Perl también es posible intervenir directamente con el manejador Apache, que hace de él un suplemento muy adecuado para PHP y otros lenguajes de *script* para la implementación de *proxys*, reglas de rescritura específicas y manejadores de postransacción. Six también ha probado Java del lado del servidor y del lado del cliente y, a pesar de que ha habido algunos problemas de rendimiento y compatibilidad, Java del lado del servidor parece prometedor para futuras aplicaciones específicas. Cuando se lo compara con otras tecnologías como Mod_Perl, Java, Cold Fusion y ASP, de manera general PHP tiene un menor coste, con un mayor rendimiento, se integra bien con otras tecnologías y es muy estable cuando está incrustado en Apache. Pero, ¿tiene algún problema? Básicamente, la plataforma PHP es buena, pero los desarrolladores deben conocer las limitaciones y los sutiles cambios que ocurren a veces en el lenguaje de programación o llamadas de función en las diferentes versiones. Se deben reconocer otras consideraciones, como los problemas del manejo de la memoria, especialmente con cadenas que pueden ocupar literalmente megabytes de la memoria del servidor (un problema que afortunadamente es tratado en PHP 4) y la pobre integración con Oracle. La falta de consistencia de la sintaxis del lenguaje y diseño y un encasillamiento implícito también han sido considerados como déficits por los desarrolladores de Six.

Otro problema con PHP es el simple hecho de que tiene que pasar el código fuente completo de su aplicación al cliente o socio. El valor de sus aplicaciones como propiedad y capital intelectual y la necesidad de protegerlos son también cuestiones importantes. Six ha trabajado con una serie de agencias de publicidad como socios para diseñar sitios web, que, después de tener acceso abierto al código de Six, han empezado a agregar posibilidades de programación a sus habilidades de diseño gráfico... para convertirse en "competidores". Son compañías que quieren ser "tiendas *one-stop*" para soluciones web, a diferencia de Six, que se centra en el desarrollo de las aplicaciones. Se puede argumentar que la tecnología se está desarrollando tan rápidamente que tener el código abierto para que todo el mundo lo pueda ver no es un problema importante a largo plazo. La posibilidad de utilizar un compilador de código byte con PHP cuando esté disponible mejorará esta situación considerablemente, y Six actualmente encapsula funciones sustanciales como código compilado en la propia base de datos para limitar el efecto de la exposición del código de PHP o los cambios locales que se hagan por terceras personas.

PHP en la vida real

Los dos productos comerciales anteriormente citados, SixCMS y SixAIM, son ejemplos de las aplicaciones Six que han sido realizadas con PHP 3. En su versión 3, SixCMS tiene 283 archivos que contienen 25.000 líneas de código y requiere 1,2 MB de espacio de disco. La aplicación utiliza una base de datos MySQL que contiene 40 tablas. En comparación, SixAIM tiene unas 71.000 líneas de código PHP 3 (más otras 10.000 líneas de código escritas en el código de lenguaje PL/SQL de Oracle) y ocupa más de 2 MB de espacio de disco. La base de datos de Oracle incluye cerca de 200 objetos: 65 tablas, 25 funciones de base de datos, 15 procedimientos y 8 paquetes, que incorporan 45 funciones y 30 procedimientos adicionales (no incluye ninguna funcionalidad específica de cliente especial). Six ha utilizado y sigue utilizando la versión estándar o básica de PHP; específicamente las versiones 3.0.6, 3.0.7, 3.0.12 y para pruebas la 4.0b3. Six está pensando pasarse a la versión 4 para nuevos proyectos en cuanto deje de ser "beta" y se ejecute de manera estable. Aunque Six ha desplazado una serie de soluciones desde las versiones 2.x a 3.x de PHP, es una tarea que ocupa tiempo y que también abre la posibilidad de que ocurra un error humano, incluso cuando está automatizada con *scripts*. Los cambios de sintaxis y lenguaje, más las variaciones funcionales, como el manejo de *arrays* y la declaración de variables, suponen tiempo y requisitos de comprobación.

PHP ha funcionado bien para Six y sus clientes, pero no es necesariamente lo mejor para sitios con mucho tráfico, como ya hemos dicho antes. Algunos conceptos de la caché han ayudado y Six también ha utilizado una técnica de *proxy* inverso, por lo que el servidor PHP no se bloquea sirviendo páginas gráficas y estáticas. Six gestiona los problemas de sesión con sus propios mecanismos desarrollados y a menudo utiliza *cookies* para parámetros que dependen de la sesión. Hasta ahora no han utilizado mucho la PHPLib, pero han identificado una serie de excelentes características e ideas en la misma. XML también ha sido incorporado en una serie de aplicaciones específicas del cliente cuando ha sido necesario; y estándares abiertos opcionales como LDAP, SMTP y X509 se han aplicado en varios proyectos. Six ha instituido recientemente el control de versión para algunos de sus proyectos de desarrollo utilizando CVS y piensa extender su uso a todo el trabajo de desarrollo en el futuro. El aumento de programadores y la apertura de una oficina en Berlín ha necesitado una reevaluación de la gestión de los proyectos y equipos de desarrollo distribuidos. Para finalizar, Six ha creado también una serie de herramientas propias (con PHP) para ayudar en la gestión de proyectos y recursos de desarrollo. Six ha hecho soluciones con una serie de bases de datos, incluidas Oracle, MySQL, postgres, Microsoft SQL Server y Sybase. Nuevamente, debido a su filosofía *Open Source* y a consideraciones de coste, Six prefiere utilizar MySQL para la mayoría de las aplicaciones basadas en la no transacción, y Oracle para las aplicaciones basadas en la transacción, como SixAIM.

Respuesta Comercial

No necesita
sello
___
A franquear
en destino

Prentice Hall

Apartado nº 1446 F.D.

→ Si desea recibir más información sobre nuestras próximas novedades, elija los temas que más le interesen y envíenos sus datos al apdo. de correos que figura en el anverso de esta tarjeta (NO necesita sello).

Nombre: .... Apellidos: ....

Profesión: .... Empresa: ....

Sector: .... Cargo: ....

e-mail: .... Departamento: .... Dirección: ....

C.P.: .... Población: ....

Provincia: .... Tel.: .... Fax: ....

→ Marque con una cruz la información de novedades que desee recibir y escriba con mayúsculas en el espacio correspondiente su área de interés:

❏ Sistemas operativos
Área de interés: ....

❏ Bases de datos
Área de interés: ....

❏ Internet / Creación y diseño de páginas web
Área de interés: ....

❏ Programación
Área de interés: ....

❏ Procesadores de texto
Área de interés: ....

❏ Comunicaciones/Redes
Área de interés: ....

❏ Internet / Comercio electrónico
Área de interés: ....

❏ Juegos
Área de interés: ....

❏ Hojas de cálculo
Área de interés: ....

❏ Internet
Área de interés: ....

❏ 3D / CAD
Área de interés: ....

❏ Presentaciones
Área de interés: ....

❏ Internet / Programación
Área de interés: ....

❏ Diseño
Área de interés: ....

Prentice

PHP ha jugado y seguirá jugando un papel muy importante en el éxito de Six y de sus soluciones, así como de sus clientes. La selección y utilización de PHP por parte de Six empezó en diciembre de 1996 con la beta de PHP 2, y actualmente sigue siendo un componente central de la aplicación SixCMS. La utilización de PHP no sólo ha consolidado la filosofía *Open Source* de la compañía, sino que ha proporcionado un entorno confortable y oportuno para el desarrollo de aplicaciones de alto nivel.

PHP: una ventaja empresarial

Muchas de las ventajas funcionales y de rendimiento de las aplicaciones Six se pueden atribuir directamente a PHP, así como a las ventajas de un desarrollo rápido, la posibilidad de realizar modificaciones rápidamente y sin tener que recompilar, además de la facilidad para entender y utilizar PHP de manera eficaz sin tener un conocimiento o experiencia previos. Estas ventajas incrementan la competencia y reducen los costes adicionales del desarrollo. Esta industria dicta unos tiempos de desarrollo y de implementación muy cortos, y PHP proporciona un *middleware* seguro o un componente de aplicación de servidor para soportar los requerimientos necesarios para adaptarse a los cambios.

MarketPlayer.com

Eric B. Schorvitz, y John E. Joganic, de MarketPlayer.com, han facilitado este análisis detallado sobre una compañía que implementa PHP en la vida real en un servidor con un tráfico alto.

Antecedentes de la compañía

MarketPlayer.com ofrece instrucciones financieras en la vida real a inversores individuales que quieren aprender cómo ganar dinero en la Bolsa. La calidad institucional de las herramientas para seleccionar y seguir los valores de MarketPlayer.com ayuda a los inversores a construir sus propias estrategias de inversión, y sus competiciones bursátiles excitantes, divertidas y libres de riesgo permiten que los inversores prueben y tengan una cartera de inversión.

Los productos de MarketPlayer.com están disponibles de forma gratuita en su propio sitio web, **www.marketplayer.com**, y a través de alianzas de contenido estratégicas con otros medios líderes, ISP, y socios de servicios financieros que incluyen a AOL, CNBC, E*TRADE, money.com, CompuServe, ESEC (Pan-European partner), internet.com y otros.

MarketPlayer.com emplea a 24 personas en el área de la investigación de mercados, desarrollo de productos, servicios al cliente y programación. Tres de los programadores son muy hábiles en C y PHP; otros dos son programadores de PHP con mucho talento.

Los productos PHP

Los productos de MarketPlayer.com se agrupan en dos categorías: aplicaciones financieras cuantitativas y software de simulación del comercio bursátil. Para ser competitivos en esas industrias, MarketPlayer.com debe continuamente determinar cómo mejorar las aplicaciones y contenidos para seguir estando un paso por delante de la competencia. Por ejemplo, MarketPlayer.com es el único sitio en la Web donde los inversores pueden seleccionar y seguir sus valores sobre la base de una metodología de ganancias estimadas durante un periodo continuo de 12 meses, una técnica que ha sido apoyada por gestores monetarios institucionales. MarketPlayer.com ha enviado múltiples aplicaciones de patente para proteger la única manera en la que operan los depósitos en línea. MarketPlayer.com tiene también un equipo experto de desarrolladores y programadores de productos cuya meta es conseguir nuevas y útiles herramientas financieras basadas en la Web para ayudar a los inversores individuales a obtener el conocimiento y la experiencia necesarios para tener éxito en la comunidad bursátil.

¿Por qué PHP?

MarketPlayer.com utiliza PHP por su capacidad para proporcionar un entorno de desarrollo de producto rápido. Al utilizar PHP, MarketPlayer.com puede tomar diseños conceptuales de la pizarra y llevarlos a un entorno beta en cuestión de días. Luego pueden tomar las piezas de la aplicación que necesitan ser optimizadas (para mayor velocidad), las escriben en C e incluyen esas funciones en una biblioteca PHP personalizada.

MarketPlayer.com empezó a utilizar PHP en octubre de 1999 después de decidir expandir el grupo de desarrollo del producto. Antes de PHP, MarketPlayer.com utilizaba una propuesta del lado del servidor para generar páginas dinámicas. Así, la mayoría de las compañías se encontraban cómodas utilizando las aplicaciones WYSIWYG para el desarrollo web. PHP hizo posible que MarketPlayer.com construyera páginas web sofisticadas y dinámicas a la vez que seguía utilizando el talento del grupo existente que se sentía cómodo con las propuestas WYSIWYG para el desarrollo web. La compañía había implementado soluciones antes de PHP utilizando Perl y Java, pero una vez que se introdujo PHP, esos otros lenguajes se dejaron rápidamente de lado.

El hecho de que PHP sea *Open Source* proporciona muchas ventajas para MarketPlayer.com sobre los demás lenguajes de *script*:

- MarketPlayer.com puede fácilmente optimizar aplicaciones agregando módulos y funciones al código fuente de PHP que son específicos de MarketPlayer.com.

- El número de lugares de los que puede obtener soporte crece cada día.

- Muchas personas proporcionan aplicaciones de primera categoría a la comunidad general, y las autorizaciones GNU hacen que el desarrollo de los productos clave sea más rápido.

Ventajas de PHP en el desarrollo
de los productos de MarketPlayer.com

MarketPlayer.com utiliza PHP sobre las otras tecnologías por su simplicidad en el diseño, la disponibilidad y extensibilidad del código fuente, la estrecha integración con el servidor web Apache y, tal vez lo más importante, por su similitud con el lenguaje de programación C. Perl hubiera podido ser una segunda opción; sin embargo, la ausencia de familiaridad con el lenguaje supuso una barrera para los programadores de MarketPlayer.com, y las extensiones para las bases de datos y los algoritmos patentados hubieran sido muy caros. Cold Fusion no fue evaluado, y la dependencia de ASP de la plataforma Windows hizo que ni siquiera fuera un competidor. Hasta hace poco, MarketPlayer.com contaba con Java del lado del servidor para peticiones específicas configurables por el usuario. A lo largo del tiempo, el código se hizo demasiado voluminoso para mantenerlo y fue sustituido con una solución escrita totalmente en PHP y C. La implementación beta se ejecuta a una velocidad cinco veces mayor que el sistema de producción Java, con mucho espacio para la optimización.

No se han identificado fallos importantes en el sistema, pero las rutas de acceso relativas en la sentencia include() han provocado una pequeña frustración, específicamente cuando anidan includes. El código fuente de C y los archivos de cabecera utilizan su propio directorio como la base para las rutas relativas, mientras que la sentencia include de PHP utiliza el directorio del archivo invocado originalmente. Así, mantener un directorio de fuentes específicamente para includes y hacer referencia a esos archivos desde dentro de una estructura de directorio jerárquica puede ser complicado. La opción fue crear una variable para el directorio include y utilizar sólo rutas absolutas al incluirlo.

De manera adicional, integrar las extensiones personalizadas ha sido complicado con PHP 3. MarketPlayer.com ha probado PHP 4 y está más contento con ese modelo pero, mientras que esté en fase de prueba, su desarrollo para servidores de producción no se puede justificar. Actualmente, MarketPlayer.com ejecuta la versión 3.0.12.

Considerando todo en su conjunto, MarketPlayer.com no se ha visto incomodada por ningún componente ausente de PHP. Es cierto que hay interés en una herramienta de depuración que abastezca a PHP si alguien la produce; sin embargo, las necesidades inmediatas piden un simple mecanismo para extender la funcionalidad sin invocar el trabajo adicional de una llamada dl() o modificar el código fuente de PHP directamente.

La lucha de PHP en la vida real

Las aplicaciones de MarketPlayer.com varían de tamaño y van desde el *script* sencillo hasta paquetes de gestión de un sitio. Hay por lo menos 10.000 línea de código actualmente en PHP y otras 40.000 pronosticadas. Como parte del proceso de desarrollo, la funcionalidad común es movida hasta funciones de línea, esas funciones son llevadas hasta C, y el código C es incorporado finalmente en las bibliotecas para su uso por integradores de bajo nivel. Esta estrategia de programación de arriba abajo garantiza que el foco sigue estando en la entrega del producto en lugar de en la producción de código, como es necesario en la industria de contenidos web.

PHP ha resultado ser escalable y rápido cuando MarketPlayer.com lo ha utilizado en sitios de alto tráfico sin problemas. Si se hubieran encontrado coacciones, la migración hacia máquinas más rápidas o hacia un cambio en la topografía de la red se hubiera parecido a una carrera hacia otra tecnología diferente. Un *profiling* constante identifica los cuellos de botella y ayuda a priorizar qué código PHP necesita ser rescrito en C y enlazado de forma nativa.

Gestión de las sesiones

MarketPlayer.com utiliza dos técnicas para gestionar las sesiones. En el primer caso, las credenciales del usuario son encriptadas y almacenadas en la máquina del cliente en la forma de una *cookie*. El inconveniente inmediato es el requisito de que cada servidor que provee un contenido dinámico tiene que ser capaz de desencriptar la *cookie*. En el entorno de desarrollo, se han parado nuevas características esperando a que esta funcionalidad esté disponible.

El segundo y más transportable caso implica una tabla de base de datos que haga corresponder a los identificadores de sesión única y aleatoria con los usuarios autenticados. Cuando el usuario se autentica utilizando un nombre y contraseña válidos, se genera un nuevo identificador de sesión y se almacena en la tabla de usuario junto con la dirección IP, la hora y el nombre de usuario. El usuario sólo necesita para conectarse un identificador de sesión válido y una conexión desde una dirección IP originalmente autenticada. Desde el punto de vista de la seguridad, un identificador de sesión puede ser invalidado o puede expirar eliminándolo de la base de datos. De manera adicional, su utilización desde una dirección IP diferente es silenciosamente ignorada. Finalmente, las credenciales sólo se envían una vez. Al igual que para el rendimiento, sólo se debe hacer una llamada a la base de datos y toda la información del usuario se puede recuperar a través del identificador de sesión añadiendo tablas.

El identificador de sesión es proporcionado al usuario de dos manera. En el primer caso, es insertado en todos los URL en la página, por lo que el enlace a un sitio retiene esa información. Los URL son generados utilizando una función que tiene en cuenta si el usuario ha sido autenticado o no, y saca el HTML correcto. De manera adicional, es enviado al usuario como una *cookie*. Esto tiene como efecto garantizar que ningún enlace incorrectamente definido pueda causar que el cliente se "olvide" del identificador. Además, los navegadores que no soportan o que rechazan activamente las *cookies* siguen pudiendo conectarse con el sitio. Las variables de *cookie* anulan las variables **GET**, por lo que si el usuario marca una página, la sesión actual anulará cualquier identificador que pueda ser especificado en el URL marcado. Finalmente, si el usuario deja el sitio y vuelve a él antes de que expire el identificador de la sesión, seguirá estando autenticado.

Integración del servidor PHP

Como la biblioteca PHP de MarketPlayer.com es constantemente modificada, han compilado Apache para módulos cargables y construido una implementación de objeto compartido para PHP. XML no se utiliza para el contenido, sino que se usa para los archivos de configuración interna. El mecanismo de autoconfiguración y configuración de GNU se utiliza para desplegarse por las variadas plataformas de desarrollo y equipamiento de producción. Virtualmente, toda la fuente de MarketPlayer.com es un código de herencia patentado o es *Open Source*. La infraestructura de la base de datos es un compuesto de MySQL para trabajos de prototipo y menores y Velocis para la funcionalidad de núcleo. La eficacia de Velocis sobre las soluciones de base de datos ha sido ya demostrada; sin embargo, por ahora, con el código existente, el modelo organizativo de red se parece a los modelos relacionales desfasados. Esto puede cambiar conforme continúa la migración hacia las nuevas tecnologías.

Gestión del código

Los desarrolladores de contenido de MarketPlayer.com trabajan actualmente con Windows NT con un control de versión que maneja *Source Safe*. Sin embargo, todo el código de la nueva tecnología es convenientemente almacenado en CVS. Cuando el departamento de contenidos tenga las herramientas necesarias para trabajar completamente con Linux, el propósito es llevarlas de nuevo a CVS.

Los directores de producto gestionan los equipos de MarketPlayer.com y diseñan y organizan el código mientras que supervisan su implementación por los miembros del grupo. El código prototipo es desarrollado en un lanzamiento alfa y comprobado en CVS. Estos componentes se distribuyen a los otros desarrolladores y son verificados por los directores para comprobar la seguridad, eficacia y diseño. Los lanzamientos posteriores alternan entre la adición de características, la fijación de *bugs* y las mejoras de los diseños. Los equipos de diseño están especializados y altamente centrados, lo que les permite tener un inmediato interés por las necesidades de la compañía.

PHP permite que las interfaces de componentes sean relativamente imprecisas durante la fase de creación del prototipo, ya que la funcionalidad es normalmente implementada en línea. Como los módulos vienen juntos, el orden de parámetros y la nomenclatura de función se pueden finalizar sin forzar rescrituras masivas. Con PHP, la funcionalidad pendiente puede ser fácilmente simulada o pasada por alto en el entorno de desarrollo; la funcionalidad entregada se fusiona en PHP sin problemas. Esto reduce el diseño al intervalo de prototipo e impide que los retrasos en la entrega puedan afectar a otros desarrolladores.

El futuro

MarketPlayer.com se está convirtiendo poco a poco en un sitio 100% PHP. Con más de 8 millones de páginas visitadas al mes en todos sus sitios, MarketPlayer.com cree que

PHP no tiene absolutamente ningún problema en el manejo del tráfico y cree que no hay frecuencia de tráfico que PHP no pueda manejar.

Resumen

Como puede ver, PHP ha cambiado desde sus orígenes. Aunque ha tenido un tremendo impacto en la comunidad *Open Source*, en sus primeros días PHP era visto como una solución no profesional casi considerada como un nuevo "juguete". Por supuesto, los *"Pretty Hip People"* (como les gusta llamarse a sí mismos a los usuarios de PHP) estaban completamente convencidos de su propia herramienta, si bien tuvieron que admitir que a veces es mejor no entrar en la competición. Con el desarrollo de la versión 3, PHP siguió atacando a viejos gigantes como ASP, Cold Fusion, y otros, ganando la batalla cada vez más.

En este capítulo hemos visto tres ejemplos en los que PHP ha golpeado con éxito a sus contrincantes, probando su conveniencia para el uso vanguardista en la vida real. Considerando la cantidad creciente de servidores en los que PHP se está ejecutando ahora y teniendo en cuenta el inmenso paso que ha dado PHP desde la versión 3 hasta la versión 4, creemos que PHP se ha convertido en lo que pretendía ser: una gran herramienta para un rápido desarrollo de soluciones de *script* estables y rápidas.

PARTE **III**

Más allá de PHP

Cómo extender PHP 4: entrar en el núcleo de PHP

- Visión general.
- ¿Qué es Zend? y ¿qué es PHP?
- Posibilidades de extensión
- Estructura del código fuente.
- Sistema de construcción automática de PHP.
- Creación de extensiones.
- Compilación de módulos.
- Utilización de extensiones.
- Solución de problemas.
- Explicación del código fuente.
- Aceptación de argumentos.
- Creación de variables.

- Objetos.
- Recursos.
- Macros para la creación automática de variables globales.
- Duplicación del contenido de la variable: el constructor de copias.
- Devolución de valores.
- Impresión de la información.
- Funciones de arranque y parada.
- Llamadas a las funciones de usuario.
- Hacia dónde ir a partir de aquí.
- Referencia: algunas macros de configuración.

A veces, PHP "tal y como está" no es suficiente. A pesar de que esos casos son raros para el usuario medio, las aplicaciones profesionales llevarán pronto a PHP al filo de sus posibilidades, en términos de velocidad o funcionalidad. Una nueva funcionalidad no puede siempre ser implementada de manera nativa debido a las restricciones e inconvenientes del lenguaje que surgen cuando hay que tratar con una gran biblioteca de código predeterminado añadida a cada *script*, por lo que se necesita encontrar otro método para suplir esas eventuales carencias en PHP.

En cuanto se alcanza este punto, significa que ha llegado la hora de tocar el núcleo de PHP y echar un vistazo a su núcleo, el código C que hace que PHP funcione.

Nota: Este capítulo sólo trata de la extensión de PHP 4. Aunque mucha información es relevante para PHP 3, ninguno de los ejemplos está diseñado para ser compatible con PHP 3. Creemos que, si alguien hace el esfuerzo de extender PHP, PHP 4 será instalado de todos modos. (No tiene sentido recompilar viejos servidores PHP 3, teniendo en cuenta los beneficios de la nueva versión de PHP.)

Asimismo, en el momento de escribir este libro, sólo unas pocas cosas no estaban totalmente terminadas y en funcionamiento en PHP 4 –una de las cosas más importantes es la versión que permite *threads* (hilos) de Zend.

NOTA

Las actualizaciones de este capítulo se pueden encontrar en www.phpwizard.net.

Visión general

"Extender PHP" es más fácil decir que hacer. PHP ha evolucionado hacia una herramienta completamente desarrollada que consiste en unos cuantos megabytes de código fuente, y para tocar el núcleo de un sistema como éste hay unas cuantas cosas que hay que saber y tener en cuenta. Cuando estructuramos este capítulo, nos decidimos finalmente por la propuesta de "aprender haciendo". No es el enfoque más científico y profesional, pero sí es el método más divertido y da los mejores resultados finales. En las secciones siguientes aprenderá pronto cómo conseguir las extensiones más básicas para funcionar casi instantáneamente. Después de esto, aprenderá la funcionalidad de la API avanzada de Zend. La posibilidad alternativa hubiera sido intentar impartir a la vez funcionalidad, diseño, consejos, trucos, etc., como un todo, dando así una visión completa del gran cuadro antes de hacer algo práctico. A pesar de que éste es un método "mejor", puede ser muy frustrante y necesita mucha energía y tiempo. Por eso nos decantamos por la manera directa.

Tome nota de que incluso si este capítulo intenta impartir todo el conocimiento posible sobre el funcionamiento interno de PHP, es imposible dar realmente una guía completa para extender PHP que funcione al 100% en todos los casos. PHP es un paquete tan inmenso y complejo, que su funcionamiento interno sólo se puede entender si se familiariza con él en la práctica, por lo que le animamos a trabajar con el código fuente.

¿Qué es Zend? y ¿qué es PHP?

El nombre Zend se refiere al motor del lenguaje, el núcleo de PHP. El término PHP se refiere al sistema completo tal y como aparece desde fuera. Puede parecer un poco confuso al principio, pero no es tan complicado (véase la Figura 9.1). Para implementar un intérprete de *script* web, necesita tres partes:

- La parte de **intérprete** analiza el código de entrada, lo traduce y lo ejecuta.

- La parte de **funcionalidad** implementa la funcionalidad del lenguaje (sus funciones, etc.).

- La parte de **interfaz** habla con el servidor web, etc.

Zend ocupa totalmente la parte 1 y un poco de la parte 2; PHP ocupa las partes 2 y 3. Juntos forman el paquete completo PHP. El propio Zend forma realmente sólo el núcleo de lenguaje, implementando PHP de una forma muy básica con algunas funciones predeterminadas. PHP contiene todos los módulos que crean en realidad las posibilidades destacadas del lenguaje.

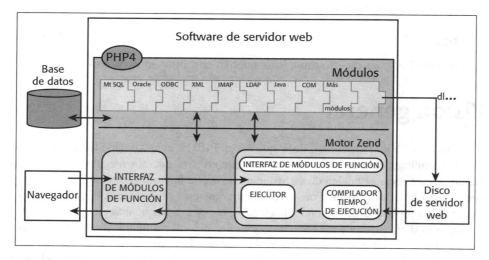

FIGURA 9.1
Estructura interna de PHP.

La siguiente sección explica dónde se puede extender PHP y cómo se hace.

Posibilidades de extensión

Como aparece en la Figura 9.1, PHP puede ser extendido principalmente en tres puntos: módulos externos, módulos incorporados y motor Zend. La siguiente sección explica estas opciones.

Módulos externos

Los módulos externos se pueden cargar en el tiempo de ejecución del *script* utilizando la función **dl()**. Esta función carga un objeto compartido desde un disco y hace que su funcionalidad esté disponible para el *script* al que está ligado. Cuando se ha terminado el *script*, el módulo externo es descartado de la memoria. Este método tiene ventajas e inconvenientes, como se describe en la siguiente tabla:

Ventajas	Inconvenientes
Los módulos externos no requieren recompilar PHP.	Los objetos compartidos necesitan ser cargados cada vez que un *script* es ejecutado (cada acceso), lo que es muy lento.
El tamaño de PHP se queda pequeño al "sacar del código fuente" alguna funcionalidad	Los archivos adicionales externos llenan el disco.
	Cada *script* que quiere utilizar una funcionalidad de módulo externo tiene que incluir específicamente una llamada a **dl()**, o la etiqueta **extension** en **php.ini** necesaria para ser modificada, lo que no es siempre una solución conveniente.

Para resumir, los módulos externos son estupendos para terceros productos, pequeños añadidos a PHP que se usan rara vez, o sólo para propósitos de comprobación. Para desarrollar una funcionalidad adicional rápidamente, los módulos externos proporcionan los mejores resultados. Para un uso frecuente, grandes implementaciones y códigos complejos, los inconvenientes pesan más que las ventajas.

Terceras personas pueden, utilizando la etiqueta **extension** en **php.ini**, crear módulos externos adicionales a PHP. Estos módulos externos están completamente separados del paquete principal, lo que es una característica muy cómoda en entornos comerciales. Los distribuidores comerciales pueden simplemente expedir discos o archivos que contienen sólo sus módulos adicionales, sin la necesidad de crear binarios PHP fijos y sólidos que no permiten que otros módulos les sean ligados.

Módulos incorporados

Los módulos incorporados se compilan directamente en PHP y tratan con cada proceso PHP; su funcionalidad está disponible de manera instantánea para cada *script* que se está ejecutando. Al igual que los módulos externos, los módulos incorporados tienen ventajas e inconvenientes, como se describe en la siguiente tabla:

Ventajas	Inconvenientes
No necesita cargar el módulo específicamente; la funcionalidad está disponible instantáneamente.	Los cambios en los módulos incorporados requieren recompilar PHP.
Los archivos externos no llenan el disco todo reside en el binario PHP.	El binario PHP crece y consume más memoria.

Los módulos incorporados son mejores cuando se tiene una biblioteca de funciones sólida que permanece relativamente igual, se requiere un rendimiento mejor que el de la media o se utiliza frecuentemente por muchos *scripts* en su sitio. La necesidad de recompilar PHP se ve rápidamente compensada por el beneficio que se obtiene en la velocidad y la facilidad de uso. Sin embargo, los módulos incorporados no son ideales cuando se requiere un rápido desarrollo de pequeños añadidos.

El motor Zend

Por supuesto, las extensiones también pueden ser implementadas directamente en el motor Zend. Esta estrategia es buena si necesita realizar un cambio en el comportamiento del lenguaje o requiere que sean construidas funciones especiales directamente en el núcleo del lenguaje. Sin embargo, en general, las modificaciones del motor Zend deberán evitarse. Los cambios aquí resultan ser incompatibles con el resto del mundo y difícilmente alguien se adaptará especialmente a motores Zend parcheados. Las modificaciones no se pueden separar de los recursos PHP principales y se anulan con la siguiente actualización utilizando los depósitos de código fuente "oficiales". Por tanto, este método está generalmente considerado como una mala práctica y, debido a su rareza, no se explica en este libro.

Estructura del código fuente

Antes de que expliquemos las cuestiones del código, debe familiarizarse con el árbol del código para poder navegar rápidamente por los archivos de PHP. Ésta es una capacidad que hay que tener para implementar y depurar las extensiones.

Después de extraer el archivo PHP, verá una estructura de directorio similar a la de la Figura 9.2.

REQUISITOS PREVIOS

Antes de continuar con el resto de este capítulo, deberá recuperar los árboles fuente no modificados de su servidor web favorito. Estamos trabajando con Apache (disponible en www.apache.org) y, por supuesto, con PHP (disponible en www.php.net ¿era necesario decirlo?).

De manera alternativa, puede utilizar los archivos fuente proporcionados en el CD-ROM que acompaña a este libro. Todos los ejemplos de este libro funcionarán con los archivos fuente que hay en el CD-ROM; no podemos garantizar esto para cada versión recuperada de la Red. Sin embargo, como el software *Open Source* se desarrolla muy rápidamente, hay muchas posibilidades de que las versiones del CD-ROM estén anticuadas y no tengan todas las funcionalidades que necesita. Si no puede conseguir para trabajar con los archivos oficiales de los sitios web correspondientes, pruebe con los archivos del CD-ROM e intente seguir adelante a partir de ahí.

Tiene que poder compilar usted mismo un entorno PHP válido. Sin embargo, aquí no vamos a hablar más sobre esta cuestión, ya que cuando estudie este capítulo deberá tener esa capacidad básica.

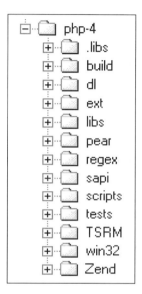

FIGURA 9.2
Estructura del directorio principal del árbol fuente de PHP.

La siguiente tabla describe los contenidos de los directorios principales.

Directorio	Contenidos
php-4	Los principales archivos fuente PHP y los principales archivos de cabecera; aquí encontrará todas las definiciones API de PHP.
dl	Depósito para módulos cargables dinámicos; contiene el archivo especial de cabecera **phpdl.h**, así como los archivos requeridos para automatizar el proceso de compilación. Esto es lo que queda del sistema de construcción de PHP anterior y este directorio está planificado para el traslado desde el árbol fuente. Se desaprueba su utilización.
ext	Depósito para módulos dinámicos e incorporados; de manera predeterminada, estos son los módulos PHP "oficiales" que han sido integrados en el árbol fuente principal. En PHP 4 es posible compilar estas extensiones estándar como módulos cargables dinámicos (por lo menos, aquellos que lo soportan).
pear	Directorio para el depósito de clase PHP. En el momento de escribir este libro, estaba todavía en la fase de diseño, pero se está intentando establecer algo similar a CPAN para Perl aquí.
sapi	Contiene el código para las diferentes capas de abstracción del servidor.

Directorio	Contenidos
TSRM	Ubicación del Thread Safe Resource Manager (TSRM) para Zend y PHP.
Zend	Ubicación del archivo Zend; aquí encontrará todas las definiciones, macros, etc., de la API de Zend (importante).

Explicar todos los archivos incluidos en el paquete PHP está más allá del ámbito de este capítulo. Sin embargo, deberá estudiar atentamente los siguientes archivos:

- **php.h**, ubicado en el directorio principal PHP. Este archivo contiene la mayoría de las macros de PHP y definiciones API.

- **zend.h**, ubicado en el directorio Zend principal. Este archivo contiene las mayoría de las macros y definiciones Zend.

- **zend_API.h**, está también ubicado en el directorio Zend, que define la API de Zend.

También deberá seguir algunas subinclusiones de estos archivos. Por ejemplo, las que tienen que ver con el ejecutor Zend, el soporte de archivo de inicialización, etc. Después de leer estos archivos, tómese tiempo para moverse por el paquete con el fin de ver las interdependencias de todos los archivos y módulos, cómo se relacionan los unos con los otros y, especialmente, cómo se utilizan los unos a los otros. Esto también le ayuda a adaptarse al estilo de codificación en el que está escrito PHP. Para extender PHP, deberá adaptarse rápidamente a ese estilo.

Convenciones de extensión

Zend está construido utilizando algunas convenciones; para evitar romper sus estándares, deberá seguir las reglas que se describen en las siguientes secciones.

Macros

Para casi todas las tareas importantes, Zend dispone de macros predefinidas que son extremadamente cómodas. Las tablas y figuras que aparecen en las siguientes secciones describen la mayoría de las funciones, estructuras y macros básicas. Las definiciones de macro se encuentran principalmente en **zend.h** y **zend_API.h**. Le sugerimos que estudie atentamente esos archivos después de leer este capítulo. (Los puede leer ahora si quiere pero las cosas no tendrán todavía sentido para usted.)

Gestión de memoria

La gestión de los recursos es una cuestión crucial, especialmente en el software de servidor. Uno de los recursos más valiosos es la memoria, y la gestión de la memoria debe manejarse con un cuidado extremo. La gestión de la memoria ha sido parcialmente abstraída en Zend, y deberá ceñirse a esa abstracción por razones obvias. Como consecuencia de la abstracción, Zend toma todo el control sobre todas las asignaciones de memoria. Es capaz de determinar si un bloque está siendo utilizado, liberando automáticamente los bloques que no se utilizan y los bloques con referencias perdidas, para así impedir que haya pérdidas de memoria. Las funciones que hay que utilizar se describen en la siguiente tabla:

Función	Descripción
emalloc()	Sirve como sustitución para **malloc()**.
efree()	Sirve como sustitución para **free()**.
estrdup()	Sirve como sustitución para **strdup()**.
estrndup()	Sirve como sustitución para **strndup()**. Es más rápida que **estrdup()** y está libre de binarios. Es la función que se recomienda utilizar si conoce la longitud de la cadena antes de duplicarla.
ecalloc()	Sirve como sustitución de **calloc()**.
erealloc()	Sirve como sustitución de **realloc()**.

emalloc(), **estrdup()**, **estrndup()**, **ecalloc()** y **erealloc()** asignan la memoria interna; **efree()** libera los bloques previamente asignados. La memoria manejada por la función **e*()** es considerada como local para el proceso actual y es descartada en cuanto se termina el *script* ejecutado por este proceso.

ADVERTENCIA

Para asignar la memoria residente que sobrevive a la terminación del *script* actual puede utilizar malloc() y free(). Sin embargo, esto se deberá hacer sólo en un caso extremo, y únicamente de forma conjunta con demandas de la API de Zend; de otra manera, corre el riesgo de tener pérdidas de memoria.

Zend también tiene un gestor de recursos que permite *threads* (hilos) para proporcionar un mejor soporte nativo para los servidores web multihilos. Esto requiere que asigne las estructuras locales para todas las variables globales para permitir que se ejecuten hilos concurrentes. Como el modo que admite hilos de Zend todavía no está terminado, no podemos tratarlo en este libro.

Funciones de directorio y de archivo

Las siguientes funciones de directorio y archivo deberán utilizarse en los módulos Zend (se comportan exactamente igual que su contrapartida en C):

Función Zend	Función C regular
V_GETCWD()	getcwd()
V_FOPEN()	fopen()
V_CHDIR()	chdir()

Función Zend	Función C regular
V_GETWD()	getwd()
V_CHDIR_FILE()	Toma una ruta de archivo como argumento y cambia el directorio actual por el del directorio del archivo.
V_STAT()	stat()
V_LSTAT()	lstat()

Cómo manejar una cadena

Las cadenas se manejan en el motor Zend de manera un poco diferente a cómo se manejan los demás valores, como los enteros, booleanos, etc., que no requieren una asignación de memoria adicional para almacenar sus valores. Si quiere devolver una cadena desde una función, introducir una nueva variable de cadena en la tabla de símbolos o algo parecido, tiene que tener la seguridad de que la memoria que la cadena ocupará ha sido previamente asignada, utilizando las funciones de asignación e*() antes mencionadas. (Tal vez esto no tenga mucho sentido todavía; sólo téngalo presente, volveremos a ello en breve.)

Tipos complejos

Los tipos complejos como los *arrays* y los objetos requieren un tratamiento diferente. Zend presenta una única API para estos tipos (se almacenan utilizando tablas de dispersión).

Nota: Para reducir la complejidad en los siguientes ejemplos de código fuente, sólo hemos trabajado con tipos simples, como enteros. Más adelante en este capítulo se explica cómo crear tipos más avanzados.

Sistema de construcción automática de PHP

PHP 4 presenta un sistema de construcción automática que es muy flexible. Todos los módulos residen en un subdirectorio del directorio **ext**. Además de su propio código fuente, cada módulo consiste en un archivo **M4** (por ejemplo, véase **www.gnu.org/manual/m4/html_mono/m4.html**) para la configuración y un archivo **Makefile.in**, que es el responsable de la compilación (los resultados de **autoconf** y **automake**; por ejemplo, véase **http://sourceware.cygnus.com/_autoconf/autoconf.html** y **http://sourceware.cygnus.com/automake/_automake.html**).

Ambos archivos se generan automáticamente, junto con **.cvsignore**, por un pequeño *script* de *shell* llamado **ext_skel** que reside en el directorio **ext**. Como argumento toma el nombre del módulo que quiere crear. El *script* de *shell* crea luego un directorio con el mismo nombre, junto con los archivos **config.m4** y **Makefile.in** adecuados.

Paso a paso, el proceso se parece a esto:

```
root@dev:/usr/local/src/php4/ext > ./ext_skel my_module
Crear directorio
Crear archivos básicos: config.m4 Makefile.in .cvsignore [done].

Para utilizar su nueva extensión, tendrá que ejecutar los siguientes pasos:

    $ cd ..
    $ ./buildconf
    $ ./configure          (su extensión es habilitada automáticamente)
    $ vi ext/my_module/my_module.c
    $ make

Repita los dos últimos pasos todas las veces que sea necesario.
```

Esta instrucción crea los archivos arriba mencionados. Para incluir el nuevo módulo en la configuración automática y en el proceso de construcción, deberá ejecutar **build-conf**, que genera el *script* **configure** buscando en el directorio **ext** e incluyendo todos los archivos **config.m4** que se han encontrado.

Finalmente, al ejecutar **configure** se analiza sintácticamente todas las opciones de configuración y se genera un archivo de compilación basado en esas opciones y las opciones que ha especificado en **Makefile.in**.

El Listado 9.1 muestra el archivo **Makefile.in** previamente generado:

Listado 9.1.   Archivo Makefile.in predeterminado

```
# $Id: Extending_Zend.xml,v 1.22 2000/05/22 20:02:58 till Exp $

LTLIBRARY_NAME        = libmy_module.la
LTLIBRARY_SOURCES     = my_module.c
LTLIBRARY_SHARED_NAME = my_module.la

include $(top_srcdir)/build/dynlib.mk
```

Aquí no hay mucho que decir: contiene los nombres de los archivos de entrada y salida. También puede especificar instrucciones de construcción para otros archivos si su módulo está construido a partir de múltiples archivos fuente.

El archivo **config.m4** predeterminado que muestra el Listado 9.2 es un poco más complejo:

Listado 9.2.   Archivo config.m4 predeterminado

```
dnl $Id: Extending_Zend.xml,v 1.22 2000/05/22 20:02:58 till Exp $
dnl config.m4 para la extensión my_module
dnl no olvide llamar a PHP_EXTENSION(my_module)

dnl Si su extensión hace referencia a algo externo, utilizado con:
```

(continúa)

Listado 9.2. Archivo config.m4 predeterminado *(continuación)*

```
PHP_ARG_WITH(my_module, for my_module support,
dnl El comentario debe estar alineado:
[  --with-my_module            Include my_module support])

dnl De otra manera utilice habilitado:

PHP_ARG_ENABLE(my_module, whether to enable my_module support,
dnl El comentario debe estar alineado:
[  --enable-my_module          Enable my_module support])

if test "$PHP_MY_MODULE" != "no"; then
  dnl Action..
  PHP_EXTENSION(my_module, $ext_shared)
fi
```

Si no está familiarizado con los archivos M4 (ahora es un buen momento para familiarizarse), esto puede resultar un poco confuso al principio, pero en realidad es muy fácil.

Nota: Todo lo que lleve **dnl** como prefijo es tratado como un comentario y no es analizado.

El archivo **config.m4** es responsable de analizar sintácticamente las opciones de la línea de comandos pasadas a **configure** en el momento de la configuración. Esto significa que tiene que comprobar los archivos externos requeridos y hacer tareas de preparación y configuración similares.

El archivo predeterminado crea dos directivas de configuración en el *script* de configuración: **--with-my_module** y **--enable-my_module**. Utilice la primera opción cuando se refiera a archivos externos (como la directiva **--with-apache** que hace referencia al directorio Apache). Utilice la segunda opción cuando el usuario tenga simplemente que decidir si habilitar su extensión. Independientemente de qué opción utilice, deberá dejar sin comentario la otra; es decir, si está utilizando **--enable-my_module**, deberá suprimir el soporte para **--with-my_module**, y viceversa.

De manera predeterminada, el archivo **config.m4** creado por **ext_skel** acepta ambas directivas y automáticamente habilita su extensión. Esto se hace utilizando la macro **PHP_EXTENSION**. Para cambiar el comportamiento predeterminado para incluir su módulo en el binario PHP cuando lo desee el usuario (especificando explícitamente **--enable-my_module** o **--with-my_module**), cambie el test por **$PHP_MY_MODULE to == "yes"**:

```
if test "$PHP_MY_MODULE" == "yes"; then
dnl Action..
PHP_EXTENSION(my_module, $ext_shared)
fi
```

Esto requiere que utilice **--enable-my_module** cada vez que reconfigure y recompile PHP.

Nota: ¡No olvide ejecutar **buildconf** cada vez que cambie **config.m4**!

Más adelante entraremos en más detalles sobre las macros M4 disponibles en sus *scripts* de configuración. Por ahora, vamos a utilizar los archivos predeterminados. Los códigos fuente de ejemplo que hay en el CD-ROM han funcionado todas con archivos **config.m4**. Para incluirlos en el proceso de construcción de PHP, copie simplemente los directorios fuente en su directorio **ext** de PHP, ejecute **buildconf**, y luego incluya los módulos de ejemplo que desee utilizando las directivas - -**enable-*** adecuadas con **configure**.

Creación de extensiones

Empezaremos con la creación de una extensión muy simple, que básicamente no hace sino implementar una función que devuelve el entero que recibe como parámetro. El Listado 9.3 muestra el código fuente.

Listado 9.3. Una extensión simple

```
/* incluye cabecera estándar */
#include "php.h"

/* declaración de las funciones que hay que exportar */
ZEND_FUNCTION(first_module);

/* lista compilada de funciones por la que Zend sabe qué hay en este
➥ módulo */
zend_function_entry firstmod_functions[] =
{
    ZEND_FE(first_module, NULL)
    {NULL, NULL, NULL}
};

/* información de módulo compilada */
zend_module_entry firstmod_module_entry =
{
    "First Module",
    firstmod_functions,
    NULL, NULL, NULL, NULL, NULL,
    STANDARD_MODULE_PROPERTIES
};

/* implementa rutina estándar "stub" para introducirnos en Zend */
#if COMPILE_DL
DLEXPORT zend_module_entry *get_module(void) { return(&firstmod_module_
➥ entry); }
#endif

/* implementa la función que debe estar disponible para PHP */
ZEND_FUNCTION(first_module)
{
    zval **parameter;

    if((ZEND_NUM_ARGS() != 1) ¦¦ (zend_get_parameters_ex(1, &parameter)
    ➥ != SUCCESS))
```

(continúa)

Listado 9.3.   Una extensión simple *(continuación)*

```
{
    WRONG_PARAM_COUNT;
}

convert_to_long_ex(parameter);

RETURN_LONG((*parameter)->value.lval);
}
```

Este código contiene un módulo PHP completo. En breve explicaremos con detalle el código fuente, pero primero vamos a explicar el proceso de construcción. (Esto permitirá a los impacientes experimentar antes de que nos sumerjamos en las explicaciones de la API.)

Compilación de módulos

Básicamente, existen tres maneras de compilar módulos:

*   Utilizar el mecanismo "make" proporcionado en el directorio **dl**.
*   Utilizar el mecanismo "make" proporcionado en el directorio **ext**, que también permite la construcción de módulos cargables dinámicos.
*   Compilar los códigos fuente manualmente.

Definitivamente, el método que hay que elegir es el segundo, ya que, al igual que PHP 4, ha sido estandarizado en un sofisticado proceso de construcción. Desgraciadamente, el hecho es que es tan sofisticado que supone un inconveniente, ya que al principio es bastante difícil de entender. Más tarde daremos información detallada sobre esto, pero antes veamos los archivos predeterminados.

El proceso de compilar contenido en el directorio **dl** no es muy bueno, está desfasado y planificado para ser eliminado del árbol fuente. Para ser honestos, es mucho más fácil utilizarlo al principio para construir extensiones dinámicas, pero como no tiene las posibilidades del directorio **ext** y está destinado a ser suprimido, se desaprueba su utilización.

El tercer método es bueno para aquellos que (por alguna razón) no disponen del árbol fuente PHP completo, no tienen acceso a todos los archivos o les gusta jugar con su teclado. Estos casos son muy raros, pero para que no falte de nada, también describiremos este método.

Compilación con Make

Para compilar los códigos fuente de ejemplo utilizando el mecanismo estándar, copie todos sus subdirectorios en el directorio **ext** de su árbol fuente PHP. Luego, ejecute **buildconf**, lo que creará un nuevo *script* **configure** que contiene las opciones apropiadas. De manera predeterminada, todos los códigos fuente de ejemplo están inhabilitados, por lo que no tendrá que temer romper su proceso de construcción.

Después de ejecutar **buildconf**, **configure —help** muestra los siguientes módulos adicionales:

--enable-array_experiments	Habilita experimentos con *array*
--enable-call_userland	Habilita el módulo *userland*
--enable-cross_conversion	Habilita el módulo de conversión cruzada
--enable-firstmodule	Habilita el primer módulo
--enable-infoprint	Habilita el módulo *infoprint*
--enable-reference_test	Habilita el módulo de test de referencia
--enable-resource_test	Habilita el módulo de test de recurso
--enable-variable_creation	Habilita el módulo de creación de variable

El módulo que aparecía en el Listado 9.3 se puede habilitar con **--enable-first_ module** o **--enable-first_module=yes**.

Compilación manual

Para compilar los módulos manualmente, necesita los siguientes comandos:

Acción	Comando
Compilar	cc -fpic -DCOMPILE_DL=1 -I/usr/local/include _-I. -I.. -I../Zend -c -o \<your_object_file> \<your_c_file>
Enlazar	cc -shared -L/usr/local/lib -rdynamic -o \<your_module_file> \<your_object_file(s)>

El comando para compilar el módulo da instrucciones al compilador para que genere un código independiente de la posición (**-fpic** no deberá omitirse) y define tradicionalmente la constante **COMPILE_DL** para indicar el código de módulo que está compilado como un módulo cargable dinámicamente (el módulo de prueba anteriormente presentado comprueba esto; lo explicaremos en breve). Después de estas opciones, especifica un número de rutas estándar incluidas que deberán utilizarse como el conjunto mínimo para compilar los archivos fuente.

Nota: Todas las rutas incluidas en el ejemplo se refieren al directorio **ext**. Si está compilando desde otro directorio, cambie las rutas de acceso en consonancia. Los puntos requeridos son el directorio PHP, el directorio **Zend** y (si es necesario) el directorio en el que reside su módulo.

El comando de enlace es también un comando que instruye el enlace como un módulo dinámico.

Puede incluir opciones de optimización en el comando de compilación, aunque hayan sido omitidas en este ejemplo (pero algunas han sido incluidas en la plantilla **makefile** descrita anteriormente en este sección).

Nota: Compilar y enlazar manualmente como un módulo estático en el binario PHP conlleva instrucciones muy largas, y por eso no se explican aquí. (No resulta muy eficaz escribir todos esos comandos.)

Utilización de extensiones

Dependiendo del proceso de construcción que haya seleccionado, acabará con un nuevo binario PHP que hay que enlazar en su servidor web (o ejecutar como CGI) o con un archivo **.so** (objeto compartido). Si compiló el archivo de ejemplo **first_module.c** como un objeto compartido, el archivo resultante deberá ser **first_module.so**. Para utilizarlo, primero debe copiarlo en un lugar desde donde sea accesible para PHP. Para un simple procedimiento de prueba, puede copiarlo en su directorio **htdocs** y probarlo con el código fuente que aparece en el Listado 9.4. Si lo compiló en el binario PHP, omita la llamada **dl()**, ya que la funcionalidad del módulo está disponible instantáneamente para sus *scripts*.

ADVERTENCIA

Por razones de seguridad, no deberá poner los módulos dinámicos en direcciones a las que se acceda públicamente. Aunque se pueda hacer y simplifique la prueba, deberá ponerlos en un directorio separado en entornos de producción.

Listado 9.4. Archivo de prueba para first_module.so

```php
<?php

//dl("first_module.so");

$param = 2;
$return = first_module($param);

print("We sent \"$param\" and got \"$return\"");

?>
```

Al llamar a este archivo PHP en su navegador web obtendrá la salida que muestra la Figura 9.3.

Si fuera requerido, el módulo cargable dinámico se carga llamando a la función **dl()**. Esta función busca el objeto compartido especificado, lo carga y hace que sus funciones estén disponibles para PHP. El módulo exporta la función **first_module()**, que acepta un único parámetro, lo convierte en un entero y devuelve el resultado de la conversión.

Si nos ha seguido hasta aquí, ¡enhorabuena! Acaba de crear su primera extensión a PHP.

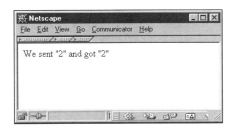

FIGURA 9.3
Salida de first_module.php.

Solución de problemas

En realidad pueden ocurrir muy pocos problemas cuando se están compilando módulos estáticos o dinámicos. El único problema que podría surgir es que el compilador se quejará si faltan definiciones o algo similar. En este caso, no olvide confirmar que todos los archivos de cabecera están disponibles y que ha especificado su ruta correctamente en el comando de compilación. Para estar seguro de que cada cosa está ubicada correctamente, extraiga un árbol fuente de PHP limpio y utilice la construcción automática en el directorio **ext** con los archivos nuevos del CD-ROM; esto garantizará un entorno de compilación seguro. Si esto falla, intente realizar una compilación manual.

PHP puede también quejarse de la falta de funciones en su módulo. (Esto no deberá ocurrir con los códigos fuente de ejemplo si no los modifica.) Si el nombre de las funciones externas a las que está intentando acceder desde su módulo está mal escrito, permanecerán como "**unlinked symbols**" en la tabla de símbolos. Durante la carga y enlace dinámicos por parte de PHP, estos símbolos no enlazados no se resolverán porque sus nombres están mal escritos; no hay símbolos correspondientes en el binario principal. Busque las declaraciones incorrectas en su archivo módulo o las referencias externas que estén mal escritas. Tome nota de que este problema es específico a los módulos cargables dinámicamente, no ocurre con los módulos estáticos. Los errores en los módulos estáticos aparecen en el momento de la compilación.

Explicación del código fuente

Ahora que tiene un entorno de construcción seguro y que es capaz de incluir los módulos en archivos PHP, es hora de explicar cómo funciona cada cosa.

Estructura de módulo

Todos los módulos de PHP siguen una estructura común:

- Inclusiones de archivos de cabecera (para incluir todas las macros, definiciones API, etc., requeridas).

- Declaración C de las funciones exportadas (requeridas para declarar el bloque de función Zend).

- Declaración del bloque de función Zend.

- Declaración del bloque de módulo Zend.

- Implementación de **get_module()**.

- Implementación de todas las funciones exportadas.

Inclusión de archivos de cabecera

El único archivo de cabecera que realmente debe incluir en sus módulos es **php.h**, que se localiza en el directorio PHP. Este archivo hace que estén disponibles para su código todas las macros y definiciones API que se necesitan para construir nuevos módulos.

Consejo: Es una buena práctica crear un archivo de cabecera separado del módulo que contiene definiciones específicas de módulo. Este archivo de cabecera deberá contener todas las definiciones para las funciones exportadas y también incluir **php.h**.

Declaración de las funciones exportadas

Zend proporciona un conjunto de macros para declarar las funciones que han de ser exportadas (es decir, que estén disponibles para PHP como nuevas funciones nativas). Una declaración de muestra se parece a esto:

```
ZEND_FUNCTION(my_function);
```

ZEND_FUNCTION declara una nueva función C que se acomoda a la API interna de Zend. Esto significa que la función es del tipo vacío y acepta **INTERNAL_FUNCTION_PARAMETERS** (otra macro) como parámetros. De manera adicional, le pone el prefijo **zend_if** al nombre de la función. La versión inmediatamente expandida de la definición anterior se parece a esto:

```
void zend_if_my_function(INTERNAL_FUNCTION_PARAMETERS);
```

Expandir **INTERNAL_FUNCTION_PARAMETERS** dará como resultado lo siguiente:

```
void zend_if_my_function(int ht, zval *return_value,
                    ➡ zval *this_ptr, int return_value_used,
                    ➡ zend_executor_globals *executor_globals);
```

Como el núcleo intérprete y ejecutor ha sido separado del paquete principal de PHP, ha aparecido una segunda API que define macros y conjuntos de funciones: la API de

Zend. Como la API de Zend maneja ahora unas cuantas responsabilidades que antes pertenecían a PHP, muchas de las funciones de PHP han sido reducidas a alias de macros para llamadas dentro de la API de Zend. La práctica recomendada es utilizar la API de Zend cada vez que sea posible, ya que la antigua API se reserva ahora por razones de compatibilidad. Por ejemplo, los tipos **zval** y **pval** son idénticos. **zval** es la definición de Zend y **pval** es la definición de PHP (en realidad, **pval** es ahora un alias de **zval**). Como la macro **INTERNAL_FUNCTION_PARAMETERS** es una macro de Zend, la declaración anterior contiene **zval**. Al escribir el código deberá utilizar siempre **zval** para estar conforme con la nueva API de Zend.

La lista de parámetros de esta declaración es muy importante, y deberá recordarlos (véase la Tabla 9.1 para consultar las descripciones).

Tabla 9.1. Parámetros de Zend para funciones llamadas desde PHP

Parámetro	Descripción
ht	El número de argumentos pasados a la función de Zend. No deberá tocarlo directamente, utilice en su lugar **ZEND_NUM_ARGS()** para obtener el valor.
return_value	Esta variable se utiliza para pasar cualquier valor de devolución de su función de nuevo a PHP. Se accede mejor a esta variable utilizando las macros predefinidas. Para conseguir una descripción véase más abajo.
this_ptr	Utilizando esta variable puede tener acceso a los objetos en los que está contenida su variable, si es utilizada dentro de un objeto. Utilice la función **getThis()** para obtener este puntero.
return_value_used	Este indicador muestra si un eventual valor de devolución desde esta función será utilizado en realidad por el *script* de llamada. **0** indica que el valor de devolución no es utilizado; **1** indica que el que llama espera un valor de devolución. La evaluación de este indicador se puede realizar para verificar el uso correcto de la función, así como optimizaciones rápidas en caso de que un valor requiera operaciones costosas (por ejemplo, véase cómo lo utiliza **array.c**).
executor_globals	Esta variable apunta a parámetros globales del motor Zend. Resulta útil para crear variables nuevas (hablaremos más sobre esto después). Los ejecutores globales también pueden incluirse en la función utilizando la macro **ELS_FETCH()**.

Declaración del bloque de función Zend

Ahora que ha declarado las funciones que hay que exportar, debe introducirlas en Zend. Para introducir la lista de funciones se debe utilizar un *array* de **zend_function_entry**. Este *array* obtiene todas las funciones que tendrán que estar disponibles externamente, con el nombre de la función como aparecerá en PHP y su nombre como ha sido definido en el código fuente C. Internamente, **zend_function_entry** está definido como muestra el Listado 9.5.

Listado 9.5.   Declaración interna de zend_function_entry

```
typedef struct _zend_function_entry {
    char *fname;
    void (*handler)(INTERNAL_FUNCTION_PARAMETERS);
    unsigned char *func_arg_types;
} zend_function_entry;
```

La siguiente tabla describe las entradas.

Entrada	Descripción
fname	Denota el nombre de función como se ha visto en PHP (por ejemplo, **fopen**, **mysql_connect**, o, en nuestro ejemplo, **first_module**).
handler	Puntero a la función C responsable del manejo de las llamadas de esta función. Por ejemplo, consulte la macro estándar **INTERNAL_FUNCTION_ PARAMETERS** que hemos visto antes.
func_arg_types	Le permite marcar determinados parámetros para que sean pasados por referencia. Normalmente deberá fijarlo en **NULL**.

En el ejemplo anterior, la declaración se parece a esto:

```
zend_function_entry firstmod_functions[] =
{
    ZEND_FE(first_module, NULL)
    {NULL, NULL, NULL}
};
```

Podemos ver que la última entrada de la lista debe ser siempre **{NULL, NULL, NULL}**. Este marcador debe estar definido para que Zend sepa cuándo se ha alcanzado el final de la lista de funciones exportadas.

Nota: ¡No puede utilizar macros predefinidas para el marcador de final, ya que intentarán hacer referencia a una función llamada **"NULL"**!

La macro **ZEND_FE** se expande simplemente a una entrada de estructura en **zend_function_entry**. Tome nota de que estas macros introducen un esquema de asignación especial para sus funciones; sus funciones C llevarán el prefijo **zend_if_**, lo que significa que **ZEND_FE(first_module)** hará referencia a una función C **zend_ if_first_module()**. Si quiere mezclar la utilización de macros con entradas codificadas a mano (no es una buena práctica), recuerde esto.

Consejo: Los errores de compilación que hacen referencia a las funciones llamadas **zend_if_*()** tienen que ver con las funciones definidas con **ZEND_FE**.

La Tabla 9.2 muestra una lista de todas las macros que puede utilizar para definir funciones.

Tabla 9.2. Macros para definir funciones

Nombre de macro	Descripción
ZEND_FE(name, arg_types)	Define una entrada de función del nombre name en zend_function_entry. Requiere una función C correspondiente. arg_types debe fijarse en NULL. Esta función utiliza una generación de nombre de función C automática que pone un prefijo zend_if al nombre de función PHP. Por ejemplo, ZEND_FE("first_module", NULL) introduce una función first_module() a PHP y la enlaza con la función C zend_if_first_module(). Se utiliza junto con ZEND_FUNCTION.
ZEND_NAMED_FE (php_name, name, arg_types)	Define una función que estará disponible para PHP por el nombre php_name y la enlaza con la correspondiente función C name. arg_types debe estar fijado en NULL. Utilice esta función si no quiere que se ponga el prefijo al nombre de manera automática que es introducido por ZEND_FE. Utilícelo junto con ZEND_NAMED_FUNCTION.
ZEND_FALIAS (name, alias, arg_types)	Define un alias llamado alias para name. arg_types debe estar fijado en NULL. No requiere una función C correspondiente; en su lugar hace referencia al destino del alias.
PHP_FE(name, arg_types)	Antigua API de PHP equivalente de ZEND_FE.
PHP_NAMED_FE(runtime_name, name, arg_types)	Antigua API de PHP equivalente de ZEND_NAMED_FE.

Nota: No puede utilizar ZEND_FE junto con PHP_FUNCTION, o PHP_FE junto con ZEND_FUNCTION. Sin embargo, es perfectamente legal mezclar ZEND_FE y ZEND_FUNCTION con PHP_FE y PHP_FUNCTION cuando están con la misma macro definida para cada función que hay que declarar. Pero no es recomendable hacer mezclas; en su lugar, recomendamos utilizar sólo macros ZEND_*.

Declaración del bloque de módulo Zend

Este bloque se almacena en la estructura zend_module_entry y contiene toda la información necesaria para describir los contenidos de este módulo a Zend. Puede ver la definición interna de este módulo en el Listado 9.6.

Listado 9.6. Declaración interna de zend_module_entry

```
typedef struct _zend_module_entry zend_module_entry;

struct _zend_module_entry {
    char *name;
    zend_function_entry *functions;
```

(continúa)

Listado 9.6.   Declaración interna de zend_module_entry *(continuación)*

```
     int (*module_startup_func)(INIT_FUNC_ARGS);
     int (*module_shutdown_func)(SHUTDOWN_FUNC_ARGS);
     int (*request_startup_func)(INIT_FUNC_ARGS);
     int (*request_shutdown_func)(SHUTDOWN_FUNC_ARGS);
     void (*info_func)(ZEND_MODULE_INFO_FUNC_ARGS);
     int (*global_startup_func)(void);
     int (*global_shutdown_func)(void);

[ Rest of the structure is not interesting here ]

};
```

La siguiente tabla describe las entradas.

Entrada	Descripción
name	Contiene el nombre de módulo (por ejemplo, **"File functions"**, **"Socket functions"**, **"Crypt"**, etc.). Este nombre aparecerá en phpinfo(), en la sección "Módulos adicionales".
functions	Apunta al bloque de función Zend, que se ha explicado en la sección anterior.
module_startup_func	Esta función se llama una vez en la inicialización del módulo y puede utilizarse para hacer pasos de inicialización de una vez (como la asignación de la memoria inicial, etc.). Para indicar un fallo durante la inicialización, devuelve **FAILURE**; de lo contrario, devuelve **SUCCESS**. Para marcar que este campo no se utiliza, use **NULL**. Para declarar una función, utilice la macro **ZEND_MINIT**.
module_shutdown_func	Esta función es llamada una vez en el módulo de parada y se puede utilizar para hacer pasos de desinicialización (como la desasignación de memoria). Es la contrapartida de **module_ startup_func()**. Para indicar un fallo durante la desinicialización, devuelve **FAILURE**; de lo contrario, devuelve **SUCCESS**. Para marcar que este campo no se utiliza, use **NULL**. Para declarar una función, utilice la macro **ZEND_ MSHUTDOWN**.
request_startup_func	Esta función se llama una vez en cada petición de página y se puede utilizar para hacer pasos de inicialización que se requieren para procesar una petición. Para indicar un fallo aquí, devuelve **FAILURE**; de lo contrario, devuelve **SUCCESS**. **Nota**: Como los módulos cargables dinámicos se cargan sólo en las peticiones de página, la función de arranque de la petición se llama justo después de la función de arranque del módulo (ambos eventos de inicialización ocurren a la vez). Para marcar que este campo no se utiliza, use **NULL**. Para declarar una función, utilice la macro **ZEND_RINIT**.

Entrada	Descripción
request_shutdown_func	Esta función se llama una vez después de cada petición de página y funciona como contrapartida de **request_startup_func()**. Para indicar un fallo aquí, devuelve **FAILURE**; de lo contrario, devuelve **SUCCESS**. **Nota**: Como los módulos cargables dinámicos se cargan sólo en las peticiones de página, la función de parada de la petición es inmediatamente seguida por una llamada al manejador de parada de módulo (ambos eventos de desinicialización ocurren a la vez). Para marcar que este campo no se utiliza, use **NULL**. Para declarar una función, utilice la macro **ZEND_RSHUTDOWN**.
info_func	Cuando se llama a **phpinfo()** en un *script*, Zend se mueve en círculos por todos los módulos cargados y llama a esta función. Por tanto, cada módulo tiene la posibilidad de imprimir su propia "huella" en la página de salida. Generalmente, esto se utiliza para volcar información de entorno o estadística. Para marcar que este campo no se utiliza, use **NULL**. Para declarar una función, utilice la macro **ZEND_MINFO**.
global_startup_func	Las funciones de inicio globales se utilizan rara vez. Normalmente, deberá saltar por el resto de esta estructura colocando la macro **STANDARD_MODULE_PROPERTIES**. Para marcar que este campo no se utiliza, use **NULL**. Para declarar una función, utilice la macro **ZEND_GINIT**.
global_shutdown_func	Para marcar que este campo no se utiliza, use **NULL**. Para declarar una función, utilice la macro **ZEND_GSHUTDOWN**.
Elementos de estructura restantes	Éstos se utilizan normalmente de manera interna y pueden prerrellenarse utilizando la macro **STANDARD_MODULE_PROPERTIES_EX**. No deberá asignarles ningún valor. Utilice **STANDARD_MODULE_PROPERTIES_EX** sólo si utiliza funciones de arranque y parada globales; de otra manera, utilice **STANDARD_MODULE_PROPERTIES** directamente.

En nuestro ejemplo, esta estructura se implementa de la siguiente manera:

```
zend_module_entry firstmod_module_entry =
{
    "First Module",
    firstmod_functions,
    NULL, NULL, NULL, NULL, NULL,
    STANDARD_MODULE_PROPERTIES
};
```

Éste es básicamente el conjunto de valores más fácil y mínimo que tendrá que utilizar. El nombre de módulo se fija en **First Module**, luego la lista de función es referenciada, después de lo cual todas las funciones de arranque y parada se marcan como no utilizadas.

Como referencia, puede encontrar una lista de macros relacionadas con las funciones de arranque y parada declaradas en la Tabla 9.3. Éstas no se han utilizado en nuestro ejemplo básico todavía, pero las explicaremos más tarde. Deberá utilizar esas macros para declarar sus funciones de arranque y parada, ya que requieren que se pasen argumentos especiales (INIT_FUNC_ARGS y SHUTDOWN_FUNC_ARGS), que son automáticamente incluidos en la declaración de función cuando utilice las macros predefinidas. Si declara las funciones manualmente y los desarrolladores PHP deciden que es necesario un cambio en la lista de argumentos, tendrá que cambiar los códigos fuente de módulo para que sigan siendo compatibles.

Tabla 9.3. Macros para declarar las funciones de arranque y parada

Macro	Descripción
ZEND_MINIT(module)	Declara una función para el arranque de módulo. El nombre generado será **zend_minit_<module>** (por ejemplo, **zend_minit_first_module**). Utilizar junto con **ZEND_MINIT_FUNCTION**.
ZEND_MSHUTDOWN(module)	Declara una función para la parada de módulo. El nombre generado será **zend_mshutdown_<module>** (por ejemplo, **zend_mshutdown_first_module**). Utilizar junto con **ZEND_MSHUTDOWN_FUNCTION**.
ZEND_RINIT(module)	Declara una función para el arranque de petición. El nombre generado será **zend_rinit_<module>** (por ejemplo, **zend_rinit_first_module**). Utilizar junto con **ZEND_RINIT_FUNCTION**.
ZEND_RSHUTDOWN(module)	Declara una función para la parada de petición. El nombre generado será **zend_rshutdown_<module>** (por ejemplo, **zend_rshutdown_first_module**). Utilizar junto con **ZEND_RSHUTDOWN_FUNCTION**.
ZEND_GINIT(module)	Declara una función para el arranque global. El nombre generado será **zend_ginit_<module>** (por ejemplo, **zend_ginit_first_module**). Utilizar junto con **ZEND_GINIT_FUNCTION**.
ZEND_GSHUTDOWN(module)	Declara una función para la parada global. El nombre generado será **zend_gshutdown_<module>** (por ejemplo, **zend_gshutdown_first_module**). Utilizar junto con **ZEND_GSHUTDOWN_FUNCTION**.
ZEND_MINFO(module)	Declara una función para imprimir la formación de módulo, utilizada cuando se llama a **phpinfo()**. El nombre generado será **zend_info_<module>** (por ejemplo, **zend_info_first_module**). Utilizar junto con **ZEND_MINFO_FUNCTION**.

Implementación de get_module()

Esta función es especial para todos los módulos cargables dinámicos. Echemos primero una mirada a la implementación:

```
#if COMPILE_DL
DLEXPORT zend_module_entry *get_module(void) { return(&firstmod_
➥ module_entry); }
#endif
```

La implementación de función está rodeada por una sentencia de compilación condicional. Esto es necesario porque la función **get_module()** sólo es requerida si el módulo está construido como una extensión dinámica. Al especificar una definición de **COMPILE_DL** en el comando compilador (consulte en párrafos superiores una explicación de las instrucciones de compilación requeridas para construir una extensión dinámica) puede indicar a su módulo si quiere construirlo como una extensión dinámica o como un módulo incorporado. Si quiere un módulo incorporado, la implementación de **get_module()** se omitirá.

get_module() es llamado por Zend en el momento de cargar el módulo. Puede pensar que ha sido invocado por la llamada **dl()** en su *script*. Su objetivo es pasar el bloque de información de módulo de nuevo a Zend para informar al motor sobre los contenidos del módulo.

Si no implementa una función **get_module()** en su módulo cargable dinámico, Zend le presentará un mensaje de error cuando intente acceder al mismo.

Implementación de todas las funciones exportadas

Implementar las funciones exportadas es el paso final. La función de ejemplo **first_module** se parece a esto:

```
ZEND_FUNCTION(firstmodule)
{
    zval **parameter;

    if((ZEND_NUM_ARGS() != 1) || (zend_get_parameters_ex(1,
    ➥ &parameter) != SUCCESS))
    {
        WRONG_PARAM_COUNT;
    }

    convert_to_long_ex(parameter);

    RETURN_LONG((*parameter)->value.lval);
}
```

La declaración de función se hace utilizando **ZEND_FUNCTION**, que corresponde a **ZEND_FE** en la tabla de entrada de funciones (explicada anteriormente).

Después de la declaración, sigue el código para comprobar y recuperar los argumentos de la función, la conversión de argumento y la generación del valor de devolución (hablaremos más sobre esto después).

Resumen

Básicamente esto es todo; no hay nada más para implementar módulos PHP. Los módulos incorporados están estructurados de manera similar a los módulos dinámicos; por tanto, si está equipado con la información presentada en la sección anterior, podrá hacer frente a lo que se presente cuando se encuentre con los archivos fuente de módulo PHP.

En las siguientes secciones veremos cómo utilizar las interioridades de PHP para construir extensiones potentes.

Aceptación de argumentos

Una de las cuestiones más importantes para las extensiones de lenguaje es aceptar y tratar datos pasados a través de argumentos. La mayoría de las extensiones están construidas para tratar con datos de entrada específicos (o requieren parámetros para realizar sus acciones específicas), y los argumentos de función son la única manera real que hay para intercambiar datos entre el nivel PHP y el nivel C. Por supuesto, existe también la posibilidad de intercambiar datos utilizando valores globales (que se explican también posteriormente), pero esto se deberá evitar por todos los medios, ya que es una práctica extremadamente mala. Más detalles en el Capítulo 1, "Conceptos de desarrollo".

PHP no utiliza ninguna declaración de función formal, por ello la sintaxis de llamada es siempre totalmente dinámica y no se comprueba nunca en busca de errores. La comprobación de una sintaxis de llamada correcta se deja para el código de usuario. Por ejemplo, es posible llamar a una función utilizando sólo un argumento una vez y cuatro argumentos la siguiente vez; ambas invocaciones son absolutamente correctas sintácticamente.

Determinación del número de argumentos

Como PHP no tiene definiciones de función formales con soporte para comprobar la sintaxis de la llamada y como PHP presenta argumentos variables, a veces necesitará saber con cuántos argumentos ha sido llamada su función. Puede utilizar la macro **ZEND_NUM_ARGS** en este caso. En las versiones anteriores de PHP, esta macro recuperaba el número de argumentos con los que la función había sido llamaba sobre la base de la entrada de tabla de dispersión, **ht**, que es pasada en la lista **INTERNAL_FUNCTION_ PARAMETERS**. Como la propia **ht** contiene ahora el número de argumentos que han sido pasados a la función, **ZEND_NUM_ARGS** ha sido enviada a una macro ficticia (consulte su definición en **zend_API.h**). Pero sigue siendo una buena práctica utilizarla para seguir siendo compatible con cambios futuros en la interfaz de llamada.

Nota: El antiguo equivalente de PHP para esta macro es **ARG_COUNT**.

El siguiente código comprueba el número de argumentos correcto:

```
if(ZEND_NUM_ARGS() != 2)
    WRONG_PARAMETER_COUNT;
```

Si la función no es llamada con dos argumentos, existe con un mensaje de error. El fragmento de código anterior utiliza la macro de herramienta **WRONG_PARAMETER_COUNT**, que puede utilizarse para generar un mensaje de error estándar (véase Figura la 9.4).

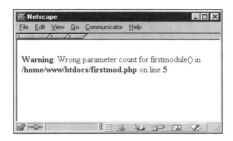

FIGURA 9.4
WRONG_PARAMETER_COUNT en acción.

Esta macro imprime un mensaje de error predeterminado y luego lo devuelve al que llama. Su definición puede encontrarse también en **zend_API.h** y se parece a esto:

```
ZEND_API void wrong_param_count(void);

#define WRONG_PARAM_COUNT { wrong_param_count(); return; }
```

Como se puede ver, llama a una función interna que tiene el nombre **wrong_param_count()**, que es la responsable de imprimir la advertencia. Para más detalles sobre la generación de mensajes de error personalizados, véase la sección posterior "Imprimir la información".

Recuperación de argumentos

Después de haber comprobado el número de argumentos, necesita acceder a los propios argumentos. Esto se hace con la ayuda de **zend_get_parameters_ex()**:

```
zval **parameter;

if(zend_get_parameters_ex(1, &parameter) != SUCCESS)
    WRONG_PARAMETER_COUNT;
```

Todos los argumentos se almacenan en un contenedor **zval**, que necesita ser apuntado dos veces. El fragmento anterior intenta recuperar un argumento y hace que esté disponible mediante el puntero **parameter**.

zend_get_parameters_ex() acepta por lo menos dos argumentos. El primero es el número de argumentos que hay que recuperar, que deberá coincidir con el número de argumentos con los que ha sido llamada la función; por esto es importante comprobar la corrección de la sintaxis de llamada. El segundo (y los argumentos siguientes) son punteros a punteros a punteros a **zvals**. (Resulta un poco confuso, ¿verdad?) Se requieren todos estos punteros porque Zend funciona internamente con ****zval**; para ajustar un ****zval** local en nuestra función, **zend_get_parameters_ex()** necesita un puntero.

El valor de devolución de **zend_get_parameters_ex()** puede ser **SUCCESS** o **FAILURE**, lo que indica si el procesamiento del argumento ha tenido éxito o no. Un fallo estará probablemente relacionado con un número incorrecto de los argumentos que se han especificado, en cuyo caso deberá salir con WRONG_PARAMETER_COUNT.

Para recuperar más de un argumento, puede utilizar un fragmento similar a:

```
zval **param1, **param2, **param3, **param4;

if(zend_get_parameters_ex(4, &param1, &param2, &param3, &param4)
➡ != SUCCESS)
    WRONG_PARAMETER_COUNT;
```

zend_get_parameters_ex() sólo comprueba si está intentando recuperar demasiados parámetros. Si la función es llamada con cinco argumentos, pero sólo está recuperando tres de los mismos con **zend_get_parameters_ex()**, no obtendrá un error; conseguirá en su lugar los primeros tres parámetros. Las llamadas posteriores de **zend_get_parameters_ex()** no recuperarán los argumentos restantes, sino que conseguirán nuevamente los mismos argumentos.

Cómo tratar con un número variable de argumentos o parámetros opcionales

Si su función tiene que aceptar un número variable de argumentos, los fragmentos anteriores son a veces soluciones poco óptimas. Deberá crear una línea que llame a **zend_get_parameters_ex()** para cada posible número de argumentos, lo que a veces es poco satisfactorio.

Para este caso, puede utilizar la función **zend_get_parameters_array_ex()**, que acepta el número de parámetros que hay que recuperar y un *array* en el que almacenarlos:

```
zval **parameter_array[4];

/* obtiene el número de argumentos */
argument_count = ZEND_NUM_ARGS();

/* comprueba si satisface nuestra petición mínima (2 argumentos) */
/* y nuestra aceptación máxima (4 argumentos) */
if(argument_count < 2 ¦¦ argument_count > 5)
    WRONG_PARAMETER_COUNT;

/* el número de argumentos es correcto, ahora recupera los argumentos */
if(zend_get_parameters_array_ex(argument_count, parameter_array)
➡ != SUCCESS)
    WRONG_PARAMETER_COUNT;
```

En primer lugar, el número de argumentos es comprobado para asegurarse que está en el rango aceptado. Después de esto, se utiliza **zend_get_parameters_array_ex()** para rellenar **parameter_array** con punteros válidos a los valores de argumentos.

Una implementación muy clara de esto puede encontrarse en el código que maneja **fsockopen()** de PHP que se ubica en **ext/standard/fsock.c**, como muestra el Listado 9.7. No se preocupe si no conoce todas las funciones que se utilizan en este código fuente todavía, las veremos dentro de poco.

Listado 9.7. Implementación de argumentos variables de PHP en fsockopen( )

```
pval **args[5];
int *sock=emalloc(sizeof(int));
int *sockp;
int arg_count=ARG_COUNT(ht);
int socketd = -1;
unsigned char udp = 0;
struct timeval timeout = { 60, 0 };
unsigned short portno;
unsigned long conv;
char *key = NULL;
FLS_FETCH();

if (arg_count > 5 || arg_count < 2 || zend_get_parameters_array_ex
    (arg_count,args)==FAILURE) {
    CLOSE_SOCK(1);
    WRONG_PARAM_COUNT;
}

switch(arg_count) {
    case 5:
        convert_to_double_ex(args[4]);
        conv = (unsigned long) ((*args[4])->value.dval * 1000000.0);
        timeout.tv_sec = conv / 1000000;
        timeout.tv_usec = conv % 1000000;
        /* fall-through */
    case 4:
        if(!ParameterPassedByReference(ht,4)) {
            php_error(E_WARNING,"error string argument to fsockopen not
                passed by reference");
        }
        pval_copy_constructor(*args[3]);
        (*args[3])->value.str.val = empty_string;
        (*args[3])->value.str.len = 0;
        (*args[3])->type = IS_STRING;
        /* fall-through */
    case 3:
        if(!ParameterPassedByReference(ht,3)) {
            php_error(E_WARNING,"error argument to fsockopen not passed
                by reference");
        }
        (*args[2])->type = IS_LONG;
        (*args[2])->value.lval = 0;
        break;
}

convert_to_string_ex(args[0]);
convert_to_long_ex(args[1]);
portno = (unsigned short) (*args[1])->value.lval;

key = emalloc((*args[0])->value.str.len + 10);
```

fsockopen() acepta dos, tres, cuatro o cinco parámetros. Después de las declaraciones de variable obligatorias, la función comprueba el rango correcto de los argumentos. Luego, utiliza un mecanismo "de ir bajando" en una sentencia switch() para tratar con todos los argumentos. La sentencia switch() empieza con el máximo número de argumentos que se han pasado (cinco). Después de esto, procesa automáticamente el caso de cuatro argumentos que han sido pasados, luego tres, omitiendo la palabra clave break en todas las etapas, que sería obligatorio de otra manera. Después de haber procesado el último caso, existe la sentencia switch() y hace el mínimo procesamiento de argumentos necesario si la función es invocada con sólo dos argumentos.

Este tipo de procesamiento de etapa múltiple, similar a una escalera, permite procesar adecuadamente un número variable de argumentos.

Acceso a los argumentos

Para acceder a los argumentos, es necesario que cada uno de ellos tenga un tipo claramente definido. Nuevamente, la naturaleza extremadamente dinámica de PHP introduce algunas peculiaridades. Como PHP nunca hace ninguna comprobación de tipo, es posible para el que llama pasar cualquier tipo de datos a sus funciones, lo quiera o no lo quiera. Por ejemplo, si espera un entero, el que llama puede pasar un *array*, y viceversa; PHP no lo advertirá.

Para sortear esto, debe utilizar un conjunto de funciones API para forzar una conversión de tipo en cada argumento que está siendo pasado (véase la Tabla 9.4).

Nota: Todas las funciones de conversión esperan un ****zval** como parámetro.

Tabla 9.4.   Funciones de conversión de argumento

Función	Descripción
convert_to_boolean_ex(value)	Fuerza la conversión a un tipo booleano. Los valores booleanos permanecen sin tocar. Los largos, dobles y cadenas que contengan valores 0, así como NULL, darán como resultado el valor booleano 0 (FALSE). Los *arrays* y objetos son convertidos sobre la base del número de entradas o propiedades que tengan respectivamente. Los *arrays* y objetos vacíos se convierten en FALSE; de otra manera, en TRUE. Todos los demás dan el valor booleano 1 (TRUE).
convert_to_long_ex(value)	Fuerza una conversión a un tipo largo (*long*), el tipo de entero predeterminado. Los valores NULL, booleanos, recursos y, por supuesto, largos, permanecen sin tocar. Los dobles (*doubles*) son truncados. Las cadenas que contienen un entero son convertidas a su correspondiente representación numérica, de otra manera resultaría en 0. Los *arrays* y los objetos son convertidos a 0 si están vacíos; si no, a 1.

(continúa)

Tabla 9.4. Funciones de conversión de argumento *(continuación)*

Función	Descripción
convert_to_double_ex(value)	Fuerza una conversión a un doble, el tipo de coma flotante predeterminado. Los valores NULL, booleanos, recursos, largos y, por supuesto, dobles, permanecen sin tocar. Las cadenas que contienen un número son convertidas a su correspondiente representación numérica; de otra manera resultarán en 0.0. Los *arrays* y los objetos son convertidos a 0.0 si están vacíos, si no, a 1.0.
convert_to_string_ex(value)	Fuerza una conversión a una cadena. Las cadenas permanecen sin tocar. Los valores NULL se convierten a una cadena vacía. Los valores booleanos que contengan TRUE son convertidos a "1", si no resultarán en una cadena vacía. Los largos y dobles son convertidos a su correspondiente representación de cadena. Los *arrays* son convertidos a la cadena "Array" y los objetos a la cadena "Object".
convert_to_array_ex(value)	Fuerza una conversión a un *array*. Los *arrays* permanecen sin tocar. Los objetos son convertidos a un *array* asignando todas sus propiedades a la tabla de *arrays*. Todos los nombres de propiedad se utilizan como claves; los contenidos adecuados, como valores. Los valores NULL son convertidos a un *array* vacío. Todos los demás valores son convertidos a un *array* que contiene el valor fuente específico en el elemento con la clave 0.
convert_to_object_ex(value)	Fuerza una conversión a un objeto. Los objetos permanecen sin tocar. Los valores NULL son convertidos a un objeto vacío. Los *arrays* son convertidos a objetos introduciendo sus claves como propiedades en los objetos y sus valores como contenidos de las propiedades correspondientes en el objeto. Todos los demás tipos resultan en un objeto con la propiedad scalar, teniendo el correspondiente valor fuente como contenido.
convert_to_null_ex(value)	Fuerza al tipo a convertirse en un valor NULL, lo que significa vacío.

Nota: Puede encontrar una demostración del comportamiento en cross_conversion. php en el CD-ROM adjunto a este libro. La Figura 9.5 muestra la salida.

Al utilizar estas funciones en sus argumentos reforzará la seguridad de tipo para todos los datos que se le pasan. Si el tipo facilitado no coincide con el tipo requerido, PHP fuerza contenidos ficticios en el valor resultante (cadenas, *arrays* o objetos vacíos, 0 para valores numéricos, FALSE para los booleanos) con el fin de asegurar un estado definido.

A continuación presentamos el módulo de ejemplo explicado anteriormente, que utiliza las funciones de conversión:

```
zval **parameter;

if((ZEND_NUM_ARGS() != 1) || (zend_get_parameters_ex(1, &parameter)
➥ != SUCCESS))
{
    WRONG_PARAM_COUNT;
}

convert_to_long_ex(parameter);

RETURN_LONG((*parameter)->value.lval);
```

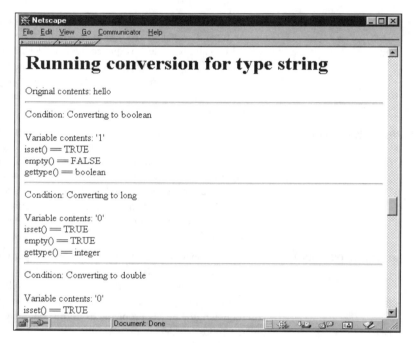

FIGURA 9.5
Comportamiento de conversión cruzada de PHP.

Después de recuperar el puntero de parámetro, el valor de parámetro es convertido a un largo (un entero), que también forma el valor de devolución de esta función. Para entender el acceso a los contenidos del valor, es necesario que expliquemos brevemente el tipo **zval**, cuya definición se muestra en el Listado 9.8.

Listado 9.8.   Definición del tipo zval de PHP/Zend

```
typedef pval zval;

typedef struct _zval_struct zval;
typedef union _zvalue_value {
```

(continúa)

Listado 9.8. Definición del tipo zval de PHP/Zend *(continuación)*

```
    long lval;              /* valor largo */
    double dval;            /* valor doble */
    struct {
        char *val;
        int len;
    } str;
    HashTable *ht;              /* valor de tabla de dispersión */
    struct {
        zend_class_entry *ce;
        HashTable *properties;
    } obj;
} zvalue_value;

struct _zval_struct {
    /* Información de variable */
    zvalue_value value;        /* valor */
    unsigned char type;    /* tipo activo */
    unsigned char is_ref;
    short refcount;
};
```

En realidad, **pval** (definido en **php.h**) sólo es un alias de **zval** (definido en **zend.h**), que a su vez hace referencia a **_zval_struct**. Ésta es una estructura muy interesante. **_zval_struct** es la estructura "maestra", que contiene información sobre la estructura del valor, el tipo y la referencia. La subestructura **zvalue_value** es una unión que contiene los contenidos de la variable. Dependiendo del tipo de la variable, podrá acceder a diferentes miembros de esta unión. Para una descripción de ambas estructuras, véanse las Tablas 9.5, 9.6 y 9.7.

Tabla 9.5. Estructura zval de Zend

Entrada	Descripción
Value	Unión que contiene los contenidos de esta variable. Véase la Tabla 9.6 para una mayor descripción.
type	Contiene el tipo de esta variable. Para una lista de tipos disponibles, véase la Tabla 9.7.
is_ref	0 significa que esta variable no es una referencia, 1 significa que esta variable es una referencia a otra variable.
refcount	El número de referencias que existen para esta variable. Para cada referencia nueva al valor que se almacena en esta variable, este contador se incrementa en 1. Por cada referencia perdida, este contador se disminuye en 1. Cuando el contador de referencias alcanza 0, significa que ya no existen referencias a este valor, lo que provoca la liberación automática del valor.

Tabla 9.6. Estructura zvalue_value de Zend

Entrada	Descripción
Lval	Utilice esta propiedad si la variable es del tipo IS_LONG, IS_BOOLEAN o IS_RESOURCE.
dval	Utilice esta propiedad si la variable es del tipo IS_DOUBLE.

(continúa)

Tabla 9.6.   Estructura zvalue_value de Zend *(continuación)*

Entrada	Descripción
str	Esta estructura se puede utilizar para acceder a las variables del tipo IS_STRING. El miembro de len contiene la longitud de la cadena; el miembro val apunta a la propia cadena. Zend utilice cadenas C; así, la longitud de la cadena contiene un 0x00 de arrastre.
ht	Esta entrada apunta a la entrada de la tabla de dispersión de la variable si la variable es un *array*.
obj	Utilice esta propiedad si la variable es del tipo IS_OBJECT.

Tabla 9.7.   Constantes de tipo de variable de Zend

Constante	Descripción
IS_NULL	Denota un valor NULL (vacío).
IS_LONG	Un valor largo (entero).
IS_DOUBLE	Un valor doble (coma flotante).
IS_STRING	Una cadena.
IS_ARRAY	Denota un *array*.
IS_OBJECT	Un objeto.
IS_BOOL	Un valor booleano.
IS_RESOURCE	Un recurso (para una explicación de los recursos, véase la sección correspondiente que viene después).
IS_CONSTANT	Un valor constante (definido).

Para acceder a un largo, utilice **zval.value.lval**; para acceder a un doble, utilice **zval.value.dval**, y así sucesivamente. Como todos los valores están almacenados en una unión, intentar acceder a los datos con miembros de la unión incorrectos dará como resultado una salida sin significado.

Acceder a los *arrays* y a los objetos es un poco más complicado y se explica después.

Cómo tratar con argumentos pasados por referencia

Si su función acepta argumentos pasados por referencia que está intentando modificar, necesitará tomar algunas precauciones.

Lo que todavía no hemos dicho es que bajo las circunstancias presentadas hasta aquí, no tiene acceso de escritura a ningún contenedor **zval** que designe parámetros de función que han sido pasados para usted. Por supuesto, puede cambiar cualquier contenedor **zval** que creó dentro de su función, pero no deberá cambiar ningún **zval** que haga referencia a los datos internos de Zend.

Hasta ahora sólo hemos explicado la denominada API ***_ex()**. Tal vez se haya dado cuenta de que las funciones API que hemos utilizado se llaman **zend_get_parame-**

ters_ex() en lugar de zend_get_parameters(), convert_to_long_ex() en lugar de convert_to_long(), etc. Las funciones *_ex() forman la llamada nueva API de Zend "extendida". Aportan un incremento de velocidad menor que la vieja API, pero sólo están destinadas a proporcionar acceso de lectura.

Como Zend funciona internamente con referencias, diferentes variables pueden hacer referencia al mismo valor. El acceso de escritura a un contenedor zval requiere que este contenedor contenga un valor aislado, lo que significa un valor que no esté referenciado por ningún otro contenedor. Si un contenedor zval estuviera referenciado por otros contenedores y cambió el zval referenciado, deberá cambiar automáticamente los contenidos de los otros contenedores que hacen referencia a este zval (como apuntan al valor cambiado, cambian también su propio valor).

zend_get_parameters_ex() no se preocupa de esta situación, simplemente devuelve un puntero a los contenedores zval deseados, ya consistan en referencias o no. Su función correspondiente en la API tradicional, zend_get_parameters(), busca inmediatamente valores referenciados. Si encuentra una referencia, crea un nuevo contenedor zval aislado, copia los datos referencia en este espacio recién asignado y luego devuelve un puntero al nuevo valor aislado.

Esta acción se llama separación zval (o separación pval). Como la API *_ex() API no lleva a cabo una separación zval, es mucho más rápido, aunque, a la vez, inhabilita el acceso de escritura.

Sin embargo, para cambiar los parámetros es necesario el acceso de escritura. Zend trata esta situación de una manera especial: cada vez que un parámetro a una función es pasado por referencia, realiza una separación zval automática. Esto significa que cada vez que llama a una función como ésta en PHP, Zend asegurará automáticamente que $parameter está siendo pasado como un valor aislado, y lo presentará de manera que se podrá tener acceso de escritura:

```
my_function(&$parameter);
```

Pero éste no es el caso con los parámetros regulares. Todos los demás parámetros que no son pasados por referencia están es un estado de sólo lectura.

Esto requiere que debe estar trabajando realmente con una referencia, de lo contrario puede producir resultados no deseados. Para comprobar que un parámetro está siendo pasado por referencia, puede utilizar la función ParameterPassedByReference(). Esta función acepta dos parámetros. El primero es el valor ht de la función, y el segundo es el número de argumento que quiere probar, contado de izquierda a derecha, como muestran el Listado 9.9 y la Figura 9.6 (véase el CD-ROM para consultar el código fuente completo).

Listado 9.9. Prueba para pasar parámetros referenciados

```
zval **parameter;

if((ZEND_NUM_ARGS() != 1) || (zend_get_parameters_ex(1, &parameter)
➥ != SUCCESS))
{
    WRONG_PARAM_COUNT;
}
```

(continúa)

Listado 9.9.   Prueba para pasar parámetros referenciados *(continuación)*

```
/* comprueba si el parámetro está siendo pasado por referencia */
if(!ParameterPassedByReference(ht, 1))
{
    zend_error(E_WARNING, "Parameter wasn't passed by reference");
    RETURN_NULL();
}

/* realiza los cambios en el parámetro */
(*parameter)->type = IS_LONG;
(*parameter)->value.lval = 10;
```

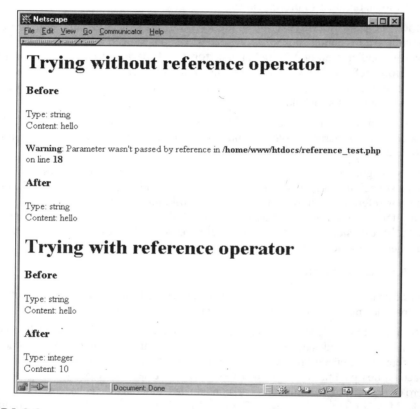

FIGURA 9.6
Prueba para pasar parámetros referenciados.

Cómo asegurar una escritura segura para otros parámetros

Puede encontrarse en una situación en la que necesita acceso de escritura a un pará-metro que ha sido recuperado con **zend_get_parameters_ex()** pero no pasado por referencia. En ese caso, puede utilizar la macro **SEPARATE_ZVAL**, que hace una separación **zval** en el contenedor proporcionado. La **zval** recién creada es separada de los datos internos y sólo tiene ámbito local, lo que significa que puede cambiarse o destruirse sin implicar cambios globales en el contexto del *script*:

```
zval **parameter;

/* recupera parámetro */
zend_get_parameters_ex(1, &parameter);

/* en este punto, <parameter> sigue estando conectado */
/* para buffers de datos internos de Zend */

/* hace que <parameter> sea seguro para escritura*/
SEPARATE_ZVAL(parameter);

/* ahora podemos modificar <parameter> con seguridad*/
/* sin implicar cambios globales
*/
```

SEPARATE_ZVAL utiliza **emalloc()** para alojar el nuevo contenedor **zval**, lo que significa que incluso si no desasigna esta memoria usted mismo, será destruida automáticamente una vez haya terminado el *script*. Sin embargo, hacer muchas llamadas a esta macro sin liberar los contenedores resultantes llenará su RAM.

Nota: Como puede fácilmente sortear la falta de acceso de escritura en la API "tradicional" (con **zend_get_parameters()**), esta API parece obsoleta y no se explica más en este capítulo.

Creación de variables

Cuando intercambia datos desde sus propias extensiones con *scripts* PHP, una de las cuestiones más importantes es la creación de variables. Esta sección le muestra cómo tratar con los tipos de variables que soporta PHP.

Visión general

Para crear nuevas variables que puedan ser vistas "desde el exterior" por el *script* que se ejecuta, deberá asignar un nuevo contenedor **zval**, rellenarlo con valores que tengan significado y luego introducirlo en la tabla de signos interna de Zend. Este proceso básico es común en todas las creaciones de variables:

```
zval *new_variable;

/* asigna e inicializa un nuevo contenedor */
MAKE_STD_ZVAL(new_variable);

/* define el tipo y contenidos de variable aquí, véanse las siguientes
➥ secciones */
```

```
/* introduce esta variable por el nombre "new_variable_name" en el símbolo
➡ table */
ZEND_SET_SYMBOL(EG(active_symbol_table), "new_variable_name", new_variable);

/* la variable es ahora accesible al script utilizando $new_variable_name */
```

La macro **MAKE_STD_ZVAL** consigna un nuevo contenedor **zval** utilizando **ALLOC_ZVAL** y lo inicializa con **INIT_ZVAL**. Implementado en Zend cuando se escribió este libro, **initializing** significa definir el contador de referencia en 1 y limpiar el indicador **is_ref**, pero este proceso se podrá extender más tarde; por esto resulta una buena idea seguir utilizando **MAKE_STD_ZVAL** en lugar de **ALLOC_ZVAL**. Si quiere optimizar para mejorar la velocidad (y no tiene que inicializar explícitamente el contenedor **zval** aquí), puede utilizar **ALLOC_ZVAL**, pero no es recomendable porque no asegura la integridad de los datos.

ZEND_SET_SYMBOL se cuida de introducir la nueva variable en la tabla de símbolos de Zend. Esta macro comprueba si el valor existe ya en la tabla de símbolos y convierte el nuevo símbolo a una referencia si es así (con una desasignación automática del antiguo contenedor **zval**). Éste es el método preferido si la velocidad no es una cuestión crucial y quiere mantener baja la utilización de la memoria.

Observe que **ZEND_SET_SYMBOL** utiliza los globales ejecutores de Zend a través de la macro **EG**. Al especificar **EG(active_symbol_table)**, puede tener acceso a la tabla de símbolos actualmente activa, y tratar con el ámbito activo local. El ámbito local puede cambiar dependiendo de si la función fue invocada desde dentro de una función.

Si necesita optimizar para la velocidad y no se preocupa por la utilización óptima de la memoria, puede omitir la comprobación para una variable existente con el mismo valor y, en su lugar, forzar una inserción en la tabla de símbolos utilizando **zend_hash_update()**:

```
zval *new_variable;

/* asigna e inicializa el nuevo contenedor */
MAKE_STD_ZVAL(new_variable);

/* define el tipo y los contenidos de la variable aquí, véanse las
➡ siguientes secciones */

/* introduce esta variable por el nombre "new_variable_name" en la
➡ tabla de símbolos */
zend_hash_update(EG(active_symbol_table), "new_variable_name",
➡ strlen("new_variable_name") + 1, &new_variable, sizeof(zval *), NULL);
```

Éste es en realidad el método estándar utilizado en la mayoría de los módulos.

Las variables generadas con el fragmento anterior serán siempre de ámbito local, por lo que residen en el contexto en el que la función ha sido llamada. Para crear nuevas variables en el ámbito global, utilice el mismo método pero haga referencia a otra tabla de símbolos:

```
zval *new_variable;

// asigna e inicializa un nuevo contenedor
MAKE_STD_ZVAL(new_variable);

//
// define el tipo y contenidos de variable aquí
//

// introduce esta variable por el nombre "new_variable_name" en la
// tabla de símbolos global
ZEND_SET_SYMBOL(&EG(symbol_table), new_variable);
```

La macro **ZEND_SET_SYMBOL** se llama ahora con una referencia a la tabla principal global haciendo una referencia a **EG(symbol_table)**.

Nota: La variable **active_symbol_table** es un puntero, pero **symbol_table** no lo es. Es por lo que tiene que utilizar **EG(active_symbol_table)** y **&EG(symbol_table)** como parámetros a **ZEND_SET_SYMBOL** (requiere un puntero).

De manera similar, para obtener una versión más eficaz, puede codificar duramente la tabla de símbolos:

```
zval *new_variable;

// asigna e inicializa un nuevo contenedor
MAKE_STD_ZVAL(new_variable);

//
// define el tipo y contenidos de la variable aquí
//

// introduce esta variable por el nombre "new_variable_name" en la
// tabla de símbolos global
zend_hash_update(&EG(symbol_table), "new_variable_name",
➥ strlen("new_variable_name") + 1, &new_variable, sizeof(zval *), NULL);
```

El Listado 9.10 muestra un código fuente de ejemplo que crea dos variables: **local_variable** con un ámbito local y **global_variable** con un ámbito global (véase la Figura 9.7). El ejemplo completo se puede encontrar en el CD-ROM.

Nota: Puede ver que la variable global en realidad no es accesible desde dentro de la función. Por esta razón no es importada en el ámbito local utilizando **global $global_variable**; en el código fuente de PHP.

Listado 9.10. Creación de variables con diferentes ámbitos

```
ZEND_FUNCTION(variable_creation)
{
    zval *new_var1, *new_var2;

    MAKE_STD_ZVAL(new_var1);
    MAKE_STD_ZVAL(new_var2);
```

(continúa)

Listado 9.10.   Creación de variables con diferentes ámbitos *(continuación)*

```
    new_var1->type = IS_LONG;
    new_var1->value.lval = 10;

    new_var2->type = IS_LONG;
    new_var2->value.lval = 5;

    ZEND_SET_SYMBOL(EG(active_symbol_table), "local_variable", new_var1);
    ZEND_SET_SYMBOL(&EG(symbol_table), "global_variable", new_var2);

    RETURN_NULL();

}
```

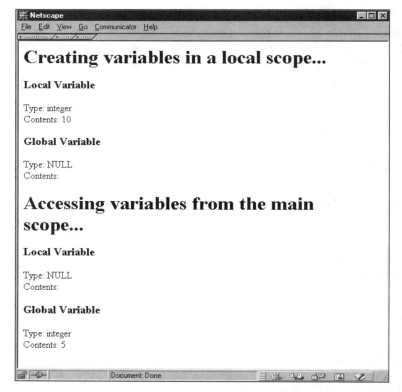

FIGURA 9.7
Variables con diferentes ámbitos.

Largos (Enteros)

Ahora veamos la asignación de datos a una variable, empezando con los largos (*longs*). Los largos son enteros de PHP y se almacenan muy fácilmente. Si estudia la estructura del contenedor **zval.value** explicada anteriormente en este capítulo, podrá ver que el tipo de datos largos está directamente contenido en la unión, es decir, en el campo **lval**. El valor **type** correspondiente para los largos es **IS_LONG** (véase el Listado 9.11).

Listado 9.11. Creación de un largo

```
zval *new_long;

MAKE_STD_ZVAL(new_long);

new_long->type = IS_LONG;
new_long->value.lval = 10;
```

De manera alternativa, puede utilizar la macro **ZVAL_LONG**:

```
zval *new_long;

MAKE_STD_ZVAL(new_long);
ZVAL_LONG(new_long, 10);
```

Dobles (Flotantes)

Los dobles (*doubles*) son flotantes de PHP y tan fáciles de asignar como los largos, ya que su valor está también contenido directamente en la unión. El miembro en el contenedor **zval.value** es **dval**; el tipo correspondiente es **IS_DOUBLE**.

```
zval *new_double;

MAKE_STD_ZVAL(new_double);

new_double->type = IS_DOUBLE;
new_double->value.dval = 3.45;
```

De manera alternativa, utilice la macro **ZVAL_DOUBLE**:

```
zval *new_double;

MAKE_STD_ZVAL(new_double);
ZVAL_DOUBLE(new_double, 3.45);
```

Cadenas

Las cadenas necesitan un esfuerzo mayor. Como se ha dicho antes, todas las cadenas que serán asociadas con las estructuras de datos internos de Zend necesitan ser asignadas utilizando las funciones de gestión de memoria del propio Zend. No se permite hacer referencia a cadenas estáticas o cadenas asignadas con rutinas estándar. Para asignar cadenas, debe acceder a la estructura **str** en el contenedor **zval.value**. El tipo correspondiente es **IS_STRING**:

```
zval *new_string;
char *string_contents = "This is a new string variable";

MAKE_STD_ZVAL(new_string);
```

```
new_string->type = IS_STRING;
new_string->value.str.len = strlen(string_contents);
new_string->value.str.val = estrdup(string_contents);
```

Fíjese en la utilización de **estrdup()** de Zend aquí. Por supuesto, también puede utilizar la macro predefinida **ZVAL_STRING**:

```
zval *new_string;
char *string_contents = "This is a new string variable";

MAKE_STD_ZVAL(new_string);
ZVAL_STRING(new_string, string_contents, 1);
```

ZVAL_STRING acepta un tercer parámetro que indica si los contenidos de la cadena aportados deben duplicarse (utilizando **estrdup()**). Si se fija este parámetro en 1 se duplica la cadena; en 0 utiliza simplemente el puntero aportado para los contenidos de variable. Esto es muy útil si quiere crear una variable nueva que haga referencia a una cadena que ya está asignada en la memoria interna de Zend.

Si quiere truncar la cadena en una posición determinada o si ya sabe su longitud, puede utilizar **ZVAL_STRINGL(zval, string, length, duplicate)**, que acepta que se defina un longitud explícita de cadena para la nueva cadena. Esta macro es más rápida que **ZVAL_STRING** y permite datos binarios.

Para crear cadenas vacías, defina la longitud de la cadena en 0 y utilice **empty_string** como contenidos:

```
new_string->type = IS_STRING;
new_string->value.str.len = 0;
new_string->value.str.val = empty_string;
```

Por supuesto, también hay una macro para esto (**ZVAL_EMPTY_STRING**):

```
MAKE_STD_ZVAL(new_string);
ZVAL_EMPTY_STRING(new_string);
```

Booleanos

Los booleanos se crean igual que los largos, pero tienen el tipo **IS_BOOL**. Los valores permitidos en **lval** son 0 y 1:

```
zval *new_bool;

MAKE_STD_ZVAL(new_bool);

new_bool->type = IS_BOOL;
new_bool->value.lval = 1;
```

Las macros correspondientes para este tipo son **ZVAL_BOOL** (que permite la especificación del valor), así como **ZVAL_TRUE** y **ZVAL_FALSE** (que definen explícitamente el valor en **TRUE** y **FALSE**, respectivamente).

Arrays

Los *arrays* se almacenan utilizando las tablas de dispersión internas de Zend, a las que se puede acceder con la API **zend_hash_*()**. Para cada *array* que quiera crear, necesita un nuevo manejador de tabla de dispersión, que será almacenado en el miembro **ht** del contenedor **zval.value**.

Hay toda una API sólo para la creación de *arrays*, lo que es extremadamente cómodo. Para empezar un nuevo *array*, debe llamar a **array_init()**:

```
zval *new_array;

MAKE_STD_ZVAL(new_array);

if(array_init(new_array) != SUCCESS)
{
    // manejar error aquí
}
```

Si **array_init()** falla al crear un nuevo *array*, devuelve **FAILURE**.

Para agregar nuevos elementos al *array*, puede utilizar numerosas funciones, dependiendo de lo que quiera hacer. Las Tablas 9.8, 9.9 y 9.10 describen esas funciones. Todas las funciones devuelven **FAILURE** si hay un fallo y **SUCCESS** en caso de éxito.

Nota: Las funciones de la Tabla 9.8 operan todas en el *array* **array** con la clave **key**. La cadena de clave no tiene que residir en la memoria interna de Zend; será duplicada por la API.

Tabla 9.8. API de Zend para *arrays* asociativos

Función	Descripción
add_assoc_long (zval *array, char *key, long n);	Agrega un elemento de tipo **long**.
add_assoc_unset (zval *array, char *key);	Agrega un elemento no definido.
add_assoc_bool (zval *array, char *key, int b);	Agrega un elemento booleano.
add_assoc_resource (zval *array, char *key, int r);	Agrega un recurso al *array*.
add_assoc_double (zval *array, char *key, double d);	Agrega un valor de coma flotante.
add_assoc_string (zval *array, char *key, char *str, int duplicate);	Agrega un valor al *array*. El indicador **duplicate** especifica si los contenidos de la cadena tienen que ser copiados en la memoria interna de Zend.
add_assoc_stringl(zval *array, char *key, char *str, uint length, int duplicate);	Agrega una cadena con la longitud **length** deseada al *array*. De otra manera, se comporta como **add_assoc_string()**.

Nota: Las funciones de la Tabla 9.9 operan todas en el *array* **array** con el índice **idx**. El índice es siempre un entero.

Tabla 9.9. API de Zend para *arrays* indexados, Parte 1

Función	Descripción
add_index_long (zval *array, uint idx, long n);	Agrega un elemento del tipo **long**.
add_index_unset (zval *array, uint idx);	Agrega un elemento no utilizado.
add_index_bool (zval *array, uint idx, int b);	Agrega un elemento booleano.
add_index_resource (zval *array, uint idx, int r);	Agrega un recurso al *array*.
add_index_double (zval *array, uint idx, double d);	Agrega un valor de coma flotante.
add_index_string(zval *array, uint idx, char *str, int duplicate);	Agrega una cadena al *array*. El indicador **duplicate** especifica si los contenidos de la cadena tienen que ser copiados en la memoria interna de Zend
add_index_stringl(zval *array, uint idx, char *str, uint length, int duplicate);	Agrega una cadena con la longitud deseada **length** al *array*. Esta función es más rápida y permite datos binarios. De otra manera se comporta como **add_index_string()**.

Nota: Las funciones de la Tabla 9.10 operan todas en el *array* **array**. Estas funciones generan automáticamente un nuevo índice basado en el índice más alto encontrado en el *array*.

Tabla 9.10. API de Zend para arrays indexados, Parte 2

Función	Descripción
add_next_index_long (zval *array, long n);	Agrega un elemento de tipo **long**.
add_next_index_unset (zval *array);	Agrega un elemento no utilizado.
add_next_index_bool (zval *array, int b);	Agrega un elemento booleano.
add_next_index_resource (zval *array, int r);	Agrega un recurso al *array*.
add_next_index_double (zval *array, double d);	Agrega un valor de coma flotante.

(continúa)

Tabla 9.10. API de Zend para arrays indexados, Parte 2 *(continuación)*

Función	Descripción
add_next_index_string(zval *array, char *str, int duplicate);	Agrega una cadena al *array*. El indicador **duplicate** especifica si los contenidos de la cadena tienen que ser copiados en la memoria interna de Zend.
add_next_index_stringl(zval *array, char *str, uint length, int duplicate);	Agrega una cadena con la longitud **length** deseada al *array*. Esta función es más rápida y admite datos binarios. De otra manera se comporta igual que **add_index_string()**.

Todas estas funciones proporcionan un abstracción muy cómoda a la API de dispersión interna de Zend. Por supuesto, también puede utilizar las funciones de dispersión directamente. Por ejemplo, si ya tiene asignado un contenedor **zval** que quiera insertar en un *array*. Esto se hace utilizando **zend_hash_update()** para *arrays* asociativos (véase el Listado 9.12) y **zend_hash_index_update()** para *arrays* indexados (véase el Listado 9.13):

Listado 9.12. Agregar un elemento a un *array* asociativo

```
zval *new_array, *new_element;
char *key = "element_key";

MAKE_STD_ZVAL(new_array);
MAKE_STD_ZVAL(new_element);

if(array_init(new_array) == FAILURE)
{
    // manejar el error aquí
}

ZVAL_LONG(new_element, 10);

if(zend_hash_update(new_array->value.ht, key, strlen(key) + 1,
➥ (void*)&new_element, sizeof(zval *), NULL) == FAILURE)
{
    // manejar el error aquí
}
```

Listado 9.13. Agregar un elemento a un *array* indexado

```
zval *new_array, *new_element;
int key = 2;

MAKE_STD_ZVAL(new_array);
MAKE_STD_ZVAL(new_element);
```

(continúa)

Listado 9.13.   Agregar un elemento a un *array* indexado *(continuación)*

```
if(array_init(new_array) == FAILURE)
{
    // manejar el error aquí
}

ZVAL_LONG(new_element, 10);

if(zend_hash_index_update(new_array->value.ht, key, (void *)&new_element,
➥ sizeof(zval *), NULL) == FAILURE)
{
    // manejar el error aquí
}
```

Para emular la funcionalidad de **add_next_index_*()**, puede utilizar esto:

```
zend_hash_next_index_insert(ht, zval **new_element, sizeof(zval *), NULL)
```

Nota: Para devolver *arrays* desde una función, utilice **array_init()** y todas las acciones siguientes en la variable predefinida **return_value** (dadas como argumento a su función exportada; véase la explicación anterior de la interfaz de llamada). No tiene que utilizar **MAKE_STD_ZVAL** aquí.

Consejo: Para evitar tener que escribir **new_array->value.ht** cada vez, puede utilizar **HASH_OF(nuevo _array)**, que también se recomienda por razones de compatibilidad y estilo.

Objetos

Como los objetos pueden convertirse en *arrays* (y viceversa), ya habrá adivinado que tienen muchas similitudes con los *arrays* en PHP. Los objetos se mantienen con las mismas funciones de dispersión, pero hay diferentes API para crearlos.

Para inicializar un objeto, debe utilizar la función **object_init()**:

```
zval *new_object;

MAKE_STD_ZVAL(new_object);

if(object_init(new_object) != SUCCESS)
{
    // manejar el error aquí
}
```

Puede utilizar las funciones descritas en la Tabla 9.11 para agregar miembros a su objeto.

Nota: Todas las funciones de la Tabla 9.11 funcionan en el objeto **object** con la clave **key**. La clave forma el nombre del miembro, por lo que se puede acceder al miembro resultante a través de **$object->key**.

Tabla 9.11. API de Zend para creación de objetos

Función	Descripción
add_property_long (zval *object, char *key, long l);	Agrega un largo al objeto.
add_property_unset (zval *object, char *key);	Agrega una propiedad no definida al objeto.
add_property_bool (zval *object, char *key, int b);	Agrega un booleano al objeto.
add_property_resource (zval *object, char *key, int r);	Agrega un recurso al objeto.
add_property_double (zval *object, char *key, double d);	Agrega un doble al objeto.
add_property_string(zval *object, char *key, char *str, int duplicate);	Agrega una cadena al objeto.
add_property_stringl(zval *object,	Agrega una cadena de la longitud especificada al objeto.
char *key, char *str, uint length, int duplicate);	Esta función es más rápida que **add_property_string** y también admite datos binarios.

Recursos

Los recursos son un tipo especial de tipo de datos en PHP. El término **recursos** no hace referencia realmente a ningún tipo especial de datos, sino a un método de abstracción para mantener cualquier tipo de información. Los recursos se guardan en una lista especial de recursos dentro de Zend. Cada entrada en la lista tiene una definición de tipo correspondiente que denota el tipo de recurso al que se refiere. Zend gestiona luego internamente todas las referencias a este recurso. No se puede acceder nunca a un recurso directamente (sólo a través de una API proporcionada). En cuanto se han perdido todas las referencias a un recurso determinado, se llama a una función de parada correspondiente.

Por ejemplo, los recursos se utilizan para almacenar enlaces de bases de datos y descriptores de archivos. La implementación estándar se puede encontrar en el módulo MySQL, pero otros módulos, como el módulo Oracle, también utilizan los recursos.

Para conseguir un manejador para su recurso especial, deberá registrar el tipo de recurso antes de utilizarlo:

```
int resource_handle = register_list_destructors(destructor_handler, NULL);
```

Esta llamada le da un manejador que puede utilizar cada vez que introduzca entradas a la lista de recursos. La función especificada (aquí **destructor_handler**) será siempre llamada cada vez que se pierdan todas las referencias a un recurso determinado y Zend intenta matarlo. Esta función se ocupa de liberar y desasignar el recurso adecuado. Debe ser del tipo **void** y, como argumento, sólo tiene que aceptar un puntero al tipo que quiera insertar en la lista.

```
typedef struct
{
    int resource_link;
    int resource_type;
} my_resource;

void destructor_handler(my_resource *resource)
{

    // hacer aquí todas las desasignaciones relacionadas con el recurso

    // contenedor libre
    efree(resource);

}
```

Ahora, para agregar un recurso a la lista, utilice **zend_list_insert()**:

```
my_resource *resource;

// asigna el recurso aquí y lo rellena con valores
resource = (my_resource *)emalloc(sizeof(my_resource));

resource_value = zend_list_insert(resource, resource_handle);
```

Esta función acepta dos argumentos. El primero es el puntero al recurso que quiera agregar a la lista y el segundo es el tipo del recurso (para el que previamente ha registrado un destructor). Ahora puede utilizar el valor de devolución de esta llamada en **zend_list_insert()** como el campo **value** en su correspondiente contenedor **IS_RESOURCE** zval.

Por ejemplo, para utilizar el recurso asignado más arriba como valor de devolución, haga lo siguiente:

```
RETURN_RESOURCE(resource_value);
```

O, de manera más elaborada:

```
return_value->type = IS_RESOURCE;
return_value->value.lval = resource_value;
```

Puede ver que los recursos se almacenan en el campo **lval**.

Zend guarda ahora la traza de todas las referencias a este recurso. En cuanto todas las referencias se pierdan, se llama al destructor que previamente se registró para este recurso. Lo bueno de esta configuración es que no tiene que preocuparse por las pérdidas de memoria introducidas por las asignaciones en su módulo; sólo tiene que registrar como recursos todas las asignaciones de memoria a las que haga referencia su *script* de llamada. En cuanto el *script* decide que ya no los necesita más, Zend los sacará y le informará.

Para forzar la supresión de un recurso de la lista, utilice la función **zend_list_delete()**. También puede forzar el contador de referencias para que se incremente si sabe que está creando otra referencia para un valor previamente asignado (por ejemplo, si está reutilizando automáticamente un enlace de base de datos predeterminado). Para ese caso, utilice la función **zend_list_addref()**. Para buscar las entradas de recursos asignadas anteriormente, utilice **zend_list_find()**. La API completa puede encontrarse en **zend_list.h**.

Si quiere ver un pequeño ejemplo que muestra cómo utilizar los recursos, consulte la demostración del CD-ROM.

Macros para la creación automática de variables globales

Además de las macros explicadas anteriormente, existen unas cuantas macros que permiten la creación de variables globales simples. Está bien conocerlas en caso de que quiera introducir indicadores globales. En cierto modo es una mala práctica, pero la Tabla 9.12 describe las macros que realizan exactamente esta tarea. No necesitan ninguna asignación **zval**; sólo tiene que proporcionar un nombre de variable y un valor.

Nota: Todas las macros de la Tabla 9.12 crean una variable global del nombre **name** con el valor **value**.

Tabla 9.12. Macros para la creación de variables globales

Macro	Descripción
SET_VAR_STRING(nombre, valor)	Crea una nueva cadena.
SET_VAR_STRINGL(nombre, valor, longitud)	Crea una nueva cadena de la longitud especificada. Esta macro es más rápida que **SET_VAR_STRING** y también admite datos binarios.
SET_VAR_LONG(nombre, valor)	Crea un nuevo largo.
SET_VAR_DOUBLE(nombre, valor)	Crea un nuevo doble.

Creación de constantes

Zend soporta la creación de constantes verdaderas (en oposición a las variables regulares). Se accede a las constantes sin el prefijo del típico signo del dólar ($) y están disponibles en todos los ámbitos. Los ejemplos incluyen **TRUE** y **FALSE**, para citar sólo a dos.

Para crear sus propias constantes, puede utilizar las macros de la Tabla 9.13. Todas las macros crean una constante con el nombre y valor especificados.

También puede especificar indicadores para cada constante:

- **CONST_CS**. El nombre de esta constante es sensible a la caja (mayúsculas o minúsculas) y debe tratarse como tal.

- CONST_PERSISTENT. Esta constante es persistente y no debe "olvidarse" cuando el proceso actual que lleva esta constante se apaga.

Para utilizar los indicadores, combínelos con un OR binario:

```
// registra una nueva constante de tipo "largo"
REGISTER_LONG_CONSTANT("NEW_MEANINGFUL_CONSTANT", 324, CONST_CS ¦
➥ CONST_PERSISTENT);
```

Hay dos tipos de macros, **REGISTER_*_CONSTANT** y **REGISTER_MAIN_*_CONS-TANT**. El primer tipo crea constantes ligadas al módulo actual. Estas constantes son sacadas de la tabla de símbolos en cuanto el módulo que registraba esa constante es descargado de la memoria. El segundo tipo crea constantes que permanecen en la tabla de símbolos independientemente del módulo.

Tabla 9.13.   Macros para crear constantes

Macro	Descripción
REGISTER_LONG_CONSTANT (nombre, valor, indicadores)	Registra una nueva constante de tipo largo.
REGISTER_MAIN_LONG_CONSTANT (nombre, valor, indicadores)	
REGISTER_DOUBLE_CONSTANT (nombre, valor, indicadores)	Registra una nueva constante de tipo doble.
REGISTER_MAIN_DOUBLE_CONSTANT (nombre, valor, indicadores)	
REGISTER_STRING_CONSTANT (nombre, valor, indicadores)	Registra una nueva constante de tipo cadena. La cadena especificada debe residir en la memoria interna de Zend.
REGISTER_MAIN_STRING_CONSTANT (nombre, valor, indicadores)	
REGISTER_STRINGL_CONSTANT (nombre, valor, longitud, indicadores) REGISTER_MAIN_STRINGL_CONSTANT (nombre, valor, longitud, indicadores)	Registra una nueva constante de tipo cadena. La longitud de la cadena se fija explícitamente en **length**. La cadena especificada debe residir en la memoria interna de Zend.

Duplicación del contenido de la variable: el constructor de copias

Antes o después necesitará asignar los contenidos de un contenedor **zval** a otro. Esto es más fácil de decir que de hacer, ya que el contenedor **zval** no sólo contiene información, sino que también hace referencia a sitios en los datos internos de Zend. Por ejemplo, dependiendo de su tamaño, los *arrays* y objetos pueden ser anidados con muchas entradas de tabla de dispersión. Al asignar un contenedor **zval** a otro, evite duplicar las entradas de tabla de dispersión utilizando sólo una referencia a los mismos (a la mayoría).

Para copiar este complejo tipo de datos, utilice el **constructor de copias**. Los constructores de copias están generalmente definidos en lenguajes que soportan sobrecarga de operador con el propósito expreso de copiar tipos complejos. Si define un objeto en un lenguaje así, tiene la posibilidad de sobrecargar el operador =, que normalmente es el responsable de la asignación de contenidos del valor a la izquierda **lvalue** (resultado de la evaluación en el lado izquierdo del operador) al valor a la derecha **rvalue** (lo mismo para el lado derecho).

Sobrecargar significa asignar un significado diferente a este operador y se utiliza normalmente para asignar una llamada de función a un operador. Cada vez que ese operador se utilice en un objeto así en un programa, esta función será llamada con **lvalue** y **rvalue** como parámetros. Equipado con esa información, puede realizar la operación que entiende tiene el operador = (normalmente un formulario de copia extendido).

Este mismo formulario de "copia extendido" es también necesario para los contenedores **zval** de PHP. Nuevamente, en el caso de un *array*, esta copia extendida implicará una recreación de todas las entradas de la tabla de dispersión que tengan que ver con este *array*. Para las cadenas, tendrá que disponer de una asignación de memoria adecuada, y así sucesivamente.

Zend tiene una función así llamada **zend_copy_ctor()** (el equivalente anterior de PHP era **pval_copy_constructor()**).

Una demostración más útil es una función que acepta un tipo como argumento, lo modifica y luego devuelve el argumento:

```
zval **parameter;

if((ZEND_NUM_ARGS() != 1) ¦¦ (zend_get_parameters_ex(1, &parameter) !=
➥ SUCCESS))
{
    WRONG_PARAM_COUNT;
}

// hacer aquí las modificaciones al parámetro

// ahora queremos devolver el contenedor modificado:
*return_value == **parameter;
zval_copy_ctor(return_value);
```

La primera parte de la función es una recuperación del argumento. Sin embargo, después de las modificaciones, es más interesante. El contenedor de **parameter** es asignado al contenedor **return_value** (predefinido). Ahora, para poder duplicar con eficacia sus contenidos, se llama al constructor de copia. El constructor de copia funciona directamente con el argumento proporcionado y los valores de devolución estándar son **FAILURE** si hay fallo y **SUCCESS** si hay éxito.

Si omite la llamada al constructor de copia en este ejemplo, **parameter** y **return_value** apuntarán a los mismos datos internos, lo que significa que **return_value** será una referencia adicional ilegal a las mismas estructuras de datos. Cada vez que ocurren cambios en los datos a los que apunta **parameter**, **return_value** puede verse afectado. Así, para poder crear copias separadas, se debe utilizar el constructor de copias.

La contrapartida del constructor en la API de Zend, el destructor **zval_dtor()**, hace lo opuesto que el constructor. El correspondiente alias en la API de PHP es **pval_destructor()**.

Devolución de valores

La devolución de los valores de sus funciones a PHP se ha explicado brevemente en una sección anterior; ahora le vamos a dar los detalles. Los valores de devolución se pasan a través de la variable **return_value**, que es pasada a sus funciones como argumento. El argumento **return_value** consiste en un contenedor **zval** (véase la explicación anterior sobre la interfaz de llamada) que puede modificar libremente. El propio contenedor ya ha sido asignado, por lo que no tiene que ejecutar **MAKE_STD_ZVAL** en él. En su lugar, puede acceder a sus miembros directamente.

Para hacer que la devolución de los valores desde las funciones sea más fácil y para impedir que tenga que pelearse con el acceso a las estructuras internas del contenedor **zval**, está disponible un conjunto de macros predefinidas (como ya es habitual). Esas macros definen automáticamente el tipo y valor correspondientes, como se describe en las Tablas 9.14 y 9.15.

Nota: Las macros de la Tabla 9.14 devuelven automáticamente desde su función.

Tabla 9.14. Macros predefinidas para devolver valores desde una función

Macro	Descripción
RETURN_RESOURCE(resource)	Devuelve un recurso.
RETURN_BOOL(bool)	Devuelve un booleano.
RETURN_NULL()	No devuelve nada (un valor NULL).
RETURN_LONG(long)	Devuelve un largo.
RETURN_DOUBLE(double)	Devuelve un doble.
RETURN_STRING(string, duplicate)	Devuelve una cadena. El indicador **duplicate** muestra si la cadena debe ser duplicada utilizando **estrdup()**.
RETURN_STRINGL(string, length, duplicate)	Devuelve una cadena de la longitud especificada en **length**; de otra manera, se comporta igual que **RETURN_STRING**. Sin embargo, esta macro es más rápida y admite datos binarios.
RETURN_EMPTY_STRING()	Devuelve una cadena vacía.
RETURN_FALSE	Devuelve un valor booleano falso.
RETURN_TRUE	Devuelve un valor booleano verdadero.

Nota: Las macros de la Tabla 9.15 sólo definen el valor de devolución; no devuelven desde su función.

Tabla 9.15. Macros predefinidas para definir el valor de devolución de una función

Macro	Descripción
RETVAL_RESOURCE(resource)	Define el valor de devolución para el recurso especificado.
RETVAL_BOOL(bool)	Define el valor de devolución para el valor booleano especificado.
RETVAL_NULL()	Define el valor de devolución en NULL.
RETVAL_LONG(long)	Define el valor de devolución para el largo especificado.
RETVAL_DOUBLE(double)	Define el valor de devolución para el doble especificado.
RETVAL_STRING(string, duplicate)	Define el valor de devolución para la cadena especificada y la duplica para la memoria interna de Zend si así se desea (véase también RETURN_STRING).
RETVAL_STRINGL(string, length, duplicate)	Define el valor de devolución para la cadena **string** especificada y fuerza que la longitud sea **length** (véase también RETVAL_STRING). Esta macro es más rápida y admite datos binarios, y deberá utilizarse cada vez que se conozca la longitud de la cadena.
RETVAL_EMPTY_STRING()	Define el valor de devolución para una cadena vacía.
RETVAL_FALSE	Define el valor de devolución para un valor booleano falso.
RETVAL_TRUE	Define el valor de devolución para un valor booleano verdadero.

Los tipos complejos como los *arrays* y los objetos se pueden devolver utilizando array_init() y object_init(), así como las funciones de dispersión correspondientes en return_value. Como esos tipos no pueden construirse con información trivial, no hay macros predefinidas para ellos.

Impresión de la información

A menudo resulta necesario imprimir los mensajes de salida desde su módulo, de la misma manera que se utiliza print() en un *script*. PHP ofrece funciones para las tareas más genéricas, como imprimir los mensajes de advertencia, generar la salida para phpinfo(), etc. Las siguientes secciones aportan más detalles. Los ejemplos de esas funciones se pueden encontrar en el CD-ROM.

zend_printf()

zend_printf() funciona igual que el estándar printf(), excepto que imprime el flujo de salida de Zend.

zend_error()

zend_error() se puede utilizar para generar mensajes de error. Esta función acepta dos argumentos. El primero es el tipo de error (véase **zend_errors.h**), y el segundo es el mensaje de error:

```
zend_error(E_WARNING, "This function has been called with empty arguments");
```

La Tabla 9.16 muestra una lista de valores posibles (véase la Figura 9.8). En **php.ini** se hace también referencia a estos valores. Dependiendo de qué tipo de error elija, sus mensajes serán registrados.

Tabla 9.16. Mensajes de error predefinidos de Zend

Error	Descripción
E_ERROR	Señala un error y termina la ejecución del *script* inmediatamente.
E_WARNING	Señala una advertencia genérica. La ejecución continúa.
E_PARSE	Señala un error de análisis sintáctico. La ejecución continúa.
E_NOTICE	Señala un aviso. La ejecución continúa. Observe que de forma predeterminada la ventana de este tipo de mensajes de error está puesta en **php.ini**.
E_CORE_ERROR	Error interno por el núcleo; no debe utilizarse por los módulos escritos por los usuarios.
E_COMPILE_ERROR	Error interno por el compilador; no debe utilizarse por los módulos escritos por el usuarios.
E_COMPILE_WARNING	Advertencia interna por el compilador; no debe utilizarse por los módulos escritos por el usuario.

Cómo incluir la salida en phpinfo()

Después de crear un módulo real, puede mostrar la información sobre el módulo en phpinfo() (además del nombre de módulo, que aparece en la lista de módulos predeterminada). PHP le permite crear su propia sección en la salida phpinfo() con la función ZEND_MINFO(). Esta función se colocará en el bloque descriptor de módulo (explicado anteriormente) y es siempre llamada cada vez que un *script* llama a phpinfo().

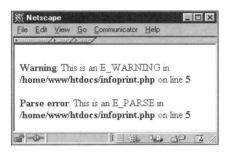

FIGURA 9.8
Pantalla de mensajes de advertencia en el navegador.

PHP imprime automáticamente una sección en **phpinfo()** si especifica la función **ZEND_MINFO**, e incluye el nombre de módulo en la cabecera. Todo lo demás debe ser formateado e impreso por usted.

Típicamente, puede imprimir una cabecera de tabla HTML utilizando **php_info_ print_table_start()** y luego utilizar las funciones estándar **php_info_print_table_ header()** y **php_info_print_table_row()**. Como argumentos, ambas toman el número de columnas (como enteros) y los contenidos de la columna (como cadenas). El Listado 9.14 muestra un ejemplo de código fuente; la Figura 9.9 muestra la salida. Para imprimir el pie de página de la tabla, utilice **php_info_print_table_end()**.

Listado 9.14. Código fuente y salida en phpinfo()

```
php_info_print_table_start();
php_info_print_table_header(2, "First column", "Second column");
php_info_print_table_row(2, "Entry in first row", "Another entry");
php_info_print_table_row(2, "Just to fill", "another row here");
php_info_print_table_end();
```

Información de la ejecución

También puede imprimir información de la ejecución, como el archivo actual que se está ejecutando. El nombre de la función que se está ejecutando actualmente puede recuperarse utilizando la función **get_active_function_name()**. Esta función devuelve un puntero al nombre de la función y no acepta argumentos. Para recuperar el nombre del archivo que se está ejecutando actualmente, utilice **zend_get_executed_filename()**. Esta función accede a las globales de ejecutor, que le son pasadas utilizando la macro **ELS_C**. Las globales de ejecutor están disponibles automáticamente para cada función que sea llamada directamente por Zend (son parte de **INTERNAL_FUNCTION_PARA- METERS** descrito anteriormente en este capítulo). Si quiere acceder a las globales de eje- cutor en otra función donde no están disponibles automáticamente, llame a la macro **ELS_FETCH()** una vez en esa función; esto las introducirá en su ámbito local.

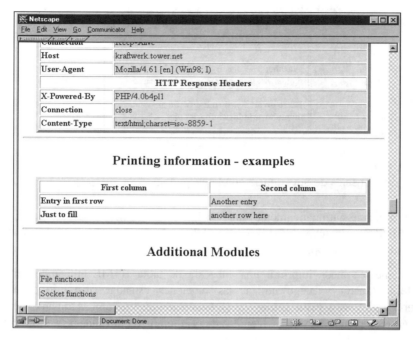

FIGURA 9.9
Salida de phpinfo().

Finalmente, el número de línea que se está ejecutando actualmente puede ser recuperado utilizando la función **zend_get_executed_lineno()**. Esta función también requiere las globales de ejecutor como argumento. Para ver ejemplos de esas funciones, consulte el Listado 9.15 y la Figura 9.10. Por supuesto, todos los ejemplos están también disponibles en el CD-ROM.

Listado 9.15.   Imprimir información de la ejecución

```
zend_printf("The name of the current function is %s<br>",
➥ get_active_function_name());
zend_printf("The file currently executed is %s<br>",
➥ zend_get_executed_filename(ELS_C));
zend_printf("The current line being executed is %i<br>",
➥ zend_get_executed_lineno(ELS_C));
```

Funciones de arranque y parada

Las funciones de arranque y parada se pueden utilizar para una inicialización y desinicialización de sus módulos. Como ya se ya explicado anteriormente en este capítulo (véase la descripción del bloque descriptor de módulo de Zend), hay eventos de petición de arranque y parada globales y de módulos.

FIGURA 9.10
Imprimir información de la ejecución.

Las funciones de arranque globales se llaman una vez cuando se inicia PHP, de igual forma que las funciones de parada se llaman una vez cuando se cierra PHP. Por favor, tome nota de que sólo se las llama una vez, no cuando se crea un nuevo proceso Apache.

Las funciones de arranque y parada de módulo se llaman cada vez que un módulo es cargado y necesita una inicialización; las funciones de arranque y parada de petición se llaman cada vez que se procesa una petición (lo que significa que un archivo se está ejecutando).

Para extensiones dinámicas, los eventos de arranque y parada de petición y módulo ocurren a la vez.

La declaración e implementación de esas funciones se pueden hacer con macros (véase la anterior sección "Declaración del bloque de módulo Zend" para más detalles).

Llamadas a las funciones de usuario

Puede llamar a las funciones de usuario desde sus propios módulos, lo que es muy cómodo cuando se implementan retrollamadas. Por ejemplo, para buscar o recorrer un *array* o, simplemente, para programas basados en eventos.

Las funciones de usuario se pueden llamar con la función **call_user_function_ex()**. Requiere un valor de dispersión para la tabla de función a la que quiere acceder, un puntero a un objeto (si quiere llamar a un método), el nombre de la función, el valor de devolución, el número de argumentos, el *array* de argumento y un indicador que muestre si quiere realizar la separación **zval**:

```
ZEND_API call_user_function_ex(HashTable *function_table, zval *object,
                    zval *function_name, zval **retval_ptr_ptr,
                    int param_count, zval **params[]
                    int no_separation);
```

Observe que no tiene que especificar **function_table** y **object**; cualquiera de las dos vale. Si quiere llamar a un método, deberá proporcionar el objeto que contiene ese método, en cuyo caso **call_user_function()** define automáticamente la tabla de función de ese objeto. De otra manera, sólo necesitará especificar **function_table** y podrá fijar **object** en NULL.

Normalmente, la función predeterminada es la tabla de función "raíz" que contiene todas las entradas de función. Esta tabla de función es parte de las globales de compilador y se puede acceder a ella utilizando la macro **CG**. Para introducir las globales de compilador a su función, llame a la macro **CLS_FETCH** una vez.

El nombre de función es especificado en un contenedor **zval**. Esto puede resultar un poco sorprendente al principio, pero es un paso muy lógico, ya que la mayor parte del tiempo aceptará nombres de función como parámetros desde las funciones de llamada en su *script*, que, a su vez, están contenidas en los contenedores **zval** nuevamente. Así, sólo tiene que pasar sus argumentos para esta función. Este **zval** tiene que ser del tipo **IS_STRING**.

El siguiente argumento consiste en un puntero al valor de devolución. No tiene que asignar memoria para este contenedor, la función lo hará por sí sola. Sin embargo, deberá destruir este contenedor (utilizando **zval_dtor()**) más tarde.

Lo siguiente es el número de parámetro como entero y un *array* que contiene todos los parámetros necesarios. El último argumento especifica si la función debe realizar la separación **zval**; ésta deberá estar siempre fijada en **0**. Si estuviera fijada en **1**, la función consumiría menos memoria pero fallaría si algún parámetro necesitara una separación.

El Listado 9.16 y la Figura 9.11 muestran una pequeña demostración de una llamada a una función de usuario. El código llama a una función que le ha sido proporcionada como argumento y directamente pasa el valor de devolución de esta función como su propio valor de devolución. Fíjese en la utilización de las llamadas de constructor y destructor al final; puede que no sea necesario hacerlo de esta manera (ya que deberán ser valores separados; la asignación puede estar segura), pero ésta es a prueba de balas.

Listado 9.16.   Llamar a las funciones de usuario

```
zval **function_name;
zval *retval;

if((ZEND_NUM_ARGS() != 1) || (zend_get_parameters_ex(1, &function_name)
➥ != SUCCESS))
{
    WRONG_PARAM_COUNT;
}

if((*function_name)->type != IS_STRING)
{
    zend_error(E_ERROR, "Function requires string argument");
}

CLS_FETCH();

if(call_user_function_ex(CG(function_table), NULL, *function_name, &retval,
➥ 0, NULL, 0) != SUCCESS)
{
    zend_error(E_ERROR, "Function call failed");
}
zend_printf("We have %i as type<br>", retval->type);
```

(continúa)

Listado 9.16. Llamar a las funciones de usuario *(continuación)*

```
*return_value = *retval;
zval_copy_ctor(return_value);
zval_dtor(retval);

<?php

dl("call_userland.so");

function test_function()
{

    print("We are in the test function!<br>");

    return("hello");

}

$return_value = call_userland("test_function");

print("Return value: \"$return_value\"<br>");
?>
```

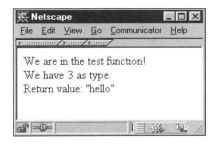

FIGURA 9.11
Llamadas a las funciones de usuario.

Soporte de archivo de inicialización

PHP 4 tiene rediseñado un soporte de archivo de inicialización. Ahora es posible especificar entradas de inicialización predeterminadas directamente en su código, leer y cambiar esos valores en el tiempo de ejecución y crear manejadores de mensaje para la notificación de los cambios.

Para crear una sección .**ini** en su propio módulo, utilice las macros **PHP_INI_BEGIN()** para marcar el principio de dicha sección y **PHP_INI_END()** para marcar el final. En medio, puede utilizar **PHP_INI_ENTRY()** para crear entradas.

```
PHP_INI_BEGIN()
    PHP_INI_ENTRY("first_ini_entry",  "has_string_value", PHP_INI_ALL, NULL)
    PHP_INI_ENTRY("second_ini_entry", "2",                PHP_INI_SYSTEM,
                                                        ➥ OnChangeSecond)
    PHP_INI_ENTRY("third_ini_entry",  "xyz",              PHP_INI_USER, NULL)
                                                        ➥ PHP_INI_END()
```

La macro **PHP_INI_ENTRY()** acepta cuatro parámetros: el nombre de entrada, el valor de entrada, los permisos de cambios y un puntero a un manejador de cambio de notificación. Tanto el nombre de entrada como el valor de entrada deben especificarse como cadenas, independientemente de si son realmente cadenas o enteros.

Los permisos se agrupan en tres secciones: **PHP_INI_SYSTEM** permite un cambio sólo directamente en el archivo **php3.ini file**; **PHP_INI_USER** permite que un cambio sea anulado por un usuario en el tiempo de ejecución utilizando archivos de configuración adicionales, como **.htaccess**); y **PHP_INI_ALL** permite que los cambios se hagan sin restricciones. Hay también un cuarto nivel, **PHP_INI_PERDIR**, cuyo comportamiento no hemos podido verificar todavía.

El cuarto parámetro consiste en un puntero a un manejador de cambio de notificación. Cada vez que se cambia una de esas entradas de inicialización, se llama a este manejador. Un manejador así se puede declarar utilizando la macro **PHP_INI_MH**:

```
PHP_INI_MH(OnChangeSecond);                // manejador para ini-entry
                                        ➥ "second_ini_entry"

// espcifica entradas de inicialización aquí

PHP_INI_MH(OnChangeSecond)
{
    zend_printf("Message caught, our ini entry has been changed to
                ➥ %s<br>", new_value);

    return(SUCCESS);

}
```

El nuevo valor se da al manejador de cambio como una cadena en la variable **new_value**. Si mira la definición de **PHP_INI_MH**, verá que en realidad tiene que utilizar unos cuantos parámetros:

```
#define PHP_INI_MH(name) int name(php_ini_entry *entry, char *new_value,
                            ➥ uint *new_value_length, void *mh_arg1,
                            ➥ void *mh_arg2, void *mh_arg3)
```

Todas estas funciones se pueden encontrar en **php_ini.h**. Su manejador de mensaje tendrá acceso a una estructura que contiene la entrada completa, el nuevo valor, su longitud y tres argumentos opcionales. Estos argumentos opcionales se pueden especificar con las macros adicionales **PHP_INI_ENTRY1** (que permite un argumento adicional), **PHP_INI_ENTRY2** (que permite dos argumentos adicionales), y **PHP_INI_ENTRY3** (que permite tres argumentos adicionales).

Los manejadores de notificación de cambio deberán utilizarse para ocultar las entradas de inicialización localmente para un acceso más rápido o para realizar determinadas tareas que se requieren si un valor cambia. Por ejemplo, si se necesita una conexión constante a un *host* determinado por un módulo o si alguien cambia el nombre de *host*, termina automáticamente la antigua conexión e intenta una nueva.

El acceso a las entradas de inicialización se puede también manejar con la macro que aparece en la Tabla 9.17.

Tabla 9.17. Macros para acceder a las entradas de inicialización en PHP

Macro	Descripción
INI_INT(name)	Devuelve el valor actual de la entrada **name** como entero (largo).
INI_FLT(name)	Devuelve el valor actual de la entrada **name** como flotante (doble).
INI_STR(name)	Devuelve el valor actual de la entrada **name** como una cadena. **Nota**: Esta cadena no es duplicada, en su lugar apunta a datos internos. Un acceso posterior requiere la duplicación en la memoria local.
INI_BOOL(name)	Devuelve el valor actual de la entrada **name** como booleano (definido como **zend_bool**, que actualmente significa carácter no firmado).
INI_ORIG_INT(name)	Devuelve el valor original de la entrada **name** como un entero (largo).
INI_ORIG_FLT(name)	Devuelve el valor original de la entrada **name** como flotante (doble).
INI_ORIG_STR(name)	Devuelve el valor original de la entrada **name** como una cadena. **Nota**: Esta cadena no es duplicada, en su lugar apunta a datos internos. Un acceso posterior requiere la duplicación en la memoria local.
INI_ORIG_BOOL(name)	Devuelve el valor original de la entrada **name** como booleano (definido como **zend_bool**, que actualmente significa carácter no firmado).

Finalmente, deberá introducir sus entradas de inicialización en PHP. Esto se puede hacer en las funciones de arranque y parada de módulo, utilizando las macros **REGISTER_INI_ENTRIES()** y **UNREGISTER_INI_ENTRIES()**:

```
ZEND_MINIT_FUNCTION(mymodule)
{
    REGISTER_INI_ENTRIES();
}

ZEND_MSHUTDOWN_FUNCTION(mymodule)
{
    UNREGISTER_INI_ENTRIES();
}
```

Hacia dónde ir a partir de aquí

Ya ha aprendido mucho sobre PHP. Ahora sabe cómo crear módulos cargables dinámicos y extensiones enlazadas estáticamente. Ha aprendido cómo PHP y Zend tratan el almacenamiento interno de las variables y cómo puede crear y acceder a esas variables. Conoce un conjunto de funciones de herramienta que hacen un montón de tareas de rutina como imprimir textos de información, introducir variables automáticamente en la tabla de símbolos, etc.

A pesar de que este capítulo tenga un carácter "referencial", esperamos que le haya proporcionado una idea de cómo empezar a escribir sus propias extensiones. Por cuestiones de espacio, hemos tenido que dejar fuera muchas cosas, por lo que le sugerimos que se tome tiempo para estudiar los archivos de cabecera y algunos módulos (especialmente los que están en el directorio **ext/standard** y el módulo MySQL, ya que implementan una funcionalidad conocida de manera general). Esto le dará una idea de cómo las demás personas han utilizado las funciones de API, especialmente aquellas que no lo han hecho en este capítulo.

Referencia: algunas macros de configuración

config.m4

El archivo **config.m4** es procesado por **buildconf** y debe contener todas las instrucciones que hay que ejecutar durante la configuración. Por ejemplo, pueden incluir pruebas para los archivos externos requeridos, como archivos de cabecera, bibliotecas, etc. PHP define un conjunto de macros que pueden utilizarse en este proceso. Las más útiles se describen en la Tabla 9.18.

Tabla 9.18.   Macros M4 para config.m4

Macro	Descripción
AC_MSG_CHECKING(message)	Imprime un texto **checking <message>** durante **configure**.
AC_MSG_RESULT(value)	Proporciona el resultado a **AC_MSG_CHECKING**; deberá especificar **yes** o **no** como **value**.
AC_MSG_ERROR(message)	Imprime **message** como mensaje de error durante **configure** y aborta el *script*.
AC_DEFINE(name, value, description)	Agrega **#define** a **php_config.h** con el valor de **value** y un comentario que dice **description** (esto es útil para una compilación condicional de su módulo).
AC_ADD_INCLUDE(path)	Agrega una ruta de compilador; por ejemplo, se utiliza si el módulo necesita agregar rutas de búsqueda para archivos de cabecera.
AC_ADD_LIBRARY_WITH_PATH (libraryname, librarypath)	Especifica una biblioteca adicional para enlazar.
AC_ARG_WITH(modulename, description, unconditionaltest, conditionaltest)	Una macro muy potente, que agrega el módulo con **description** a la salida **configure --help**. PHP comprueba si la opción es dada al *script* de configuración. Si es así, ejecuta el *script* **unconditionaltest** (por ejemplo, **--with-myext=yes**), en cuyo caso el valor de la opción se contiene en la variable **$withval**. De otra manera, ejecuta **conditionaltest**.

(continúa)

Tabla 9.18.   Macros M4 para config.m4 *(continuación)*

Macro	Descripción
PHP_EXTENSION(modulename, [shared])	Esta macro es indispensable para llamar a PHP para configurar su extensión. Puede proporcionar un segundo argumento además del nombre de módulo, indicando si quiere la compilación como un módulo compartido. Esto dará como resultado una definición en el tiempo de compilación para código fuente en COMPILE_DL_<modulename>.

Macros API adicionales

Poco antes del lanzamiento de este libro, se introdujo un nuevo conjunto de macros en la API de Zend que simplifica el acceso a los contenedores zval (véase la Tabla 9.19). Sin embargo, hemos decidido no utilizarlas en los ejemplos de código fuente, ya que no han accedido a los contenedores zval, y las macros habrían dado lugar a un código fuente que hubiera sido más difícil de leer.

Tabla 9.19.   Nuevas macros API para acceder a los contenedores zval

Macro	Hace referencia a
Z_LVAL(zval)	(zval).value.lval
Z_DVAL(zval)	(zval).value.dval
Z_STRVAL(zval)	(zval).value.str.val
Z_STRLEN(zval)	(zval).value.str.len
Z_ARRVAL(zval)	(zval).value.ht
Z_LVAL_P(zval)	(*zval).value.lval
Z_DVAL_P(zval)	(*zval).value.dval
Z_STRVAL_P(zval_p)	(*zval).value.str.val
Z_STRLEN_P(zval_p)	(*zval).value.str.len
Z_ARRVAL_P(zval_p)	(*zval).value.ht
Z_LVAL_PP(zval_pp)	(**zval).value.lval
Z_DVAL_PP(zval_pp)	(**zval).value.dval
Z_STRVAL_PP(zval_pp)	(**zval).value.str.val
Z_STRLEN_PP(zval_pp)	(**zval).value.str.len
Z_ARRVAL_PP(zval_pp)	(**zval).value.ht

Las actualizaciones de este capítulo se pueden encontrar en www.phpwizard.net.

Índice alfabético

M

R

S